Johann Neudörfer

Quellenschriften für Kunstgeschichte

Nachrichten von Künstlern und Werkleute

Johann Neudörfer

Quellenschriften für Kunstgeschichte
Nachrichten von Künstlern und Werkleute

ISBN/EAN: 9783742895288

Hergestellt in Europa, USA, Kanada, Australien, Japan

Cover: Foto ©Thomas Meinert / pixelio.de

Manufactured and distributed by brebook publishing software (www.brebook.com)

Johann Neudörfer

Quellenschriften für Kunstgeschichte

JOHANN NEUDÖRFER'S

Nachrichten von Künstlern und Werkleuten.

NÜRNBERG 1547.

QUELLENSCHRIFTEN

FÜR

KUNSTGESCHICHTE

UND

KUNSTTECHNIK DES MITTELALTERS

UND DER

RENAISSANCE

mit Unterstützung des k. k. österr. Ministeriums für Kultus und Unterricht
im Vereine mit Fachgenossen herausgegeben

von

R. EITELBERGER v. EDELBERG.

X.

JOHANN NEUDÖRFER'S
NACHRICHTEN VON KÜNSTLERN UND WERKLEUTEN IN NÜRNBERG.
VON
DR. G. W. K. LOCHNER.

WIEN, 1875.
WILHELM BRAUMÜLLER
K. K. HOF- UND UNIVERSITÄTSBUCHHÄNDLER.

DES

JOHANN NEUDÖRFER

SCHREIB- UND RECHENMEISTERS ZU NÜRNBERG

NACHRICHTEN

VON

KÜNSTLERN UND WERKLEUTEN DASELBST

AUS DEM JAHRE 1547

NEBST DER FORTSETZUNG DES ANDREAS GULDEN

NACH DEN HANDSCHRIFTEN UND MIT ANMERKUNGEN HERAUSGEGEBEN

VON

DR. G. W. K. LOCHNER

STADTARCHIVAR ZU NÜRNBERG.

WIEN, 1875.
WILHELM BRAUMÜLLER
K. K. HOF- UND UNIVERSITÄTSBUCHHÄNDLER.

ERSTES INHALTS-VERZEICHNISS.

		Seite
	Widmungsschreiben (Neudörfer's)	1—2
1.	Hanns Behaim, der ältere	3—5
2.	Hanns Behaim, der jüngere	6—7
3.	Paulus Behaim	8—9
4.	Adam Kraft	10—18
5.	Röhrenkunz	19—20
6.	Peter Vischer der ältere	21—30
7.	Herman Vischer	31—32
8.	Peter Vischer der jüngere	33—36
9.	Sebastian Lindenast	37—47
10.	Sebald Behaim, Büchsengiesser	48
11.	Endres Pegnitzer und sein Sohn, Büchsengiesser	49—50
12.	Hanns Glockengiesser und sein Sohn	51—52
13.	Hanns Danner, Schraubenmacher	53
14.	Wilhelm von Worms und Grünewald	54—63
15.	Siebenbürger, Plattner	64
16.	Cunz Lochner, Plattner	64
17.	Hanns (Jacob) Pulman, Schlosser	65—68
18.	Hanns (Georg) Heuss, Schlosser	69—70
19.	Andreas Heinlein (Peter Henlein), Schlosser	71—77
20.	Caspar Werner, Schlosser	78
21.	Hanns Ehemann, Schlosser	79
22.	Georg Stadelmann, Zimmermann	79
23.	Georg Weber, Zimmermann	79—81
24.	Wolf Danner, Büchsenschmid	82
25.	Kugelschmid	83
26.	Veit Stoss, Bildhauer	84—114
27.	Peter Flötner, Bildhauer	115
28.	Johann Teschler, Bildhauer	116
29.	Hieronymus Gärtner	116
30.	Hanns Frey	117
31.	Hanns Krug der ältere, Goldschmid	118—119
32.	Hanns Glim, Goldschmid	120
33.	Hanns Krug der jüngere	121—123
34.	Ludwig Krug, Goldschmid	124

INHALTS-VERZEICHNISS.

		Seite
35.	Melchior Bayer, Goldschmid	125
36.	Wenzel und Albrecht die Jamnitzer, Gebrüder, Goldschmide	126
37.	Jacob Hoffmann, Goldschmid	127
38.	Michel Wolgemut, Maler	128—129
39.	Hanns Beuerlein, Maler	130
40.	Jacob Walch genannt, Maler	130—131
41.	Albrecht Dürer, Maler	132—133
42.	Hanns von Kulmbach, Maler	134—135
43.	Wolf Traut, Maler	136
44.	Georg Penz, Maler	137
45.	Hanns, Sebald und Barthel, die Behaim, Maler	138
46.	Jacob Elsner, Illuminist	139
47.	Georg Glockendon, Illuminist	140—142
48.	Nikolaus Glockendon, Illuminist	143
49.	Hanns Springinklee, Illuminist	144—145
50.	Virgilius Solis, Illuminist	146
51.	Veit Hirschvogel der alter, Glasmaler	147—149
52.	Veit Hirschvogel der jünger, Glasmaler	150
53.	Augustin Hirschvogel, Glasmaler	151—154
54.	Simon mit der lahmen Hand	155
55.	Hieronymus, Formschneider	155—156
56.	Wolf Weisskopf, Schreiner und Stadtmeister	157
57.	Sebald Beck, Schreiner	157
58.	Hanns Weinmann, Gewichtmacher	158
59.	Hanns Lambrecht, Wagmeister und Wägleinmacher	158
60.	Daniel Engelhard, Wappensteinschneider	158
61.	Hanns Maslitzer	159
62.	Martin Harscher, Kandelgiesser und Pulvermacher	160
63.	Burkhardt, Orgelmacher	161
64.	Georg Fella, Orgelmacher	162
65.	Hanns Gerla, Lautenmacher	162
66.	Hanns Neuschel, Posaunenmacher und Stadttrommeter	163—170
67.	Sigmund Schnitzer, Pfeifenmacher und Stadtpfeifer	171
68.	Magister Erhard Etzlaub, Compassmacher	172
69.	Hanns Ganabach, Probierer	172
70.	Anthoni Koburger, Buchdrucker	173—176
71.	Johannes Petrejus, Buchdrucker	177
72.	Hanns Ehemann, Brillenmacher	178—179
73.	Bernhard Müller, Seidensticker	180
74.	Meister Sebald, Rädleinmacher beim Sonnenbad	181
75.	Hanns Grabner, deutscher Schulmeister	181—182
76.	Alexius Birbaum	183—185
77.	Endres Volckamer, Papiermacher zu der Weidenmühle	186
78.	Hanns Sachs, Schuhmacher	186
79.	Stephan Neudörffer, Kürschner	187—188

ZWEITES INHALTS-VERZEICHNISS.

	Seite
Einleitendes Vorwort (Andreas Gulden's)	191
1. Johann Neudörfer	191
2. Johann Neudörfer der jüngere und Antonius Neudörfer . . .	192
3. Stephan und Christoph Fabius Brechtel	193—193
4. Andreas Gulden	196
5. Ulrich Hoffmann	197
6. Caspar Monnich (Mannich)	198
7. Hanns Hofmann, Maler	198
8. Gärtner und Ponacker	198
9. Wolfgang Resch, Formschneider	198
10. Friedrich von Falkenburg, Maler	199
11. Paulus Kolb, Maler	199
12. Paulus und Friedrich Juvenell, Maler	200
13. Georg Weyer, Maler	201
14. Leonhard Brechtel, Maler	201
15. Leonhard Heberlein, Maler	201
16. Michael Herr, Maler	202
17. Johann Thomas Fischer und Anna Kathárina, seine Tochter . .	202
18. Georg Strauch, Maler	203
19. Abraham Grass, Bildhauer	203
20. Hanns Pezold, Goldschmid	203
21. Christoph Ritter, Goldschmid	203
22. Christian Maler, Eisenschneider	204
23. Hanns Wessler, Goldschmid	204
24. Georg Schweicker (Schweigger), Goldschmid	205—206
25. Hanns von der Pütt, Eisenschneider	207
26. Gottfried Leigebe, Eisenschneider	208
27. Georg Höfler, Wappensteinschneider	209
28. Georg und Heinrich Schwanhart, Glasschneider	209
29. Die Schwanhartischen Töchter	210
30. Leo Pronner, Zeuglieutenant	211
31. Laurenz Zick, Beindrechsel	212
32. Jacob Hepner, Schreiner	213
33. (Hanns Wilhelm) Behaim, Schreiner	213
34. Leonhard Danner, Schreiner	213

INHALTS-VERZEICHNISS.

		Seite
35. Peter Carl, Zimmermann	. . . .	213
36. Johann Carl	. . . .	214
37. Andreas Albrecht	. . . .	215
38. Hanns Hayden	. . . .	215
39. Christoph Lang	. . . .	216
40. Hanns Leo Hasler	. . . .	216
41. Wolf Vogel	. . . .	216
42. Augustin Kotter	. . . .	217
43. Hanns Hautsch, Zirkelschmid	. . . .	217
44. Georg Leupold, Hafner	. . . .	218
45. Andreas Leupold, Hafner	. . . .	218
46. Hanns Braun, Scheibenzieher	. . . .	219
47. Hanns Troschel, Compassmacher	. . . .	219
48. Andreas Kohl, Kupferstecher	. . . .	220
49. Hanns Wolf Löhner, Rothschmid	. . . .	220
50. Magdalena Fürstin	. . . .	221
Anhang	. . . . 222—223
Nachwort des Herausgebers	. . . . 224—230
Nachträge	. . . .	230
Alphabetisches Register	. . . .	233

Nürnberger Schule 1527: Bildnis des Joh. Neudörfer. Kgl. Gemäldegalerie in Kassel.

sein Verdienst als Begründer der Nürnberger Kunstgeschichte, vielleicht weil er es selbst in dem Eingang zu seinen Nachrichten von sich ablehnt und sich selbst für keinen Kunstverständigen erklärt, vielleicht auch wegen der nicht abzuleugnenden Irrthümer und Verstösse, die bei alledem die Späteren nicht hinderten, aus seinen Nachrichten als einem lautern Quell zu schöpfen, während er selbst mit Bescheidenheit es nur als „unter uns beiden" Geschriebenes betrachtet wissen und es nicht vor das grosse Publicum gelangen lassen wollte. Dann hat sich auch durch Missgunst des Geschicks die ursprüngliche Handschrift unauffindbar gemacht, dagegen ist eine Unzahl Abschriften vorhanden, die wenn auch in den Hauptsachen gleichlautend, doch in Nebenumständen abweichen und wegen späterer Einschaltungen und Nachträge, die nicht blos über das Jahr der Abfassung des Urmanuscripts (1547), sondern auch über Neudörfer's Todesjahr (1563) hinausgehen und daher zwar möglicherweise richtig sind, aber doch einen apokryphischen Charakter tragen, bedenklich zu gebrauchen sind.

Neudörfer's Lebensverhältnisse, welche in der Kürze zu berühren hier verstattet sein wird, obwohl Doppelmayr und besonders Will in dem Gelehrten-Lexikon (1757) und dann in den Münzbelustigungen (1765) nach den ihnen kundgewordenen Materialien über ihn geschrieben haben, gehen ursprünglich nicht über das Mass der gewöhnlichen Bürgerlichkeit hinaus. Geboren 1497, was aus den auf ihn geschlagenen Medaillen, von denen Doppelmayr und Will Abbildungen geben, und seiner Grabschrift hervorgeht, Sohn Steffan Neudörfer's, eines Kürschners, dessen Namen man nur aus der vom Sohn geschriebenen und in kindlicher Pietät den Nachrichten am Schluss angefügten Lebensnotiz kennt, mag er einen guten Schulunterricht genossen haben, wie er denn selbst des Caspar Schmid als seines Lehrers rühmend gedenkt, auch den Erhart Etzlaub als seinen Lehrer in der Coss oder Algebra namhaft macht. Ob Paulus Vischer, der Canzleischreiber, den er auch seinen treuen Lehrer nennt, ihm eigentlichen Unterricht ertheilt, oder ihn nur durch guten Rath und Vorbild gefördert habe, lässt man, wie seines Orts bemerkt ist, dahin gestellt. Auch ob er auf dem Handwerk gearbeitet, glaubt schon Will in Abrede stellen zu müssen, und die Bekanntschaft mit den Handwerksausdrücken, die in dem Bericht über seinen Vater ersichtlich ist, kann bei dem Sohn des Hauses gar nicht befremden und berechtigt nicht zu weitern Folgerungen. Der strebsame und forschende Geist des jungen Mannes zog ihn frühe zu eigener Selbstständigkeit, und da die Kürschner zu den vornehmsten Handwerken gehörten, von denen immer einer zu Rathe ging, so darf man wohl annehmen, dass er von Haus aus nicht ohne Mittel war. Schon am 18. Juli 1522 wird Johann Neudörfer und Magdalena, jetzt seine, vorher Hannsen Schellenmann's Ehefrau genannt. Dieser Schellenmann war ein bei öffentlichen und privaten Lustbarkeiten, Gastmälern, Hochzeiten u. dgl. beigezogener Hofierer, der, als er 1518 starb, in dem Necrolog. Sebald. als „Singer" eingetragen ist. Obgleich an ein ansehnliches Vermögen bei einem Erwerb, der sich, wenn er zu einer solchen Gelegenheit gefordert wurde, nicht höher als für den Tag einen halben Gulden belief, nicht zu denken ist, so wurde doch 1520 Steffan Gabler angehalten, das Capital, das er als Vormund von Hanns Schellenmann's Kindern in seinem Handel habe, herauszugeben, um es den Kindern zu Nutz auf liegende Güter anzulegen. Wahrscheinlich gab Neudörfer, der um diese Zeit geheiratet haben mag, die Anregung zu diesem Verlass und übernahm nun die Sorge für seine drei Stiefkinder. Am obenbezeichneten Tage erklärten Johann Dunwald und Conrad Oberndorfer, als Vormünder weiland Hannsen Schellenmann's seligen verlassener Kinder, dass ihnen Magdalena, desselben Schellenmann's nachgelassene und jetzo Johann Neudörfer's Hausfrau alles der Kinder erlebtes väterliches Erb und Abnutzung davon, auf vorhergegangene redliche Anzeigung und Rechnung zugestellt und eingeantwortet habe, sagen darum sie und ihre Erben in bester Form ledig und los. Und Johann Neudörfer bekennt, dass die gemelten Vormünder ihm alles Kostgeld, das sie ihm von diesen Kindern bisher schuldig gewesen und sich bis auf nächste Francisci (4. Oct. 1522) gebühre, bis auf 22 f., die sie ihm noch zu erstatten haben, zu Dank bezahlt haben, sagt sie und die Kinder für sich und seine Erben dieses Kostgelds, ausserhalb gemelter 22 f. in bester Form ledig und los. Cons. 29. fol. 121. b. Die Vermögensverhältnisse Neudörfer's müssen sich also günstig gestaltet haben, woran ohne Zweifel auch seiner Frau viel beizumessen ist, und sie durch kluge Wirthschaft das, was der Mann erwarb, zu erhalten bestrebt war. So ward das jedenfalls noch junge Ehepaar, da Neudörfer erst 27 Jahre, und seine Frau, weil schon in zweiter Ehe lebend und Mutter dreier Kinder aus erster Ehe, vielleicht dem Manne an Jahren gleich, vielleicht auch etwas älter war, doch immer noch eine junge Frau heissen konnte, in den Stand gesetzt, ein Haus zu kaufen, das früher „zu den Steinböcken" genannt, Georg Schlaudersbach 1514 an den Consulenten Dr. Ulrich Nadler verkauft hatte. Dr. Nadler war 1. November 1516 gestorben und die Erben zunächst im Besitze geblieben, sahen sich aber jetzt zum Verkaufe veranlasst, und Steffan Bayer, der Kanzleischreiber, und Jeronymus Appetzeller (damaliger Zeugwart) gerichtlich gesetzte Vormünder Ulrich Nadler's, Doctors beider Rechten, und Brigitta seiner Ehewirtin seligen Kinder, Erasmus und Katharina, verkauften die Behausung und Hofrait mitsamt dem Höflein hinten daran, in St. Sebalds Pfarr, unter der Vesten an einem Eck, vornen im Eingang gegen Niedergang der Sonnen und an Niklasen Wickels seligen verlassen Häusern gelegen, um 870 f. rh. an Johann Neudörfer, den Rechenmeister, und Magdalena, seine eheliche Hausfrau, worüber am Montag 27. Juni 1524 ein stadtgerichtlicher besiegelter Brief ausgefertigt wurde. Es ist das Haus S. 612, Topogr. Taf. n. II. Ob nach Norden das Haus schon damals die jetzige Ausdehnung besessen habe, mag bezweifelt werden, wie denn überhaupt die Gestalt, in der das von seinem Besitzer im Aeussern wesentlich veränderte Gebäude jetzt vor Augen steht, für jene Zeit nicht massgebend ist, dass aber das von Johann Neudörfer erkaufte Haus in der Hauptsache auf dem Areal von 612 stand, ist durch die vielen örtlichen Beziehungen, in denen es erwähnt wird, ganz ausser allem Zweifel.

An demselben Tage verkauften auch die Vormünder das

Haus im Gässlein, an das Eckhaus und Hannsen Körbers Schusters Haus gelegen, mit dem Rechte des Zugangs zum Brunnen hinten im Höflein daran, an die Neudörferischen Eheleute um 130 fl., mit Bewilligung Frau Martha Jorgen Kötzels ehelicher Hausfrau, der die Eigenschaft mit 4 f. Stadtwährung darauf zusteht, was ihr Mann persönlich angesagt hat. Der Verkauf geschah auch wegen Busswürdigkeit des Hauses und weil ihr Pflegsohn (Erasmus Nadler) Willens wäre, von hinnen zu ziehen und seinen gebührenden Theil haben wollte, wesshalb es vom Gericht erlaubt wurde. Hierauf ebenfalls an demselben Tage verkauften Johann Neudörfer, der Rechenmeister, und Magdalena, seine Ehewirtin, die Eigenschaft aus dem Eckhause mit 25 fl. an Jungfrau Katharina Nadlerin um 500 fl. mit ausdrücklicher Bedingung des Widerkaufs nach vierteljähriger Kündigung. Lit. 36. fol. 160—162.

Der Widerkauf geschah, indem am 9. Fbr. 1526 Jungfrau Katharina, Hrn. Ulrich Nadlers JUD. Tochter, mit Bewilligung Peter Wests, ihres hiezu gegebenen Curators, bekannte, dass Johann Neudörfer von den 25 f. jährlichen Zinses aus seiner Behausung unter der Vesten 10 f. mit 200 fl. abgelöst und hierfort nur noch 15 f. zu zinsen schuldig ist. Cons. 35, f. 160. Die Ablösung des Restes folgte später. Katharina heiratete am 4. Spt. 1526 Peter Voit und nach dessen am 1. Merz 1547 erfolgtem Tod am 4. Dec. 1548 Anthoni Schlüsselfelder, als dessen dritte Frau, und starb 1554.

Nun war also Neudörfer im Besitz eines ansehnlichen Hauses. Sein Ruf als geschickter Lehrer im Schreiben und Rechnen muss damals schon festgestanden und Schüler von allen Seiten ihm zugeführt haben. Er mag auch junge Leute in die Kost genommen haben, denn am Dinstag 16. Febr. 1529 wurde vom Rath dem Neudörfer ein Verbot vergönnt auf etlich Geld bei dem Beringer, das dieser einem von Randersacker schuldig ist, um dessen willen, dass er dem Neudörfer um sein

Kostgeld nichts gebe. Neudörfer stand mit solchen Calamitäten nicht allein da, die jedoch nicht von Belang waren. Im Jahre 1531 wurde er unter die Genannten des grössern Raths gewählt, in welchem Rang er bis an seinen Tod verblieb.

Am Freitag 25. Okt. 1532 erklärten Melchior und Clara, weiland Hannsen Schellenmanns nachgelassene Kinder, mit Rath und Beistand Hanns Peters, ihres hiezu gerichtlich gegebenen Curators, und Anna, Marx Kolen Hausfrau, ihre Schwester, mit Willen und in Beisein ihres Mannes, dass Conrad Oberndorffer und Magdalena, Johann Neudörfers Ehewirtin, ihre eheleibliche Mutter, jedem von ihnen sein erlebt väterlich Erbtheil, nach dem Inventar und der Rechnung ihnen vollbenügig zugestellt haben, sagten sie desshalb und der Vormundschaft ledig und los. Cons. 44. fol. 39. Hanns Peter ist wol der als Johann Petrejus bekannte Buchdrucker, durch Barbara seine Ehefrau, Neudörfer's Schwester, desselben Schwager. Marx Kol kommt als Goldschlager, nebst Katharina seiner Ehewirtin, in einer Urkunde vom 18. Okt. 1525 vor, worin sie eine auf ihrem Eckhause S. 910 haftende Eigenschaft, die der Kirche zu St. Sebald gehört, ablösten, worüber ein Gerichtsbrief ausgestellt wurde. Hausbrief von S. 910. Anna Schellenmännin war also seine zweite Frau.

Ueber Neudörfer's Thätigkeit zu reden, ist hier nicht der Ort, da mit Berücksichtigung sowol seiner Schriften als auch der zeitgenössischen Zeugnisse Doppelmayr und Will hierin das Nöthige gethan haben. Er verlor in diesen Jahren die Frau seiner Jugend, wann? ist nicht mit Gewissheit anzugeben. In einer Urkunde vom 2. Okt. 1542, worin Martin Harder Weinschenk in S. 805 die Eigenschaft seines Hauses mit $32\frac{1}{2}$ f. rh. um 650 f. an Anna, Albrecht Scheurls Wittwe, verkauft, ist Hanns Neudörfer neben Franz Rotmund Zeuge und Siegler. Er führte damals, obgleich schon Genannter, noch kein heraldisches Wappen, sondern bediente sich noch des einfachen Signets, eines Kreuzes, an dessen Fuss die Buchstaben H und N angefügt sind. Als er zwei Jahre später, am 20. Oct. 1544 abermals mit Franz Rotmund in gleicher Angelegenheit des Hauses S. 805 zu siegeln hatte, führte er das heraldische, bei Doppelmayr abgebildete und von Will beschriebene Wappen, das er also in der Zwischenzeit erlangt hatte. In diesen Jahren hatte er auch wieder geheiratet und zwar Frau Katharina, Hanns Sidelmanns, Goldschmids, Wittwe, der in S. 495 gewohnt hatte. Topogr. Tafeln I. Hanns Sidelmann's erste Frau, die z. B. noch 1516, als er aus seinem Haus die Eigenschaft und 20 f. rh. an die Jorg Schlauderspachischen Relikten verkaufte, genannt wird, hatte Clara geheissen, die hier genannte Katharina, eine geborne Nathanin von Augsburg (so Will Münzbel.), war jedenfalls die zweite Frau. Wenn daher Neudörfer den Jacob Hoffmann (num. 37) seinen Freund und Bruder nennt, so ist diess letztere Wort durchaus nicht buchstäblich zu verstehen; Jacob Hoffmann hatte Clara, Hannsen Sidelmanns und seiner ersten Frau Clara Tochter, geheiratet; aus der Ehe mit Katharina hatte Hanns Sidelmann zwei (bei dem Hausverkauf, der in n. 37 angezogen ist, nur im Allgemeinen, aber nicht speciell genannte) Kinder hinterlassen. Indem Neudörfer die Wittwe Katharina geheiratet hatte, war er mit Jacob Hoffmann, der mit Clara, der Stieftochter Katharina's, verehelicht war, zwar in ein nahe befreundetes Verhältniss getreten, doch nicht in ein solches, das zu dem Ausdruck Bruder im wahren Sinn berechtigt hätte. — Des heraldischen Wappens, schwarzes Schild mit zwei gelben über einander stehenden Sparren und zwei gelben Sternen in den oberen Ecken des Schildes, auf dem Helm zwei Büffelhörner, bediente er sich als Zeuge und Siegler noch bei einer Urkunde vom 16. Aug. 1558, und es ist nicht wahrscheinlich, dass er in seinen letzten fünf Lebensjahren noch um eine Verbesserung oder Vermehrung des Wappens nachgesucht haben sollte. Die von Doppelmayr tab. XIV. mit der Umschrift Johann

Neudörfer der ältere p. 201 mitgetheilte Medaille mag an sich richtig sein, aber die Unterschrift ist irrig, weder führte er das vermehrte, senkrecht getheilte Wappen, noch ist das Gesicht dasselbe wie auf den anderen Denkmünzen, auf denen er namentlich rasirt erscheint. Will hat auf diesen Irrthum p. 402 bereits aufmerksam gemacht.

Es werden noch jetzt hie und da autographische Proben seiner Schreibgeschicklichkeit aufbewahrt, zu diesen gehört auch ein auf das möglich feinste Pergament geschriebener Brief vom 7. Juni 1556 an Caspar Nützel, worin er, Johann Neudörfer, Rechenmeister, demselben, Herrn Caspar Nützel, seinem lieben Gevatter, für die Einladung ablehnend dankt, und wenn er auch diesmal der „Vlmer Rosen Edlen Geruch entbehren müsse, so hoffe er doch, auf künftigen Herbst die wolgeschmecken Würscht vnd Semel zum Synderspuehel zu geniessen". Die Adresse ist mit Gold geschrieben und das Ganze ein schreibkünstlerisches Meisterstück, nur wegen der Dünnheit des Pergaments und der Kleinheit der Schrift eigentlich unpraktisch. (Stadtarchiv zu Nürnberg, Urk. n. 190.) Die Nützel, eines der ältesten und angesehensten Nürnberger Geschlechter, besonders berühmt durch den 1529 gestorbenen Losunger Caspar, den Vater des hier in Rede stehenden, erloschen im Mannsstamm 1747 mit Johann Joachim, besassen das eine halbe Stunde südwestlich von der Stadt, unfern des Canalhafens, gelegene Sindersbühl. Neudörfer muss gerade sehr durch seinen Beruf in Anspruch genommen gewesen sein, um dieser Einladung nicht entsprechen zu können. Für die richtige Schreibung des jetzt herkömmlich Sündersbühl geschriebenen Ortsnamens gibt, abgesehen von den alten Urkunden, auch dieser Brief Neudörfer's Zeugniss. Mit Sünde hat der Namen auch gar nichts zu schaffen, und eben so wenig mit dem benachbarten Leprosenhaus oder Sundersiechenkobel zu St. Leonhard, wie schon auf p. 249 des 1861 erschienenen Heftes IV für Staatsarzneikunde gezeigt worden ist. Wie aber mit Caspar Nützel, damals einem der ersten Männer der Stadt, so stand Neudörfer, ein eben so kenntnissreicher als durch seinen biedern, einfachen und bescheidenen Charakter sich empfehlender Mann, auch zu anderen seiner Stadtgenossen in freundschaftlichen Beziehungen. Nächst Georg Römer, dem Eidam Jacob Welser's, sei hier vor Anderen Hieronymus Paumgartner genannt, dessen Frau Sibylla, geborne, Tichtlin, auf die Nachricht von Neudörfer's Ende am 12. Nov. 1563 sogleich zu den Seinigen geeilt war, um Trost und Beileid zu bringen (Anzeig. f. Kde. etc. 1855. März p. 57). Die Wittwe Katharina folgte ihm am 26. Dec. 1568. (Nor. Chr. Freydh. p. 98. num. 677.)

Als Söhne Neudörfer's sind Stephan und Johann zu nennen. Von Stephan, muthmasslich aus der ersten Ehe entsprossen, führt Nopitsch (Gelehrt. Lex. VII p. 14) an, es gehe aus einem ungedruckten Brief an Christoph Gugel d. d. Spirae 24. Jun. 1573 sein Verhältniss zu Johann Neudörfer, als seinem Vater, hervor, und eine handschriftliche Aufzeichnung sagt: Dr. Stephan Neudörfer gab 1581 sein Burgerrecht auf und vernachsteuerte 4450 f. In ihm, dem ältesten Sohn, wiederholte sich der Namen des Anherrn. Johann, geb. 22. Fbr. 1543, jedenfalls aus der zweiten Ehe, verfolgte die väterliche Laufbahn, als Schreib- und Rechenmeister, und starb 38 Jahre alt, am 28. Oct. 1581. (Beide Angaben aus Doppelmayr; 1591 als Todesjahr, in Roths Genannt. beim J. 1570 ist demnach falsch.) Helena, eine Tochter des ältern Johann, habe Cornelius Görz geheiratet, über den weiter nichts vorliegt. Diese Kinder liessen dem Vater auf St. Johannis n. 677 das bei Nor. Chr. Freydh. aufbewahrte, dann von Doppelmayr und Will wiederholte, schon aber 1735 verschwundene Epitaph setzen.

Mit des jüngern Johann Neudörfer's Sohn, dem Dr. med. Johann Neudörfer, erlosch 1639 der Namen und das Geschlecht des berühmten Schreib- und Rechenmeisters. Er hatte zu Wittenberg und Basel studirt, am letztern Orte auch promovirt. Schon am 5. Sept. 1594 wird er Medicinæ Candidatus genannt. Zum Physicus 1598 aufgenommen, wurde er 1599 Genannter, nachdem er im Sept. 1598 Hanns Gabron's Tochter Barbara geheiratet hatte. Anthoni Neudörfer war, nach Allem, sein Bruder. Von diesem, als er noch zu Nürnberg und (seit 1598) auch Genannter des grössern Rathes war, entlehnte Barbara, Hanns Georg Höraufs, Bierbrauers Wittwe, am 5. Dec. 1607 ein Capital von 1200 f., dessen Zurückzahlung der Dr. Neudörfer also bescheinigte: „Am 13. Juny 1621 hab ich Johann Neudorffer, der Arzenei Doctor, Com. Palat. Caes. und E. E. F. u. W. Raths der Stadt Nürnberg bestellter Medicus, von wegen und anstatt Herrn Antoni Neudorffers von Neudegg, auch Com. Pal. Caes., dieser Zeit zu Regensburg wohnhaft, also bar in guter unverschlagener Münz diese 1200 f. sammt aller darauf gegangener Abzinsung, wol empfangen, dess zu Gezeugnuss hab ich Diss mit eigner Hand unterschrieben und mit meinem Petschaft bekräftigt. Johann Neudorffer." Dass Anton, als er 1609 sein Bürgerrecht aufgab und nach Regensburg übersiedelte, 12.500 f. vernachsteuerte, sagt eine handschriftliche Aufzeichnung. Je weniger von dem jüngern Johann Neudörfer, wegen seiner verhältnissmässig kurzen Lebenszeit zu sagen ist, desto mehr Stoff müssten die beiden Söhne, Anthoni und Johann, bieten, wozu aber diese Blätter an sich nicht bestimmt sind. Will umgeht es sogar vorsichtig, sie Brüder zu nennen, und sagt von dem Arzte nur: er sei aus der Familie des andern (nämlich Anthoni's). Ein Irrthum ist daher immer noch möglich und eine Berichtigung desselben denkbar. Wenn die Bemerkung des übrigens unzuverlässigen Genanntenbuches beim J. 1598 richtig sein sollte, Anthoni Neudorfer, dem Rechenmeister, wurde 1620 die Stadt verboten, so wäre es eine interessante Aufgabe, sie mit dem, was Will über ihn sagt, in Zusammenhang zu bringen. Er lässt ihn Reisen machen, dann nach Nürnberg zurückgekehrt, das etwas eintönige Geschäft oder Handwerk eines Modisten treiben und sich zuletzt in Regensburg niederlassen, wo er 1628 gestorben sei. Dass er daselbst geadelt wurde, mit dem Zusatz von Neudegg, und dabei das vermehrte Wappen erhielt, was auch der Arzt führte, ist kein Zweifel, aber die Folgerungen Will's, dass schon seine Vorfahren denselben gehabt haben mögen, sind ohne allen Grund. Auch ist ein Vermögen von 12.500 f. für jene Zeit und einen so unstäten abenteuernden Lebenslauf immer respectabel. Von seiner Frau, die er als Genannter gehabt haben muss, findet sich nichts aufgezeichnet.

Im Besitz des Hauses unter der Veste S. 612 blieb die Familie bis an ihr Erlöschen. Nicht nur bei allen nachbarlichen Ortsveränderungen, sondern auch bei allen wichtigen Gelegenheiten, namentlich bei den Einzügen der Kaiser, die sich auf die Reichsveste ins Schloss hinauf begaben, wird des Neudörfer's Haus genannt, und zwei grosse, mit noch sichtbaren Vertiefungen bezeichnete Quadersteine, zwischen S. 612 und dem gegenüber liegenden Tucherischen Gärtlein, erinnern noch an die hohen Mastbäume, die dort eingerammt wurden, um den kaiserlichen Adler in ihrer Mitte zu tragen, der sich dem herannahenden Reichsoberhaupte grüssend entgegen wendete, um sich dann dem Zug, wenn er die Triumphpforte passirt hatte, folgend wieder umzudrehen, während festliche Musik den kaiserlichen Herrn ehrend empfing.

Ob der Johann Neudörfer, der 1639 als Corporal starb, ein Sohn des Arztes war, ist möglich, aber unerweislich. Eine Tochter, Barbara wie ihre Mutter genannt, heiratete am 4. Sept. 1628 den Candid. Juris und kaiserlichen Notar Barthel Lorenz Agricola. Der Namen Johann Neudörfer's, als des bedeutendsten Arztes* der Stadt, wird in diesen Jahren bis an seinen Tod mehr als eines andern, ja in allen wichtigen Fällen fast ausschliesslich genannt, und so umgab den Namen, den der Anherr zuerst bekannt und berühmt gemacht hatte, noch bis zu seinem Erlöschen eine ehrende Anerkennung. Begraben wurde er unter n. 2122 auf St. Johannis, und Trechsel p. 28 gibt auch eine Beschreibung des Epitaphs, woraus zu sehen, dass er das vermehrte Wappen führte. Freilich ist die bedeutungsvolle Grabschrift auf n. 677, welche die Erben dem alten Rechenmeister setzten, wie schon erwähnt, bereits vor mehr als anderthalb Jahrhunderten ein Raub schnöder Gewinnsucht geworden, und auch das von Nicol. de Neufchatel ein Paar Jahre vor seinem Tod gemalte und auf dem Rathhause zu ehrendem Gedächtniss des Mannes aufbewahrte Bildniss ist hier nicht mehr vorhanden, sondern zu München, aber sein Namen wird unter den verdienten Männern, auf welche seine Vaterstadt stolz zu sein berechtigt ist, stets eine ehrenvolle Stelle einnehmen und ihm das Zeugniss gegeben werden müssen, dass er ein durch eigene Kraft zu dem, was er war, gemachter Mann war.

II.

Durch die Aufzeichnung dieser Nachrichten hat Neudörfer, ohne es zu wissen und zu ahnen, der Kunstgeschichte einen grossen Dienst geleistet. Dass es ausser den politischen Actionen, mit welchen allein die frühere Geschichtschreibung sich befasste, auch noch ein anderes, dem künstlerischen Geiste gehörendes Moment geben könne, auf welchem nur unblutige Lorbeern zu erringen wären, hatte man, wenn man es auch wusste, nicht beachtet, und obgleich die kunstreichen Schöpfungen des Malers, Bildhauers, Baumeisters, und Anderer vor Aller Augen standen, so hatte man doch nur zufällig, und wenn andere Umstände mit ihnen im Zusammenhange standen, daran gedacht, von ihnen schriftlich etwas aufzuzeichnen. Daher kommt es, dass sich über die frühere Zeit allenfalls in Rechnungen, gesetzt diese seien vorhanden, etwas aufgezeichnet findet, über Anderes aber gar nichts, und der mündlichen Ueberlieferung und der Sage ein unbeschränkter und von derselben auch unbedenklich ausgebeuteter Spielraum gelassen worden ist. Von der wichtigen Hereinleitung der Quelle des Schönen Brunnens und derjenigen, die den Spitalbrunnen speisst, ist eben so wenig ein Document vorhanden, wie über die Leitung des Fischbachs, und über die steinernen Bilder innerhalb der St. Sebaldskirche weiss kein Mensch zu sagen, wer sie gefertigt hat. Die ältere Geschichte der Stadt Nürnberg bietet noch manche ungelöste und leider unlösbare Fragen dar, und es bleibt dem Epigonenthum nichts übrig, als sich zu bescheiden und zu bekennen: wir wissen es nicht.

Diesem unleugbaren Uebelstande abzuhelfen, hat Neudörfer, ohne es zu beabsichtigen, den ersten Schritt gethan. Wie aus den einleitenden Worten, die er als Schreiben an Georg Römer vorangestellt hat, hervorgeht, war er nicht entfernt der Meinung, diese Aufzeichnungen jemals veröffentlicht sehen zu wollen, theils weil er kein Kunstverständiger sei, theils weil er in der kurzen Zeit von acht Tagen und noch dazu in den ihm von seiner Tagesarbeit übrig bleibenden freien Stunden das Ganze zusammengeschrieben hatte, und wie er selbst sagt, wenn sie, Römer und er, einmal wieder zusammen kämen, würde ihnen Manches zur Vervollständigung beifallen. Ob dies je geschehen, wissen wir nicht, ist auch für uns unerheblich. Denn, wenn dies auch geschehen und in dem Urmanuscript diese Vervollständigungen nachgetragen sein sollten, würde es der Gegenwart nichts nützen, da diese Urhandschrift mit dem Untergang des Römerischen Geschlechts selbst auch untergegangen ist und man zufrieden sein muss, Abschriften zu besitzen, welche, wenn auch mit Zusätzen aus späterer Zeit versehen, doch einen im Ganzen genügenden Ersatz für den Verlust abgeben.

Die Kunstfreunde mögen sich lange Zeit um diese Aufzeichnungen wenig gekümmert haben, bis, nachdem die Stürme des dreissigjährigen Krieges vorübergezogen waren, Sandrart in seiner „teutschen Malerakademie" (1675. 1679. Nürnb.

fol.), indem er ein das ganze Gebiet der Malerei, Bildhauerei und Baukunst behandelndes Werk, das unbestreitbaren Werth hat, unternahm, auch in der Besprechung der Nürnbergischen Künstler unverkennbar Neudörfer's Handschrift, z. B. bei Georg Penz, vor Augen gehabt und benutzt hat. Von Kritik und einer ins Einzelne eingehenden Untersuchung kann bei einem solchen Werke keine Rede sein; dass er bei Albrecht Dürer das Märlein erzählt, Agnes habe ihn so gequält, dass er, um ihr zu entgehen, davon und nach den Niederlanden gegangen und erst auf Pirkheimer's Vermittlung wieder heimgekehrt sei, darf man ihm nicht verdenken, da er es gewiss nicht zuerst ausgeheckt, sondern nur nacherzählt hat. Genug, dass er von Neudörfer bereits Notiz genommen hat. Zum erstenmal machte hierauf Doppelmayr in seiner 1730 zu Nürnberg bei Peter Conrad Monath fol. erschienenen histor. Nachricht von den Nürnbergischen Mathematicis und Künstlern etc. einen ausgedehnten Gebrauch von diesen Nachrichten. Will hat sich zwar in den Münzbelust. II. p. 406 die Mühe gegeben, alle von Doppelmayr übergangene Personen, 22 an der Zahl, namhaft zu machen, wobei er ihm nur das Unrecht thut, auch den Hieronymus Formschneider darunter zu zählen, da er diesen als Hieronymus Andreae, und zwar mit ausdrücklicher Hinweisung auf Neudörfer, in den Noten mm) nn) etc. namhaft macht. Dass Doppelmayr in den meisten Fällen die Neudörferische Nachricht gläubig und unbeanstandet aufnahm, nur etwa bei Dürer selbstständig verfuhr und, was fast unglaublich, der armen Agnes, die nach allen Anderen Dürer's Tod ganz allein verschuldet hat, diese Schuld nicht aufbürdet, diese sich aller Kritik entschlagende Gläubigkeit ist zu sehr das Zeichen aller früheren Geschichtsforscher, dass man sich gar nicht darüber wundern und es ihm nicht anrechnen darf, obgleich ihm der Namen eines Forschers gerade desshalb nicht gebührt. Doppelmayr's Buch hat in den späteren Partien gewiss seinen grossen Werth, weil er da auf sichern

Boden tritt und seine Nachrichten aus glaubwürdigen Quellen
schöpft. Unstreitig macht die naive und unbeholfene Art, mit
welcher Neudörfer seine Nachrichten gibt, den Eindruck eines
unverfälschten, nicht von der Feinheit der Cultur geschminkten
Berichts, allein dessenungeachtet kann er doch an einer ursprüng-
lichen Mangelhaftigkeit leiden. Diese Naivetät ist nicht nur für
Doppelmayr, sondern auch für seine Nachfolger ein irrelei-
tender Führer gewesen. Will, der in den Münzbelustigungen
wie in dem Gelehrten-Lexikon häufig über Künstler (Dürer,
Hirschvogel, Neudörfer etc.) zu reden veranlasst wird, ist, mit
aller Achtung vor seiner Polyhistorie sei es gesagt, am wenig-
sten im Stande, sich von dem Respect, den er einer anerkannten Autorität schuldig zu sein glaubt, frei zu machen, und
obgleich er nur mittelbar zur Kunstgeschichte Einiges beige-
tragen hat, so sind doch seine Beiträge immer nur mit Vorbehalt anzunehmen. Auch dem berühmten Chr. Gottl. von Murr
hat Neudörfer, offenbar nur durch die Schmucklosigkeit seiner
Schreibart, imponirt. Man sehe Murr's Beschreib. v. Nbg. 1801,
p. 700 wegen Hanns Meuschel, p. 702 wegen Hanns Bulmann.
So war man, mit Zähigkeit an den alten Ueberlieferungen fest-
haltend, in das laufende Jahrhundert hereingekommen, ohne
dass Jemand gewagt hätte, dieselben, das theure Kleinod unserer Ahnen, anzutasten. Eine alte Handschrift, an deren Un-
umstösslichkeit die Väter geglaubt hatten, anzufechten —
anathema esto!

Der Erste, der in richtiger Erkenntniss der Bedeutung der
Neudörferischen Nachrichten und mit einem gehörigen Apparat
ausgerüstet an das Werk einer Herausgabe derselben ging,
war der Bamberger Kunstfreund und Privatgelehrte Joseph
Heller, der im Verein mit dem Bibliothekar Jäck 1822 bei Riegel
und Wiesner zu Nürnberg Beiträge zur Kunst und Literatur-
geschichte herausgab, von denen aber nur das erste und zweite
Heft, zusammen ein Bändchen ausmachend, erschien, worauf

die ganze Unternehmung aufhörte. Doch gab Heller in diesem Bande auf den ersten 80 Seiten, ausser einer 8 Seiten langen Einleitung, in welcher er sich über die Gründe seiner Wahl, über die Würdigung, welche Andere, z. B. Sandrart, diesem Mspt. haben angedeihen lassen, und über seinen Apparat, der theils in drei verschiedenen Textesrecensionen, theils in mehreren Chroniken und dem Necrologium Norimbergense oder dem grossen Todengeläut von St. Sebald, jetzt Eigenthum des German. Museums, bestand, äussert, die ersten 34 Nummern, deren letzte Melchior Bayer, Goldschmid, ist (hier num. 35), so dass die andere Hälfte unerledigt geblieben und nie erschienen ist. Die Ursache dieses Nichterscheinens ist wahrscheinlich in buchhändlerischer Unlust zu suchen, eine mehr gelehrte als anziehende Arbeit in Verlag zu behalten, der sich die Gunst des Publicums nur im kleinsten Masse zuwandte. Er hat in dem Enthusiasmus, der ihn für die Kunst beseelte, und bei den wirklich ausgedehnten Kenntnissen, die er besass, in der That sehr viel geleistet, wobei jedoch nicht verschwiegen werden darf, dass er manches, was nicht hieher gehörte, aufnahm, Chroniknachrichten einen unverdienten Werth zukommen liess und in einzelnen Fällen eben so irrte wie Neudörfer oder ein anderer Gewährsmann. Es sind gelegentlich, z. B. beim Todesjahr Hermann Vischer's, solche Irrthümer bemerkt worden. Aber im Ganzen genommen war seine Bestrebung löblich und anerkennenswerth.

Nach einem solchen Vorgange durfte man erwarten, dass das nächstfolgende Unternehmen sich des Errungenen bedienen und, was gar nicht zu verargen war, auf seine Schultern treten würde. Aber diese Erwartung sollte sich nicht erfüllen. Im J. 1828 gab Friedrich Campe Johann Neudörfer's Nachrichten von den berühmten Künstlern und Werkleuten, die innerhalb hundert Jahren in Nürnberg gelebt haben 1546 (sic), nebst der Fortsetzung von Andreas Gulden 1660, heraus. Es sei nach einer alten Handschrift der Campe'schen Sammlung gedruckt, steht auf dem Titel, und in dem Vorwort sagt der Herausgeber: „Sein Manuscript besitze ich; bei den meisten Künstlern finden sich ihre Bildnisse; Andreas Gulden hat die Fortsetzung, wie auch Sterbejahre etc. nachgetragen. Alles folgt hier in einem treuen Abdruck." Ohne Zweifel hat der, um die Geschichte Nürnbergs durch diese wie durch andere Unternehmungen wohl verdiente Mann selbst an die Wahrheit dieser Worte geglaubt, aber seine Manen mögen uns nicht zürnen, wenn wir sein Manuscript eben auch nur für eine der vielen Abschriften halten, die aus der verlorengegangenen Urschrift hervorgegangen sind. Es ist um nichts besser als andere und so gut wie diese mit Zusätzen versehen, die alle, welche sich dessen bedient haben, in Verwirrung und irrthümliche Behauptungen führten. Und dann muss man es doch auffallend finden, dass auf dem Titel das Jahr 1546 statt des im Texte selbst gedruckten Jahres 1547 gesetzt ist, und noch mehr, dass er Heller's Ausgabe, wenn sie auch nur die Hälfte des Neudörferischen Manuscripts enthält, auch mit keinem Worte erwähnt. Gekannt hat Campe sie gewiss und so zu Tod geschwiegen zu werden, verdiente sie in keiner Weise.

Indessen bleibt dem von Campe gegebenen Abdruck das doppelte Verdienst der Vollständigkeit und der gewissenhaften Treue, wodurch Alle, denen die Gewinnung eines sauberen, leserlichen Manuscripts nicht möglich war und die von der Sicherheit seiner Worte sich überzeugen liessen, vollkommen befriedigt waren und alle Angaben desselben gläubig hinnahmen und wiedergaben. Ein neuer und, wie unumgänglich nothwendig war, mit berichtigenden Anmerkungen versehener Abdruck ist seitdem nicht erschienen, aber wohl hat die Nürnberger Kunst- und Handwerker-Geschichte zwei Bearbeitungen von einer und derselben Hand erhalten, die, bis nahe an die Gegenwart herunterreichend, in den Theilen, wo sie auf Neudörfer fussen zu können glaubten, dieses mit der grössten Zuversicht gethan haben. Das erste sind: Nürnberger Briefe (zur Geschichte der Kunst) von R. v. Rettberg. Hannover, 1846. 8., das andere: Nürnbergs Kunstleben in seinen Denkmalen dargestellt von R. von Rettberg. Ein Führer für Einheimische und Fremde. Stuttgart 1854. 8. (seit 1869 in den Verlag von Aug. Recknagel zu Nürnberg übergegangen). Der Verfasser hat der Stadt, die er genau kennen gelernt hat, eine so liebevolle und bis ins Einzelne eingehende Beachtung geschenkt, wie sie nicht leicht von einem Andern erhalten hat, und da er seine Darstellung bis auf das genannte Jahr herabgehen lässt, so hat die Kunstgeschichte durch ihn eine solide Begründung erhalten. Dass er den Neudörferischen Nachrichten in Allem einen unbedingten Glauben schenkt, hat ihn freilich hie und da irregeführt, und in den folgenden Blättern hat man nicht umhin gekonnt, auf solche unverschuldete Gebrechen seines mit warmer Liebe für Nürnberg geschriebenen Buches aufmerksam zu machen, wodurch aber dem eigentlichen Werthe desselben Eintrag gethan werden weder soll noch kann.

Ganz unabhängig von Neudörfer und hier nur desswegen zu erwähnen, weil in dem Folgenden oft auf ihn musste Rücksicht genommen werden, ist Joseph Baader seinen Weg gegangen, früher Vorstand des Archivconservatoriums zu Nürnberg, seit 1870 Archivrath am Reichsarchiv zu München. Durch seine Beiträge zur Kunstgeschichte Nürnbergs, Nördlingen, 1860, dann derselben „zweite Reihe" ebend. 1862, hierauf: Beiträge z. Kunstgesch. Nürnbergs, in den Jahrb. f. Kunstwissenschaft, herausgeg. von Dr. A. von Zahn, 1868, und endlich: Nachträge zu den Beiträgen etc. ebend. 1869, was Alles aus echten Quellen entnommen ist, hat er ein vorher nie in dieser Ausdehnung gekanntes Material geliefert. In den folgenden Blättern ist daher sehr oft, ja vielleicht nicht oft genug auf ihn hingewiesen worden. Da die genannten Mittheilungen

Baader's einen viel weitern Rayon umfassen, als Neudörfer's der
Anlage nach auf das, was ihm in Zeit der acht Tage beifiel,
beschränkte Nachrichten, so sind sie von Anfang an durchaus
reichhaltiger, und von ihm an könnte erst eine Kunst- und Hand-
werks-Geschichte Nürnbergs beginnen, die nicht blos aus Notizen, die beiläufig unter guten Freunden, wo man es mit der
Correctheit nicht allzugenau nimmt, besprochen werden, be-
stünden, sondern die auf urkundlichen Zeugnissen beruhen und
die Sage in ihren gebührenden Schranken halten.

Möge man diese Worte nicht für eine Geringschätzung
und Herabwürdigung Neudörfer's halten. Im Gegentheil, man
kann immer nur ihm zum Danke verpflichtet sein, dass er, sei
auch die Veranlassung gewesen, welche sie wolle, und die Form
immerhin so unbeholfen, wie sie es ist, den Anfang gemacht
hat, Aufzeichnungen über die künstlerische und handwerkliche
Bedeutung Nürnbergs zu machen. Sein Verdienst wird durch
die Nachweisung der verschuldeten Verstösse, angesehen die
Kürze der Zeit, die er zu seinen Nachrichten verwendete, und
dass er nicht daran dachte, damit vor ein kritisirendes Publicum
zu treten, jedenfalls ungeschmälert bleiben und ihm die Ehre,
Begründer einer Kunstgeschichte Nürnbergs zu sein, nicht ver-
kümmert werden.

Die hier zu Grunde gelegte Handschrift ist Eigenthum
der Nürnberger Stadtbibliothek, resp. der sogen. Will-Norischen, und gezeichnet III. 915. b. Sie enthält nicht blos Neudörfer's Nachrichten bis p. 119, sondern auch Guldens Fortsetzung bis p. 176, worauf ein Register, dem Anschein nach
von Dr. M. Mayer's Hand, angefangen, aber nur bis Burkhart
geführt worden ist. Den Schluss machen unbeschriebene Seiten
bis p. 182. Die Schrift scheint aus dem Ende des 16ten oder
Anfang des 17ten Jahrhunderts zu sein. Auf jeder Seite ist
je ein Namen besprochen, wesshalb bei Vielen die grössere
Hälfte der Seite leer ist.

2*

Die zweite auch zur Will-Norischen Bibliothek gehörende Handschrift ist ebenfalls in Folio, gezeichnet III. 915. Sie enthält auf den ersten nicht paginirten, sondern foliirten 27 Blättern die Neudörferischen Nachrichten, jedoch so, dass ohne leeren Raum zu lassen, sogleich nach dem einen Namen der andere folgt. Dann folgen auf 8 Blättern „Kurze Beschreibung etlicher Springenden Brunnen und Wasserwerk allhie" von Fol. 28 bis 37. — Gulden's Fortsetzung ist nicht dabei. Die Schrift dürfte wohl hundert Jahre jünger sein als die vorhin besprochene. Will scheint dieser Handschrift besondern Glauben geschenkt und aus ihr unter Anderm den Doppelnamen Sebastian Stephan genommen zu haben, den er dem Vater Neudörfer's beilegt, was für jene Zeit ganz unerhört ist. Auch findet sich daselbst Cosmographie statt Coss, was seines Ortes bemerkt ist. Röhmer ist in der Widmung so geschrieben, dass man begreifen kann, wie Rössner gelesen wurde. Es ist aber kein Zweifel, dass es Röhmer, i. e. Römer heisst. Als dritte Handschrift könnte Heller's Abdruck gelten, und es ist zu bedauern, dass die andere Hälfte fehlt.

Campe hat gewiss mit grosser Treue seine Handschrift abdrucken lassen, nur weiss man leider nicht, was Urschrift und was Zusatz ist. Man kann seiner Versicherung des treuen Abdrucks gewiss trauen, aber was hilft es, wenn man Unrichtigkeiten, wie Meuschel st. Neuschel, Hanns Bülman st. Jacob Bülman u. dgl. treulich abdruckt? Die ganze Handschrift einer kritischen Sichtung zu unterstellen, war die Aufgabe, der sich Heller mit bestem Vorsatz unterziehen wollte, aber, ohne es zum Ende zu führen, in der Hälfte der Arbeit aufhörte; ob dieser hier aufgenommene Versuch, dem es wenigstens an gutem Willen nicht gefehlt hat, zu besserem Erfolge gelangt ist, möge die Stimme urtheilsfähiger Kenner entscheiden.

Noch glaubt der Herausgeber bemerken zu müssen, dass er in der Wiedergabe von Neudörfer's Worten sich zwar streng an den Laut derselben, nicht aber an die Form, wie sie uns durch die früheren Abschreiber zugekommen sind, gehalten und sich im Interesse der Lesenden der gegenwärtig üblichen Schreibung bedient hat. Wäre Neudörfer's Urschrift vorgelegen, so würde er — vielleicht — anders verfahren haben. Es scheint aber zwecklos, die Laune der früheren Schreiber zu reproduciren und sich und den Lesenden einen Zwang anzuthun, der gar keinen Sinn hat. Ein Gleiches ist in den nicht wenigen Regesten befolgt worden, die alle aus Originalen gezogen worden sind. Zur Beglaubigung sind die Fundorte jederzeit beigefügt worden, so dass die, welche Zweifel tragen, sich vergewissern mögen, dass alles Zweckdienliche gewissenhaft angegeben und nur das Unwesentliche weggelassen worden ist. Wie hier die Form dem Wesen hat weichen müssen, so auch in der Schreibung der einzelnen Wörter. Und hiebei mögen diese Erläuterungen mit dem alten Worte „Explicit" ihr Ende haben.

Nürnberg, im December 1874.

Lochner.

WIDMUNGSBRIEF.

Dem Erbern und Ehrnvesten Herrn Georg Röhmern, den eltern, Burgern zu Nürnberg, meinem sonders günstigen Herrn, entbeut ich Johann Neudörffer, Burger und Rechenmeister daselbsten, meine ganz willigen Dienste mit gehörigem Fleiss bevor.

Als mich Euer Erbarkeit am vergangenen Sonntag, da wir am Markt von mancherlei Künsten und Geschicklichkeit der Burger, so in kurzer Zeit in dieser Stadt noch wohnen und gewohnt haben, redeten, gebeten, anlangend, dass ich, soviel ich derselben kennt, und bei meinen Zeiten (der ich nun täglich 50 Jahr alt seyn werde) gelebt haben, was ihr Werk, Kunst und Verstand gewesen wäre, ein schriftlich Verzeichniss stellen wollte, hab ich gleich bei mir gedacht, Euer Erbarkeit habens vielleicht darum an mich gesonnen, ob ich so vermessen seyn und mit einem solchen schweren Urthel (der ich mich doch gar für keinen Kunstverständigen weiss) heraus wischen wollt, oder aber, dieweil ich lange alhier gewohnt, ob ich desto mehr Leut alhier gekennt hätte. Es sei nun Diess oder ein Anders, so hab ich dennoch von wegen unserer alten Verwandniss, und dass ich mich selbst gern erinnerte, wie unser Herr Gott diese löbliche Stadt allemal mit Künstlern und kunstverständigen Leuten vor andern Städten begabt hat, unterfangen, soviel mir diese acht Tage meine Schüler bei Nachtzeit vergönnt haben und mir wissend ist, die ich auch gesehen, gekennt und mehrentheils Kundschaft mit ihnen gehabt habe, eine kurze Verzeichniss zu stellen, doch nicht anders und keiner andern Meinung, dann dass es bei uns beeden bleiben soll, und zweifel gar nicht, so wir an einem Feiertag (daran ich in meiner Schulhaltung nichts versäume) bei einander sitzen, ein wenig nachfragen, und einander erinnerten, wir wollten uns derer viel mehr einander eindächtig machen. Damit befehl ich Euch in die Gnad des Allmächtigen Gottes. Datum in meiner Schreibstuben. Sonntag den 16. Oktobris Anno Göttlicher Menschwerdung 1547.

Georg Römer, gebürtig aus Mansfeld, heiratete am Montag 23. October 1525 mit feierlicher, auf dem Rathhaus begangener Hochzeit Jungfrau Magdalena, Jakob Welsers und der Ehrentraut Thumerin Tochter. Zufolge Will Münzbelust. IV. 243, wo über dieses Geschlecht Vieles zusammengestellt ist, war er ein Liebhaber der Künste und Wissenschaften. Er heisst der ältere, weil er einen Sohn gleichen Namens hatte, von dem nichts anzugeben ist. Wenn auf Medaillen und Abbildungen den einzelnen Personen dieses Geschlechts der Titel Patricius Noricus gegeben wird, so ist diess darauf zu beschränken, dass sie zu Aemtern und Gerichten gezogen wurden, in den Rath gewählt wurden sie nicht. Er kaufte 1540 von Friedrich Stauff den untern Theil des grossen Anwesens S. 593 mit dem dazu gehörigen hohen Tharm oder Kemenate, dessen obern oder andern Theil derselbe Stauff, der nach Frankfurt a/M. zog, 1542 an Peter Fromond, einen Atlasmacher, verkaufte, und im Kaufbrief wird bemerkt, dass Jorg Remer (alias Römer) 50 f. Eigenzins darauf stehen hat. Will gibt auch an, dass von seinen Töchtern die eine, Magdalena, Paulus Behaim, eine andere, Juliana, Sigmund Held genannt Hagelsheimer, heiratete, und dass ausser dem obengenannten Georg ein zweiter Sohn, Philipp genannt, vorhanden war, der das Geschlecht fortpflanzte. Dieses erlosch aber in sehr verkommenen Zuständen schon 1625.

An dem falschen Namen Rössner, den sowol Heller als auch Campe haben, ist vermuthlich Will in den Münzbelust. II. 406 Schuld, der Rössner geschrieben hat. In keiner hier benutzten Handschrift ist anders als Röhmer zu lesen und selbst Heller bemerkt, dass er in einer derselben Rehmer gefunden habe. Der Respect vor der Autorität Will's war aber zu gross, um an derselben etwas zu beanstanden. Die Rössner waren wohlabende und geachtete Handwerksleute, Messingschlager, Steinmetzen u. dgl. Conrad und Endres die Rössner werden oft genannt, ein Georg oder Jörg Rössner kommt aber damals gar nicht vor, und wenn auch, schwerlich würde Neudörfer einer derselben mit „Euer Erbarkeit" angeredet haben. Eben so hat weder Heller noch Campe an dem hier ganz widersinnigen Worte „eindrächtig", was vielleicht als Schreibfehler Neudörfer selbst verschuldet hat, Anstoss genommen, es muss wie oben gesetzt ist, eindächtig (eingedenk, bewusst) heissen.

1. HANNS BEHAIM DER ÄLTER, STEINMETZ AUF DER PEUNT.[1]

Diesen erbar frommen und gottesfürchtigen Mann, welcher auch gegen Männiglich und sonderlich das arbeitsame Volk freundliches und gütiges Bescheids und Berichts gewesen ist, welchen auch ein erbarer Rath und ganze Gemein geliebt hat, hab ich zuvörderst setzen und sein Werk und Gebäu anzeigen wollen, denn, nachdem er auf der Peunt gewohnt, hat er daselbst allen Vorrat, so zum Bauen gehört, mit hohem Fleiss zusammen gehalten,[2] und daneben das gewaltig Kornhaus, so gegen dem Zeughaus über, darunter man ohne alle Verhindernus des Wetters Stein hauen mag, mit solchen starken Gewölben, dass man auch darin unter der Erden mit Lastwagen einfahren mag, samt dem Kornhaus auf der Vesten gemacht, welches er a. 1493[3] angefangen und a. 1495 an St. Leonhards Tag vollbracht hat. Er hat auch das Rathhaus inwendig mit solchen nützlichen Gemachen und zweien zierlichen Schnecken in kurzer Zeit ohne Verhinderung aller, so mit Aemtern darauf gewohnet haben, verfertiget, also dass ers allein ein Flickwerk genannt hat, dass doch von Männiglich heutiges Tags für einen schönen Bau geachtet wird.[4] Sollt ich aber seine Kunst und Architektur und was gewaltiger Visirung der Gebäu, so er hier und andern Orten gemacht und aufgerichtet hat, noch länger anzeigen, würd ich diese meine Verzeichniss zu lang machen.[5] Dieser Meister starb a. 1538 den 27. Augusti, wurde sehr alt, und ist 48 Jahr in der Herren Diensten gewesen.

[1] Es wird kaum nöthig zu bemerken sein, dass diese bürgerlichen Behaime mit den rathsfähigen nichts als den Namen gemein haben, und der gleichzeitige Michel Behaim, der von 1502 bis an seinen 1511 erfolgten Tod Baumeister von Seite des Raths war (s. Anzeig. f. Kunde der deutschen Vorzeit 1874. num. 4 und 5)

hatte allerdings die Ueberwachung und Anordnung der vorzunehmenden Arbeiten, aber die eigentliche Ausführung derselben hatte der Werkmeister zu besorgen, der wie hier Hanns Behaim in der Peunt, dem städtischen Bauhof, einem besonders abgeschlossenen geräumigen Hofe, seine Wohnung hatte und den Titel Anschicker in der Peunt führte.

[2.] Näheres über die Aufgabe des städtischen Werkmeisters kann man in Endres Tucher's Baumeisterbuch ersehen, das 1862 durch Dr. Lexer im Verlag des Literar. Vereins zu Stuttgart herausgegeben wurde. S. pag. 32. Auch Baader Beitr. 2, pag. 14.

[3.] Die Zahl 1493 ist unrichtig, denn erst am 11. October 1494 wurde der Bau des Kornhauses unter der Veste beschlossen und die alte Inschrift besagt: angefangen an sant. lien [harts tag in de. 1494 iar | vnd an sant. lienhartstag | in dem 95. iar. volpracht. Im Wolffischen Gedenkbuch, bei Schrag zu Nürnberg, ist eine genaue Abbildung der Inschrift und des Stadtwappens, zu dem sie gehört, gegeben. Das jetzt zur Kasernirung eines Theils der Garnison verwendete Gebäude ist auf der Stätte der durch den Pfleger von Lauf, Christoph Laininger, 1420 niedergebrannten burggräflichen Burg, dem „castellum minus" ostwärts von der kaiserlichen Veste, aufgeführt und führt, weil die auf derselben einkehrenden ehemaligen Kaiser ihre Pferde dort einstellten, den Namen Kaiserstallung. — Der Zeit nach geht der Bau des Kornhauses auf der Veste dem des Kornhauses beim Zeughause voran, indem der Bau des letztgenannten erst 1498 beschlossen und erst nach dem Abbruch des alten oder innern Thores 1499 angefangen wurde. Im Jahre 1572 wurde das Wag- oder Zollamt, bei zunehmender Ausdehnung des Handels und sich ergebender Unhinlänglichkeit des älteren Waggebäudes, hineinverlegt. Zwischen beide Bauten fällt die Aufführung dieser ältern Wage, gewöhnlich die kleine Wage oder auch Herren- oder Fronwage genannt, die ebenfalls Hanns Behaim zu führen hatte, und die noch jetzt merkantilischen Bedürfnissen dient. Sie ist bekannt auch als Herrentrinkstube und Local der 1498 errichteten, aber nach zehenjährigem Bestand wieder eingegangenen Poeten- und Philosophenschule. Das nach Abend schauende Thor ist durch Adam Kraft's launiges Kunstwerk geziert. Die obern Räume dienen jetzt zur Tuchniederlage.

[4.] Durch die von 1616 bis 1620 fortgesetzte Umgestaltung des Rathhauses sind die Arbeiten Hanns Behaim's, die in 1521 und und 1522 fielen, natürlich beseitigt, wenn nicht die im östlichen Theil zur Zeit bestehende Wendelstiege von ihm herrührt, vielleicht auch das Wappen an dem einen östlichen Eingang unter ihm angefertigt ist, und im Allgemeinen mochte er mit dem Ausdruck Flickwerk nicht Unrecht haben.

[5.] Da an den Mauern und Basteien der Stadt fortwährend gebaut wurde, auch die Massregeln, den Fluss in den gehörigen

Schranken zu halten und seinen Lauf von hemmenden Gegenständen und Anschwemmungen zu befreien u. s. w., seinem Gutachten unterstellt wurden, das er nicht blos mündlich, sondern auch schriftlich abzugeben hatte, so lastete allerdings viel auf ihm, wenngleich Hanns Behaim der jüngere, sein Sohn, als Landbaumeister, welches Amt er 1518 aufgab, für auswärtige Bauten zu sorgen hatte. Wie aber der alte Hanns Behaim auch an andern Orten, wozu natürlich der Rath zu Nürnberg um Genehmigung angegangen werden musste, in Anspruch genommen wurde, dafür hat Jos. Heller aus den Jahren 1516 und 1518 in drei Rechnungsauszügen, welche Ehrungen, die man zu Bamberg ihm, Hannsen Behaim, dem Baumeister, oder auch Stadtmeister, von Nürnberg für seinen Rath beim Bau der Seesbrücke zukommen liess, enthalten in den Beiträgen c. p. 14. 15., Beweise beigebracht, mehr noch Jos. Baader in den Beitr. 2, 15 ff. Um dieser vielfachen Thätigkeit willen hatte er schon 1514 an den Rath bringen lassen, ,,wie ihm das Hin und wiederlaufen zu der Stadt Gebäuen und Geschäften, womit er täglich belästigt sei, Das aller Ende zu besuchen und zu besichtigen, zu viel seyn wolle und er zu Fuss Das in die Länge nicht aushalten könne, darum er verursacht sei zu längerer Aufrechthaltung und Fristung seiner Gesundheit ein Pferdlein zu halten, und wenn ihm auch dessen keine Vergütung geschehe, so wolle er doch Das auf seinen eigenen Kosten thun". Auf dieses Anbringen, das Jakob Muffel, damals älterer Burgermeister sich aneignete, wurde am Montag 26. Juni ,,in Betracht seiner getreuen Dienste, Vernunft und Geschicklichkeit, und damit er seinen Aemtern desto länger vorstehe, ertheilt und ihm, Meister Hannsen zugesagt, so lang er in seinem Amt seyn und ein Pferdlein zu seines Leibs Bedürfniss halten werde, soll und wolle man ihm zu Ergötzung desselben alle Jahr aus der Losungstube 25 f. rh. reichen". (Baader Beitr. 2, 16). Er starb im Herbst 1538.

Von seinen Lebensverhältnissen ist nur wenig bekannt. Sohn eines gleichnamigen Vaters und dessen Ehefrau Alheid (Adelheid) und Bruder eines nebst seiner Frau Elsbeth 1497 schon gestorbenen Lorenz Behaim, wird er in einer Urkunde vom Samstag 4. Februar 1497 genannt, als die Kinder dieses Lorenz ein Eigen, das sein Bruder mit ihm gemeinsam besessen, käuflich an ihn abtraten. Diese Verkäufer waren Georg Behaim, damals Magister, nachher Doctor, und von 1513 bis 1521 Propst zu St. Lorenzen, Sebald Behaim, dem 1494 erlaubt worden war, das Beckschlagerhandwerk neben dem Rothschmidhandwerk zu treiben, Gebrüder, Barbara Frizen Schweikers, Ottilia Wolfgang Eisens, Anna Niklaus Porschens ehliche Wirtinen, die Jungfrauen Margareth und Gertraud, und der abwesende Lorenz Behaim, Doctor in geistlichen Rechten, zur Zeit zu Rom wohnhaft, für den sie gutsagen. Dass sich die Familie über die gewöhnliche Bürgerlichkeit erhub, liegt am Tage, und da auch des kaufenden Hanns Behaim einer Sohn, Matthias genannt, die sogenannte gelehrte Laufbahn einschlug, bei St. Lorenzen 1519 seine erste Messe sang und 1521 daselbst eine Pfründe bekam, so hatte Dr. Christoph Scheurl allerdings nicht unrecht, wenn er in seinem Nekrolog auf den Propst Anton Kress seines schon designirten Nachfolgers Georg Behaim Familie wegen der in ihr vorherrschenden gelehrten Bestrebung so hervorhob, dass der Rath darin eine Beleidigung für sich und die Seinen erblickte, ihm einen Verweis ertheilte und die Schrift zu unterdrücken suchte. Hanns Behaim mag wol jünger als sein verstorbener Bruder Lorenz gewesen seyn, der lauter erwachsene Kinder hinterlassen hatte, auch trat er erst 1496 das Meisterrecht an, aber ohne Zweifel war er, der Sitte gemäss, schon verheiratet, und zwar mit einer Tochter des ältern Andreas Pegnitzer. Am 2. Mai 1503 wurde er, gemeiner Stadt Werkmeister, als Anschicker in der Peunt bestellt. (Baader 2, 15). Genannter des grössern Raths wurde er 1520. Ausser dem schon genannten Matthias, von dem weiter nichts als was schon gesagt ist, sich angeben lässt, hatte er noch zwei Söhne, Hanns, den einzelne Handschriften Neudörfer's seinen Vetter nennen, und Paulus. Von beiden wird nun besonders geredet. Dazu eine Tochter Katharina, die Conrad Rudolf, den sogenannten Röhrencunz, heiratete, eine zweite, Barbara, hatte zuerst den Hanns Wut, dann den Jorg Prymss zum Manne, der 1542 die „Goldene Gans" auf fünf Jahre in Pacht nahm. Eine dritte Tochter hatte Hannsen Mugenhofer zum Manne, aus welcher Ehe 1526 nach beider Eltern Tod eine Tochter Katharina am Leben war, welche von ihrem Grossvater mit 200 f. Heiratsgut dem jüngern Andreas Pegnitzer zur Ehe gegeben wurde.

2. HANNS BEHAIM STEINMETZ DER JÜNGER GENANNT.

Dieser Hanns Behaim ist des jetztgenannten Behaims Vetter und ausserhalb der Stadt mit seinen Bauen fast berühmt, sonderlich aber bei den Pfälzischen Chur- und Fürsten angenehm gewest, hat auch die Befestigung der Canzlei-Zwinger gebauet, dazu er die Steine vom gewaltiger Wasserthurm daselbst abhieb und versetzt, ward einer ziemlichen Burgersnahrung und kaufte von einem erbarn Rath die Weiher bei Pillenreut.

Heller nennt ihn, ohne der Variante Vetter zu gedenken, Sohn des vorigen. Auch gibt er auf das Zeugniss eines Porträts sein Todesjahr als 1563 an, was mit Roth's Genannten-Buch, das 1535 angibt, in Widerspruch ist. Letzteres wird aber durch ein auf dem kön. Archiv befindliches Genannten-Buch als richtig bestätigt und der Todestag als 13. Juni 1535 festgestellt. Er war 1520, zugleich mit dem ältern, Genannter geworden (ebenf. nach Roth), wogegen aber streitet, dass er schon lange vorher Landbaumeister war und dieser Stelle am 22. Dec. 1518 auf seine Bitte enthoben wurde, weil er sich „daneben erbot, je zu zeiten, wenn einem Rath grosse Gebäu in der Stadt oder auf dem Land vorfallen würden, sich auf Ersuchen dazu gebrauchen zu lassen und einem Rath zu dienstlichem Gefallen zu erscheinen". An seine Stelle wurde gleich des andern Tages durch die Landspfleger Simon Rössner der Steinmetz gesetzt, mit 16 f. Sold. In demselben Jahre hatte er, laut Rathsverlass vom 8. Merz, die sechs Weiher, die vorher den Fischbecken, einem erloschenen Adelsgeschlecht, gehört hatten und zuletzt an den Rath gekommen waren, von demselben um 1100 f. rh. und einem jährlichen Eigenzins von 16 f. gekauft, worüber es mit dem nahe daran gelegenen Kloster Pillenreut zu lang dauernden, erst 1528 verglichenen Streitigkeiten kam. S. die Fischbecken und ihre Weiher, im Anzeig. f. Kunde etc. 1865, No. 2—4. Er war zweimal verheiratet, seine erste Frau hiess Dorothea Ernstin und kommt schon am Freitag 19. Fbr. 1496 und nachher noch öfter vor, sie starb 1514 oder 1515, da am 25. Sept. 1515 über Legate, die sie gemacht, quittirt wird; seine zweite, Anna, Ulrich Mocken Tochter, wird genannt am 28. Sept. 1518. Er scheint ziemlich begütert gewesen zu sein, was auch die Stelle „ward einer ziemlichen Burgersnahrung" bedeuten soll, und sich hauptsächlich auf das Geschäft des Häuserkaufens und -verkaufens verlegt zu haben. Von seinen Kindern lassen sich Christoph und Hanns, beide am 18. März 1545, dann eine mit Hanns Rot, Wirth bei St. Jakob, verheiratete Tochter, hierauf Katharina, mit Erasmus Rotenburger, Kriegsschreiber, Anna, mit Jakob Fröschel verheiratet, und Helena, namhaft machen. Beide, eben genannte Gebrüder, quittiren am besagten Tag Meister Paulus Behaim und Hanns Rot, ihre Vetter und Schwager, bisherige Vormünder, bitten aber, weil sie noch nicht 25 Jahr erreicht, ihnen Erasmus Strauss, ihren Vetter, zu Curator zu setzen, was sofort geschieht. Cons. 62, Fol. 7. Wie Erasmus Strauss ihr Vetter war, ob ein Bruder der Dorothea, bleibt zu ermitteln, Paulus Behaim aber heisst doch wol so als Bruder ihres Vaters, und dadurch wäre das Verhältniss des Landbaumeisters zu dem ältern Hanns Behaim, als seines Sohns, festgestellt. Zu den von dem jüngern Hanns gekauften Häusern gehörte auch das des Bildschnitzers Veit Stoss, welches, da er es am 20. Merz 1534 von den Stossischen Executoren um 1000 f. gekauft hatte, die Erben, resp. die beiden Töchter Katharina und Anna, mit Wissen und Willen ihrer Ehemänner, am 4. Juny 1550 an Stephan Prechtel, Schreib- und Rechenmeister, und Veronica, seine Ehefrau, um 1600 f., und einem Leikauf von 20 f. für die beiden Verkäuferinnen, verkauften. Urk. des Hauses S. 940. Dass das, von Heller p. 15. aus Trechsel's Beschreibung des St. Johanniskirchhofs p. 381. mitgetheilte, Epitaph von n. 717: „Hansen Behems Landpawmeisters dieser Stadt, Christoffen und Hansen seiner Sün, Erasmussen Rotenburgers seines Aydens Auch Ir Aller haussfrawen vnd Nachkumen Begrebnus. 1555." das seinige ist, leidet keinen Zweifel.

Christoff Behaim heiratete Margareth, Hannsen Schweigkers und Katharina seiner Ehefrau beider seligen Tochter, die am 30. Merz 1549 über ihr Erbtheil quittirte.

S. Baader's Beiträge 11. 17. und Jahrh. f. Kunstwissensch. 1868. p. 260, wo der Landbaumeister, im Widerspruch zu dem Vorausgesagten, nicht der Sohn, sondern der Vetter, sowol des ältern Hanns, als auch des Paulus Behaim genannt wird. Es werden a. a. O. mehrere Verwendungen beider Behaime, sowol des Landbaumeisters als auch des Meister Paulus angeführt.

3. PAULUS BEHAIM, STEINMETZ AUF DER PEUNT.

Dieser Meister Paulus ist des alten Meisters Hanns Behaim Sohn, welchen sein Vater mit allem Fleiss gelernt, auch ihm viel guter Künsten verlassen hat, ihn auch dazu gehalten, dass er an fremden Orten viel gesehen und im Bauen erfahren hat. Sein Meisterstück ist gewesen St. Rochus Capellen auf dem neuen Kirchhof vor dem Spittlerthor. Ao. 1538 hat er den grossen Bau vor dem Vestnerthor angefangen und Ao. 1545 vollendet. Er machte auch eine Visirung zu einer gewaltigen Befestigung, derselbe Plan erforderte den halben Theil von Nürnbergs Weiten, und zweifle gar nicht, so er einen Verleger gehabt, er wurde dasselbige nicht weniger im Werk als in der Visirung vollzogen haben, und hat solche Visirung dem König in England zugeschickt.

Die Erbauung von St. Rochus Kapelle hängt mit der Verlegung der Begräbnisse vor die Stadt zusammen, welche anfänglich nur auf die zweite Jahreshälfte von Joh. Baptiste an bis Joh. Evangeliste, und nur für den Fall eines eintretenden Sterbens, keineswegs aber für immer, ins Auge gefasst war, aber als 1520 ein solches Sterben hereinbrach, in Vollzug gesetzt und mit grosser Strenge, ohne eine Ausnahme zuzulassen, eingehalten wurde. Dass Paulus Behaim den Bau der Capelle führte, muss man auf Neudörfer's Gewähr annehmen, da es als eine Privatunternehmung des Imhof'schen Geschlechts, und zwar, nach Conrad Imhof's, des eigentlichen Stifters, schon 1519 eingetretenem Tode, seiner ihn beerbenden Brüder anzusehen ist, und amtliche Aufzeichnungen desshalb nicht vorliegen, ausser ganz allgemeiner Art. Dass Paulus

Behaim ein sehr geschickter Meister und vom Rath auch anerkannt war, zeigt z. B. das J. 1527, in welchem er am 20. März wegen des Baus am Schloss zu Lauf 32 Pfd. Novi zu einem Bibal bekam, mit seiner Bestallung aber, die er mit erhöhter Besoldung zu erhalten vermeine, soll es, weil diese Bestallung ihr Ende noch nicht habe, bleiben wie bisher, und ihm noch zur Zeit Besserung zu thun abgelehnt werden; dann wurde am 12. Oct. ertheilt, Meister Paulsen Steinmetzen Besoldung also zu bessern, dass er die Woche hinfür einen Gulden habe, und so er sich wol hält und ein besonderes Gebäu thut, soll ihm desshalb ein ziemlich Bibal gegeben werden; und am 30. Oct. hiess es, die vor wenig Tagen dem Steinmetzenmeister Hanns in der Peunt auf 52 f. gebesserte Besoldung soll man noch mit 12 f. erhöhen. Hanns ist unrichtig geschrieben statt Paulus. Dies Alles in demselben Jahre 1527, wo er (nach Baader Jahrb. f. Kunstwissensch. 1868 p. 260) mit dem Landbaumeister nach Italien geschickt wurde. Aber auch bei dem 1538 geführten, aber erst 1545 beendigten Baue der Bastei zwischen Vestner und Thiergärtner Thor, durch welchen der Schlosszwinger entstand und der tunnellartige Eingang nun um den Thurm herum geführt wurde, nachdem der Weg früher eben so wie beim Weissenthurm und Lauferschlagthurm durch den Thurm selbst gegangen war, wird Paulus Behaim, obwol er gewiss dabei verwendet wurde, nicht genannt, sondern der eigentliche Führer des Baus war Antonio Vascani, ein Italiener, den K. Karl V. selbst hieher gesendet hatte. Durch diesen Bau wurde die ganze Gestalt dieses Theils der Stadt nicht nur aussen, sondern auch innen geändert. Am 3. Sept. fand frühe vor Tages eine Grundsteinlegung statt, indem ein grosser silberner Schilling in einem krystallenen Glas samt goldenen, silbernen, kupfernen und bleiernen Münzen, die zum Theil Hanns Maslitzer gefertigt hatte, in denselben Stein gelegt wurde. Die Inschrift der Denkmünze war: „Deo Optimo Maximo. S. P. Q. N. Muros arcis non satis firmos ad sustinendos hostiles impetus, et justa spaciorum adjectione et multis subinde egestis ruderibus, a fundamentis magna cum laude crevit et novos fecit Imp. Carolo V. Caes. P. F. semper Augusto Rege Hispan. Catholico Archiducique Austriae et Ferdinando fratre ejus Rege item Roman. Hung. & Bohem. Romanique Imperii successore, Patribus vero Patriae Christophoro Tetzelio. Leonhardo Tuchero et Sebaldo Pfintzingo. Anno MDXXXVIII. Mense Augusto." Aber weder des obengenannten Italieners noch Paulus Behaim's wird amtlich dabei gedacht. Dieser wird wol in die Stelle seines in demselben Jahre 1538 gestorbenen Vaters eingetreten sein, denn er wird nun meistens „Meister Paulus Behaim in der Peunt" genannt, so am 26. Jan. 1545 u. a.

Er war dreimal verheiratet, zufolge seines Epitaphs auf St. Rochus, n. 304, welches in Nor. Christ. Freydhöfe c. p. 112 also mitgetheilt wird: Ao. 1561 am Freitag nach Egidien ist verschieden der Erbar und namhafft Meister Paulus Peham, Steinmetz, meiner Herren Bergmann (Werkmann) in der Peunt, dem Gott gnädig und barmherzig sey, und Gott verleyhe ihm ein fröliche Aufferstehung. 1529 Jahr, starb Catharina, Paulus Pehamin, 1536 Jahr, starb Ursula, Paulus Pehamin, den beeden Gott genad. Martha, Meister Paulus Pehamin, den 11 Tag Martii 1560. — Ursula war Herman Vischer's Tochter, Peter Vischer's des ältern Enkelin gewesen. Ob er Kinder verliess, ist unbekannt.

4. ADAM KRAFT, STEINMETZ.

Was geschickter, fleissiger und kunstreicher Baumeister und Steinmetz dieser Meister Adam gewesen ist, zeiget das Sacrament Haus in St Lorenzen Chor, welches a. 1496 angefangen und a. 1500 vollbracht worden, darunter er zuvörderst, als wäre er im Leben, sich selbst conterfeit hat, und hinter ihm seine zween Gesellen. Dazu hat er den schönen Oelberg oder Passions Figuren bei St. Sebald aussen an der Kirchen gegen der Prediger Kirchen gemacht, und sonsten allenthalben in Kreuzgängen, bei St. Aegidien, Augustinern und Predigern, viel künstlicher Gedächtniss hinter ihm gelassen, wie dann auch bei der Imhof Häusern, da er viel zierliche Arbeit gemacht hat, zu sehen ist. Er war mit der linken Hand zu arbeiten gleich so fertig als mit der rechten, hatte aber eine wunderliche Art an sich, dass er allemal einen groben starken Bauernknecht zu einem Handlanger dingete; dem zeigte er alle Ding mit höchstem Fleiss, als ob er sein Leben lang und beim Bauen auferzogen wäre, durch solches Zeigen mocht ein anderer Gesell darneben etwas begreifen, war er desto besser. Starb im Spital zu Schwabach. Seine Frau nennet sich ihm zu Gefallen Eva.

Von diesem Adam Kraft schreibt ein Anderer dieses:

Dieser Adam Kraft war ein berühmter Bildhauer und Steinmetz alhie zu Nürnberg, wohnte auf dem Steig bei den 12. Brüderern, in einem grossen Hof, vornen am grossen Hauptthor war gemacht ein steinerner Lindwurm, daraus Wasser fleusst. Der hat ihm zur andern Ehe eine Wittwe vermählet, welche sich Eva allein ihm zu Gunst hat nennen müssen, so sie doch Magdalena getauft war, hat mit ihr Hochzeit gehalten im 1503 Jahr den 6. September. Er hat das künstliche Werkstück, nemlich das Sacraments häuslein in St. Lorenzen Kirch alhier gearbeitet, daran sind sein und seiner 2 Mithelfer Conterfei noch zu sehen, und solches hat er aufgericht im 1500 Jahr: er ist berühmt gewest und hat sonderliche Erfahrung gehabt, die harten Steine zu mildern und zu giessen. Er habe Formen gemacht, darein Leimen mit kleinen gestossen Steinlein vermischt, den darauf gebrennt und mit Steinfarb angestrichen, es sind aber an solchem Werkstück alle krummen Bogen inwendig hohl und mit eisernen Stangen eingelegt. Sie könnten sonst nicht so bleiben. Dieser Meister Adam hat auch alle Zierrat und Bilder in des Herrn Andreas Imhof bei St. Lorenzen Behausung mit gebranntem Leimen ausgeführt. Item, den Englischen Gruss mit 2 steinern Bildern an des Gabriel Prenners Haus auch gemacht, bei St. Sebalds Kirchen das gross Werk bei der Thür St. Sebaldi von Sebald Schreiers Besoldung. Item an Unser Frauen Saal am Markt das zierliche Messwerk am Gehäuss der Vesperbilder, an St. Sebalds Kirchen neben dem Sacraments Häuslein am Altar, dieser Volkamerisch, jenes Grolandisch, ein künstlich Werkstück (welches wenig geacht wird) hat er auf ao. 1502 gemacht, nemlich das Abendessen Christi, daran er dazumal die ältern Herren und Andere im Regiment abconterfeit hat, als den Herrn Gabriel Nützel, Hieronymus Schürstab, beede Losunger, Paulus Volkamer, Ulman Stromer, Anthoni Tucher, Marquard Mendel, Conrad Imhof, Peter Rieter, Hanns Harsdorffer, Stephan Volkamer, Seiz Pfinzing und Heinrich Wolffen. Heraussen vor St. Sebaldskirchen, neben des Ponackers Laden, über der Begräbniss Sebald Schreiers, von ihm besoldet, ein trefflich Werkstück. Item, an Herrn Hieronymus Paumgärtners Behausung an St. Aegidien-Gassen, ein kleines Werkstück, den Ritter St. Georgen auf dem Pferd. In den Clöstern von St. Aegidien und Augustinern, in den Creuzgängen, hat er unterschiedliche schöne kleine Stück gemacht. Vor dem Thiergärtner Thor, da hat er in Stein gehauen und aufgerichtet die sieben Fälle Christi bis hinaus ad montem Calvariae zu der Capellen bei St. Johannis, dasselbige grosse Creuz, mit samt den 2 Schächern, auch die Bilder neben und gegen dem Creuz, darnach die Begräbniss im Capellein, samt den Bildern daselbst. Dann hat er auch zuvor den schönen Oelberg auf dem Kirchhof in der Carthausen von Stein gemacht, welchen Herr Peter Harsdörffer hat aufrichten lassen. Diess ist von gemeltem Adam Krafft in der Stadt Nürnberg, samt noch viel andern Kunststücken zu sehen.

Wenn man erwägt, dass diese Aufzeichnungen Neudörfer's das Einzige sind, woraus die Kenntniss der Späteren über eine so reiche Künstlernatur geschöpft wurde, und dass Neudörfer selbst ein etwa neunjähriger Knabe war, als Meister Adam starb, so wird man sich nicht wundern, wenn über die Persönlichkeit des alten Meisters unverbürgte Ueberlieferungen sich geltend gemacht und ihn fast zu etwas Mythischem umgewandelt haben. Dazu war es sehr förderlich, dass von amtlichen Notizen schon desswegen keine Rede sein kann, weil gerade seine bedeutendsten und nicht zu beanstandenden Arbeiten, wie das Schreier-Landauerische Grabmal, das Sacramentshäuslein in St. Lorenzen Kirche, die sieben Stationen von der Stadt aus gen St. Johannis, im Auftrag und auf Kosten von Einzelnen gemacht wurden, und der Staat, d. h. die Stadt, Nürnberg gar nichts dazu that, als dass er sie geschehen liess. Diese Schwierigkeiten, welche einer Besprechung von Kraft's Lebensverhältnissen entgegenstehen, hat schon der ungenannte Verfasser seines 1822 zu Nürnberg bei J. L. Schrag erschienenen Künstlerlebens erkannt und, in Erwähnung der früheren Versuche, etwas über Kraft Ausreichendes zu geben, im Eingang seiner Abhandlung, wo er pag. 9 in der Anmerkung auch die vorstehende Stelle Neudörfer's, wahrscheinlich aus demselben hier benutzten Codex, hat abdrucken lassen, eingehend ausgesprochen. Man muss hier gleich im Vorbeigehen bemerken, dass das Jahr 1507, in welchem Kraft geheiratet haben soll, nach genauer Betrachtung der Handschrift als 1503 erkannt worden ist. Campe hat 1490, vermuthlich aus willkürlicher Conjectur angenommen, Heller hat die Zahl ganz weggelassen, was am Ende das Beste war, da es aller Wahrscheinlichkeit zuwiderläuft, dass sich von der Verheiratung eines Steinmetzen ein so genaues und so formulirtes Datum erhalten haben sollte, da alle Daten aus jener Zeit in Hinweisung auf einen kirchlichen Tag, hier etwa am Eritag vor Mariae Geburt, nicht aber als Monatstage gegeben werden. Doch mag es drum sein, da ohnedies nichts oder allenfalls nicht viel darauf ankommt. Wichtiger ist ein zweiter Umstand, worin man mit dem Ungenannten nicht übereinstimmen kann, dem nämlich, dass Kraft schon 1462 an der Frauenkirche gearbeitet habe. Auch Heller, dessen schon mehrmals erwähnte Schrift ebenfalls 1822 erschien, stimmt mit dem Ungenannten nicht überein. Gegenwärtig würde aller Grund zur Controverse wegfallen, da derjenige Meister Adam, an welchen Sebastian

Lindenast für Steinwerk den bedungenen Lohn auszahlte, nicht ein Adam Kraft, sondern ein Adam Merz war, welchen Baader in seinen Beitr. I. 73, 101, 102 nachgewiesen hat. Adam Kraft war damals schon todt. Es bleibt daher das Jahr 1490 als das erste, aus welchem mit völliger Sicherheit eine Arbeit Meister Adam's nachgewiesen werden kann. Es sind das die durch Martin Ketzel (Kötzel) veranlassten sieben Stationen, die vom Pilatus-Haus ausgehend sich auf dem Weg nach St. Johannis hinziehen, wo damals wol schon eine zum Siechkobel gehörige Kirche mit einem kleinen Begräbnissplatze war, aber noch keineswegs ein allgemeiner Kirchhof, an den damals noch Niemand dachte. Welchen Grund Ketzel hatte, der allerdings zweimal, 1468 und 1472, nicht wie gewöhnlich angenommen wird, 1477 und 1488, nach Jerusalem pilgerte, das Haus S. 439 für das Haus Pilatus' zu erklären, ist unbekannt, ihm gehörte es nicht, so wenig als einem andern seines Geschlechts, und erst um den Anfang des 16. Jahrhts. fing man an, es das Haus „zum geharnischten Mann" zu nennen, sowol im Volksmund als auch urkundlich; das Pilatus-Haus ist aber eine erst für den Bedarf der Touristen und ihrer Ciceroni, der Lohnbedienten, aufgekommene Benennung, die sich allerdings auf die Stationen gründet. Und, beiläufig gesagt, patriciatisch waren die Kötzel auch nicht, keiner von ihnen ging je zu Rathe, obgleich sie zu Aemtern und Gerichten gezogen wurden. Ihr Stammhaus war am Herrenmarkt, in den jetzt getrennten Häusern S. 7 und 8.

In neuester Zeit hat Prof. Wanderer 1869 in der Schragischen Hof-Kunst- und Buchhandlung dahier die Werke Adam Kraft's in einer würdigen Ausstattung herausgegeben und einen erklärenden Text beigefügt, auf den man als vollkommen erschöpfend verweisen kann. Auch er sieht von einer früheren Thätigkeit des Meisters als 1490 ab und vindicirt ihm nicht ein hohes Alter, als er zu Schwabach 1507 gestorben, sondern setzt seine Geburtszeit zwischen 1450 und 1460, indem die Arbeit des Sacramentshäusleins allein jedenfalls eine noch rüstige, durch die Jahre noch nicht gebrochene Kraft voraussetzen lässt. Was die Ursache, wesshalb er zu Schwabach und nicht zu Nürnberg, wo er Haus, Hof und Garten besass, starb, wofür freilich nur Neudörfer einzustehen hat, gewesen sei, bleibt ein ungelöstes Räthsel, und die wahrscheinlichste Vermuthung bleibt immer, dass er durch seine Geschäfte dorthin geführt, plötzlich erkrankte und, ohne zurückgebracht werden zu können, in das Spital geschafft wurde und dort das Ende seiner Tage fand. An Ort und Stelle angestellte Erkundigungen haben zu keinem Ergebniss geführt. Wenn jedoch die von Campe adoptirte Jahrzahl 1490, in welchem Jahre er seine Frau Magdalena, die seine zweite Frau von Neudörfer genannt wird, geheiratet habe, auch von Wanderer angenommen und also das Jahr 1503 verworfen wird, so müsste die urkundlich als seine Wittwe erscheinende Barbara seine dritte

Frau gewesen sein, wiewol man auf das schon Gesagte, dass eine so genaue Angabe des Monatstages aus jener Zeit das Gepräge der äussersten Unwahrscheinlichkeit, gleichviel ob 1490 oder 1503, an sich trägt, zurückkommen muss.

Noch in einem andern Punkte muss man einen Irrthum, zu dem vielleicht der schon genannte Dr. Mayer, aber selbst auf begreifliche Weise irregeführt, verleitet hat, berichtigen. Gabriel Prenner's Haus (oder auch Prönner's, wie Wanderer schreibt) war nie S. 1, das Haus zum Savoyischen Kreuz, sondern L. 3. Allerdings ist an jenem eine Verkündigung, und die Jahrzahl 1504 berechtigt allerdings zu der Annahme, die Arbeit sei von Kraft, was auch immerhin sein kann, obgleich Wanderer selbst sagt, man habe, was in die betreffende Zeit falle, war es in Stein gehauen, als von Adam Kraft, war es in Erz gegossen, von Peter Vischer, war es in Holz geschnitzt, von Veit Stoss, gearbeitet angesehen. Daher sagt schon Heller p. 24, es sei das Haus mit zwei wolgezierten Bildern oder dem englischen Gruss wahrscheinlich das Haus zwischen der Herren Trinkstube und dem Sebalder Kirchhofe, und findet es ganz und gar des Meisters Adam würdig. Nun folgte Dr. Mayer, der im 8. Heft seines Kunst etc. Freundes 1842, wo er eine ganz wolgelungene Abbildung davon gibt, dann Rettberg sowol in den Nürnbergischen Briefen von 1846, p. 103, als auch in Nürnbergs Kunstleben von 1854, p. 88. Der Namen mag aber Berner, Bronner, Brönner heissen oder wie immer, so ist es doch unrichtig. Aus den Hausbriefen von S. 1, die bis 1453 zurückreichen, ergibt sich, dass Sigmund Oertel, ein wolangesehener Kaufmann, am 10. April 1499 das Haus gekauft hatte und seine Nachkommen es bis 1518 besassen, in welchem Jahre ein Besitzwechsel eintrat. Von einem Gabriel Brenner oder wie immer er geschrieben sein möge, ist aber keine Spur. Vielmehr war Gabriel Brenner, ein ebenfalls angesehener Kaufmann, wie schon gesagt, in L. 3 wohnhaft. In Urk. vom 21. Juni 1521 (Cons. 27, Fol. 192 ff.) werden 1500 f. angewiesen auf die Behausung in St. Lorenzen Pfarr am Eck bei der Fleischbrücke neben Jobst Erlers Behausung gegen dem Lankheimer Brunnen über gelegen, welche Behausung jetzt Gabriel Prenner als sein Erbe besitze und inhabe etc. Und im Spänbrief v. 26. Aug. 1524 (Lit. 36 f. 170 ff.), wodurch Sebald Pinfliesser's Behausung (L. 2) dem Endres Krapfen von Ulm zugesprochen wird, liegt die Pinfliesserische Behausung in St. Lorenzen Pfarr an der Fleischbrucken zwischen Gabriel Prenners und Hannsen Kölers Häusern. Hierzu kommt noch ein Delsenbachisches Blatt, mit der Unterschrift: Perspectivischer Prospect auf der Fleischbrucken zu Nürnberg, auf welchem, mit dem Blick gegen Mitternacht, gerade im Vordergrund das Eckhaus L. 3 sich darstellt, mit der Verkündigung unter einem Baldachin. Diese ist jetzt, wie so manche Reliquie der Vergangenheit, beseitigt, aber unstreitig war das die Verkündigung, von welcher Neudörfer spricht. Immerhin mag auch jene an S. 1 ein Werk Adam Kraft's sein, aber S. 1 war nie das Haus Gabriel Brenner's. Da dieser aber erst 1507 das Haus kaufte, so mag wol der Verkäufer, Bruno Engel, das Kunstwerk veranlasst haben.

Nachdem durch Prof. Wanderer alle Arbeiten Adam Kraft's, sowol von ihm selbst als aus seiner Werkstatt hervorgegangen, sowol hier oder auswärts noch vorhanden, sorgfältig zusammengestellt sind, deren freilich mehr sind als die von Neudörfer angeführten, wie schon Heller solche übergangene aufgezeichnet hat, bleibt für diese Untersuchung nur Weniges zu bemerken übrig. Wegen des Materials, dessen sich der Meister bediente, hat Dr. Mayer gezeigt, dass eine von Sachverständigen angestellte Untersuchung dasselbe als sehr feinen Sandstein erkannt hat, wodurch die Sage von einer künstlich bereiteten Mischung vernichtet ist. Von den in Andreas Imhof's Behausung gemachten Zierraten und Bildern (L. 367 und 368) ist nichts mehr zu sehen. Die in St. Sebalds Chor hinter dem Altar befindlichen Hochreliefs werden, wie sie nach Neudörfer schon seiner Zeit wenig beachtet wurden, auch von Prof. Wanderer gering geschätzt; eine neuere Anschauung spricht sie ihm geradezu ab und will sie, weil ein Pole dasselbe Zeichen daran entdeckt habe, welches Veit Stoss an seinen noch zu Krakau vorhandenen Arbeiten angebracht, diesem Meister zuschreiben, worüber zu streiten hier weder Ort noch Zeit wäre. Uebrigens hat das Abendmahl Christi, von dem allein Neudörfer redet, für die Stadt insofern einen geschichtlichen Werth, als die dreizehn Köpfe, Christus und seine Jünger, Porträtähnlichkeit haben sollen und der Typus derselben allerdings ein echt nürnbergischer ist. Brief und Siegel hat man freilich nicht darüber, aber Neudörfer's Zeugniss ist hierin wol nicht zu beanstanden. Zugleich muss das hier gegebene Verzeichniss, das nur zwölf Personen nennt, vervollständigt werden, der dreizehnte ist nicht genannt, es war der Rathschreiber Johann Wettmann, dem die Rolle des Judas zugetheilt worden sei, zu welcher sich kein anderer des Raths habe verstehen wollen. Bei Heller heisst er, wie auch sonst traditionell, Widmann, was aber falsch ist. Campe hat ihn übergangen. Das nächstfolgende Werk, das auch sonst bekannte Schreier-Landauerische Grabmal hat auch Dr. Mayer in seinem Kunstfreund genau beschrieben und in dem erklärenden Text zu den Bildwerken des Maximilians-Museums ist dieses hauptsächlich nach Mayer, dem hierin unbedingt zu glauben ist, ebenfalls geschehen. Der Vertrag der beiden Unternehmer ist interessant genug, um ihn in seinem Wortlaute wiederzugeben. Das kleine Hochrundbild an Hieronymus Paumgartner's Hause S. 599 ist unstreitig echt, obgleich nichts als Neudörfer's Zeugniss dafür vorliegt, Paumgartner kaufte das Haus erst a. 1533, wer es also hat machen lassen, ist unbekannt, vielleicht Hieronymus Holfelder,

der 1491 von seinem Schwäher Hanns Reich das Haus käuflich übernahm. Die sieben Fälle Christi, die sogenannten Stationen, sind bereits besprochen, sie sind mehrmals abgebildet. Ueber den Oelberg in der Carthause, der seit Jahren (1820) an dieselbe Stelle auf der Veste, wo schon früher ein solcher, im Laufe der Zeit zu einem unförmlichen Steinhaufen, Folge der Witterung und der menschlichen Rohheit, gewordener, gewesen war, gesetzt und durch ein Gitter geschützt worden ist, kann die Gegenwart das Urtheil, schön nicht mehr aussprechen, vielleicht ist er nicht von Kraft's Arbeit oder schon früher durch irgend einen Stümper geflickt und so zu sagen ausgebessert worden. Ueber die aus den Kreuzgängen der beiden Klöster, zu St. Aegidien und zu den Augustinern, in die Tetzelcapelle bei St. Aegidien und in die Frauenkirche gebrachten Kunstwerke berichtet Wanderer ausführlich, so wie auch über das kleine Hochrundbild über der Thüre an der sogen. Herren- oder der kleinen Wage, das noch jetzt eine Freude aller Beschauenden ist. Es zeugt von der Hast, in der die Neudörferischen Nachrichten niedergeschrieben sind, dass er gerade dieses aufzuzeichnen unterlassen hat.

1. Vertrag wegen des Schreier-Landauerischen Grabmals. Am Samstag 11. Sept. 1490 bekennt Adam Kraft, dass Sebald Schreier und Matthäus Landauer, bei ihm angedingt haben, die Figur des Gemähls bei ihren Begräbnissen hinten am Chor bei St. Sebald in Mauerwerk zu bringen. Erstlich, soll er guten ganzen und „unwetteressigen" Stein zu Vach oder anderswo dazu bestellen und brechen lassen, doch was derselbe zu brechen kostet, sollen Schreier und Landauer bezahlen und ihn dann mit der Fuhr herein schaffen lassen, dahin wo er arbeiten will, er soll auch die Arbeit auf das förderlichste anfangen, auch darob bleiben und sie auf ihr Angeben nach dem besten ausmachen, und wenn sie fertig ist, auf sein eigen Wagniss und Kosten an dem gemeldten Ort aufmachen. Wenn das geschehen, soll er seine Forderung für die Arbeit thun, doch dass sie nicht über 160 f. antreffe. Schreier und Landauer wollen ihm ein ehrlich Gebot dagegen thun, und können sie sich nicht vereinen, so sollen sie einen oder zwei dazu nehmen, und wenn diese sich nicht entscheiden können, so sollen die zwei den dritten oder die vier den fünften dazu nehmen, und was durch diese gesprochen wird, dabei soll es bleiben. Wenn Kraft in mittler Zeit Geld zur Zehrung in seinem Hause brauche, sollen ihm Schreier und Landauer dasselbe geben, doch soll dieses Zehrgeld nicht über 50 oder 60 f. betragen. Gebetene Zeugen dieses Vertrags waren Martin Haller und Endres von Watt. — Hierauf sagen am Montag 7. Mai 1492 Adam Kraft und Sebald Schreier nebst Matthäus Landauer mit Zeugniss Endres Harsdorffers und Hannsen Hallers, Jorgen Haller's seligen Sohns einander gegenseitig quitt ledig und los, ein Beweis, dass die Arbeit beendigt war. Man sieht, dass Kraft nach

einem Gemälde, als seinem Vorbild, arbeitete, und es wäre wol möglich, dass dieses von Michel Wolgemut angefertigt war, der auch sonst mit Sebald Schreier in nahem Verkehr stand.

2. Vertrag mit Peter Imhof d. ält. Meister Adam Kraft bekennt, dass er Peter Imhof dem ältern 310 f. schuldig ist, wiewol er ihm die Freundschaft gethan hat, solches in Fristen zu nehmen, nemlich in einem Jahr oder sobald des Marschalks Arbeit ausgemacht wird, auf das wenigste 100 f. bar zu bezahlen und darnach allemal jedes Jahr 25 f., auch soll gedachter Meister Adam dem Peter Imhof schuldig sein, die steinerne Stiege und andere Arbeit, die er ihm versprochen habe, auf die Fasten oder Wettertage schierst, anders und gar auszumachen. Was ihm dann überschösse an seinem Lohn, soll Peter Imhof innen behalten an der Summa. Und zu mehrer Vergewissung dieser Schuld hat Meister Adam seine Behausung, die da in der Neuen Gasse genannt auf St. Jakobs Steig liegt, wie man von Zwölf Brüdern gen St. Jakob geht, darin er jetzt wohnt, zwischen Conzen Hagens Zimmermanns und Hannsen Pauern des Bierbräuen Häusern gelegen, zum Unterpfand gesetzt, mit Verwilligung Martin Preglers als Eigenherrn. Als gebetene Zeugen zu dieser am Montag 25. Aug. 1505 ausgestellten Schuldverschreibung sind Hanns Kneussel und Hanns Reich beigeschrieben.

— So genau auch das Haus bezeichnet ist, so schwer ist doch die Bestimmung desselben, abgesehen davon, dass die Neudörferische Bezeichnung gar nicht passt. Denn die Neue Gasse ist identisch mit der alten Apothekergasse oder der jetzigen Karthäusergasse und diese ist wieder ganz verschieden vom Steig, dem jetzigen Kornmarkt oder Schrannenplatz. Auch der Marschalk und seine Arbeit gehören noch zur Zeit unter die Unauflösbarkeiten, unstreitig aber gehört dieser Namen einem hiesigen Bürger an, nicht einem Adelsgeschlecht, etwa dem Marschalken von Ebnet oder sonst einem. Zu letzterer Vermuthung veranlasst eine, einen Meister Adam betreffende Urkunde vom folgenden Jahre, worin ein Marschalk als Bürge erscheint.

3. Am Donnerstag 24. Sept. 1506 erklärt Barbara Keglin, dass ihr Barbara, Meister Adams ehliche Wirtin, 20 f. rh. von wegen eines Kindleins, dass sie in vergangner Zeit mit benanntem Meister Adam erzeugt und überkommen, für ihre Anforderung, die sie desshalb zu ihm gehabt, ausgerichtet und bezahlt habe, so dass sie dasselbe Kindlein erziehen und hinbringen soll; sie sagt darum den benannten Meister Adam, seine Wirtin und ihre Erben, auch Meister Melchior Glaser und Heinrich Marschalk, die für dieses Geld gegen sie Bürge geworden waren, in der besten Form ledig und los. Als Zeugen waren zugegen Jorg von Thill, Lienhart Rumel und Veit Wolkenstein. Diese drei sind in der Stadt-Geschichte Nürnbergs wolbekannte Personen, Melchior Glaser war Stadtschlosser, der, als sein Bruder Clemens in der Nacht vom 8. Sept. 1514 in

einem Raufhandel mit andern Schlossern, worunter der als Erfinder der sog. Nürnberger Eier bekannte Peter Henlein am meisten betheiligt erscheint, erschlagen worden war, gegen die Thäter klagbar auftrat.

Eine gleiche Bewandtniss bezüglich der Lebensstellung hat es auch mit Heinrich Marschalk, der, wo sich sein Name findet, dem Handwerkstande angehört haben muss. Ein Hanns Marschalk wird 1549 ausdrücklich als Rothschmid bezeichnet. Ohne Zweifel ist er identisch mit dem in der Schuldverschreibung gegen Peter Imhof von 1505 genannten. Und da die Wittwe Adam Kraft's Barbara hiess, so wird es wol nicht zu gewagt erscheinen, auch in dem Meister Adam, der in diesem Brief von 1506 genannt ist, denselben zu finden, dem die unter seinem Namen bekannten Kunstwerke zugeschrieben werden. Die Erwähnung eines Mannes nur mit seinem Taufnamen und dem vorangesetzten Titel Meister oder nach Umständen Doctor ist gewöhnlich genug, um nicht im geringsten aufzufallen. Immerhin kann Meister Adam auch ein anderer sein, als Kraft.

4. Am Mittwoch 10. Jan. 1509 erschien Philipp Meisenheimer, als vollmächtiger Anwalt Peter Imhofs in Gericht und brachte vor: Meister Adam Kraft der Steinmetz habe sich zu einer Schuld von 310 f. bekannt und ihm desshalb seine Behausung auf St. Jacobs Steig, in der Neuen Gasse, zwischen Conzen Hagen, Zimmermanns, und Hannsen Paurn, Bierbräuen, Häusern gelegen, zu Unterpfand eingesetzt, nachdem aber Adam Kraft Todes verschieden, und er seiner Summe nicht entrichtet sei, wäre seine Bitte, seinem Theil zu gemelter Behausung, als seinem Unterpfand, mit Execution zu verhelfen, er habe auch dazu Barbara, gemeltes Adam Krafts seligen Wittib, verkünden lassen, ob sie etwas dawider vorzubringen habe, dass sie das thäte. Darauf erschien sie in Gericht und brachte durch ihren Anwalt, Jakob Kopfinger, Procurator, vor: Sie wolle dem Peter Imhof an der Behausung um seine Summe, der Verpfändung halb, keine Verhinderung noch Eintrag thun, sondern ergehen lassen, was Recht sei. Auf dieses hat Peter Imhofs Anwalt wieder wie vorher, seinem Theil zu der Behausung mit Execution zu verhelfen, was auch mit Urtel und Recht erkannt wurde. Darauf liess der Anwalt durch Sigmund Huber, den geschwornen Fronboten am Pfinztag (31. Mai) 1509 einen Span aus der Behausung schneiden und sie als ein entspänt Gut öffentlich in Gericht aufbieten und 14 Tage lang halten, und nach Verlauf dieser Zeit gab des Klägers Anwalt dieses entspänt Gut Ulrichen Trolling, dem geschwornen Unterkäufel Erbs und Eigens am Samstag 16. Juni um die Hauptsumme, auch die Gerichtskosten und Schäden, zu kaufen, nachdem sonst Niemand darum gekauft hatte, doch wenn dem gemelten Peter Imhof daran etwas abgehe, solle ihm seine Forderung gegen andere Adam Krafts Hab und Güter vorbehalten

sein; er liess auch durch den Fronboten Meister Adam Krafts seligen Wittib den Kauf anbieten, ob sie die Behausung um diese Summe lösen wolle, dass sie das in den nächsten acht Tagen thäte. Da aber diese Lösung in der Zeit nicht geschah, so wurde die durch vorgemelten Unterkäufel und Hannsen Hofmüllner, seinen Mitgesellen, auf 1 f. Währung und eine Henne, die es der alten Lochnerin jährlich zinst, und auf 4 f. Gatterzins, die es Fabian Harsdorffern giebt, und um die Uebermass, die um 160 f. geschätzt wurde, öffentlich an dem Gericht um diese geschätzte Summe verfailst, verkündet, ausgerufen, und mit einem Brief an das Rathhaus angeschlagen, ob Jemand wäre, der mehr darum geben wolle, der solle das den geschwornen Unterkäufeln Erbs und Eigens zu wissen thun in acht Tagen. Da aber Niemand erschien, wie das der gemelte Trolling bei seinem Amtseid ansagte und Peter Imhof der Kräftin darauf verkünden liess, weil er alle Gerichtsordnung gehalten, wolle er sich nach der Ordnung brieflich Urkund ertheilen lassen, und da sie nicht erschien, wurde ihm' also briefliche Urkunde ertheilt. Der Anwalt bestätigte dem Trolling den Kauf von Gerichtswegen, wie es Recht war, und gelobte, es ihm zu währen, so dass er mit sein Einshand damit thun und lassen möchte, wie und was er wolle. Hierauf erklärte Trolling vor Gericht, dass er diese ihm gerichtlich verkaufte Behausung in Kraft seiner Einshand dem mehrgemelten Peter Imhof übergeben und sich derselben für sich und seine Erben gänzlich verziehen und entäussert habe. Hierüber wurde am Mittwoch 20. Fbr. 1510 mit Zeugniss Endres Tuchers und Peter Harsdoffers ein Gerichtsbrief ausgestellt.

Hiemit schliesst, was urkundlich über Adam Kraft zu sagen wäre, nur dass der mit den Imhofen wegen des Sacraments geschlossene Vertrag, aus welchem Prof. Wanderer Mittheilungen gibt, einer genauen Veröffentlichung durch die Familie entgegensehen soll. Dass Kraft auch einen Garten in der Lodergasse gelegen besass, zeigt die Erwähnung desselben 1505 bei der Bezeichnung einer anstossenden Oertlichkeit, aber ihn nachzuweisen, ist unmöglich. Was aus der Wittwe Barbara geworden, weiss man nicht, und da er keine ehelichen Leibeserben verliess, bleiben nur seine Werke, um das Gedächtniss an ihn dauernd zu erhalten. Dass Kraft von Ulm gebürtig und der Sohn eines dortigen Büchsenmachers Ulrich Kraft gewesen, erwähnt Rettberg im Kunstleben p. 80 als eine Angabe.

5. RÖHREN CUNZ.

Dieser Röhren Cunz ist des alten Meister Hanns Behaim Tochtermann und im Wasserleiten und Steigen fast berühmt gewest, dass bei den Nürnbergern ein gemein Sprichwort von wegen seiner Kunst ist entstanden, dass man noch sagt: Du kannst erheben und legen wie der Röhren Cunz. Ich hab ihn selbst auf den Knopf St. Sebalds Thurm, den er geflickt, stehen und den Fahnen erreichen und umdrehen sehen. Sein Begleiter im Steigen war eine Flasche mit Wein, seine Kunst im Röhren legen soll er Niemand vergönnt haben.

Ein Zusatz zu einer Handschrift, den auch Campe aufgenommen hat, Heller aber gar nicht erwähnt, sagt: er wurde 1518 nachts dahier erschlagen, und eine Chronik fügt noch bei: an St. Veitstag durch Hanns Wackler. Nun sind solche Todschläge in jenen Zeiten gar nichts Ungewöhnliches, da aber einzelne Handschriften nichts davon wissen, auch das Rathsbuch nicht die mindeste Erwähnung der Sache thut, was doch bei andern gleichartigen Fällen geschieht, so wird es genügen, des Falles gedacht zu haben. Dagegen folgen hier urkundliche Mittheilungen, welche die verwandtschaftlichen Beziehungen in helleres Licht setzen werden:

1. Albrecht Schram als Vormund Luciae, weiland Cunzen Rudolfs, den man Rörenkunzen genannt hat, verlassen Kind, bekennt für sich und Hannsen Hofmann, seinen abwesenden Mitvormund, dass ihm die obersten Herren Vormund Wittwen und Waisen 25 f. von dem Geld, so die jetztbenannten Herren dem Kind zuständig hinter ihnen liegen (haben) gegeben haben, damit sie des Kinds Mutter dess, so sie mit Recht erstanden, entrichten mögen, sagt die benannten Herren Vormund Wittib und Waisen darum für sich und sein Mitvormund quit frei ledig und los. Darauf bekennt Katherina, obbemelts Cunz Rudolfs verlassne Wittib, des Kinds Mutter, dass ihr der gedacht Albrecht Schram die 25 f., so sie gegen ihn und seinen Mitvormund mit Recht erstanden, entrichtet und zalt hat, sagt ihn seinen Mitvormund, derselben Pflegkind und all ihr Erben quitt frei ledig und los. In forma meliori. Testes Caspar Pusch und Jorg Winkler. actum quinta post Martini (13. Nov.) 1523. Cons. 30. f. 210.

2. Hanns Roth als Ausrichter weiland Meister Hanns Behaims des ältern seligen gethanen Geschäfts, für sich und Endresen Pegnitzer, seinen Mittestamentariern, und mit ihm Paulus Behaim, Barbara Jorg Prymssen Ehewirtin, und Katharina, Conrad Rudolf sel. Wittib, alle drei vorbenannts Hanns Behaims verlassen eheleibliche Sohn und Töchter, verkaufen die frei lauter eigne Behausung in St. Lorenzen Pfarr an der Breiten Gassen, vornen an Endres Fleischmanns Haus und hinten an die Mauer bei dem Zeughaus stossend, wie sie von ihrem Anherrn erblich an sie gekommen, Linharten Strasser, Schreiner, und Anna, seiner ehlichen Hausfrau, um 980 f. rh. Geschehen am 13. Nov. 1538. Lit. 49. fol. 159.

3. Lucia, Conraden Rudolfs verlassne Tochter, jetzo Hannsen

Ayrers des jüngern Ehewirtin, bekennt, nachdem Hanns Behaim auf der Peunt, ihr Anherr seliger, verschiener Jahr mit Tod verschieden und sie, Lucia, zu Erbin der Uebermass seiner unverschickten Hab und Güter eingesetzt, dass Hanns Roth der Wirt bei St. Jakob als Ausrichter dieses Geschäfts ihr 390 f. 6 Pfd. 8 Pfg. entrichtet hat. Geschehen am 4. Aug. 1542. Cons. 56. fol. 161. Dieser Hanns Ayrer ist der Sohn Sebald Ayrer's und der Elsbeth Fridmännin, und Enkel Heinrich Ayrer's. Er hatte 1537 die Lucia Behaimin geheiratet und heisst der jüngere zum Unterschied von seinem damals noch lebenden Vatersbruder Hanns, der erst c. 1545 starb. Er starb vor April 1547, und Katharina seine Tochter heiratete am 11. Aug. 1563 Sebastian Schenk.

6. PETER VISCHER DER ÄLTER, ROTHSCHMID.

Dieser Peter Vischer war auch gegen Jedermänniglich freundlichen Gesprächs und in natürlichen Künsten (als ein Lay zu reden) fein erfahren, im Giessen auch dermassen berühmt, dass, wenn ein Fürst herkam oder ein grosser Potentat, ers selten unterliess, dass er ihn nicht in seiner Giesshütten besuchet. Wie er aber gesehen und wie er täglich in seiner Giesshütten umgangen und gearbeitet, das findet man unten am Ende St. Sebalds Grab, welches er und seine 5 Söhne gegossen haben und gemacht, eigentlich conterfeiet. Aber seiner Hand eigene Arbeit ist der gegossene Bronnen in der Herren Schiessgraben. Die grössten Güss aber, so er gethan hat, findet man in Polen, Behaim, Ungarn, auch bei Chur- und Fürsten, allenthalben im heiligen Reich, auch hat er das Gitter, so erstlich den Fuggern von Augsburg gehört und jetzt alhier auf dem Rathhaus stehet, gegossen. Er hatte 5 Söhne, Herman, Peter, Hanns, Paulus und Jacob verheiratet, die mehrentheils bei ihm im Haus mit ihren Weib und Kindern gewohnt haben. Obenerwähntes messenes Grab ist ao. 1519 den 19. July gesetzt worden daran man seit dem 1506ten Jahr gearbeitet, hat an Messing gewogen 120 Centner und 14 Pfd., hat der Centner gekost 20 f., und also zusammen 2402 f. 6 Pfd. 21 Pfg.

Auf den im Ganzen doch immer nur dürftigen Nachrichten Neudörfer's haben bis in die neuere Zeit alle Kenntnisse, die man von den alten Meistern hatte, so auch von dem höchstgefeierten Peter Vischer, geruht. Nach und nach ist wohl ein vorher unbe-

achtetes Kunstwerk von seiner Hand bekannt und näher besprochen
worden und Heller (1822), dann Lepsius, der Verfasser des vierten
Heftes der Nürnbergischen Künstler (1829), haben diese Kenntnisse
bedeutend erweitert, Döbner (in Meiningen) hat Peter Vischer mit
ganz vorzüglicher Liebe erfasst und dem Vernehmen nach ist von
dem bedeutendsten Kunstschriftsteller der Renaissance eine Peter
Vischer eben so behandelnde Arbeit zu erwarten, wie das Werk
über Adam Kraft durch Professor Wanderer. Es liegt aber in der
Natur der bürgerlichen Verhältnisse des kleinen Mittelstandes, dem
diese als Künstler anzusehenden Handwerker alle angehören, dass
ihr Haus und Familienleben sich der Beachtung nicht sowol absichtlich
entzieht, als vielmehr einfach nicht beachtet wird. So geschieht
es, dass die Sage sich dann und wann desselben bemächtigt, wie
man das mit Kraft's Magdalena-Eva hat sehen können, und wie das
auch bei Veit Stoss und Andern der Fall gewesen ist. Peter Vischer
war gewissermassen glücklicher als die eben genannten, indem über
seine häuslichen Verhältnisse, mit Ausnahme, dass seine 5 Söhne
bekannt waren, eine fast gänzliche Unwissenheit herrschte, so dass
weder Heller noch Lepsius etwas Näheres über seine Eltern beizu-
bringen im Stande waren. Einen Schritt weiter that der um Nürnbergs Specialgeschichte wolverdiente Dr. Mayer, kgl. Archivsecretär
dahier, indem er in dem Aufsatz: der Rothschmid Peter Vischer der
ältere etc., in Nürnbergs Sitten und Gebräuche, Abtheil. 2. Heft 1.
1835. 4. pag. 29 ff. abgedruckt, zuerst den Vater als Herman Vischer
Rothschmidt namhaft machte, der a. 1453 das Bürgerrecht erkaufte und
1487 starb. Mayer verfolgt hierauf die künstlerische Thätigkeit des
Vaters und dann des 1489 zum Meister, nachdem ihm schon am
24. Jan. 1488 vergönnt war, sein Meisterstück zu machen, mit
vierteljähriger Frist zugelassenen Sohnes Peter bis zum J. 1506 und
1507, in welchem letztern Jahre der Beschluss wegen des Sebalds
Grabmals gefasst wurde. Eine Fortsetzung ist nie erfolgt.

    Eine Ergänzung dieser Familiennotizen ist folgende: Am
Dinstag 29. Jan. 1488 erklärte Anna, Herman Vischers des Rothschmids verlassene Wittwe, dass ihre Stief- und rechte Kinder (beziehungsweise der letzteren Vormünder) ihr für ihre Ansprüche
29 f. rh. ausgezahlt haben, womit sie wolbegnügt ist und sich aller
weiteren Ansprüche begiebt, ausgenommen desjenigen, was von Erb-
fällen ihrer eigenen Kinder ihr zustehen würde. Zeugen waren dabei:
Niklas Köler, Endres von Watt und Sebald Schreier. Am Mittwoch
30. Jan. erklärten hierauf Peter Vischer, Rothschmid, und Martha,
Peter Mülichs eheliche Wirtin, an einem, Hanns Gerstner und
Hanns Gutbier, als Vormunde Bartholomes, Hännsleins und Ender-
leins, Herman Vischers seligen Kinder mit seiner letzten (zweiten)
Wirtin geboren, ihnen von den Obersten Vormunden dazu gesetzt,
am andern Theil, dass sie sich über den ganzen Nachlass Herman
Vischers seligen dahin geeinigt und vertragen haben, dass Peter

Vischer und Martha seine Schwester den Vormunden für jedes Kind 75 f. geben sollen, und zwar die ersten 75 f. auf nächste Michaelis, die zweiten auf Michaelis über 2 Jahre, und die dritten abermals über 2 Jahre, womit alle ihre Ansprüche erledigt sein sollen. Zeugen sind Peter Nützel und Sebald Schreier. Sodann erklärt Peter Vischer Rothschmid an einem, Peter Mülich und Martha seine eheliche Wirtin am andern Theile, Montag 4. Febr., dass sie sich um alle Herman Vischers und Felicitas, seiner Wirtin, ihres Vaters, Mutter, Schwäher und Schwieger, verlassen Habe, so vertragen haben, dass Peter Vischer seiner Schwester noch 240 f. herausgeben soll, womit sie dann aller Ansprüche sich begiebt. Peter Vischer erklärt auch, dass, nachdem er und seine Schwester sich mit den Vormündern ihrer drei Stiefgeschwister dahin vertragen haben, dass sie jedem derselben Geschwister 75 f. herauszalen wollen, er allein für sich selbst, ohne Entgelt und Schaden seiner Schwester, diese Summe bezalen will. Zeugen sind Wilhelm Hegnein und Sebald Schreier. Hierauf bekennen Hanns Gutbier und Hanns Gerstner, die Vormünder, am Freitag nach Matth. 1488, mit Ulrich Hallers und Peter Imhofs Zeugniss, dass Peter Vischer ihnen diese 75 f. rh. gezahlt hat. (Es ist vermuthlich nicht der 29. Febr., sondern der 26. Sept. datirt, was sich aber nicht mit Gewissheit sagen lässt. Auch ist es wol nur die erste Abzahlung, nicht alle drei auf einmal, was wol besonders bemerkt sein würde.) Am Samstag 9. Fbr. erklärt Peter Vischer, Rothschmid, dass, nachdem er mit seiner Schwester Martha, auch mit Hannsen Gerstner und Hannsen Gutbier, seiner drei Stiefgeschwister Vormündern, gütlich vertragen ist, und den Vormündern diese Summe, ohne Entgelt seiner Schwester, auszuzahlen versprochen hat, er den Vormündern desshalb, mit Zeugniss von Wilhelm Hegnein und Sebald Frey, seine ganze Habe verpfändet hat. Endlich erklären am Freitag 13. Juli 1492 Peter Mülich und seine Frau, mit Zeugniss von Niklas Gross und Hanns Haller, Jorg Hallers seligen Sohn, dass sie ganz bezahlt sind. Hieraus ergeben sich mehrere bisher unbekannte Familienverhältnisse des berühmten Meisters.

Dazwischen fällt folgendes: Am Montag 4. Okt. 1490 bekennt Hanns Gross, dass er Margrethen, Peter Vischers ehlicher Wirtin, seiner Tochter, den grünen Mantel, die Schaube und den Schleier, den er ihr auf die Hochzeit geliehen hatte, geben (schenken) und nicht mehr an sie fordern will, dagegen hat Peter Vischer mit handgebenden Treuen dem Richter gelobt, seinem Weib die vermeldeten Stücke nicht zu verkaufen noch zu versetzen noch „anzuwerden", mit Zeugniss von Hn. Hannsen Imhof, Hn. Hannsen Tetzel und Hn. Erasmus Haller. Es wäre allerdings gut, wenn bei Peter Vischer noch beigeschrieben wäre, „Rothschmid", wodurch jeder Zweifel gehoben wäre. Indessen wird eines andern Peter Vischer in jener Zeit nicht gedacht, und nachdem er einmal Meister geworden war, musste er auch geheiratet haben. Dass sein Schwäher keiner des rathsfähigen Geschlechts war, braucht nicht erst bemerkt zu werden. Indessen findet sich folgende die Sache verwirrende Urkunde. Dorothea, Peter Vischers eheliche Wirtin, erweist mit Zeugniss Peter Nützels und Endres Geuders, dass der genannte Peter Vischer am Eritag nach St. Lorenzen Tag (13. Aug.) 1493 erklärt hat, dass er in Kraft des Heiratsbündnisses zwischen ihm und der vermelten Dorotheen, seiner ehelichen Wirtin, das durch Hrn. Niklausen Groland geschehen sei, dieselbe Dorothea ihrer beider Heiratschätze, nemlich 120 f. rh., versichert sein soll auf der Erbschaft seiner Behausung und Hofrait am Sand bei dem Schiessgraben, darin er sitze und daran die Eigenschaft Wilhelm Hallers wäre, und was daran abgehen würde, auf alle seine andere Habe und Güter. — An der Echtheit der Urkunde ist nicht zu zweifeln. Peter Vischer ist, obgleich seinem Namen der Stand auch nicht beigeschrieben ist, doch kein anderer als der Rothschmied, wofür, statt anderer Zeugnisse, sein Haus am Sand einstehen muss, das auch in einer Urkunde vom Montag 4. Febr. 1493 genannt wird. Ein zweiter, wenn auch weniger ins Gewicht fallender Beweis ist, dass auch Hanns Gutbier, der in den oben beigebrachten Briefen als Vormund der Stiefbrüder Peter Vischer's erscheint, neben der Mühle am Sand wohnte. Wenn nicht andere Gründe, namentlich verwandtschaftliche, überwogen, so wurden Zeugen, Vormünder und überhaupt Vertrauensmänner, aus den Nachbarn genommen. Da nun Hanns Gutbier am Sand wohnte und Peter Vischer, der die Dorothea geheiratet hatte, ebenfalls am Sand beim Schiessgraben wohnte und erst nach Jahren das Haus am Katharinagraben kaufte, so wird wol dieser Peter Vischer mit jenem ein und derselbe sein.

Man muss freilich annehmen, dass er von der erstgenannten Margareth, die er 1490 oder vielleicht 1489 geheiratet hatte, Wittwer geworden war. Aber durch folgenden eigenhändigen Brief Peter Vischer's wird der Tod seiner Hausfrau ausser Zweifel gesetzt, so dass er, falls der Mann der Margareth und der der Dorothea ein und dieselbe Person war, zweimal Wittwer geworden ist. Der Brief lautet in getreuer Einhaltung der Schreibweise, also: „Ich Peter Vischer Burger zu Nuremberg bekenne offentlich mit disem brieff fur mich vnd alle meine erben, nachdem vnd Peter Harstorffer der Junger von meiner fleissigen bit wegen, vor vnd nach abgang meiner lieben Haussfrawen, der got genedig sey, von mir zu trewsshanden entpfangen, auch auss meinem befelch Sider her von meinentwegen eingenumen vnd vmb etlich geld für mich quittirt, auch für mich schulden bezalt, kaufft vnd andern von meinentwegen ausgericht vnd ausgeben hat, darumb er mir alles sein behalten vnd entpfahen, angeben, quittiren, einnemen vnd ausgeben, vnd vmb alle sach vor mir ein volkumene lautere genungsame Rechnung vnd anzeygung gethan hat, daran mich wol benügt vnd mit sunderm danck vnd willigem dinsten erpüttig pin zu verdienen, vnd darauff das er noch von meinentwegen Innen het, das alles vnd yedes nichs ausgenumen mir In meinem gewalt vberantwort vnd eingeben hat, also das er nichtzigt mer Innen hat, mir zustendig, dar vmb sag Ich In vnd sein erben für mich vnd alle mein erben vnd vmb alle sach quidt ledig vnd loss vnd zu vrkund gib Ich ym disen brieff mit meiner aygen Hantschrifft geschriben vnter meinem petschir versigelt, vnd darnach hab Ich mit fleyss gebetten die erbern Sebolt ketzel vnd Jorg köpel, das sie ir aygen Insigel zu zeugnuss auch auf getruckt haben doch In vnd Iren erben on schaden. der geben ist am nechsten Suntag nach Sant Martins tag von Cristj vnsers Hern geburt vierzehenhundert vnd Im drewvndneuntzigisten Jare gezelt." Der Brief ist auf Papier mit einer sehr leserlichen und saubern Hand geschrieben und die drei mit Oblaten aufgedruckten Siegel sind wol erhalten, von denen das Kötzlische und das Köpplische wol in jedem Nürnberger Wappenbuch zu finden, das Petschier Peter Vischer's aber zwei übereinander gelegte P und V zeigt (𝒫𝒱). Dieser Brief, den wie auch einen zweiten vom Jahr 1496 das Freiherrl. von Harsdorfische Familienarchiv zu Nürnberg bewahrt, kann zwar in der Frage über den Namen der Frau, da sie nicht genannt ist, nichts entscheiden, aber ausserdem, dass er ein schlagender Gegenbeweis von dem Irrwahn ist, die Nürnberger Künstler jener Zeit seien Lesens und Schreibens unkundig gewesen, zeigt er, dass Peter Vischer damals Wittwer war, und dass er nun erst diejenige Margareth kann geheiratet haben, mit der verehlicht er c. 1506 das Haus auf Lorenzer Seite kaufte, und die er a. 1522 auf dem neuen Kirchhof beerdigen liess.

Ueber den Anlass zu Peter Vischer's Abwesenheit von seinem Häuslichen ist nichts bekannt, eben so wenig beim J. 1496. Man muss annehmen, dass er ganz vereinsamt und Wittwer war, da er all sein Hab und Gut einem ihm doch verhältnissmässig fernstehenden Manne übergab, was bei der zweiten Abwesenheit eben so wie bei der ersten der Fall war. Peter Harsdorffer, hier der jüngere genannt, bei Biedermann auf Tab. 149. Peter II. III, starb 1538. In erster Ehe war er mit Barbara Gartnerin, Wittwe von Lucas Kempnater, die 1501 starb, verheiratet, und da ihr das Haus S. 886 hinter dem Rathhaus gehört hatte, so begreift sich einigermassen, wie als Zeugen nicht allzu fernwohnende Personen beigezogen wurden. Die Kötzel wohnten in den damals noch vereinigten Häusern S. 7 und 8 und Jorg Köppel in dem zu den anerkannten Trinkstuben gerechneten S. 878. Die plausibelste Ursache für Peter Vischer's Entfernung von seinem Hause möchten Geschäfte sein, denen er auswärts nachgehen musste, und da er keine Vertrauensperson zu Hause besass, wendete er sich an einen Freund und zwar an Peter Harsdorffer den jüngern. Ist es erlaubt, weiter zu folgern, so war er, da dies Verhältniss auch 1496 entweder wieder eintrat oder noch fortdauerte, auch damals noch nicht wieder verheiratet. Der zweite kürzer gefasste Brief ist doch desselben Inhalts und lautet wie folgt: „Ich peter Vischer zu Nuremberg bekenn offenlich mit disem brieff Das ich von Hern peter Harstorffer dem Jüngeren wider vmb entpfangen hab alles das ich Im von Haussrat vnd gelt oder geltz wert zu getrews Handen zu behalten befolhen hab vnd ist mir nichs nit schuldig Darvmb ich In aller ding quidt ledig vnd loss sag, mit sampt seinen erben Des zu warer Zeugknuss gib ich Im hie mit disen brieff meiner Hantschrifft mit sampt meinem pettschafft, das Ich zu endt diser schrifft gedruckt hab der geben ist am eritag nach letare nach cristj geburt 1496 Jar." — Auf dem Papierblatt, das diese Quittung enthält, ist dasselbe Siegel oder Petschier, hier Petschaft genannt, gedruckt und wie jenes wohlerhalten. Aber auch hier ist der Anlass, warum Harsdorffer mit dieser Obhut betraut wurde, nicht nachzuweisen. Von beiden Briefen ist bereits in den Lebensläufen berühmter Nürnberger etc. Nürnberg, Schrag 1863. p. 9. Gebrauch gemacht worden.

Nun gehen einige Jahre hin, bis man über Peter Vischer's, der unterdessen zu Bamberg, Breslau und an anderen Orten thätig gewesen war und sich zu seinen grösseren Arbeiten der städtischen Giesshütte, unter dem Weissen Thurm gelegen, bedient hatte, häusliche Verhältnisse etwas Näheres erfährt. Am Freitag 26. May 1506 thun Peter Vischer und Margareth, seine eheliche Wirtin, vor Conrad Haller und Wilhelm Derrer, als erbetenen Zeugen, kund, nachdem sie die Erbschaft an der Behausung, so vorher vier Gemache unter drei Dachungen gewesen, und jetzt zwei derselben, nemlich die hinteren, abgebrochen und an derselben Statt eine Giesshütte gemacht und gebaut, mit samt Hof und Zugehörung — hinter (d. h. oberhalb) St. Katharina, zwischen einem andern ihren und Niklasen Herbsts des Schlossers seligen und Agnesen, vorher seiner und jetzt Jobsten Ruprechts ehlicher Hausfrauen Häuser gelegen, — — um 120 f. rh. gekauft haben, mit Bewilligung Sebald Schreiers, dess die Eigenschaft ist. Lit. 9. Fol. 186. Es ist übrigens wol anzunehmen, dass Peter Vischer noch nicht lange vorher das eine Haus, zu welchem er jetzt das andere hinzukaufte, an sich gebracht hatte. Dass jetzt eine Giesshütte gebaut war, deutet offenbar auf eine von dem Käufer für seine Zwecke getroffene Aenderung hin. Die älteren Häuser waren, zumal in der Vorstadt, wozu diese Gegend gehörte, sehr unansehnlich, und wenn das ehemalige Peter Vischerische Haus, jetzt ein mit L. 761 gezeichnetes und durch den Magistrat mit einer Gedächtnisstafel versehenes Beckenhaus, zu welchem noch ein drittes 1512 gekauftes hinzukam, eine Breite von nur 5 Fenstern hat, so mag man sich vorstellen, wie beschränkt die vorher drei neben einander stehenden Häuser gewesen sind. Da in diesem Jahre der Gedanke des St. Sebalds Grabmal angeregt und im folgenden Jahre beschlossen wurde, so mag der Hauskauf, durch den er in den Besitz eines gehörigen Raumes zu einer Giesshütte gelangte, in unmittelbarer Beziehung zu der Unternehmung dieses denkwürdigen Werkes gestanden haben. Indessen wurde er schon am 26. Juli 1505, an Adam Behalter's Statt zum Hauptmann im Barfüsserviertel bestellt, wohnte also damals schon am Katharinagraben.

Es ist eine bekannte Sache, dass an der Förderung der Kunstthätigkeit der Rath sich in der Regel gar nicht betheiligte oder allenfalls nur wie es ein Einzelner zu thun pflegt, und dass die grossen Kunstwerke, welche die Stadt noch zur Zeit besitzt und womit die Kirchen geschmückt sind, aus Privatmitteln hervorgegangen sind, so das Sacramentsgehäuse zu St. Lorenzen von den Imhofen, der englische Gruss ebendaselbst von den Tuchern, die schönen Glasgemälde der Kirchen von den einzelnen Geschlechtern, die durch ihre darin angebrachten Wappen das Gedächtniss ihres Geschlechts erhalten wollten, gestiftet worden sind. Dass der Rath in einzelnen Fällen, wo die Commune selbst in Anspruch genommen werden musste, z. B. bei Ausbesserung und Bemalung des Schönen Brunnens, auch das Seinige that, kann und darf nicht geleugnet werden, aber im Allgemeinen ist das Gesagte als Regel festzuhalten. Gingen ja selbst die kirchlichen Bauten nicht aus dem Stadtvermögen, der Losungstube, hervor, sondern aus dem Kirchenvermögen, das durch je einen Kirchenpfleger und einen Kirchenmeister, von denen der erstere stets einer des Raths war, der andere auch aus nicht rathsfähigen aber ehrbaren Geschlechtern, genommen wurde, verwaltet ward. Am meisten ist unter diesen Sebald Schreier bekannt, der von 1484 bis 1503 das Kirchenmeisteramt zu St. Sebald bekleidete und durch ein grosses, theils ererbtes, theils erheiratetes Vermögen, kinderlos wie er war, seiner Neigung, sich an öffentlichen im Interesse der Religion, der Wissenschaft, der Kunst angeregten Schöpfungen mitwirkend zu betheiligen, ein Genüge thun konnte. Seiner Mitwirkung an Dr. Hartmann Schedel's Weltchronik ist die Förderung dieses denkwürdigen Werkes zuzuschreiben, der Bau des Lazareths zu St. Sebastian war bis 1509 seiner Leitung übertragen, bei der Besprechung über das Uhrwerk an der Frauenkirche wird er genannt, das Grabmal an St. Sebaldschor trägt vorzugsweise seinen Namen, und Conrad Celtis hat ihn in einer eigenen Ode gefeiert. So war es natürlich, wenn er auch unter denen genannt wird, welche für die Ausführung eines schon vor Jahren angeregten Grabdenkmals für den Schutzheiligen der Stadt, St. Sebald, zusammentraten. Man ist über diese Sache blos auf private Quellen, die aus den Aufzeichnungen von Laien sozusagen stammen, beschränkt und muss sich wol hüten, über das Thatsächliche und Wirkliche hinaus selbst erfundenen und ausgeheckten Möglichkeiten Raum zu geben, denn eine amtliche Aufzeichnung liegt durchaus nicht vor.

Wahrscheinlich hatte man schon 1488 den Gedanken zu

einem über dem Sarg zu errichtenden Baldachin (aedicula) gefasst, da ein erst durch Heideloff bekannt gewordener und von diesem auf gut Glück dem Veit Stoss zugeschriebener Entwurf, über den man sehe Rettberg's Kunstleben p. 96, diese Jahrzahl trägt, aber es mögen sich der Ausführung wesentliche Schwierigkeiten entgegengestellt haben, so dass vor der Entdeckung dieses Risses oder Entwurfes kein Wort davon verlautete. Erst der im Sept. 1506 verübte Diebstahl, wodurch „etlich Silber von dem Sarg", worin noch jetzt die Gebeine St. Sebald's bewahrt werden, abgebrochen und verkauft worden war, mag den Gedanken, da diese Ueberdachung zugleich zum Schutz gegen Wiederholung des Frevels dienen sollte, entweder wieder hervorgerufen oder zum erstenmal angeregt haben. Daher traten am 14. Mai 1507 der Kirchenpfleger Anton Tucher der ältere, Lazarus Holzschuher, Kirchenmeister zu St. Sebald, Peter Imhof der ältere, Sigmund Fürer und Sebald Schreier zusammen, um durch Beiträge, wozu sie selbst mit gutem Beispiel vorangingen, die Geldmittel für ein Gehäuse „des heiligen Himmelsfürsten St. Sebald" zusammenzubringen. Die Arbeit selbst wurde dem bereits durch mehrere Arbeiten bekannten Rothschmid Peter Vischer übertragen, demselben 20 f. für den Centner fertiger Arbeit zugesagt und ihm schon am 7. Juni 1507 100 f. ausbezahlt.

Kurz vor der zur Aufstellung bestimmten Zeit sah sich der Kirchenpfleger Anton Tucher veranlasst, noch einmal am 17. März 1519 die angesehensten Bürger zusammenzufordern und ihnen den sich ergebenden Ausfall mit Bitte um Deckung desselben vorzulegen. Peter Vischer war bei dieser, nicht weniger als neunmal gedruckten, Ansprache selbst zugegen. Die noch fehlende Summe wurde auf ungefähr 845 f. angeschlagen, kam auch bald zusammen. Die Aufstellung fand statt am 19. Juli 1519. Im Ganzen beliefen sich mit Einschluss des Metalls, das Conrad Rössner, der Messingschlager, geliefert hatte, die Kosten auf 3145 f. 16 Schill. Den letzten Rest der Zahlung (273 f.) bekam Vischer erst 1522. Dass an dem Geldmangel die bereits in die Gemüther eingedrungene lutherische Lehre Ursache gewesen sei, ist eine eben so aus der Luft gegriffene Einbildung als die von Döbner im „Christlichen Kunstblatt" 1866 n. 10—12 dem Werke selbst aufgedrungene specifisch evangelische Bedeutung. Luther's Name war damals erst im Begriff bekannt zu werden, an einen Bruch mit der alten Kirche dachte damals noch Niemand, Luther selbst nicht, und wie er in die Stellung eines Agitators durch die Unkenntniss Roms über die Gesinnung Deutschlands und die ungeschickten Schritte seiner Widersacher hineingetrieben wurde, ist zu bekannt, um hier anders als blos im Vorbeigehen berührt zu werden. Döbner stützt sich darauf, es sei das Ganze aus dem Wahlspruch des Meisters: „Vitam non mortem recogita", zu erklären, und vindicirt ihm, wenn auch einzelne Ausschmückungen von den Söhnen, deren er als seiner Gehilfen selbst gedenkt, herrühren mögen, dennoch die Composition der ganzen Arbeit, der Idee sowol als der Ausführung. „Es sei ein streng kirchliches, specifisch evangelisches, ein künstlerisches Ganze." Ob Döbner für den Wahlspruch, den er dem Meister beilegt, wozu doch die Nachweisung gehören würde, dass er ihn immer im Munde geführt oder bei Arbeiten, die aus seiner Werkstatt hervorgingen, anzubringen liebte, eine andere Gewähr beibringen könnte, als den Grabstein auf St. Rochus (Norchrist. Freydh. Ged. 1682. 4. p. 6) und die bei Heller p. 39 erwähnte Allegorie von 1525, mit den Worten: „vitam non mortem cogita", wäre die Frage. Ein sinniger Gedanke, den man bei einer geeigneten Veranlassung anwendet, ist desswegen noch kein Wahlspruch zu nennen.

Der schon erwähnte Dr. Mayer begann in dem „Kunst etc. Freund" eine Beschreibung des Peter Vischerischen Kunstwerks zu geben, wobei er sich hauptsächlich auf die von Conrad oder Conz Rössner geschriebene Chronik stützte, die ein Unicum gewesen zu sein scheint, da weder in öffentlichen noch Privat-Bibliotheken eine Abschrift zu entdecken ist. Wohin nach Mayer's Tode nach vorausgegangener Zerstreuung der von ihm besessenen Seltenheiten diese Chronik gekommen, ist unbekannt. Wiederum auf Mayer gestützt, hat R. Bergau in dem Grenzboten von 1873. I. p. 53 ff. unter dem Titel: „Das Grabmal des heiligen Sebald zu Nürnberg" einen sehr beachtenswerthen Artikel geliefert, den man zwar in dem, was Sebald Schreier betrifft, als habe ihn der Gedanke, der St. Sebalds-Kirche ein dem Sacramentshäuse zu St. Lorenzen sich würdig an die Seite stellendes, ja wo möglich dasselbe noch übertreffendes Kunstwerk zu verschaffen, nicht ruhen lassen, und, da er nicht so reich war wie Hanns Imhof, so habe er eine Zusammenberufung gleichgesinnter Männer veranstaltet u. dgl. mehr, nicht beipflichten kann, da es lediglich Eingebungen der Subjectivität des Schreibenden und Beeinflussungen von Rettberg's Kunstleben (p. 149) sind, im Uebrigen aber dem fleissig geschriebenen Aufsatz alle Anerkennung zu Theil werden lassen muss. Solche Fragen, ob der Vater allein, wie Döbner annimmt, Schöpfer des ganzen Werkes gewesen, wogegen Bergau sagt, dem Prachtgrabe, wie Vischer es ausgeführt, fehle es an Einheit der Composition, organischem Zusammenhang der einzelnen Theile und Uebereinstimmung des Charakters der Detailformen, darüber zu rechten bleibt billig Anderen überlassen. Noch herabwürdigender hat sich Holland darüber geäussert. Genug, das Bergau es schliesslich für das hervorragendste Werk des Peter Vischer, als erstes monumentales Werk der deutschen Renaissance in Nürnberg und als eines der ältesten Denkmäler der Art in Deutschland überhaupt erklärt, es sei ein wichtiger Markstein in der Geschichte der deutschen Kunst. Ueber das Gewicht des ganzen Werkes ist Neudörfer irrig, Mayer und nach ihm Bergau geben dasselbe auf 157 Centner an, was freilich schon in der sogenannten Gundlingischen Chronik steht, allein die Unrichtigkeiten derselben in andern Dingen machen es unmöglich, dieselbe anders als aushilfsweise als Autorität zu betrachten.

In Rettberg's Kunstleben sind, nachdem, von pag. 149 an, das Sebaldusgrab besprochen ist, auch andere auswärts zu findende Werke Vischer's angegeben, welches Verzeichniss, wenn das im Eingang angedeutete, Peter Vischer zum ausschliesslichen Gegenstand machende Werk erscheinen wird, nach Allem noch bereichert und erweitert werden wird. Dass er im Jahre 1520 unter die Genannten des grössern Raths gewählt wurde, mag allerdings als eine Anerkennung betrachtet werden, wenn es aber irgendwo heisst: die Dankbarkeit seiner Mitbürger wählte ihn u. s. w., so liegt in dieser Formulirung eine grobe Unkenntniss der städtischen Verhältnisse, die, was aus modernen Anschauungen entspringt, ganz falsch aufgefasst werden. Die fünf Wähler, die alljährlich an Ostern den kleinen und den grossen Rath zu wählen resp. zu ergänzen, die durch Todesfall oder sonst wie entstandenen Lücken auszufüllen hatten, konnten sich mit solchen Sentimentalitäts- oder Höflichkeitsrücksichten nicht befassen, sondern vollzogen ihr Geschäft ohne weitere Rücksicht, als ob der zu cooptirende ein Hausbesitzer und gut beleumundet war. Das reichte hin.

Neudörfer erwähnt noch zwei in Nürnberg anzutreffende Werke Peter Vischer's, das eine, den Brunnen in der Herren Schiessgraben, gegenwärtig der städtischen Kunstsammlung einverleibt, vorstellend einen nackten Jüngling, der im Fortschreiten begriffen den Bogen spannt, $2^{1}/_{2}$ Fuss hoch. Das andere ist das sogen. Fuggerische Gitter, das bei der Uebernahme der Stadt Nürnberg durch Baiern um den Metallwerth verkauft und seitdem verschwunden ist. Ulrich der alte, Georg und Jacob die Fugger, Gebrüder, hatten bei Peter Vischer das Gitter für ihre Capelle im Frauenbrüderkloster zu Augsburg angedingt und ihm 1437 f. 11 Schill. 8 Haller schon daran und darauf bezahlt. Da aber sowol zwischen diesen ebengenannten Fuggern als auch ihren Erben, Raymund, Anton und Jeronimus den Fuggern, Gebrüdern und Vettern, und dem Meister Peter Vischer Irrung entstanden war, indem die genannten Fugger meinten, das Gitter wäre nicht in der bedungenen Weise gearbeitet worden, so wurde noch im Todesjahr des am 7. Jan. 1529 gestorbenen Meisters mit seinen Erben ein gütlicher Vertrag am 2. Aug. getroffen, wodurch die Fugger sich aller Ansprüche auf das Gitter begaben und dasselbe den Erben zu freier ungehinderter Verfügung überliessen. Bei dieser Gelegenheit wird Peter Vischer's seligen Gesammtfamilie aufgeführt, und zwar ausser Caspar Menzinger, Jorg Wepler genannt Schüssler, und Jorg Reydlock, seinen Testamentsausrichtern 1. Hanns Vischer und Kungund Schweikerin seine Hausfrau, Jacob Vischer und Helena, seine Hausfrau, Paulus Vischer und Barbara seine Hausfrau, Margareth Vischerin und Jorg Ringler, ihr

Ehewirt, alle des alten Peter Vischers seligen Söhne, Schnur, Tochter und Tochtermann. 2. Barbara, weiland Peter Vischers des jüngern, des alten Peter Vischers Sohns, verlassne Wittib, mit ihren fünf unmündigen Kindern und derselben Vormündern, 3. Ursula Vischerin, weiland Herman Vischers verlassene Tochter, jetzund Paulus Behaims Ehefrau, und ihr Mann. Dass die beiden ältesten Söhne, Herman, wie der Anherr, und Peter, wie der Vater, geheissen, schon todt waren, ist hieraus zu sehen. (Im Wortlaut abgedruckt ist diese Urkunde im Anzeig. f. Kde. etc. 1870. Fbr.) Die Mutter der Kinder, Margareth, war 1522 gestorben, nach Allem hatte aber der alte Meister noch einmal geheiratet, von welcher Wittib bei diesem Anlass keine Rede sein konnte.

Das Gitter war zwar zum grössern Theile vollendet, doch fehlte noch Manches, das Hanns Vischer, der älteste der noch lebenden Söhne, nachträglich fertigte, und 1540 an den Rath, der sich es zu übernehmen entschlossen hatte, übergab, wofür er im Ganzen 1845 f. rh. bekam. Es wurde am westlichen Ende des grossen Rathhaussales aufgestellt und diente dazu, den Raum in dem das Stadtgericht gehalten wurde, abzugrenzen. Aus Verordnungen, die den Tanz auf dem Rathhause betreffen, geht hervor, dass derselbe Raum schon vorher auch abgegrenzt gewesen war. Hier blieb es bis zum Dec. 1806. Noch jetzt ist der Platz, wo es stand, durch die zwei von dem Bildhauer Sebald Beck gemachten in der Wand stehenden Säulen, in die es eingefügt wurde, erkennbar. Es wog 225 Centner 23 Pfd. Bei der Versteigerung kaufte der Kaufmann Fränkel in Fürth den Centner um 53 f. 32 kr., das Ganze um 12.057 f. 18 kr., überliess es aber um einen Profit von 1000 f. an den Kaufmann Schnell in Nürnberg. Von diesem soll es nach Lyon verkauft worden sein, neuerdings angestellte Nachforschungen sind bis jetzt erfolglos geblieben. Die Verhandlungen mit Hanns Vischer gibt Soden in seinen Beiträgen etc. 1853 p. 362 in der Anmerkung, das Wesentlichste derselben wiederholend und bis auf den Verkauf von 1806 verfolgend. Jos. Baader im ersten Heft der Beitr. z. Kunstgesch. 1860 p. 25 ff.

Von den Söhnen scheint sich Hanns noch einige Zeit im Besitz des väterlichen Hauses erhalten zu haben, Jacob, jedenfalls der unbedeutendste, verschwindet sofort, Paulus ging nach Mainz, wo er in kurzer Zeit starb. Von den beiden ältesten soll nun geredet werden.

7. HERMANN VISCHER, ROTHSCHMID.

Dieser Hermann ist des berühmten Peter Vischers ältester Sohn und mit Giessen, Reissen, Masswerken und Conterfeien wie der Vater fast künstlich gewesen. Als ihm seine Hausfrau mit Tod abging, zog er Kunst halb auf seinen eigenen Kosten gen Rom und bracht viel künstliche Ding, die er aufgerissen und gemacht hat, mit, welches seinem alten Vater wolgefiel und seinen Brüdern zu grosser Uebung kam. Er ist in seinen besten Tagen bei Nachts unter einem Schlitten elendiglich und erbärmlich umkommen.

Hierzu fügt Heller: Nachts 1540, da er eben in Begleitung seines vertrauten Freundes, des Malers Wolfgang Traut nach Hause gehen wollte. Wie unrichtig dieses Jahr ist, hat man schon daraus sehen können, dass er schon bei dem mit den Fuggern über das Gitter geschlossenen Vertrag, also im Todesjahr des Vaters, und wenigstens zehn Jahre vor demselben als weiland, d. h. gestorben genannt wird. Die Vermuthungen, wodurch ihm Arbeiten zugeschrieben werden, die einer spätern Zeit angehören, fallen hiermit von selbst zusammen. Dagegen mag er an dem Sebaldusgrabmal fleissig mitgearbeitet haben und der Apostel Bartholomäus, wie die Sage will, von ihm allein gefertigt sein. Ueber die Art seines Todes ist auch Neudörfer der einzige Gewährsmann.

Schon am Freitag 18. Nov. 1513 kommt dieser Hermann Vischer als mit Ursula, Arnold Mag's hinterlassner Tochter, verheiratet vor. Dieser Arnold Mag war ein im Dienste eines Niederländer Hauses, der Gesellschaft Fuchsjäger in Gent, als Factor in Nürnberg anwesender, und allmählig hier ins Burgerrecht eingetretener nicht unvermöglicher Kaufmann, der sich 1495 ein Haus am Sand, in welcher Gegend auch Peter Vischer gewohnt hatte, kaufte und noch vor dem Verkauf desselben Hauses, wobei seine Tochter Ursula, als Hermann Vischer's Ehefrau, genannt wird, gestorben war. Vielleicht mag nachbarliche Kinderfreundschaft zur nachherigen ehelichen Verbindung veranlasst haben. Hermann Vischer kaufte dann ein Haus auf Lorenzer Seite, dem sogenannten Steig, jetzt Kornmarkt oder Schrannenplatz oder auch Hopfenmarkt genannt, das man vielleicht als L. 980 bezeichnen darf. Es war von den Relicten des Steinmetzen Jakob Grimm, der die erste steinerne Brücke (1457) zu Nürnberg und den Chor in St. Lorenzenkirche gebaut hatte, an Hanns Rot, Eidam des jüngern Hanns Behaim, des Landbaumeisters (1512) verkauft worden und ging durch Kauf an Hermann Vischer über, so dass die Urkunde am 2. Jan. 1516 ausgefertigt wurde, die eigentliche Besitzergreifung wol schon in 1515 fällt. Aber schon am 11. Fbr. 1517 erscheint Ursula, Hermann Vischer's nachgelassene Tochter, unter Vormundschaft Peter Vischer's des ältern, ihres väterlichen Anherrn, und Jakob Amman's, des Stadtschreibers, so dass in die kurze Zeit von wenig mehr als einem Jahr der Tod der beiden Eltern, und zwar, vorausgesetzt dass Neudörfer hier correct ist, zuerst der Tod der ältern Ursula, dann des jungen Wittwers Kunstreise nach Rom, und hierauf sein, Hermann Vischer's, Tod zu setzen ist. Die verwaiste Ursula heiratete dann Paulus Behaim, des alten Hanns Behaim Sohn, und wird nicht nur im Vertrag über das Gitter, sondern auch in der am 3. Aug, 1530 getroffenen, über des alten Peter Vischer's Nachlass Erbberedung als „Ursula, Meister Paulusen Behaims Ehewirtin, Hermann Vischers seligen Tochter, des alten Peter Vischers Eniklein" genannt. Ueber ihr weiteres Geschick fehlt es an näheren Nachrichten, ausser dass sie 1536 starb. (S. Anzeiger für Kunde etc. 1873. Mai, Juni, Juli.)

8. PETER VISCHER DER JÜNGERE, ROTHSCHMID.

Dieser Peter, gemelts Vischers Sohn, hatte seine Lust an Historien und Poëten zu lesen, daraus er dann mit Hilf Pancrazen Schwenters viel schöner Poëterei aufriss und mit Farben absetzt. Er war in allen Dingen nicht weniger dann obgemelter Hermann sein Bruder geschickt und erfahren, und ist auch in seinen besten Tagen verschieden.

Sollt ich aber von der andern Brüder, Hanns, Jakob und Paulus, Kunst und Verstand nach der Länge anzeigen, möcht es zu viel seyn.

Wenn am 22. Mai 1527 verlassen wurde, den geschwornen Meistern des Rothschmid Handwerks sei gesagt, dass sie Peter Vischers Sohn, das Grab, so er Herzog Friedrich von Sachsen Kurfürsten seligen gemacht, zu Meisterstück anrechnen und ihn also zu Meister ansagen sollen, und soll dem Handwerk solches keinen Nachtheil gebären oder an ihrer Ordnung Abbruch thun, kann das nur Peter der jüngere sein. Das Grab ist wol das bei Heller p. 39. f. S. auch Baader (Beiträge I, 25). Das Jahr 1507, in welchem Baader (Jhrb. f. Kunstwiss. 1868. p. 244) den jüngern Peter Vischer Meister werden lässt, kann nur ein Druckfehler sein st. 1527, oder Verwechslung mit dem Vater, was jedoch kaum glaublich.

In der Bestimmung der Zeit, dass nämlich Peter Vischer der jüngere noch vor seinem Vater starb, ist Heller p. 41 correct, indem er aus dem grossen Todtengeläut fol. 28 b. beim Jahre 1528 auch „Peter Vischer Rotschmid der jüngere" eingetragen fand. Er heiratete die zweite des schon genannten Arnold Mag Tochter, Barbara, die am Freitag 9. Mai 1516 als seine eheliche Hausfrau erscheint, als sie aus der Vormundschaft entlassen wird, oder, nach damaliger Redeweise, ihre Vormünder, Hanns Gewandschneider und Sebald Behaim, nach gestellter Rechnung, der Vormundschaft enthob. Sie hatte ihrem Manne in schwerlich länger als dreizehnjähriger

Ehe sechs bei dem Erbvertrag vom 3. Aug. 1530 mit Namen genannte noch lebende Kinder geboren, Barbara, Margaretha, Joseph, Ursula, Martha, Anna. Bald hierauf heiratete sie, als junge Wittwe, den Goldschmid Georg Schott, ihre ferneren Schicksale verlaufen sich in die Dunkelheit des niedrigen Bürgerstandes. Von dem Sohn Joseph ist keine Rede mehr. Auch von der historisch-poëtischen Liebhaberei des jüngern Peter Vischer muss man sich an Neudörfer's Zeugniss genügen lassen. Ueber seine Lebensverhältnisse s. den im Anzeiger f. Kde. etc. von 1873 bereits angeführten Artikel.

Von den anderen Brüdern würde, mit Ausnahme von Hanns Vischer's am Gitter bewiesener Thätigkeit, schwerlich viel zu sagen sein. Hanns wurde nach seines Vaters Tod Hauptmann an seiner Statt. Paulus war, offenbar Schulden wegen, nach Mainz gegangen, wo er schon 1531 starb. Er war schon zu Lebzeiten des Vaters verheiratet gewesen, aber ausser dem Namen Barbara weiss man von seiner Frau, die schon im Gittervertrag genannt wird, nichts. Er war dem Hanns Setz, einem Schlosser zu Nürnberg, der in der Nachbarschaft wohnte, schuldig geworden, der auch mit Hanns Vischer in Streit lag. Hanns Vischer, als Anwalt seines Bruders, Paulus Vischers, Bürgers zu Mainz, in Beisein und mit Verwilligung Barbara's, desselben seines Bruders Ehewirtin, bekennt, dass ihm Caspar Menzinger, Jorg Reidlock und Jorg Webler, als weiland Peter Vischers seligen, ihres Vaters seligen, Geschäfts Vormünder, allen und jeden, jetztgedachts seines Bruders väterlichen und mütterlichen Erbtheil, so viel ihm angefallen ist, auch alles, so Peter Vischer der älter dieses Paulus Vischers, seines Principals, Kindern in seinem Testament geschafft, auf vorher geschehene Rechnung zu seinen Handen gestellt haben, und sagt sie dafür ledig und los. Was mit Zeugniss von Hanns Tegler und Jeronimus Jacob geschah am Mittwoch 27. Juli 1530. Und Barbara, obbemelts Paulus Vischers, Burgers zu Mainz, Ehewirtin, bekennt für sich, ihren Ehewirt, und ihr beder Erben, dass ihr Hanns Vischer, ihr Schwager, dieses ihres Ehewirts, gemächtigter Anwalt, allen und jeden desselben ihres Mannes zugebührenden Erbtheil, auch ihrer Kinder Legate, zugestellt hat, daran sie ein gut Benügen habe und ihn um dieses alles ledig und los sage. Doch sollen hierin ausgeschlossen sein etliche uneingebrachte Schulden und ein ausbereit (fertiges) Werk eines Grabs, dem Churfürsten von Brandenburg zugehörig, daran gemeltem Paulus Vischer sein gebührender Theil vorbehalten sein soll, welcher Theil an diesen Schulden und Grab dem Hanns Vischer zu Bezahlung der 12½ f., so Paulus Vischer seines Bruders Peter Vischers des jüngern seligen Kindern schuldig, dafür er, Hanns Vischer Bürg worden ist, zu Unterpfand stehen sollen. Desselben Tags und mit denselben Zeugen. Dass Paulus Vischer im Jahre 1531 todt war, sieht man aus einem Schreiben des Raths zu Nürnberg an den zu Mainz vom Samstag 9. Dec. 1531, worin er sich für den Schlosser Hanns Setz Schulden halb, so die beiden Eheleute, resp. Paulus Vischers nachgelassene Wittib, rückständig schuldig sind, verwendet. Hanns Setz scheint in der Derrersgasse, hinter dem Hause Peter Vischer's, da wo auch die Giess- oder Schmelzhütte lag, gewohnt zu haben, wie sich aus einem mit Hanns Vischer getroffenen Vertrag vom 25. Mai 1531 entnehmen lässt. Erblich gehörte die Giesshütte dem Paulus, aber schon am 17. Dec. 1529 hatte sie Hanns Vischer erworben. Des Grabs halben fand 1532 eine Klage des Schlossers Setz gegen Hanns Vischer statt, welche aber als unstatthaft vom Rath abgewiesen wurde.

Jetzt erst fand eine völlige Erledigung der Erbverhältnisse statt. Am Mittwoch 3. Aug. 1530 bekennen Hanns und Jakob die Vischer, Gebrüder, Margaretha Jorgen Ringlers Ehefrau, ihre Schwester, weiland Peter Vischers des ältern seligen Kinder, Söhne und Töchter, Ursula Meister Paulus Behaims Ehewirtin, Hermann Vischers seligen Tochter, gedachts alten Peter Vischers Eniklein, in Beisein ihrer Ehemänner, und Meister Hanns Behaim, Caspar Menzinger, und obgemelter Hanns Vischer, als Vormünder weiland Peter Vischers des jüngern seligen sechs Kinder, mit Barbara, seiner Hausfrauen, ehelich erzeugt, auch des alten Peter Vischers seligen Eniklein, dass die Executores und Testamentarier Peter Vischers des alten seligen Geschäfts ihnen allen ihren mütterlichen und väterlichen, anfreulichen und anherrlichen Erbtheil entrichtet haben und sagen sie darum, und sich selbst gegenseitig ledig und los. Doch wär in solchem allem hintangesetzt und ausgenommen noch etliche uneingebrachte Schulden, auch ein messing gegossenes ausbereit Werk, dem Churfürsten von Brandenburg zuständig, daran jedem Erben, auch Paulusen Vischer sein Theil einzunehmen gebührt, auch zugehörig und unbenommen sein sollte. Desgleichen bekennt Barbara, ehedem des jüngern Peter Vischers, jetzt Jorg Schotten Hausfrau, dass ihr die Testamentarier des alten Peter Vischers, ihres Schwähers seligen Geschäfts, ihren Theil, so viel ihr Schwäher ihr von seiner Habe geschafft, zu ihrem Wolbegnügen gegeben haben, und sagt sie darum ledig und los. Dass Paulus Vischer damals nicht mehr in Nürnberg war, ist klar. Ob das Werk oder Grab für den Churfürsten zu Brandenburg, für den kunstliebenden Markgrafen Albrecht, Churfürsten zu Mainz, oder einen andern seines Hauses bestimmt war, ist nicht die Aufgabe dieser Zeilen, zu untersuchen.

Paulus Vischer war auch der Barbara Peter Vischers des jüngern Wittwe Geld schuldig. Am Montag 13. Sept. 1529 sagten Anthoni Tetzel und Sebald Rech, in Beisein Barbara Peter Vischers des jüngern Wittib, und Hannsen Vischers, in Gericht an, dass sie auf das Urtheil, so zwischen gedachter Vischerin, Klägerin, eines, und Paulus Vischer, Beklagten, anders Theils, 200 f. geliehenen Gelds halben, ergangen sei, mit den Parteien gehandelt und die Sache gütlich also vertragen haben, dass Paulus Vischer ihr der

Vischerin, seiner Geschweyen, die 200 f. bezahlen solle, nemlich auf die nächste Frankfurter Fastenmesse 100 f., und dann auf die folgende Herbstmesse, als von jetzt an über ein Jahr, abermals 100 f., wofür er seinen Bruder Hanns Vischer zum Bürgen gesetzt und dieser auch die Verpflichtung dieser Bürgschaft zu übernehmen zugesagt hat. Paulus Vischer hat sich dagegen verpflichtet, seinen Bruder dieser Bürgschaft zu entheben und ihm desshalb alles, was er von Peter Vischer, seinem Vater seligen, ererbt habe, zu Unterpfand eingesetzt. Barbara Vischerin und Hanns Vischer erklärten ausdrücklich, diesen Vertrag anzunehmen, wofür auch Paulus Vischer in eigner Person am Mittwoch 15. Sept. seine Zusage gab. Hierdurch ermächtigt, war, wie oben gezeigt, Hanns Vischer am 17. Dec. 1529 durch Ablösung eines Eigengeldes in den Besitz der Giesshütte gekommen. Paulus hatte dann Nürnberg verlassen und war in Mainz Bürger geworden, ohne dass, wie sonst gebräuchlich, im Rathsbuch sein Austritt aus dem Bürgerrecht vorgemerkt wäre, Barbara Vischerin, die noch als Wittwe erscheint, heiratete nun den Georg Schott, und ausser Hanns Vischer blieb nur noch Jakob zurück, über den keinerlei Nachrichten vorliegen.

Ueber den Verkauf des Vischerischen Hauses liegt Folgendes vor. Hanns Vischer der Rothschmid und Kungund sein ehliche Hausfrau, erklären am Mittwoch den 12. Merz 1544, vor Augustin Tichtel und Lienhard Hofman, bede Genannte, als erbetene Zeugen, dass sie ihre Behausung und Hofrait alhie in St. Lorenzen Pfarr an St. Katharina Graben beim Marstall hinauf, zwischen einem andern ihren, der Verkäufer, und weiland Peter Henleins seligen verlassenem Haus liegend, verkauft haben Conzen Hofman, Haubenschmid, und Anna seiner Hausfrau, um 640 f., und setzen sie, mit Begebung aller bisher gehabten Rechte in ruhige Possess und Gewähr, was vor Gericht am Freitag 14. Merz stattfand. Und da Conz Hofman erklärte, der Kaufbrief spreche zwar von vollständig bezahlter Kaufsumme, er sei aber noch 240 f. daran schuldig geblieben, verspreche indessen diesen Rest in drei Jahren zu entrichten, so gab Hanns Vischer, in Beisein seines Sohns Jorgen für sich und seine Frau Kungund, die Schwachheit halber nicht erschienen war, am Freitag 26. Mai 1546 mit Zeugniss von Barthel Lorenz Schwab und Dominicus Herman von Wimpfen Quittung über die Zahlung des Rests und somit der ganzen Kaufsumma. Für ein in dieser Gegend gelegenes Haus erscheint der Kaufpreis von 640 f. als sehr ansehnlich. Doch behielt Hanns Vischer immer noch eine Hälfte des väterlichen Anwesens, vielleicht die kleinere, aber insofern die wichtigere, als die Giesshütte nicht als ein Theil des Kaufobjects genannt ist, folglich in seinem, Hanns Vischer's, Besitz blieb.

Aus Baader (Jahrb. f. Kunstgesch. 1868 p. 244) werde noch beigebracht: „Im Jahre 1549 wollte Hanns Vischer auf etliche Jahre nach Eichstätt übersiedeln. Die Geschwornen des Rothgiesser-Handwerks erhielten vom Rath den Auftrag, den Meister zu bewegen, er möge zu Nürnberg bleiben. Sie stellten ihm vor, welcher Nachtheil an seiner Nahrung und anderen Dingen durch den Abzug für ihn entstehe. Er beharrte aber auf seinem Vorhaben und erbot sich, „das Handwerk draussen gar nit zu treiben und sich Dess zu verschreiben". Sollte ihm jedoch etwas zum Giessen angedingt werden, so wolle er dasselbe ohne Wissen und Willen (wessen?) nicht annehmen. Werde ihm dann erlaubt, etwas zu giessen, so wolle er es nirgend anders als zu Nürnberg formen, giessen und ausbereiten. Der Rath nahm diese Verschreibung von ihm an, worauf ihm „solcher Erlaubniss ein schein zugestellt wurde". Es wurde ihm sodann erlaubt, „seiner bessern Nahrung willen, unentsagt seines Burgerrechten, fünf Jahre lang zu Eichstätt und an auswendigen Enden zu wohnen. Doch soll er nach Ablauf dieser Zeit seine häusliche Wohnung wieder zu Nürnberg nehmen". Ob diess geschehen, ist unbekannt.

9. SEBASTIAN LINDENAST, KUPFERSCHMID.

Dieser Lindenast hat nichts anders denn von geschlagenem und getriebenem Kupfer gearbeitet, daraus machte er Gefäss allerlei Manier, als wäre es von Gold oder Silber getrieben, derhalben ihm Kaiser Maximilianus höchst löblicher Gedächtniss, dass er seine Kupferarbeit vergulden und versilbern möcht, gnädiglich privilegirt, welch Privilegium hernach seinem Sohn Sebald, den er verliess, abgeschlagen wurde zu gebrauchen, und hat an der Capellen am Markt oben an der Uhr den Kaiser, die sieben umgehende Churfürsten, den Ehrenhold, die vier Posauner, die zwei Männlein so schlagen, und die andern zwei Männlein, da das eine läutet, und das andere die Uhr umwendet, von Kupfer gemacht und trieben, und hab ihn darum desto lieber zu diesen Künstlern gesetzt, da er und Peter Vischer Rothschmid der älter, auch der vorgemelte Meister Adam Kraft Steinmetz, gleich mit einander aufgewachsen und wie Brüder gewesen sein, sind auch alle Feiertag in ihrem Alter zusammen gangen, sich nit anders als wären sie Lehrjungen, miteinander geübet, welche Uebung und ihr Aufreissung noch zu weisen ist, sind auch allemal, ohne einiges Essen und Trinken, freundlich und brüderlich von einander geschieden.

In der Familie der Lindenaste muss das Vergolden des Kupfers und des Messings schon früh heimisch gewesen sein. Hanns Lindenast, ohne Zweifel derselbe, der schon am 19. Juli 1456 in einer, sein eheliches Leben betreffenden Frage genannt wird, kommt acht Jahre nachher wieder vor, als am Donnerstag 13. Juni 1464 in Hanns Volckamers und Peter Harsdorffers Frage, verlassen wurde, es sollen Hannsen Lindenast seine Pfänder (die vorläufig vor ihm genommen waren) wiedergegeben werden und es ist ihm vergönnt, das Kupferwerk zu versilbern und zu vergolden, doch dass er an einem jeglichen derselben Stücke seiner Ebenteuer (Kunstwerke) einen Spiegel lasse, eines Pfennigs breit, und dass derselbe wol sichtig ist. Die Geschicklichkeit des Mannes hatte, wie man sieht, vor den Augen des Raths Gnade gefunden, aber die Einsprache der Goldschmide war doch mächtiger, und in Wilhelm Derrers und Endres Geuders Frage, am Donnerstag 5. Juli, hiess es: Hannsen Lindenast, wie ihm vormals vergönnt ist, Kupferwerk zu versilbern und zu vergolden, also ist ihm Das im Rath auf Anrufen der Goldschmide, wider deren Handwerk Das ist, wieder abgelehnt und gesagt, nicht mehr zu machen. Dennoch versuchte er sein Heil nach ein Paar Jahren abermals und glaubte, durch einen schön gearbeiteten Becher den Rath zu gewinnen, aber in Wilhelm Löffelholz und Endres Geuders Frage, am Montag 11. Aug. 1466, wurd: verlassen: Hanns Lindenast hat von seiner Arbeit einen Becher in den Rath gegeben, dass ihn ein Rath sehen sollt und ihm die Arbeit vergönnen, aber es ist ihm durch Endres Geuder und Ulrich Crundherrn zu sagen, wie ihm vormals geantwortet und die Dinge ihm im Rath abgelehnt seien, dabei lasse es ein Rath bleiben. Von diesem Hanns Lindenast ist nun nicht mehr die Rede, ob und wie er zu dem Schlosser Peter Lindenast, der 1430, und zu Conz Lindenast, der 1455 die Bürgeraufnahme erlangte, verwandt gewesen, ist wol wahrscheinlich, aber vor der Hand nicht zu erweisen.

Diese Kunstfertigkeit erlitt desshalb eine Beschränkung und Zurückweisung, weil sie mit den Ordnungen der Goldschmiede geradezu im Widerspruch stand. Es war auf's Strengste verboten, anderes Metall als Silber zu vergolden, wofür solche Fälle, wo eine Ausnahme gemacht oder beantragt wurde, das beste Zeugniss geben, weil hierüber vom Rathe selbst, der die Rechte, und zugleich die Ehre, des Handwerks aufrecht zu halten sich berufen erachtete, die Entscheidung ausging. Nur als eine wiederholte Erinnerung ist ein Erlass in Niklas Grolands und Anthoni Tuchers Frage, vom Dinstag 7. Juni 1485, zu betrachten: „Dass hinfüro Niemand einiges messinges Trinkgeschirr oder Gefäss vergolden oder versilbern solle, wolle aber Jemand kupferne Stück vergolden, Das möge er thun, doch dass er demselben einen sichtigen Spiegel eines Pfennings gross und breit lasse."

Ausnahmen machte man freilich und vergoldete auch Messing. In Endres Geuders und Marquard Mendels Frage, am Donnerstag 25. Aug. 1485 wurde „den Goldschmiden vergönnt, Graf Eberharten dem Jungen (von Württemberg) etliche messingene Schildlein zu dem Scharfrennen dienstlich zu vergulden". Als Kaiser Friedrich 1487 in Nürnberg war, stellte er ein solches Ansuchen, aber am Samstag 31. Merz, in Niklas Grolands und Ulmann Stromers Frage, wurde den Losungherren (damals Ruprecht Haller und Niklas Gross) aufgetragen: „Unserm allergnädigsten Herrn, dem römischen Kaiser, eines Raths Beschwerde und Sorgfältigkeit (Besorgniss), mit der messen (messingenen) Ketten, die seine Majestät vermeint machen und vergulden zu lassen, zu eröffnen und seine Gnade zu bitten, von solchem Vorhaben abzustehen." Doch kommen später einige Fälle vor, wo man Das, was man dem höchsten weltlichen Haupte der Christenheit — und das war Kaiser Friedrich doch immer, selbst in seiner damaligen Bedrängniss — abzulehnen gewagt hatte, andern Fürsten und Herren gewährte. So wurde 1493 am Dinstag 27. Nov. in Anthoni Tuchers und Marquard Mendels Frage, Herrn Georgen von Stein vergönnt, ein zur Astronomie dienendes Instrument, genannt Astrolabium, hie von einem Goldschmid vergulden zu lassen, unangesehen dass Das wider die Ordnung der Goldschmide ist. Selbstverständlich war das Instrument selbst von Messing. Dann wurde am Donnerstag 14. März 1493, in Ulrich Grundherrn und Martin Geuders Frage, etlichen Goldschmiden vergönnt, einem von Bünau etliche messene Rosen und Sterne, „in ein Stuben oben an der Dill (Diele) dienstlich oder zierend" zu vergulden. Aber Unberechtigte und Unbefugte wies man zur Ordnung. Am Mittwoch 10. Jan. 1498, in Ulman Stromers und Hanns Rieters Frage, wurde einem Krämer, der kupferne und verguldete Ringe hie (auf der Neujahrsmesse) feil gehabt hatte, gesagt, dass er solche Abenteuer nicht mehr herbringe oder sie feil habe, sonst werde der Rath nach Laut ihrer Gesetze darein sehen. Dann wurde am Freitag 23. Juni 1498, in Peter Harsdorffers und Hanns Rieters Frage, den Goldschmiden vergönnt, Herrn Friedrichen von Sachsen, Herzog Albrechts Sohn, der ein Hochmeister deutschen Ordens in Preussen worden, zu seinem Einreiten etliche kupferne Knöpfe zu vergulden und zu bereiten. Noch am Dinstag 2. Mai 1503, in Paulus Volckamers und Jeronymus Holzschuhers Frage, wurde beschlossen, das Gesetz mit dem verguldten Messing bleiben (bestehen) zu lassen, und damit die Leute gewarnt werden, es auf den nächsten Sonntag wieder verrufen zu lassen auch sollen die geschwornen Goldschmide die mit dem verguldeten Messing warnen, und wo sie es darüber (dennoch) feil haben, ihnen dasselbe nehmen. Vielleicht war eine bereits auffällig gewordene Uebertretung des Gesetzes eingetreten, der man jetzt ernstlich Einhalt zu thun sich vermüssigt sah. Denn die bisher gestatteten Ausnahmen waren nur zu Gunsten der Goldschmiede gemacht worden, mittlerweile aber hatte sich in Sebastian Lindenast ein Mann hervorgethan, der nicht zu den Goldschmieden gehörte, aber in derselben Weise wie früher Hanns Lindenast ihnen bedenkliche Concurrenz machte.

Zum erstenmal wird er genannt als am Eritag 4. Mai 1490 Marquart Weh von Wöhrd und Margareth seine eheliche Wirtin ihren Sohn Lienhard ihm, Sebastian Lindenast, sein Handwerk und Arbeit zu lernen, übergeben, die fünf Jahre Lernzeit getreu auszudienen, und wenn er in dieser Zeit ohne redliche Ursache entliefe oder ihm eine Untreue bewiese, wollen sie ihm denselben sofort wiederstellen oder sich um die unausgediente Zeit mit ihm vertragen, auch eine etwa begangene und erwiesene Untreue erstatten, doch soll er im letzten Jahr dem Lienhart 2 f. oder ein Kleid von diesem Werth geben. Zeugen waren Wilhelm Hegnein und Jeronimus Haller. Demnach musste Lindenast Meister und beweibt sein, was sich, wenn es auch nicht ausgesprochen ist, von selbst versteht. Auf welchem Handwerk er eingeschrieben war, ist auch nicht gesagt. Aber schon nach vier Jahren war das Verhältniss geändert, und Sebastian Lindenast, Cunzen Lindenasts seligen und Anna, seiner ehlichen Wittwe ehelicher Sohn bekennt zu Brixen am Eritag 18. März 1494 für sich und seinen Bruder Hanns, wenn die gedachte Anna Lindenästin, seine liebe Mutter, die Erbschaft der Behausung, die sein Vater seliger und sie miteinander überkommen hatten, in seinem Abwesen verkauft hätte oder erst verkaufen würde, dass er solches alles gut heisse; dazu habe er für sich und seinen Bruder seiner Mutter diesen mit des edlen und vesten Hannsen Windlers, Hrn. Melchiorn Bischofen zu Brixen Rath und Hauptmann, vorgedrucktem Insiegel befestigten Brief gegeben, Zeugen der Bitte um das Insiegel seien gewesen die fürsichtigen und erbern Sigmund Griesser, Martin Phister und Veit Sober, des vorberürten seines gnädigen Herrn von Brixen Diener. Welcher Anlass ihn nach Brixen führte und in welcher Stellung er des Bischofs Diener war, ist unbekannt. Gestützt auf diesen Brief, der in das Gerichtsbuch Literarum 10. Fol. 148 einzuschreiben 4 Pfd. Kanzleigebühr kostete, verkaufte nun Anna Cunzen Lindenasts ehliche Wittib und mit ihr Jungfrau Anna ihre Tochter, am Pfinztag 10. April 1496, zugleich auch für Franzen Lindenast, auch ihren ausländischen Sohn und Bruder, die Erbschaft der Behausung an der Elenden Gasse, zwischen Hannsen Buchers, Zirkelschmids, und Jakob Fleischers, Schermesserers, Häusern gelegen, dem Hannsen Betz, Windenmacher, und Gerhaus, seiner ehelichen Wirtin, wie Anthoni Haller und Endres von Watt als gebetene Zeugen, in Gericht ansagten, um 103 f. rh. und einem an Gerhard Zollner zu entrichtenden Eigengeld von 2 f. rh. Der hierüber vom Gericht am Montag 21. April ertheilte Brief war von Ulrich Grundherr und Jacob Groland gerichtlich bezeugt und wurde mit 5 Pfd. Kanzleigebühr taxirt. Ob derjenige Hanns, dessen als seines Bruders sich Sebastian in vorstehendem Brief mächtigt, mit demjenigen, gegen den wegen einer seit 1488 hängenden Schuld von 160 f. rh., die mit je zwei Centner Messing auf jedem nächst kommenden Leipziger

Markt bis zu Tilgung der ganzen Summe zu bezahlen versprochen aber nicht gehalten war, am Montag 13. Dec. 1490 Arrest auf Leib, Habe und Güter erkannt wurde, oder mit demjenigen, der — blos als Lindenast bezeichnet — am Montag 13. Mai 1493 bedeutet wurde, seinem Gläubiger von Köln die schuldigen sechs Gulden zu zahlen oder in den Schuldthurm zu gehen, eine und dieselbe Person ist, oder ob hinter einem derselben noch jener frühere Hanns Lindenast verborgen sei, wird schwerlich zu entwirren sein.

Die Dienstzeit zu Brixen lief nach einigen Jahren wieder zu Ende. Am Freitag 6. Sept. 1499 bekennen Adam Kraft und Sebastian Lindenast, dass sie für Hannsen Hachenberger und Endresen seinen Bruder Fürstände und gut dafür sein wollen, wenn der genannte Hanns Hachenberger von seiner Mutter ihr beider Gebrüder Werkzeug zu seinen Handen erlang und einbringe, wenn sie von demselben Endresen darum angelangt werde, dass sie sie desshalb vertreten, auch darob und daran sein wollten, dass er solches auch ratificiren und bewilligen solle, alles ohne der Frauen Schaden, mit Zeugniss von Hanns Schürstab und Wolf Löffelholz. Man sieht, dass Lindenast wieder in Nürnberg war, und man mag auch aus dieser mit Adam Kraft gemeinsam übernommenen Bürgschaft ein Zeugniss entnehmen, für das zwischen den beiden Männern bestandene gute Einvernehmen, wovon Neudörfer redet.

Die bedeutendste Thätigkeit Lindenast's, wodurch sein Namen seine eigentliche Berühmtheit erhalten hat, liegt in der Betheiligung an der Herstellung des Uhrwerks an Uns. Lieb. Frauenkirche, als der Rath am Mittwoch 6. Mai 1506 „die alte Uhr abzubrechen und eine schlagende Uhr mit Zugehörung, mit einem Kaiser und den Kurfürsten zu machen, wie dann vorher an der alten Uhr das auch gewesen ist, die ihren Gang gehabt haben, oben in das Zinndach auf St. Michels Chor am Markt," beschloss. Der Zusammentritt der dazu durch Ulman Stromer, Kirchenpfleger, und Peter Harsdorffer, Kirchenmeister (von dem auch die durch Jos. Baader in den Beitr. I. 99 auszüglich, aber dennoch sehr ausführlich mitgetheilte Rechnung ist) geladenen Commission geschah am Tag Erasmus 3. Juni 1506, und ihre Namen waren: Michel Behaim (Baumeister des Raths), n. Schlüsselfelder, Meister Hanns Behaim, Meister Jorg Stadelman, eines Raths Baumeister und Werkleute, dann Sebald Schreier, Meister Peter Vischer Rothschmid, Meister Sebastian Lindenast, Meister Adam (Merz) Steinmetz, Meister Jörg (Heuss) Schlosser. Welche Aufgabe der nicht näher bezeichnete Schlüsselfelder dabei hatte, ist, da er weiter nicht genannt wird, nicht zu sagen, auch Sebald Schreier war nur, so zu sagen, als „Amateur" beigezogen, wird jedoch namentlich später als Sachverständiger genannt. Lindenast, als Verfertiger alles Figürlichen, als Kaiser, Kurfürsten, grosse und kleine Trummeter, Thürhüterlein,

Schlagmänner u. s. w. nebst Zugehörung, bekam für Kupfer, Arbeitslohn, versilbern und vergulden im Feuer 419 f. 2 Pfd. 17 Pfg. Für solche Fälle liess man sich den Gebrauch von Lindenast's Erfindung recht wol gefallen. Ausser dem Kaiser ist nur noch eine andere Figur dem Vandalismus der neuern Zeit entgangen.

Es scheint aber ein grosser Missbrauch der erlaubten Ausnahmen eingetreten zu sein, so dass in Jeronymus Holzschuhers und Gabriel Nützels Frage, am Samstag 21. Juni 1511, Steffan Volkamer und Wilibald Pirkheimer mit einem sehr umfassenden, zunächst nur die Goldschmide betreffenden Verlass betraut wurden, worin aber am Schlusse auch Sebastian Lindenast bedacht wird: „Und Sebastian Lindenast sei zu sagen, ein erber Rath werde berichtet, dass er sich unterstehe, nicht allein grosse Stück von Kupfer zu arbeiten und zu vergulden, sondern auch kleine Geschmeid, als Gesperr, Senkel, Beschläg und dergleichen, das nicht allein zu Schmälerung des Handwerks der Goldschmid dienstlich, sondern auch einem erbern Rath und gemeiner Stadt schimpflich, dazu auch einem Betrug derjenigen, so das auswendig unwissend zu kaufen pflegen, gleich sei. Desshalben ihm ein erber Rath lass ernstlich befehlen und gebieten, sich künftig zu enthalten, diess klein Geräthlich zu arbeiten und zu vergulden, aus angezeigten Ursachen." Ob nun die den Goldschmieden auferlegte Beschränkung sie gegen den wie sie meinten bevorzugten Lindenast aufbrachte oder ob dieser selbst seine Befugniss überschritt, bleibe dahingestellt, genug, es wurde nach wenigen Tagen abermals gegen ihn geklagt, und am Mittwoch 16. Juli, noch in derselben Frage, wurde verlassen: „Als sich das Handwerk der Goldschmid abermals bei einem erbern Rath beklagt haben über Sebastian Lindenast, dass sich der mit seiner Arbeit und Vergulden des Kupfers, Messings und Silbers zu Nachtheil ihrem Handwerk gebrauchen soll ettwovil beschwerlicher Betrieglichkeit, mit Bitt, das abzustellen, hat ein erber Rath auf Verhör seiner Antwort sich der Sachen lassen erkundigen und dabei Das, so in verschiener Zeit bei einem erbern Rath vergünstigt und zugelassen ist, besichtigt und darauf ertheilt, dem Handwerk der Goldschmid nachfolgenden Entscheid und Läuterung anzusagen, und nemlich, dass demselben Lindenast zugelassen sei, dass er mitsampt einem ungefährlichen Lehrjungen, den er je zu Zeiten hat und nicht mehr Personen ihm verwandt als Knecht oder andere, kupferne Werk zu Trinkgeschirren bilden und andern, ausserhalben nachvermelter Stück machen und die vergulden mag. Doch soll er denselben Stücken allen, so er also vergult, einen offen sichtbaren Spiegel, der unter einem Pfennig nicht breit sei, lassen. Ihm soll auch verboten seyn, kein Silber oder Messing wenig oder viel zu vergulden. Dessgleichen soll er auch kein klein Stück von Kupfer, als Senkel, Spangen, Ketten, Ringlein und dergleichen machen oder vergulden, dazu auch soll er kein Stück gross oder klein in seiner Werkstatt vergulden, das Fremde gemacht und ihm zubracht hätten, sondern allein die Stück, die er und sein Lehrjünger in seiner Werkstatt gemacht und gearbeitet haben." Hiermit war der Umfang seiner Befugniss ganz genau ausgesprochen.

Dass er verheiratet war, versteht sich, auch hatte er nachweisbar einen Sohn Sebald. Wenn aber 1512, in Conrad Imhofs und Jobst Hallers Frage, am Mittwoch 4. Febr. verlassen wurde „allen andern Burgern oder Inwohnern, ausserhalb der geschwornen Goldschmid und Sebolten Lindenast, dem das insonderheit erlaubt ist, soll verboten sein, alhie einig Trinkgeschirr, Salzfass oder ander Geschmeid von Kupfer zu machen und zu vergulden, weder mit noch ohne einen Spiegel, bei 10 f. Pön, durch Stephan Volckamer und Wilibald Pirkheimer" so wird wol statt Sebald hier zu lesen sein „Sebastian". Es ist nicht wahrscheinlich, dass eine Uebertragung des ohnehin missliebigen Rechtes, dessen sich der Vater erfreute, auch auf den Sohn stattgefunden haben und bei den Goldschmiden keinen heftigen Widerspruch gefunden haben sollte. Sebald Lindenast mag übrigens damals schon erwachsen, vielleicht schon verheiratet gewesen sein.

Auf Absterben Conrad Flicken (oder Flücken) wurde am Montag 14. Aug. 1514 Sebastian Lindenast zu einem Hauptmann am Salzmarkt ertheilt, woraus wol seine Achtbarkeit als Hausbesitzer hervorgeht, aber sein Haus nachzuweisen ist nicht weiter möglich, als dass er in der Neuen Gasse (Sebalder Seite) wohnte.

Anna Sebastian Lindenästin starb 1521 zwischen Fastnacht und Pfingsten, er selbst in der ersten Hälfte 1526. Denn da die Goldschmide nun gegen Sebald Lindenast klagten, weil seinem Vater das Kupferwerk unter Bedingungen zu vergulden vergönnt sei, dass sich Solches mit seinem Tode geendet und dieser sein Sohn es zu arbeiten nicht befugt sei, darum es von ihm, dem Lindenast, billig abgestellt, worauf aber Lindenast sich schriftlich verantwortete und sich für befugt erklärte, weil er von kais. Majestät gefreiet (privilegirt) ist, so wurde, weil der Rath geneigt war, das Goldschmidhandwerk, als ein grosses Handwerk, zu fördern, am Dinstag 3. Juli 1526 ertheilt, was man mit dem Lindenast handle, mit des Handwerks der Goldschmide Wissen zu handeln und sie zu einem Vergleich zu bringen zu suchen, wozu Hanns Volkamer und Jeronimus Paumgärtner geordnet wurden. Es kam daher zu folgendem, am Samstag 7. Juli getroffenen Vergleich: „Nachdem das Handwerk der Goldschmide abermals bei einem Rath geklagt habe, dass sich nach Absterben Sebastian Lindenasts sein Sohn Sebald unterstehe, in die Fusstapfen seines Vaters zu treten und mit seiner Arbeit und dem Vergulden des Kupfers, Messings und Silbers, ihrem Handwerk grossen Nachtheil und allerlei Beschwerlichkeit zuzufügen, mit Bitt, dieweil er des Handwerks nit sei, das abzustellen, hat ein erber Rath auf Verhör beder Parteien, auch mündlichen Unterricht und Erkundigung ertheilt, dem Handwerk der Goldschmide, auch dem Sebald Lindenast zu sagen, dass demselben Lindenast zugelassen sei, dass er mit samt einem Jungen, den er je zu Zeiten hat, und nicht mehr Personen ihm verwandt als Knecht oder andere, kupferne Werke, so zu den Brunnen gehörig, auch grosse Becken und Wasserkandeln, machen und vergulden mag, doch soll er denselben Stücken allen, so er also verguldet, jedem insonderheit einen offnen sichtbaren Spiegel, der unter einem Pfennig nicht breit sei, lassen. Ihm soll verboten sein, kein Silber oder Messing, wenig oder viel, zu vergulden, dessgleichen soll er auch kein ander Stück von Kupfer oder Trinkgeschirr, Bild, Senkel, Spangen, Ketten, Ring und dergleichen machen noch vergulden. Dazu auch soll er kein Stück, gross oder klein, in seiner Werkstatt vergulden, das Fremde gemacht haben und ihm zu Handen gekommen oder gebracht wäre, sondern alle die Stück, die er und sein Junger in seiner Werkstatt, und doch zu nichts anderm gehörig, dann zu dem Brunnenwerk, grossen Becken und Wasserkandeln gemacht und gearbeitet haben, bei Pön zehen Gulden unnachlässig zu geben, von jeder Fart (Uebertretung). So genau diese Verordnung, eigentlich die mit dem Vater 1512 abgeschlossene, hier nur in wenigen Punkten vermehrte Verordnung auch war, so blieben doch Straffälligkeiten nicht aus.

Am Freitag den 27. Juli 1526 sagte Sebastian Lindenast, der älteste Sohn des kunstreichen Vergolders, sein Bürgerrecht auf und scheint sich auswärts niedergelassen zu haben. Als Vormünder waren gesetzt Peter Vischer und Hanns Schonauer, Goldschmid. Am Freitag 15. Mai 1528 erschienen vor Gericht Peter Vischer für sich und seinen abwesenden Mitvormund, und mit ihm Sebald Lindenast und Agnes, seine Ehewirtin, des seligen Lindenast Sohn und Schnur, und brachten vor, nachdem sich er, Sebald Lindenast, vor kurz vergangnen Tagen zu dieser seiner Ehewirtin verheiratet habe, desshalb er seinen Erbtheil zu haben brauche, aber die Vormünder ihm denselben ohne Verkaufung der Behausung zum Gostenhof zwischen Walburg Hupfaufin, Huterin, und Katharina Rudoltin Häusern gelegen, nicht zustellen könnten, noch sie an andern ihrer Pflegkinder Gütern so viel hatten, um sie abzulösen, so bäten sie den Verkauf zuzulassen, und da diess geschah, so wurde die Behausung verkauft für 120 f. in Münz an Caspar Menzinger, welches geschah mit Wissen und Willen Sigmund Helds, Oberpflegers zum Gostenhof, dem anstatt des Raths die Eigenschaft mit einem halben Gulden rh. in Münz zusteht, auch Wolf Pömers Erben, die 3 f. Gatterzins auf dieser Behausung haben, in alle Wege unschädlich. Wenn übrigens Sebald Lindenast sagte, er sei erst vor kurzvergangnen Tagen verheiratet, so ist es ein starker Euphemismus. Denn schon am 23. Juni 1526 verkauften Sebald Lindenast und Agnes seine Ehewirtin die Behausung an der alten Ledergasse, zwischen Cunzen Stedlers Behausung und der Reihe gelegen, welche das Langhaus genannt wird, wie Das der Agnesen Lindenästin von Paulusen [Bayern], Feilenhauer, ihrem Vater, an ihrem mütterlichen Erbtheil zugestellt worden ist, an Hannsen Wagner den Rothschmid und Elsbet seine Ehewirtin um 190 f., mit einem Eigengeld von 3 f. rh. mit 60 f. abkäuflich, das dem grossen Almosen gehört, und 3 Pfd. Seelgerät, in den Heilsbronner Hof zu reichen. Ob das sog. Langhaus östlich oder westlich von der Reihe lag, ist nicht zu sagen.

Nun begab sich noch, ehe die Theilung des Nachlasses vor sich gehen konnte, durch den Tod Peter Vischer's eine unerwartete Zögerung. Es musste erstlich, da zwei unmündige Kinder, Jakob und Helena, vorhanden waren, ein neuer Vormund gesetzt werden, in der Person Daniel Paumann's, und als man, aus Peter Vischer's seligen Nachlass das ihm übergebene Inventar entnehmen wollte, war es nicht mehr zu finden. Da wurde am Montag 13. Sept. 1529 auf die Klage Hannsen Schonauers und Daniel Paumanns gegen Barbara Peter Vischers Wittib und ihre Mitverwandten erkannt, sofern die Beklagten an Eids statt angeloben, dass sie den Inventarium nit bei Handen haben, den gefährlich nit abthun, auch nit wissen, wo der sei, und wenn sie den finden, dass sie denselben den Klagenden anzeigen oder überantworten wollen, so soll es dabei bleiben. Hanns Vischer und Barbara Peter Vischerin thaten alsbald das Gelöbniss. Diese Barbara Vischerin scheint des alten Peter Vischer's Wittwe zu sein. Denn von der jungen Barbara, des jüngern Peter Vischer's Wittwe, konnte man unmöglich die Kenntniss, wo das dem alten, ihrem Schwäher anvertraute Document hingekommen sei, verlangen, sondern allenfalls nur von der Wittwe desjenigen, der es in Händen gehabt hatte, und von dem ältesten Sohn. Freilich würde man jedes Zweifels überhoben sein, wenn es dem Schreiber des Gerichtsbuchs beliebt hätte, hinzuzufügen, des ältern oder aber des jüngern Wittwe. Es musste also ein neues Inventar aufgenommen werden.

Der Eingang desselben lautet: „Da auf Absterben Sebastian Lindenasts und Anna seiner Hausfrau seligen durch die erbern Hanns Schonauer, Peter Vischer, als von der Obrigkeit verordnete Vormünder gedachts Lindenasts und sein er Ehewirtin seligen verlassner unmündiger Kinder, Jakob und Helena genannt, in Abwesen Sebastian Lindenasts, als des ältesten Sohns, auf Anzeigung Sebalden Lindenasts, der jetztgedachten Vormünder Pflegkinder eheleiblichen Bruder, vermöge der Stadt Nürnberg Reformation eine permentene Inventari aller und jeder gedachter beder Eheleute verlassner Güter aufgerichtet wurde, welche Peter Vischer, als der oberst Vormund, zu seinen Handen genommen; als aber auf Absterben Peter Vischers seligen von den obersten Vormündern neben dem bleibenden Vormund, Daniel Paumann zu einem Mitvormund gesetzt wurde, welche

5*

in Kraft ihres Amts das Inventari von Peter Vischers Wittib und Sohn forderten, sie auch derohalben vor den obersten Vormündern beklagten, welche dann anzeigten, dass sie von keinem Inventario Wissen haben, darum auch gedachte oberste Vormunde sie bede vor Gericht wiesen, darum auch die jetzt gedachten Vormund um das Inventarium klagten, worin von Gericht das am 13. Sept. erlassene Urtheil gegeben wurde. Demgemäss wurde den Vormündern geboten, wiederum ein Inventar aufzurichten, welches hier folgt." Es wird genügen, nur die liegenden Güter hier anzuführen: erstlich die Behausung in der Neuengasse, zwischen Sebald Wagners und n. Maisenbuchs Häusern gelegen, daran die Eigenschaft samt 2 f. Stadtwährung und 6 f. Gattergeld Leonharden Tuchers ist, die Uebermass ist durch die geschwornen Unterkäufel Erbs und Eigens um 46 f. geschätzt, ferner die Erbschaft an Haus und Garten zum Gostenhof gelegen, daran das Eigen samt 3 f. rh. Wolfen Pömers seligen Geschäfts Erben ist, die Uebermass angeschlagen um 100 f. Folgt dann die Specification des Uebrigen, Geld, Silbergeschirr, Kleinote, Hausgerät, Kleider, Betten, Wehr und Waffen, Küchengeschirr, Werkzeug, ausbereitete Arbeit etc., alles zusammen thut 636 f. 8 Pfd. 6 Pfg. Geschehen Mittwoch 17. Nov. 1529. Bald darauf wurde in Sachen Hannsen Schongauers und Daniel Paumans, als Vormunde Sebastian Lindenasts Kinder gegen Sebalden Lindenast, um 123 f., die ihnen der Beklagte laut ausgegangener Verschreibung schuldig sei, am Freitag nach Luciae 17. Dec. 1529 erkannt, sofern sich der Beklagte mit den Klägern um die angezogene Summe zwischen heut und dem nächsten Gerichtstag nach den Ferien nit verträgt, so soll er als dann schuldig sein, ihnen dieselbe zu entrichten. Vermuthlich war es der Kaufschilling für das Anwesen im Gostenhof, welche Summe Sebald Lindenast der Gesammtmassa schuldig geworden war. Auch an Hanns Schongauers (alias Schonauers) Stelle, erscheint nach ein Paar Jahren ein anderer Vormund, indem am Mittwoch Galli, 16. Oct. 1532, Peter Eeman und Daniel Pauman, als Vormunde Sebastian Lindenasts seligen Kindern bekennen, dass ihnen die erbern Herren Vormund Wittib und Waisen die 68 f. 2 Pfd. 9 Pfg., so hinter ihnen gelegen und ihren Pflegkindern zuständig sind, zugestellt haben, darum sie in bester Form quittiren. Pauman war ein Kandelgiesser. Sebald Lindenast erscheint 1542 als Goldschmid, sein Bruder Jakob als Gürtler, die Schwester Helena als Ehefrau des Baders Salbach.

Die weiteren Geschicke der Lindenaste zu verfolgen dürfte überflüssig sein. Nur das möge noch bemerkt werden, dass von einem Privilegium, das der Kaiser ihm verliehen hätte — Neudorfer nennt Maximilian, und Doppelmayr schreibt es ihm gläubig nach — nichts weiter zu entdecken ist, als die in der Beschwerde der Goldschmide im J. 1526 dem Sebald beigelegte Aeusserung, er sei von kais. Majestät gefreiet i. e. privilegirt. Von Seiten des Raths wird aber in dem

Verlass vom 3. Juli keine Notiz davon genommen, was, wenn ein derartiges Document im Besitz der Lindenaste gewesen wäre, gewiss geschehen wäre. Vielmehr wurde am 31. Jan. 1527 verlassen, dass Sebalden Lindenast, der wider die ihm nächst gegebene Ordnung etliche kleine vergoldete kupferne Geschmeide gemacht, die Strafe bis auf einen Gulden gemildert und ihm dazu bis auf nächst kommende Heilthumsweisung Frist gegeben werde; doch soll ihm dabei gesagt werden, sich dem gemäss zu halten, wie die Ordnung ausweist, ein erber Rath werde sonst die Strafe (vollständig) von ihm nehmen. (In Leonhard Grundherrn und Leo Schürstabs Frage. S. unten.) — Ein Lindenast (ohne Nennung des Taufnamens) wurde, weil er eines Meisters Sohn gewesen, unangesehen, dass sein Vater das Handwerk nit getrieben, zugelassen, sein Meisterstück auf dem Gürtlerhandwerk zu machen 1527, in Clement Volkamers und Hanns Pömers Frage, am 9. Sept. — Benedikt Lindenasts, Rothschmidts, Wittwe Barbara wird noch am 24. Juli 1567 genannt.

Auch gegen das hohe Alter, in welchem, nach Doppelmayr's Vermuthung, Lindenast gestorben sein soll, muss man Bedenken hegen. Nach allem waren die drei Jugendfreunde, Kraft, Vischer und Lindenast, zwar Männer vorgerückten aber doch noch kräftigen Mannesalters. Diese Vermuthung mag zum Theil von dem J. 1462 herrühren, in welchem man sie, wenigstens Kraft und Lindenast, an der Frauenkirche beschäftigen will. Dass dies aber ein durch die in manchen Handschriften unwissender Weise eingeschobene Jahrzahl veranlasster Irrthum ist, davon hat man sich wol überzeugt. Auch Adam Kraft, obwol am frühsten von den drei Freunden gestorben, war noch keineswegs zur Grube reif.

. S. oben. Des obengenannten (Seite 37) Hanns Lindenast's Wittwe Magdalena kommt mit Caspar Lindenast, ihrem Sohn, wobei auch andere Kinder erwähnt aber nicht namhaft gemacht werden, am 11. April 1496 bei Aufgebung ihres Hauses in der alten Ledergasse vor. Sie besass hierauf ein am Ponersberg, an Endres Rössners Haus liegendes Haus, und Wilibald Pirkheimer, als Eigenherr desselben, erlangte am Montag 14. Aug. 1503 die Zusage, dass ihm wegen verfallnes Eigenzins gegen dieselbe mit Execution solle verholfen werden. In Urk. v. 19. Spt. 1498 werden Caspar, Barbara, Benedict, Jorg, Paulus und Erhart als ihre Kinder genannt.

Baader in den Jahrb. f. Kunstwissenschaft etc. 1868, p. 254, 255 gibt folgende Notizen: Hanns Lindenast schickte im J. 1490 seinem Bruder Sebald etliche Arbeiten und Kaufmannschaft nach Antwerpen, um sie dort zu verkaufen. — Die beiden Meisterssöhne und Gürtler Sebastian und Sebald Lindenast erhielten die Meisteraufnahme, jener im Jahre 1505, dieser anno 1528. — Sebastian Lindenast wohnte in einem Hause beim Spittlerthor, aus welchem er ans Zinsmeisteramt jährlich 2 f. zahlte. (Dass diese Notizen mit dem Vorherstehenden nicht durchaus in Einklang sind, ist unverkennbar. Der Vollständigkeit wegen schienen sie nicht wegzulassen.) — Sebald und Hanns die Lindenast, Gebrüder, kommen vor in Urk. vom Montag 6. Mai 1486, Cons. 1, fol. 244 und 3566 Sebald Lindenast der Goldschmid und Agnes seine ehliche Wirtin verkaufen am 2. März 1541 aus dem Erb ihrer Behausung in St. Sebalds Pfarr an der Neuen Gassen zwischen Georg Pucken Kandelgiessern und Johann Ofenloch, Procuratorn, Häusern gelegen 10 f. rh. Gattergeld an Hannsen Pflügel und Kungund seine Hausfrau. Lit. 53, fol. 986. Agnes heiratete später Albrecht von Hall und löste am 28. Aug. 1546 die Gatterschaft ab. Eod. loc.

10. SEBALD BEHAIM, BÜCHSENGIESSER.

Zu der Zeit, als dieser Mann zu Aufnehmung seiner Bürgernahrung kommen, ist seines gleichen mit grossem Geschütz giessen nicht gefunden worden, hat auch fast gelehrte Brüder gehabt und grosse Fürsorge getragen, wie er seinen Söhnen zu Künsten Ursache geben möchte, darum er seinem Sohn Hannsen von dem grossen Mathematicus Johannes Werner, Pfarrherr bei St. Johannis bei Nürnberg, die 15 Bücher Euklidis in teutsche Sprach transferiren lassen, wie dann der Herr Wilibald Pirkheimer Unterhändler war, damit aber alle Propositiones desto verständiger seyn möchten, wurd ihm angedingt, dass er über ein jede Proposition ein verständig Exempel setzen solle,- gab ihm also von jedem Buch zehen Gulden; wo aber diese Bücher hinkommen seien, das wissen weder Vormund noch Erben anzuzeigen, dann sie dieser Zeit theuer geacht werden möchten, und von dem allem konnte mir nicht mehr zu sehen werden dann ein Regal Bogen, darauf eine wunderkünstliche Abtheilung und Masswerk einer Glocken gerissen und welcher Gestalt dieselbig zu vergrössern und zu verringern, und nach den Tönen und Resonanzen zu giessen wäre. Im Zeughaus alhie und in Kirchenthürmen findet man an Büchsen und Glocken seine Güss.

Ob Behaim, Beham, oder anders zu schreiben ist, mag bei diesen bürgerlichen Geschlechtern eben so wenig mit Bestimmtheit festgestellt werden als bei den adeligen oder patriciatischen, bei welchen freilich der Gebrauch und die Zeit die Schreibung festgestellt hat. Da Sebald Behaim wahrscheinlich ein Bruder des Lorenzer Propsts Georg und des Bamberger Canonicus Dr. Lorenz war, wofür die Aeusserung Neudörfer's — hat auch fast gelehrte Brüder gehabt — sprechen dürfte, so möchte er wol gerade so wie diese zu schreiben sein. Da er in Urk. vom 4. Fbr. 1497 als Bruder dieser beiden genannt wird, und der Namen des Propsts anerkanntermassen Behaim geschrieben wird, auch Pirkheimer in der Epistola apologetica, die seiner Uebersetzung von Lucians Piscator (1517 bei Frider. Peypus) vorangedruckt ist, die beiden Brüder so schreibt, wird wol Sebald denselben Anspruch darauf haben. Er wurde 1511 zu einem Genannten des grössern Raths gewählt und starb am 20. März 1534 in seiner am Schiessgraben, jetzt Grübelstrasse, befindlichen Behausung, die mehrmals erwähnt wird, ohne dass ihre nähere Bestimmung möglich wäre. Ebenso ist von seinen Arbeiten nichts mehr vorhanden. Wahrscheinlich war er der oben genannte Vormund der Barbara Arnold Mags seligen Tochter, der 1516 erwähnt wird.

11. ENDRES PEGNITZER UND SEIN SOHN, BEEDE BÜCHSENGIESSER.

Was diese beede, Vater und Sohn, in dieser Stadt für grosse Geschütz, Carthaunen, scharfe Metzen, Schlangen und Mörser gegossen haben, Solches findet man noch zum Theil in meiner Herren, eines erbern Raths, Zeughause, aber der meiste Theil ist bei andern Chur- und Fürsten des heiligen Reichs, darauf dann allemal ihre Namen zu finden. Der Vater aber ist in seinem Alter Markgraf Albrechts Büchsengiesser worden zu Culmbach.

Endres Pegnitzer der ältere wurde 1516 Genannter, sagte am 21. April 1543 sein Bürgerrecht auf und starb, nach Murr's Angabe, 1544.

Sein Sohn, auch Endres (Andreas) genannt, ward 1533 Genannter und starb 20. Aug. 1549. Heller berichtet einen denkwürdigen, auch im Rathsbuch eingetragenen Unfall, der sich beim Anschiessen (Probiren) einer von dem ältern Pegnitzer gegossenen Büchse zutrug, folgendermassen: Im Jahr 1516 goss er für den Rath zu Nürnberg ein grosses Geschütz, der Löw genannt, nebst noch andern kleinen Schlangen, welche Ladislaus von Sternberg, Kanzler in Böhmen, bei ihm bestellt hatte. Dieses Geschütz wurde am 20. Okt. (Montag vor Ursule) vor das Thiergärtner Thor auf den Pfaffenbühl, auf welchem damals Linden standen (jetzt Kuhberg), zur Probe gebracht, wobei sich folgendes Unglück ereignete. Als man das grosse Stück, den Löwen, zum zweiten Male geladen hatte, so kamen mit der Kugel einige Sandkörner in den Lauf, und da Meister Mathes, Probierer, die Kugel hinein stossen wollte, so gab es Feuer: die Büchse ging los, beschädigte mehr als sechzig Personen, von denen vier gleich auf dem Platze blieben, doch dem Büchsenmeister und den übrigen Personen, welche zunächst an dem Geschütze standen, widerfuhr kein Leid. Heller fügt auch folgende Reime bei, die in einer Chronik stehen:

>Der alt Pegnitzer hat gemacht
>Dem von Sternberg ein Geschoss,
>Ward ein und neunzig Centner gross.
>Die von Nürnberg auch liessen
>Mit diesem noch zwei Stücke giessen.
>Ein Büchsenmeister Hanns Pfaf genannt
>Und Matern von Strassburg bekannt,
>Ein jeder mit Kühnheit gross
>Seine Büchsen tapfer abschoss.
>Die letzte Büchse man auch lud,
>Ein Steinkörnlein Aller zu ungut
>War mit dem Stössel ins Rohr kommen,
>Als Matern hätt Schaden genommen
>An einem Finger, konnt nicht laden,
>Cunz Polz zu all seines Unglücks Schaden
>Für ihn die Kugel hineinstiess,
>Also gab Feuer des Sandes Gries,
>Die Kugel mit der Ladstangen
>Sind zu vielen hundert Stücken gangen,
>Fünfzig Menschen Schaden nahmen,
>Etlich mit dem Leben daweg kamen.

Das Wohn- und Giesshaus dieser Pegnitzer war zunächst am Frauenthor L. 851, und war lange Zeit ununterbrochen im Besitz von Rothgiessern, die zugleich Stück- und Glockengiesser waren. Im 16. Jahrhundert war es dem Claraklosterzinspflichtig und in den Briefen Claras und Katharinas der Pirkheimerinen an ihren Bruder und Vater Wilibald wird des Pegnitzers vielmals gedacht. Baader hat in den Beitr. 2, p. 45, auch in d. Jahrb. f. Kunstwiss. 1868, p. 255. Mehreres über des ältern Pegnitzers Thätigkeit mitgetheilt und hält ihn auch für den Sohn Hanns Pegnitzer's, der, nach Heller, Büchsenmeister in Dienst Nürnbergs war und 1509 starb. Nach Baader trat Hanns Pegnitzer 1466 auf 10 Jahre in Dienste der Stadt. Am Eritag 30. Dec. 1466 wurde ihm das Amt an der Wage verliehen und soll sich verschreiben, dieweil er in demselben Amt an der Wage ist, dass ein Rath ihm nit pflichtig sein soll, die 16 f., die ihm ein Rath des Jahrs geben soll von der Pflicht wegen, damit er einem Rath ist verwandt (zu geben), sondern diese Zeit ab sein sollen, und den Brief sollen von ihm nehmen Hanns Coler und Ludwig Pfinzing. Doch wurde am 1. Jan.

1467 ertheilt, so der obgenannt Pegnitzer in der Stadt Dienst ausserhalb der Wage arbeitet, so soll man ihm den gemeinen Söld geben, als andern Büchsenmeistern. (Beides in Ruprecht Hallers u. Franz Rumels Frage.)

12. HANNS GLOCKENGIESSER UND SEIN SOHN.

Dieser Glockengiesser war erstlich ein Kessler und hernach also künstlich im Glockengiessen, dass seines gleichen im heiligen Reich nicht gefunden ward, verliess eine feine Bürgersnahrung und seinem Sohn eine feine Zubereitung von Werkzeug, welchen er hernach mit wunderlichem Vortheil, als mit Oefen und Anderm künstlich gebessert hat. Die grossen übermässigen Werk aber, die sie beede gegossen haben, findet man allenthalben in Bistumen, Domen und Pfarrkirchen, daran auch allemal ihr Namen einverleibt ist.

Dass der erste Glockengiesser ursprünglich ein Kessler war und sich auch von diesem Gewerbe schrieb, zeigt eine Urkunde von 1386 (Hist. dipl. Magazin I. 428), worin Herman Glockengiesser seinen Vater sel. Herman Kessler benennt, auch 1389 (ebend. p. 430). Als „Hermannus Glockengiesser oppidanus in Nuremberg" kommt er in dem Brief vom 3. Okt. 1375, und in einem andern vom 28. Juni 1379 als „Hermannus Campanarum fusor" vor (ebend. p. 442). Er ist der Stifter des Spitals zu Lauf und des zu Schwabach. Seine Frau war Elsbeth, Tochter Conrad Haiden's, aus einem rathsfähigen aber erloschenen Nürnberger Geschlechte und in einer Urkunde vom 23. Oct. 1374 worin Ott Haiden sein Haus auf St. Aegidien Hof gelegen an Hanns Pfinzing verkauft, wird unter den einwilligenden Personen auch „Herman Kesslers Frauen Elsbethen seiner ehelichen Wirtin" gedacht. Dass aber Herman Glockengiesser und Herman Kessler ein und dieselbe Person sind, dafür zeugt auch Ulman Stromer, der in seinem Verzeichniss „erbarer Leute" auch nennt „Herman Kesseler der alt, am Vischbach, Herman sein Sohn, der den Spital machet zu Lauf." (Im Korresp. v. u. f. Deutschland 1864 n. 198 ist dies weitläufiger ausgeführt.) Das Wappen, welches sowol am Spital zu Lauf, als am ehemaligen Glockengiesserischen Hause L. 823 zu Nürnberg im Chor angebracht ist, bürgt für die Zusammengehörigkeit der Personen, wenn gleich Herman Glockengiesser keine Leibeserben hinterlassen zu haben scheint.

Das Geschlecht der Glockengiesser war nicht nur wol bemittelt und begütert, sondern auch zahlreich, obgleich ein Stammbaum desselben nicht existirt, ja wie es scheint nie anzulegen versucht worden ist. Ausser in dem schon erwähnten Hause L. 823, finden sie sich wenn auch nur vorübergehend in S. 13 (Conrad Glockengiesser a. 1504), in dem ehemaligen Meth- dann Kaffeehause L. 196 (Steffan Glockengiesser, gest. a. 1506), Niklas Glockengiesser's Tochter Katharina heiratet den Wittwer Ulman Stromer, dem sie einen Sohn, Maternus genannt, gebar (Bied. tab. 468, wo ihr Vater Gnotzheimer und der Sohn Matthäus heisst). Barbara Ulrich Rotmundin, wird am 4. April 1508, weil sie ihrer Mutter Katharina Glockengiesserin vom Rath gesiegeltes Testament für falsch erklärt hatte, an eine Bank auf vier Tage gestraft, u. dgl. mehr. Aber die wichtigsten Vorfälle berührten doch immer das Haus L. 823. Am Donnerstag 7. Oct. 1518 wurde Hannsen Glockengiessern dem ältern zu seines Sohns Hannsen vorhabender Hochzeit mit Jungfrauen Barbara, weiland Martin Gretzen zum Halbwachs seligen Tochter die Stadtpfeifer vergönnt auf den nächsten Montag nach Dionysi. Martin Gretz (auch Kretz und Kratz etc. geschrieben) war Theilhaber und zuletzt alleiniger Besitzer des Weingeschäfts der damals erloschenen Familie Halbwachs oder Halbgewachsen gewesen, das lange Zeit in S. 530 mit grossem Schwung betrieben worden. Ausser der Barbara hatte er zwei Söhne, Sebald und Peter, verlassen. Erbschaftsauseinandersetzungen der Schwester mit ihren Brüdern fanden im J. 1519 u. 1520 statt, welche aber die Verhältnisse der Glockengiesser nicht berühren. Dagegen that sich das Einvernehmen der Schwäger kund, indem sie beide zusammen, Hanns Glockengiesser und Sebald Gretz, den Cunz Meichssner, einen Zirkelschmid, todtschlugen. Weil sie aber mit des Entleibten Freundschaft sich gütlich vertragen hatten, wurde ihnen am Donnerstag 27. Fbr. 1522, in Sebald Pfinzings und Hanns Geuders Frage, zu Abtrag dieses Todschlags jedem 50 f. an den Rath zu bezahlen auferlegt. Denkwürdig ist folgender Verlass, weil er etwas noch zur Zeit Vorhandenes betrifft: Am Donnerstag 10. April 1522 in Martin Geuders und Niklas Hallers Frage, wurde Hannsen Glockengiesser auf vorhergehende Besichtigung und Verhör seiner Nachbarn, die dess kein Einred oder Ahndung thun, vergönnt und zugeben, in seinem Haus bei St. Claren, so er von neuem zu erbauen vorhat, im andern Gaden auf der Seite gegen das Frauenthor eine Ausladung zu machen. Diese Ausladung oder Chor, noch jetzt mit dem Glockengiesserischen und dem Kretzischen Wappen und der Zahl 1522 vor aller Augen, ist auch in der Sammlung der „Chörlein" abgebildet. Genannter geworden 1519, kaufte er 1538 den Besitz zum Galgenhof, der dann zum Glockenhof genannt wurde. Sein Tod wird in 1559 gesetzt. Christoph Glockengiesser, sein Sohn, 1564 Genannter, bewohnte den Glockenhof, starb 1595, und verliess zwei Söhne, Christoph und Conrad. Christoph ward Genannter 1588, starb 1630, sein Bruder Conrad hatte mehrere Söhne, von denen nur einer, Johann genannt, geboren 1639, zu männlichen Jahren kam. Dieser war zwar verehlicht, da aber seine Kinder vor ihm in jungen Jahren starben, wesshalb er einen Vetter mit Namen Rosenhart adoptirte, so ist er als der letzte seines Namens anzusehen. Die Rosenharte führten den Namen Glockengiesser neben dem ihrigen, gebrauchten auch das alte Wappen in Verschränkung mit dem eigenen, sind aber ebenfalls erloschen.

Den Guss der einen Glocke zu St. Sebald hatte Meister Conrad Glockengiesser 1482 übernommen. Die ältere, von Heinrich Grünwalt 1396, wurde zerschlagen. Siehe darüber Heller (p. 47) und, correcter und ausführlicher, Baader (Beitr. 1. 60, 61.) Die neue führte die Inschrift: „Sannd Sebolts Schlachglogk bin ich. Hern Ruprecht Haller. Hern Niclas grossen und Hern Gabriel nützel den obersten Hauptleuten gewart ich. Maister Conrat gloggengiesser goss mich. Anno domini 1482." Ihre Aufziehung auf den Thurm geschah am 1. Juli 1483. Sie wog 100 Ctr. und 56 Pfd.

Unstreitig ist es dieser Conrad Glockengiesser, dessen Kinder und Enkel in einer Urkunde vom Mittwoch 28. Juli 1490 folgendermassen genannt werden: Hanns und Peter die Glockengiesser, Gebrüder, Katharina, des Fritz Herdegen Ehewirtin, der genannten beiden Glockengiesser Schwester, Brigitta Glockengiesserin, Steffan Glockengiessers Wittwe und ihre Kinder, Endres Glockengiessers seligen Kinder, Cunz und Anna, Conrad Glockengiesser selig, ihr aller Vater, Schwäher und Anherr.

Christoph Glockengiesser goss (nach Heller p. 48) die Sturmglocke zu St. Lorenzen 1552; sie hat folgende Inschrift (p. 47): „Hanss Sumsor vnd Sturmglockh heiss Ich, Christoff Glockengieser zu Nbg goss mich. Zu Aufruhr und Krieg gehör Ich. Wo und Wen es print das sag Ich. Neun und achtzig Zentner wieg ich. Mit einem 5 Zentner schweren Schwingel schlag ich. Den Welthabenden Tod clag ich." Conrad Glockengiesser, Rosenhart genannt, heiratete am 24. Apr. 1598 Jgfr. Barbara Spörlin.

19. HANNS DANNER, SCHRAUBENMACHER.

Und dieweil ich dann jetzt von Büchsen, Glocken und andern schweren Dingen, so mit grossem Vortheil gehebt und bewegt müssen werden, Meldung thu, kann ichs nicht unterlassen, dieses Mannes Erfindung und Kunst anzuzeigen, dann meines Erachtens und Merkens vor ihm nie keiner gewest ist, der die harten Metall, als Eisen und Messing, also zu zwingen und zu schrauben, damit man leichtlich schwere Last heben mag, gemacht hätte, dann er war also künstlich, dass er von Eisen und Messing aus dem Gewind solche Spän trieb, als wär es ein ganzes Holz. Seiner Kunst und Arbeit wird in E. E.

Raths Zeughaus gesehen. Dieser hat einen Bruder verlassen, der ist nicht weniger dann er künstlich, sonderlich hat er erfunden die messene Spindel zum Buchdrucken, dass anjetzo ein Buchdruckergesell den Presszug mit halber Stärke thut.

Aus Heller (p. 49) mag Folgendes beigefügt werden: Hanns Danner war der erste, der starke Maschinen mit Schrauben ohne End für das Nürnbergische Zeughaus verfertigte, um grosses Geschütz leicht in die Höhe und auf ihre Laveten zu bringen. Er starb, seinem Bildnisse zu Folge, a. 1573. Sein Bruder Leonhard Danner erfand nicht nur die messingene Spindel zu den Buchdrucker-Pressen, sondern auch um 1550 die Brechschraube, eine Maschine, mit der man die grössten Gebäude zerbrach. Er zerbrach mit derselben 1558 zu Nürnberg eine starke Thurmmauer. Diese ehemals in dem Zeughause zu Nürnberg befindliche Maschine ist bei Doppelmayr Tafel XIII. n. 4 und 5 abgebildet. Er starb nach Doppelmayr, und seinem Bildniss zu Folge, 1585 in seinem 88. Jahre. Das Bildniss hat folgende Unterschrift: Leonard Danner, Schreiner. Natus 1497. Denatus 1585. Aetatis suae 88. — Bei Doppelmayr ist auf Tab. XIV. auch die auf ihn geprägte Medaille abgebildet, sie hat zur Umschrift: Leonhart Danner. Aet. s. 54. A. 1561. Den Widerspruch zwischen dem Alter auf der Medaille und dem auf dem Kupferstich zu heben überlassen wir (sagt Heller) des Lesers eigenem Urtheile. — In Nor. Chr. Freydhöfe Gedächtn. (a. 1682) steht (p. 2. n. 806): „Leonhard Danners, Schreiners und Schraubenmachers, Dorothea seiner Ehewirthin, und ihrer Erben Begräbnus Ao. 1585.

Seht an die einfältig Gestalt,
Doch sinnreichs Verstand und ward alt
Acht und achtzig Jahr hatt sein Alter,
Seine Bekannten hiesen ihn Bettler
War allzeit dienstwillig Jedermann
Durch sein Werk ward bekanndt der Mann,
Darnach verlangt ihn zu sterben,
In Hoffnung das ewig Leben zu erben."

14. WILHELM VON WORMS UND GRÜNEWALT, BEEDE PLATTNER.

Diese beiden Meister und Plattner waren ihrer Zeit bei Fürsten, Herren und den erbaren Bürgern allhier von wegen ihrer Kunst in grossem Ansehen, sonderlich aber war Meister Wilhelm ein sehr bescheidener Mann, der Söhn und Eidam verliess, die nicht weniger als der Vater selbst künstlich waren.

Sonderlich sein ältester Sohn war des jetzigen Kaiser Carls sein Plattner.

Der Zeit nach geht Hanns Grünewalt dem Wilhelm von Worms, der seine Tochter Elsbet heiratete und, wie schon sein Namen besagt, auswärtigen Herkommens war, voran, da Grünwalt nach Allem geborner Bürger war und Heinrich Grünewalt schon 1396 als Giesser der Glocke zu St. Sebald, an deren Stelle die von Conrad Glockengiesser 1482 gegossene kam, genannt wird. Sein Namen kommt in den Rathsbüchern seit 1464 bis 1504 in mannigfachen Beziehungen vor, theils wegen der Poliermühle, die sein Vater Herman und der Sohn Hanns ausserhalb der Stadt, in Fürth, besassen, theils wegen seines Hauses am Thiergärtner Thor, theils wegen der Mehrzahl Knechte, deren er angedingter Arbeit halben bedurfte, theils wegen anderer Anlässe. Wenn am Samstag 20. Oct. 1464 den Grünewalten, Vater und Sohn, gesagt wurde, die ohne eines Raths Wissen und Willen aufgerichtete Mühle zu Fürth wieder abzuthun, doch möchten sie noch vier Wochen aber nicht länger daselbst arbeiten lassen, so wurde doch am Mittwoch 6. Fbr. 1465 gesagt, die Arbeit, die sie mit ihren Knechten machen, sollen sie auf derselben Mühle polieren, aber sonst keine andere Arbeit darauf thun lassen. Wahrscheinlich starb um diese Zeit der Vater, und der jedenfalls schon verheiratete Sohn ging damit um, sich ein anderes, geeigneteres Haus zu kaufen oder zu bauen. Er wohnte nämlich zuerst am Plattenmarkt S. 545 in dem später von Wilhelm von Worms, seinem Eidam, besessenen Hause, ganz nahe am Kirchhof, der damals noch den ganzen Raum zwischen St. Sebald und St. Moritz einnahm. Da begab es sich, dass zwei Knaben einander rauften, die Mutter des Unterliegenden herbeieilte und ihm Beistand leistete, und weil der andere dabei blutrünstig geworden war, so erklärte Dr. Johann Lochner, damals Pfarrer zu St. Sebald, der Kirchhof sei entweiht, es dürfe Niemand mehr darin begraben werden, bevor er neugeweiht sei. Man musste also den Weihbischof von Bamberg kommen lassen und am Samstag 28. Nov. 1472 wurde verlassen, an den Kosten der Zehrung des Weihbischofs solle der Grünewalt ein Drittel, das Uebrige der Rath tragen. Vermuthlich ist dieser Sohn der nachher noch genannte Dr. Anthoni Grünewalt. Der neue Hausbau ging nun vor sich, aber der Zimmermann Cunz von Berching und der Maurer Hanns Bayer wurden im Mai 1478 jeder ein halb Jahr von der Stadt zu sein gestraft, weil sie wider ihre Pflicht des Grünewalt's Haus hinter der Mauer näher zu der Stadt Mauer dann der Stadt Gesetz ist, gebaut haben. Noch jetzt kann man sehen, dass die dortstehenden Häuser, von S. 439 angefangen, welches aber noch nicht dem Grünewalt gehörte, auffallend nahe an der Stadtmauer stehen. Ob der Grünwald, der vorher Bürger hier gewesen, dem im Nov. 1478 vergönnt wurde, hier zu arbeiten zu dem Turnier bis zum Neujahr, derselbe ist, von dem bisher geredet wurde, lässt sich, weil jede andere Bezeichnung fehlt, und er aus irgend einer nicht angegebenen Ursache sein Bürgerrecht aufgegeben haben musste, mit Bestimmtheit nicht sagen, ein Plattner war er gewiss. Dass Ende 1478 oder Anfang 1479 ein Turnier hier war, ist ebenfalls gewiss, aber etwas Näheres darüber ist nicht anzugeben.

Mit 1480 tritt Hanns Grünewalt als Nachbar des wohlbekannten sogenannten Pilatus-Hauses hervor, indem am 1. Mai Martin Koler und Dorothea seine Ehefrau das Eigen und 2 f. rh. Eigengeld aus ihrem Haus an der Schmidgasse beim Thiergärtner Thor, zwischen Cunz Ergen und Hannsen Grünewalts Häusern gelegen, Hrn. Johannes Pirkheimer Dr. und seiner Frau Barbara verkaufen, für welche jedoch Hanns Pirkheimer, des Dr. Johannes Vater, den Kauf abgeschlossen hat und sich am 16. Juni desselben Jahres eine stadtgerichtlich beglaubigte, von Hanns Tucher und Sebald Rieter bezeugte Urkunde ausfertigen lässt. Aus dieser zum Hause S. 439 gehörenden Urkunde lässt sich aber für das Haus Grünewalt's gar nichts folgern, da durch Umbau die ganze Gestalt der Oertlichkeit verändert ist. Nur die Nachbarschaft des Meisters Grünewalt steht fest.

Am Freitag 12. April 1482 wurde ertheilt, ob der Grünewalt zwischen hie und dem Turnier einen übrigen Knecht (d. h. über die gesetzliche Zahl) halten und darum gerügt würde, mit der Rüge hinum zu sehen. (Es sollte zu Ehren Markgraf Friedrich's Heimkehr von seiner Fahrt zum heiligen Grabe ein Turnier gehalten werden.)
— Am Dinstag 20. Juli 1484 wurde dem Hannsen Grünwalt, Plattner, vergönnt, dass er mit seiner gebürlichen Anzahl Knecht, die laut der Ordnung zugegeben ist, sein Handwerk in beiden seinen Häusern arbeiten und üben mag, und seines Stückwerkers und Lehrjungen halb, die beede er in seinem Haus hat, soll es bei der Ordnung und Gesetz bleiben, und Solches soll den geschwornen Meistern mit ziemlichen Worten eröffnet werden. (Welche die beiden Häuser waren, ob an einander stossende? ob das alte S. 545 am Plattenmarkt und das neue am Thiergärtner Thor? bleibt eine offene Frage. Stückwerker sind Meister, die nicht genug zu thun hatten, um für sich selbst arbeiten zu können, und daher für einen andern entweder in ihrer eigenen Wohnung oder, wie hier, bei diesem arbeiteten. Später kam dafür die Benennung „Heimarbeiter" auf.) Am Dinstag 31. Mai 1486 wurde Hannsen Grünwalt vergönnt, Conzen Ergen seligen gelassen Haus beim Thiergärtner Thor gelegen, zu kaufen, ungeachtet dass er desselben Erben und seiner Habe ein Mitvormund ist. (S. oben bei a. 1480.) Am Samstag 7. April 1487 Hannsen Grünewalten, Plattnern, zweier oder dreier Knecht mehr, dann ihm die Ordnung zugiebt, zu erlauben, dieweil er Herrn Sigmund Prüschenken seinen Harnisch macht, doch bei

Hrn. Sigmunden Fleiss zu thun, davon abzustehen. (Prüschenk, das Factotum Kaiser Friedrich's, war damals in der Begleitung des Kaisers zu Nürnberg. S. Ranke deutsche Gesch. I. 95.) Am Dinstag 10. Febr. 1489 wurde Hannsen Grünwalt vergönnt, sein Haus beim Thiergärtner Thor hinten bei der Mauer zu bessern und zu bauen, und dass er damit nach der Stadt Gesetz nicht schuldig sein solle, hinter sich zu rücken, dazu wurde ihm am Samstag 21. März 1489 vergönnt, dass er seinen Bau bei der Mauer beim Thiergärtner Thor an etlichen Häusern gleich nach der Schnur, wie durch Hannsen Tucher und den Baumeister gerathschlagt und für ungefährlich angesehen ist, vornehmen und bauen mag; und am Donnerstag 2. Apr. 1489 wurde ihm zu seinem vorhandenen Bau beim Thiergärtner Thor eine ziemliche Notdurft (Bedarf) Zimmerholz, was er dess nit entbehren mag, gegeben nach Besichtigung des Baumeisters. Aber nach dieser offenbar wolwollenden Stimmung des Raths folgte noch in demselben Jahr ein Umschlag, indem am Samstag 5. Sept. verlassen wurde, dem Grünwalt, Plattner, um dess willen, dass er einen Rath mit viel König und Fürsten Bitte um Haltung mehr Knecht, dann die Ordnung zugiebt, mannigfaltiglich überzogen hat, eine sträfliche Rede zu sagen, mit Drohung, wo er Das fürbass mehr thut, ihn darum zu strafen, und wo sich findet, dass er dem Römischen König (Maximilian) Harnisch zu machen hat, ihm alsdann über die Ordnung zwen Knecht vier Wochen die nächsten zu vergönnen und nicht länger. Und am Dinstag 15. Dec. 1489 wurde ertheilt, der Ruge gen Hannsen Grünwalt von Haltung wegen mehr Knechte, dann ihm das Gesetz und die Ordnung des Handwerks, zugiebt, ohne Gnade nachzugehen und die Busse zu nehmen; ihn auch staatlich zu warnen und zu sagen, dass er sich halte gemäss der Ordnung, auch einen Rath mit einiger Fürderung einiger Fürsten und Herren nicht überziehe, wie ihm vor auch gesagt ist, bei Vermeidung eines Raths Strafe.

Hiemit endigt, was über Grünewalt's Beziehungen zum Rathe sich amtlich aufgezeichnet findet. Er scheint sich von nun an der Ordnung gemäss gehalten zu haben. Dass er aber, um nicht zu sagen der bedeutendste, doch jedenfalls einer der bedeutendsten Harnischmacher seiner Zeit war, dürfte aus den mitgetheilten Stellen unwidersprechlich hervorgehen. Kein anderer seines Handwerks wurde damals so gesucht und begehrt wie er. Dass er der Erbauer des Hauses S. 439, des sogenannten Pilatus-Hauses, richtiger des Hauses „zum geharnischten Manne" ist, dürfte eben so gewiss sein, wie dass der am Eck gestandene Ritter St. Georg auf dem Lindwurm stehend, eine Arbeit seiner Hand war, und sowol Harnisch als Schwert ein Zeugniss von der Meisterschaft Grünewalt's ablegten. Leider sind diese beiden Stücke von einem der letzten Besitzer des Hauses, der zugleich ein Kenner von solchen Alterthümern war, beseitigt und durch andere von untergeordnetem Werthe ersetzt worden.

Grünewalt aber, ein vermöglicher Mann, besass auch noch andere Häuser. Welche Bewandtniss es mit einem Hause gegen dem Rosenbad über, das 1487 das Erbe Hannsen Grünewalt's des Plattners genannt wird (Cod. dipl. Holzschn. n. 183) wird sich später zeigen. Bestimmter ist der Nachweis über ein Haus im Krämersgässlein. Am Mittwoch 30. Dec. 1495 wurde Linhart Oelhafen, der königlichen Canzlei Taxator, auf seine an die ältern Herren gethane Bitte erlaubt, das Haus in der Krämergasse zwischen weiland Jorgen Keypers seligen, jetzo Frau Margarethen Jobst Tetzlin Behausung an der einen (östlichen) Seite und an der andern (westlichen) an Michel Kramers verlassen Behausung gelegen, das Meister Hannsen Grünewalts des Plattners gewesen, zu kaufen. In dem darüber ausgestellten Kaufvertrage, der schon am 6. Nov. 1495 abgeschlossen und am 13. Jan. 1496 ausgefertigt wurde, ist Herman Grünewalt als Vater genannt, der seinem Sohn Hanns das Haus als Heiratsgut übergeben habe, dann liegt eine 1490 von Dr. Anthoni Grünewalt gegebene Cession aller Ansprüche an seinen Vater, vor, dem er, seit er aus der Schul und welschen Landen gekommen, auch zur Unterstützung in Annehmung des Dienstes bei Markgraf Johann Kurfürsten, 450 f. schuldig geworden, die er so wie seine Sache eine bessere Gestalt annehme, wieder zu zahlen verspreche, endlich ein Verkaufbrief, durch den am 6. Nov. 1495 Hanns Grünewalt das Haus um 400 f. an Barbara, des Gerichtschreibers Johann Tuchscherers Ehefrau verkauft, die es dann wieder an Lienhard Oelhafen, einen Cleriker und Nichtbürger, wesshalb es einer besonderen Erlaubniss vom Rathe bedurfte, am 15. Jan. 1496 verkaufte.

Hanns Grünewalt st. 1503 (nach Heller). Am 31. Oct. 1504 verkaufen Hanns Helchner und Margareth seine Ehefrau an Martin Geuder ihren Theil an der Eigenschaft und Eigenzins an Hannsen Grünewalts Behausung an dem Thiergärtner Thor gelegen, daran der andere Theil vorher dem Dr. Johannes Pirkheimer selig gewesen und nun in der Theilung auf Juliana Martin Geuderin gefallen ist. Urk. des Hauses 439. Unter der Theilung ist die des Johannes Pirkheimerischen Nachlasses gemeint. Offenbar hatten die Helchnerischen Eheleute die Eigenschaft des andern Hauses besessen, welches von Grünewalt, als er nur noch Nachbar war, zu dem seinigen hinzugekauft und dadurch S. 439 geschaffen worden war.

Grünewalt hinterliess von zwei Frauen, die er überlebte, mehrere Kinder. Anna, die urkundlich 1467 genannt wird, war wahrscheinlich seine erste Frau und die Mutter des später als Dr. Anthoni vorkommenden Sohnes. Der Namen der zweiten wird nirgends genannt.

Am Samstag 27. Juli 1493 wurde mit Zeugniss Ulman Stromers und Sebald Schürstabs eine Heirat abgeredet zwischen Hannsen Grünwalts, Plattners, Tochter Barbara und Hannsen Praunauer, so dass Grünwalt seiner Tochter 300 f. als Zuschatz geben,

auch die Hochzeit in seinem Haus halten sollte, doch auf gleiche
Verlegung sein und des Praunauers, dagegen Praunauer der Jungfrau hinwiederum 600 f. zu Zuschatz geben sollte. In einem später
am Montag 7. Juni 1501 gegebenen Brief erweist Hanns Grünewalt
mit Zeugniss Wilhelm Derrers und Peter Grolands, dass Hanns
Praunauer die seiner Tochter Ursula, seiner des Praunauers ehlicher
Wirtin, versprochenen 300 f. Heiratsgut vor ungefähr fünf Jahren
von seinem Schwäher erhalten habe und ihn darum gänzlich quitt
ledig und los sage, mit Zeugniss Paulus Volckamers und Lienhart
Grundherrn. Welcher der beiden Namen, ob Barbara, ob Ursula,
der richtige ist, steht dahin. Uebrigens war diese Tochter aus
erster Ehe. Aus derselben Ehe muss eine andere mit Hanns Winkler,
genannt Köchlin, einem Wirt, verheiratete, aber so wie ihr Mann
schon gestorbene Tochter gewesen sein, wie man aus einem Gerichtsbrief vom gleichen Datum sieht, worin Jorg Hofmann mit
Zeugniss Wolf Pömers und Sigmund Pesslers beweist, dass Hanns
Grünwalt, der Plattner, sein Schwäher, am Montag 24. Mai 1501
bekannt hat, dass, nachdem er demselben Jorg Hofmann zu Ger-
hausen, seiner Hanns Grünewalts Tochter, 300 f. zu Heiratsgut zu
geben versprochen, er ihm dafür seine Behausung bei dem Rosenbad, zwischen Hannsen Rubein des Kürschners und Cunzen Rosen-
zweigs des Becken seligen Häusern gelegen, daran die Eigenschaft
samt 5 f. rh. auf Widerkauf, jetzo Hannsen Umbhauen, auch dazu
die 100 f., so er auf Hannsen Winklers, genannt Köchlins, seines
Eidams seligen Kindes Vormunde am Stadtgericht mit Urtheil und
Recht erlangt, ihm, dem Jorg Hofmann übergeben und sich der
Behausung, auch der 100 f. verziehen und entäussert habe, worauf
denn Jorg Hofmann ihn, Grünewalt, der versprochenen 300 f. Heiratsgut quit ledig und los sagt. Gleich daran schliesst sich die
Eheberedung selbst zwischen dem Jorg Hofmann und Jungfrau Ger-
haus Grünewaltin, worin nichts von den andern Abweichendes vor-
handen ist. Diese Töchter, Barbara (alias Ursula) Praunauerin,
Ursula Winklerin (vermuthlich die älteste), und Gerhaus Hofmännin
mögen echte Geschwister des Anthoni Grünewalt gewesen sein.
Das Haus am Rosenbad war nach Allem S. 663, da das uralte
Beckenhaus, das einzige in dieser Gegend, das Eckhaus S. 662 ist.
 Nun erschien Wilhelm von Worms, der Plattner, vor Gericht
und erwies, dass die Heirat zwischen Hannsen Grünewalt dem
Plattner, als von wegen Elsbethen, seiner ehlichen Tochter, bei
seiner andern ehlichen Wirtin seligen überkommen, an einem und
dem genannten Wilhelm von Worms, in Beiwesen seines Vaters,
am andern Theil, also abgeredet und beschlossen worden sei, dass
Grünewalt zugesagt habe, er wolle Wilhelmen zu seiner vorhin
genannten Tochter zu Heiratgut geben das neben ihm gelegene
Haus, frei, lauter, eigen, das 200 f. werth sei und dazu 100 f. rh.
ferner zu einem Stock Werkzeug und eine redliche Ausfertigung,

wie seiner andern Töchter einer, und nicht minder eher mehr, doch dass er ihm darum sollte helfen, seine Kinder nähren und erziehen, auf gleiche Darlegung, bis in seinen Tod, und dass dagegen der Vater dem Sohne zu ihr zu Heiratsgut geben sollte 50 f. Der am Freitag den 26. März 1501 gegebene Gerichtsbrief wurde von Endres Tucher und Sebald Schürstab bezeugt. Der Vater Wilhelms, Hanns von Worms, der mit Anna, seiner ehlichen Wirtin am 28. Juni 1501 genannt wird (Lit. 17, fol. 93), war also damals noch am Leben und persönlich zugegen, mag sich aber, nach der geringen Summe, die er seinem Sohne zu Heiratgut gab, nicht in Verhältnissen wie Grünewalt befunden haben. Wo das Haus gelegen, wird sich später, als es Wilhelm verkaufte, ergeben. Nun kommt auch das frühere Haus, das Grünewalt gehabt hatte, wieder zum Vorschein. Margareth Grünewaltin, Hannsen Meckenlohers eheliche Hausfrau, gab mit Verwilligung desselben, an Eritag 31. Aug. 1507 vor Jorg Coler und Hannsen Jinoden, als erbetenen Zeugen, Wilhelm von Worms, dem Plattner, zu kaufen die Erbschaft an ihrer Eckbehausung in St. Sebalds Pfarr am Plattenmarkt, vornen gegen Mitternacht und dem Brunnen gegenüber, und gegen den Aufgang der Sonne an Linhart Gundelfingers Haus gelegen, und hinten an Jacob Welsers Haus und St. Sebalds Kirchhof stossend, mit allen ihren Rechten, und sonderlich mit dem Feuerrecht der Schmiedesse im untern Gaden zunächst an der Hausthür, auf die linke Hand des Eingangs dieses Hauses stehend, wie das alles Hanns Grünewalt, ihr Vater, besessen, inne gehabt, genutzt und genossen hat, um 185 f. rh., die er bar ausgerichtet hat. Hierzu gab auch Frau Walburg Hrn Georg Holzschuhers eheliche Wirtin, der die Eigenschaft mit 20 f. Stadtwährung zustand, ihre Einwilligung, und der Gerichtsbrief wurde unter Zeugniss von Jacob Muffel und Michel Behaim dem jüngern ausgefertigt am Montag Lucie (13. Dec.) 1507. Nicht leicht kann ein Haus deutlicher bezeichnet sein als dieses hier. Der Brunnen, gerade vor dem Hause stehend, seit Jahren in einen Pumpbrunnen umgewandelt, bekannt als einer der ausgiebigsten und unter die mit dem besten Wasser versehenen gehörig, wurde in alter Zeit von den Plattnern alljährlich am 1. Mai geschmückt, was jetzt freilich schon längst nicht mehr geschieht, so wie auch der Gegenwart der Namen des Platzes abhanden gekommen ist, was auch sehr natürlich ist, da das Plattnerhandwerk ganz aufgehört hat und die Anwohner des Platzes ganz anderen Thätigkeiten obliegen. Die Lage an St. Sebalds Kirchhof macht es erklärlich, wie Anna Grünewaltin 1472 in die Rauferei der beiden Jungen, deren einer ihr eigener Sohn, mit thätlicher Theilnahme eingreifen konnte, und die Nachbarschaft Lienhard Gundelfinger's in S. 546, so wie Jacob Welser's in S. 548, der jetzigen Apotheke „zur goldenen Kugel", constatiren das Haus S. 545 ganz unwiderleglich. Ob die verkaufende Margareth Meckenloherin eine Tochter Grünewalt's aus erster oder aus zweiter Ehe war, bleibt dahingestellt, der Mann war jedenfalls ein dem Handwerk der Plattner oder im Allgemeinen der Schmide Angehöriger und nicht mit einem gleichnamigen Färber zu verwechseln, der auch eine Margareth, aber Hanns Apels Tochter, zur Frau hatte.

Als letzte Grünewalt'sche Tochter erscheint Cordula Hannsen Krebs eheliche Wirtin, die mit Wissen und Willen desselben am Montag 31. Juli 1508 vor Jorgen Coler und Mathesen Melber, als gebetenen Zeugen, die Eigenschaft und Eigenzins aus dem Eckhaus, gegen Frau Margareth Jobst Tetzels seligen Haus über und hinten an Dr. Hartmann Schedels Haus stossend, was jetzo Hannsen Heussen Erb ist, und jährlich zinst 3 f. Stadtwährung und 4 f. rh., welche Eigenschaft ihr, der Cordula, von ihrem Vater Hanns Grünewald seligen in der Theilung mit ihren Geschwistern angefallen sei, verkauft an Endres Rössner um 170 f. rh., wofür sie quittirt. Der Gerichtsbrief vom 13. Sept. wurde von Jacob Groland und Caspar Nützel bezeugt. Man sieht, dass das Haus S. 537 (Dr. Hartman Schedel) damals an S. 539 (Hanns Heuss) unmittelbar anstiess und dass das dazwischenstehende 538 späterer Entstehung ist. Ueber Cordula und ihren Mann gebricht es an näherem Ausweis. Eine Tochter Hanns Grünewalt's war sie gewiss.

Nach diesen allen tritt auch noch Christoff Grünewalt, ein Sohn des alten Meisters, auf. Er hatte Wilhelm von Worms hinter seinem Rücken und ohne seine Verursachung gegen das Handwerk der Plattner zu Würzburg öffentlich geschmäht und gesagt, wie ihn Wilhelm beschissen habe. Meister Wilhelm hievon in Kenntniss gesetzt, schrieb desswegen an das Handwerk, und die Sache kam dahin, dass Grünewalt von Meister und Gesellen des Plattnerhandwerks zu Würzburg mit Entsetzung des Handwerks angetastet (bedroht) wurde, wesshalb er sich nach Nürnberg verfügte und durch Hannsen Maier, Cunzen Keser, beide Plattner, Mathes Knielein, Panzermacher, und Hannsen Ponacker, Sattler, alle Bürger zu Nürnberg, dem mehrgenannten Wilhelm anzeigen liess, wie er solche Worte, als sollt er ihn beschissen haben, aus unbedachtem und „weinigem" Grund gesagt habe, daran er sich doch geirrt, denn Meister Wilhelm habe sich um Alles das er mit ihm um Hannsen Grünewalt's, seines Vaters seligen, verlassne Hab und Güter, und auch um Alles, das er bisher mit ihm zu handeln habe gehabt, aufrecht und redlich gehalten und ohne einigen Betrug mit ihm gehandelt, wollt ihn auch der angezognen Schmähred gegen das Plattnerhandwerk zu Würzburg aus unbedachtem und „weinigem" Gemüth geredt und gegen Männiglich entschuldigt haben. Meister Wilhelm liess sich an dieser Entschuldigung genügen, verlangte aber, dass er sie vor dem Handwerk zu Würzburg auch thue, und weil Heinrich von Worms, Plattner und Burger zu Würzburg, aus brüderlicher Lieb und Treu seinem Bruder in solchen Schmähreden beigestanden und ihn vertheidigt und desshalb gegen Meister und Gesellen des Plattnerhandwerks um einen Gulden zu Schaden gekommen, so solle Grünewalt dafür Sorge tragen, dass Heinrich von Worms diesen Gulden entweder von dem Handwerk wieder bekomme oder von ihm erhalte, weil er unbillig gestraft sei. Sonst solle alles vertragen sein. Geschehen vor Gericht Montag 5. Juli 1518. Von Christoph Grünewalt lässt sich weiter nichts berichten.

In diese Zwischenzeit fällt auch der Tod von Elsbeth, Wilhelm von Worms erster Frau. Dass er wieder heiratete, versteht sich von selbst. Sie, die zweite Frau, wird genannt in folgender Urkunde vom Mittwoch 18. Juli 1526. Anthoni Tetzel bekennt, nachdem er an den zwei Häusern aneinander, alhie in St. Sebalds Pfarr, in der äussern Laufergasse, zwischen Anna Sayderin und Hannsen Grymen Platners Häusern gelegen, mitsammt dem Höflein, daran die Erbschaft jetzo Meister Wilhelms von Worms Plattners und Anna seiner ehelichen Hausfrauen zum halben Theil, und der andere halb Theil Cristina, Cunzen Schrems seligen Wittib und ihrer Kinder ist, die Eigenschaft samt 2 f. Stadtwährung und 2 Fastnachthennen jährlicher Zins bisher gehabt hat, dass ihm genannter Wilhelm von Worms diese Eigenschaft mit 57 f. in Gold abgekauft und obbestimmte zwo Behausungen und Hofraiten von ihm erledigt hat, und sagt ihn darum ledig und los, und weil er keine Urkunden habe noch wisse, so verspricht er, wenn deren eine oder mehr gefunden würden, diese dem Wilhelm von Worms zuzustellen, wo nit, so sollen dieselben todt und kraftlos sein. Welches das Haus ist, lässt sich nicht ausfinden, ebenso bleibt es ungewiss, ob er es bewohnt habe.

Anno 1527 wurde Wilhelm von Worms unter die Genannten des grössern Raths gewählt. Wie es kam, dass Grünewalt's Haus S. 439 nach seinem Tod in den Besitz Herman Goller's (oder Gollner's) gerieth, lässt sich nur vermuthungsweise sagen, dass nämlich die Erben es nicht übernehmen wollten oder nicht konnten und es daher nebst dem darauf lastenden Eigengeld, das dem Martin Geuder gehörte, verkauften. In Goller's, eines Bierbrauers, Interesse lag es auch nicht es zu behalten, und so verkaufte er es am Eritag 7. Spt. 1507 an den zuvor in der Judengasse wohnhaft gewesenen Veit Wirsperger, Bildschnitzer, und Elisabeth seine Ehefrau, um 370 f. rh., wobei die Lage nur als „Eckhaus beim Thiergärtner Thor, an der Stadtmauer gelegen" ohne eine Nachbarschaft eines andern Hauses zu erwähnen, angegeben wird. Wirsberger besass es bis 1532, während welcher Zeit mit dem Nachbarhause eine Veränderung vor sich ging. Am Samstag 30. Juli 1530 erklärte nämlich Wilhelm von Worms, mit Zeugniss Hanns Rieters und Paulus Grundherrn, dass er die Erbschaft seiner Behausung und Hofrait alhie in St. Sebalds Pfarr, beim Thiergärtner Thor, zwischen Veit Wirspergers und Hannsen Hertwegs Häusern gelegen, Endresen Kolben, dem

Plattner, und Barbara seiner Ehewirtin, seinem Eidam und Tochter, um 100 f. rh. in Gold verkauft habe, überantwortet auch die alten Kaufbriefe, und setzt sie in ruhige Possess und Gewähr. Hierein hat auch gewilligt Hanns Tucher der jüngere, dem die Eigenschaft samt 5 f. rh. in Münz abkäuffigs Eigenzins, in halbjährigen Fristen fällig aus dem Hause zusteht. Als Veit Wirsperger 1532 das Haus verkaufte, wird Endres Kolb als Nachbar genannt. Das Kolbische, vorher dem Wilhelm von Worms gehörige Haus war also S. 440.

Wilhelm von Worms starb 1539. Um diese Zeit war die mit Endres Kolb verheiratete Tochter Barbara auch schon todt und dieser mit einer Frau, Namens Anna, verehlicht. Diese tritt in einem Brief vom Montag 19. August 1549 auf, als sie für ihren, der Zeit Schwachheit halb nicht ausgehen könnenden Ehewirt, in Beisein und mit Bewilligung Hannsen Manns, des Schlossers, ihres Eidams, und Sebalden von Worms, des Plattners, als Curators Abraham Kolben, sein des Endres Kolben ehlichen Sohns, den Loskauf eines Gatterzinses, der von weiland Wilhelm von Worms, dem Anherrn der Kinder, des Abraham und der Apollonia, seiner Schwester, des gesagten Manns Ehefrau, zuerst in der Theilung auf Endres Kolb gekommen, nachdem aber derselbe der den Zins etliche Jahre genossen und eingenommen, nun aber die Kinder in andrer Weise vergnügt, so dass der Zins auf sie, die Kolbin, und ihren Ehewirt gefallen, von dem zur Zahlung bisher pflichtigen Martin Schaller und Anna, seiner Ehefrau, Gärtnerseheleuten, annimmt. Sebald von Worms ist, nach Allem, der Sohn Wilhelms und mütterlicher Oheim der beiden genannten Kolbischen Geschwister aus erster Ehe mit Barbara Wilhelms von Worms Tochter, seiner ersten Frau. Ueber das Weitere muss man sich an Neudörfer's Worten genügen lassen. Sebald von Worms, Plattner, hatte nach Urkunde vom 25. Fbr. 1549 Christina, Caspar Schmids, Rechenmeisters seligen, Tochter zu ehlicher Hausfrau.

Ob Hanns Grünwald, Burger zu Leipzig, der als Sohn eines Hanns Grünwald, Bürstenbinders, Burgers zu Nurnberg seligen, am Montag 3. Juni 1549, ein Legat seiner Mutter Margareth seligen durch Cunz Grünwald, Neberschmid, und Sebastian Kob, Zirkelschmid, bekommen zu haben quittirt, welche Quittung Jorg und Endres die Grünwald, von benannter zweier Geschäftsvormunde wegen, mit Zeugniss Franz Schleichers und Jacob Quickelbergers, annehmen, mit den bisher genannten Grünewalten in näherer Befreundung stand, muss zunächst unentschieden bleiben. Cons. 68, fol. 986.

Baader (Jahrb. f. Kunstwissenschaft 1868, p. 257) führt an: der Plattner Wilhelm von Worms hatte für den Ritter Ludwig von Bibra, Amtmann zu Kitzingen, allerlei Rüstzeug gemacht, konnte aber zu keiner Bezahlung kommen, so dass er den Ritter i. J. 1528 durch den Rath ernstlich mahnen liess.

15. SIEBENBÜRGER, PLATTNER.

Dieser Siebenbürger war jetzt bemeltes Wilhelms von Worms Tochtermann, den hat sein Schwäher fast lieb, wohnet bei ihm und seiner Tochter im Haus, vergönnt ihm all sein Kunst und Kundschaft, darum er dann jetzt vor Vielen mit seiner Kunst und Arbeit berühmt ist.

Ich wär auch wol geneigt, Georgen Hartliebs, Plattners, Kunst und Verstand, damit er von Gott begabt ist gewest, anzuzeigen, aber Gott der Herr hat ihn mit der Trunkenheit so hart gestraft und geschlagen, dass er sein Werk nicht gar an Tag hat geben können. Denn ich hab von dem Wahlen (Wälschen) der die grosse Befestigung und Bastei hinter der Vesten gemacht hat, gehört, dass ihm kein solcher Plattner in Deutschland zu Handen gekommen wäre.

Valentin Siebenbürger wurde Freitag nach Laetare 1531 Meister. Georg Hartlieb wurde Montag nach Misericordi dni. 1523 Meister. Valentin Siebenbürger und Sebald von Worms, bede Plattner, sind am 6. Nov. 1544 Executores und Erben von Katharina Hanns Geiden sel. Wittib. (Cons. 61, fol. 13.)

16. CUNZ LOCHNER, PLATTNER.

Dieser Lochner war dieser Zeit mit seiner Arbeit und Kunst hochgelobt und seine Werk, die er täglich macht, geben dessen Zeugniss. Der Erzherzog Maximilianus giebt ihm wegen seiner künstlichen Arbeit jährliche Pension, dem hat er auch eine Zeit lang hero solche Arbeit von Stahl und Eisen gemacht, und dermassen so künstlich getrieben und ausgebracht, dass es der Arbeit, so von Silber gemacht, gleichen thut.

Neudörfer spricht von ihm als einem gleichzeitigen, was sich auch dadurch bestätigt, dass er nur vier Jahre nach Neudörfer starb und am 19. Aug. 1567 begraben wurde. Es scheint aber diese Jahrzahl, welche sowol bei Doppelmayr als auch einer dem Neudörferischen, hier vorzugsweise zu Grund gelegten Manuscript von Dr. Mayer's Hand, angeblich aus dem Todtenbuch p. 222 entnommen, beigeschriebenen Notiz zu finden, entweder ganz irrig zu sein, oder einen andern gleichen Namens zu bezeichnen, denn sie steht mit folgender Angabe in gänzlichem Widerspruch: Helena Conzen Lochners Plattners Wittib, in Beisein Heinzen und Hannsen der Lochner, ihrer Söhne, Ottilia Hannsen Mairs des Plattner's Hausfrau, Gertraud

Lorenz Schmids des Schneiders Ehewirtin, Agnes Jorg Neithards des Schleifers Eheweib, ihrer Töchter, und Hanns Michel des Plattners, ihres Eidams, verkauft am 31. Mai 1540 aus ihrer Behausung am Plattnermarkt, zwischen Meister Wilhelms von Worms des Plattners seligen und Lorenzen Trunken Häusern gelegen, 10 f. rh. Eigenzins an Hannsen Sorgenfrei, den Sporer. Lit. 52, f. 222. Es ist das Haus S. 546, in der Mitte gelegen zwischen dem ehemals Grünewald — Meckenloher — Wilhelm von Wormsischen Hause 545 und dem Lorenz Trunkischen, das Eck bildenden Hause S. 547. Er, Cunz Lochner, Plattner, nebst Helena seiner ehelichen Hausfrau, hatte die am Plattenmarkt zwischen Hannsen Eckharts und Wilhelm von Worms, Plattners, Häusern von Niklas Kun, Balbierer, und Ottilia, seiner ehlichen Hausfrau, gelegene Behausung am 30. Aug. 1522 um 550 f. gekauft. Lit. 36, fol. 8 b. Helena war die Enkeltochter Heinrich Löher's, Lederers.

In einem Brief vom 3. Juni 1549 kommt Heinrich Lochner, Plattner, Lorenz Schmid, Schneider, auch Hanns Grünewald von Leipzig vor, welche beide erstbenannte ohne Zweifel die in obiger Urkunde von 1540 genannten Personen sind. Ursula, Heinrich Lochners Ehewirtin, erscheint später in einer angehängten Quittung vom 28. Mai 1581 als desselben Wittwe. Dazu werden auch zwei hinterlassene Töchter des Leipziger Grünewald genannt, Sibilla und Margaretha, beide auswärts verheiratet.

„Der Plattner Conrad Lochner hatte für den König Sigismund August von Polen mehrere Harnische gemacht, wurde aber nicht vollständig dafür bezahlt, er ging desshalb 1559 selbst nach Polen, um sein Guthaben einzucassiren." (Baader in d. Jahrb. f. Kunstwissensch. 1868, p. 258). Möglicherweise ist er der von Neudörfer gemeinte.

Am 29. Jan. 1533 bezeugen Helena Conzen Lochners Plattners seligen Wittib und mit ihr Conz Lochner, Katharina Hannsen Taubenessers Wittib, Gertraud Lorenzen Schmids Hausfrau, ihre Kinder, dass Heinz Lochner, ihr Sohn und Bruder, der seit 6 Jahren das Handwerk und Handel gearbeitet, dasselbe nicht geschmälert, sondern die Hab und Güter gebessert habe. Cons. 45, fol. 186. Nicht mit diesen Urkunden zu vereinigen ist die vom 13. Nov. 1538, worin Helena, Conzen Lochners Wittib, Hannsen Lochner, Plattner, ihrem jüngsten Sohn, und Katharina seiner Ehewirtin, ihre Behausung in St. Sebalds Pfarr zwischen Wilhelm von Worms seligen Erben und Hannsen Eckharts Häusern, am Plattnermarkt gelegen, um 600 f. verkauft. Lit. 51, f. 61.

17. HANNS BÜLMANN, SCHLOSSER.

Dieser Bülmann, ob er gleich Schreibens und Lesens nicht geübt gewest, ist er doch in der Astronomie fast künstlich und gelehrt gewest, derhalben er auch mit 80 Pfd. Gewicht die Theoriam planetarum in Gang und Uhrwerk bracht hat, welches dann vor ihm Niemand hat thun mögen. Er macht auch für Uhrwerk Manns und Weibs Bilder die umgingen und schlugen ihre Mensur auf der Lauten und Pauken. König Ferdinandus, dem er viel Arbeit gemacht, liess ihn in seinem hohen Alter auf einer Sänften zu ihm gen Wien bringen, allein darum, dass er seiner Majestät ein Uhrwerk zeigte. Er hat aber sonsten von Schlosserwerk viel schönes Dings gemacht, sonderlich aber in der Wag die zwen schönen künstlichen Wagbalken, daran man ausserhalb der Wag die Güter auf der Fuhr wiegt.

Eben in der Zeit, da er in Künsten hat floriret, hat auch einer gelebt, Meister Melcher genannt, welcher die grossen Schlangen aus Eisen von der Hand hat geschmidet.

Hier muss man vor Allem einem Irrthum Neudörfer's in dem Namen entgegentreten, den auch Doppelmayr, der hier wie fast immer nur abschrieb, auf p. 285 adoptirt hat. Bullmann oder Püllmann hiess nicht Hanns, sondern Jacob, und wird als ein Schlosser, dem eine grössere Anzahl Knechte, als die Ordnung des Gesetzes zuliess, ausnahmsweise gestattet wurde, öfters genannt, z. B. 1513 am 20. April, am 12. Oct. und öfter, auch noch 1528 am 21. Aug. Er wohnte anfangs in Peter Vischer's Nähe, nur durch ein Haus getrennt, am Katharinagraben, L. 763, kaufte aber später ein, früher von dem alten Hanns Kleberger besessenes Haus an der obern Schmidgasse S. 508, das in seinem Erdgeschoss noch in diesem Jahrhundert die unverkennbaren Spuren an sich trug, dass es einst einem Feuerhandwerk gedient hatte.

Vor Allem aber möge folgende, einen Beweis seiner Kunst liefernde Urkunde für die Richtigkeit des Namens Jacob zeugen: Anna Jacob Bülmanns Ehewirtin, bekennt, nachdem Hanns Retsch demselben ihrem Mann eine Summa Gulden für ein Kunststück, nemlich ein gehend Jungfraubild, schuldig sei worden, und in diess Gerichtsbuch bekannt, dass er ihr jetzo den daran unbezahlten Rest, nemlich fünf Gulden, und also die ganze Summe bezahlt habe, sagt demnach für sich und ihren dieser Zeit abwesenden Mann, auch für all ihr beder Erben ihn und seine Erben derhalb ledig, in bester Form. Zeugen: Steffan Paumgartner und Jacob Kopfinger. Actum 23. Oct. 1535. (Cons. 47, fol. 69 b.) Er mag damals schon nicht mehr am Katharinagraben gewohnt haben, wo er noch 1523 gewohnt hatte, als am Freitag 27. Nov. 1523 die Söhne Conz Wurms seligen sich über ihre väterliche, zwischen Jacob Pülmann und Peter Vischers Häusern gelegene Behausung mit einander abfanden und Friz Wurm diese um 125 f. übernahm. (Cons. 32, f. 6.) Denn schon am 1. Nov. 1529 verkaufte Steffan Bayer, Kanzleischreiber, die Behausung in St. Sebalds Pfarr, unter der Veste, an der Schmidgasse, an einem Eck, zwischen Sebald Rugers des Jungen und Jacob Hagers des Schreiners Häusern gelegen, so ehehin des Klebergers gewesen ist, an Melchior Pülmann den Schlosser um 400 f. rh. und 20 f. rh. Eigengeld an Sigmund Fürer. Lit. 44, f. 97. Hierauf erscheint er am Donnerstag 5. Mai 1541, indem er, Jacob Pülmann der älter, Schlosser, und Anna seine Hausfrau bekennen, nachdem ihnen Endres Verber der Sattler und Apollonia, seine Hausfrau, ihr Eidam und Tochter, 600 f. schuldig gewesen, deren sie sie auf der Behausung und Hofrait alhie in St. Lorenzen Pfarr jenseit der Fleischbrücke am Eck auf dem Sattlerbad an der Pegnitz gelegen und von Jobst Müllner dem Zaummacher, als dem ermelter Verber berührt Haus verkauft, anzunehmen überwiesen, dass ihnen der jetzt benannte Jobst Müllner gedachte 600 f. bezahlt hat, und sagen ihn, auch Endresen Verber ledig und los, mit Zeugniss Conrad Zeunleins und Benedict Felsen. Cons. 54, f. 16 b. In den nächst darauf gefolgten Monaten starb der ältere Jacob Pülmann. Denn am Dinstag 22. Nov. 1541 bekennen Jacob Pülman, Schlosser, und Helena seine Hausfrau, dass ihnen Anna Pülmänin, ihre Mutter und Schwieger, in Beisein und mit Willen Hanns Vischers und Melchior Pülmans, weiland Jacoben Pülmans, ihres Vaters und Schwähers seligen Testaments executores, auf ihr fleissig Bitten und zu ihrer Notdurft gegeben und zugestellt habe, an allerlei Werkzeug 10 f. 5 Pfd. 20 Pfg. werth, ferner ein gerichtetes Bett um 12 f., einen Centner altes Eisen um 10 Pfd., einen halben Gulden gelichen, dazu sei sie um 4$\frac{1}{2}$ f. für sie bede Bürge worden, und versprechen, sich solches an ihrem gebührenden Erbtheil künftig abziehen zu lassen oder so viel wiederum in die Erbschaft einzuwerfen, mit Zeugniss von Endres Kyermair und Barthel Lorenz Schwab. Cons. 54, fol. 144 b. Nach einigen Jahren starb auch die Mutter, nachdem sie, Anna Jacoben Pülmans des Schlossers seligen Wittib am Montag 21. Nov. 1547 vor Christoffen von Ploben und Jeronimus Petzen dem jüngern, als erforderten Zeugen, in Beisein Melchior Pülmans ihres Sohns, die Erbgerechtigkeit ihrer Eckbehausung mit samt dem Hinter- oder Nebenhaus daran, alhie in St. Sebalds Pfarr unter der Veste, gegen dem Salzbrunnen überwärts, der auch der Nottelbrunnen genannt wird, an der obern Schmidgasse, neben Jacob Hagers des Schreiners Haus gelegen und hinten an Herrn Christoff Gugels Doctors Hinterhaus stossend, so ehedem des Hannsen Klebergers gewesen, wie die bede mit allen ihren Rechten umfangen und begriffen sind, Hannsen Schotten dem Feuerschlossmacher, und Barbara seiner Hausfrau, denen die Eigenschaft samt 25 f. Eigenzins darauf zusteht, um 421 f. noch über der Eigenschaft verkauft hatte. Das Haus ist S. 508. Bald darauf starb die Wittwe und nun treten allgemach die sämmtlichen Kinder hervor.

Zuerst versprechen am Montag 15. Merz 1549 Melchior und Hanns die Pülman, Gebrüder, und mit ihnen Hanns Kaiser und Endres Ferber, ihre Schwäger, alle weiland Jacoben Pülmans seligen nachgelassene Söhn und Eidame, dass ihnen Bernhard Merkel, Kartenmaler, die vier Magellein und das Kredenzlein, alles im Inventar angeschlagen auf 46 f. 3 Pfd. 12 Pfg., und dazu 2 perlene Haarband, angeschlagen auf 16 Gulden, welche Kleinote Christoff Gutknecht ihr Schwager seliger dem Merkel um 62 f. versetzt hatte, überantwortet hatte, dass sie aber demselben Merkel, sobald die Häuser verkauft und zu Geld gemacht worden sind, vor Männiglich die 62 f. bei Verpfändung ihrer Hab und Güter entrichten wollen, mit Zeugniss von Erasmus Reich und Endres Genger. Die Zahlung wurde von Merkel bezeugt am Dinstag 16. April 1549. (Cons. 67, fol. 127 a b.)

Sodann bekennen Hanns Pülman, jetzt zu Werd, unterhalb Regensburg gelegen, und Caspar Pülman, jetzt zu Berlin, Gebrüder, weiland Jacoben Pülmans, gewesenen Schlossers alhie seligen nachgelassene zwen Söhne, dass ihnen Hanns Vischer und Melchior Pülman, ihr Bruder, jetzt benannts Pülmans seligen Geschäfts Vormünder, an ihrem Gut, und zwar an Barschaft 420 f. 6 Pfd. 24 Pfg. und an Fahrniss 117 f. 3 Pfd. 22 Pfg. jetzt zu ihren Handen überantwortet und zugestellt haben, worüber sie in bester Form quittiren. So bekennt Anna, Christoffen Gutknechts, gewesenen Buchdruckers alhie seligen Wittib, obbenannts Jacoben Pülmans seligen eheleibliche Tochter, dass ihr Hanns Vischer und Melchior Pülmann, ihr Bruder, an ihrem mütterlichen Gut 210 f. an Barschaft, und dann 58 f. 6 Pfd. 2 Pfg. an Fahrniss eingeantwortet und bezahlt haben, worüber sie ebenfalls quittirt. Endlich bekennen Hanns Vischer und Melchior Pülman, oftgemelts Jacoben Pülmans seligen Geschäfts Vormünder, dass ihnen Hanns und Caspar die Püllmänner, Gebrüder, Apollonia Endresen Verhers Hausfrau, und Anna Christoffen Gutknechts seligen Wittib, auch Hanns Kaiser und Peter Probst, ehegemelts Pülmans seligen Sohns, auch Jacob genannt, nachgelassner fünf Kinder, mit Namen Jacoblein, Wolflein, Sebaldlein, Apellein und Magdalein, verordnete Vormünder, im Namen jetztbenannter ihrer Pflegkinder, alle obbenannts Pülmans seligen nachgelassene Erben, die 150 f. so bisher Anna Pülmänin selige, ihr aller Mutter und Anfrau, inhändig gehabt und Jacob Pülman seliger Balthasar Vogels, Schreiners vier Kindern, mit Namen Bernhart, Pauluslein, Margretlein und Ketterlein, vermög seines Geschäfts legirt und geschafft, den zweien Geschäfts Vormündern von ihrer Mutter und Anfrauen seligen Hab und Gütern eingeantwortet, entrichtet und bezahlt haben, sagen derhalben bede Geschäftsvormünder obbemelts Jacoben Pülmans und Anna seiner Hausfrauen beder seligen Erben dieser 150 f. halben auf ewige Zeit ledig und los, und die Erben haben solche Quittanz dermassen angenommen. Zeugen obgeschriebner dreier Quittanzen waren Hr. Hanns Stark und Gabriel Muffel. Geschehen am Grünen Donnerstag den 18. April 1549. Cons. 68, fol. 64 b.

Die weiteren Geschicke des Pülmannischen Geschlechts, dessen Namen noch bis in die Mitte des laufenden Jahrhunderts durch einen Goldschmid vertreten war, zu verfolgen, liegt ausserhalb der Aufgabe dieser Zeilen. Die Wittwe Christoff Gutknecht's, Anna, erscheint schon am 31. Mai 1549 als Eheverlobte Paulus Schmid Buchdruckers. Cons. 68, fol. 96 b. Ob Hanns Vischer der Sohn Peter Vischer's ist, lässt sich zwar nicht behaupten, doch ist es sehr wahrscheinlich.

Der von Neudörfer als Meister Melcher bezeichnete geschickte Schlosser ist vielleicht Melchior Glaser, der Stadtschlosser, dem 1512 gekündigt wurde. Bei Peter Henlein wird seiner mehr gedacht werden.

Ob der Jacob Bülman, der 1497 als Uhrmacher das Meisterrecht erhielt (Baader, in d. Jahrb. f. Kunstwissenschaft von A. v. Zahn. 1868, p. 259), der obige ist, würde der Zeit nach passen, aber da der hier besprochene nirgends als Uhrmacher, sondern immer nur als Schlosser auftritt, so erscheint es zweifelhaft. – Im J. 1522 war des obengenannten Balthasar Vogels, Schreiners, Ehefrau noch am Leben und sie heisst in einer Urkunde vom 17. Sept. Anna, Jacob Pülmans, Rothschmids, Tochter. Cons. 30, fol. 20 b.

18. HANNS HEUSS, SCHLOSSER.

Dieser Heuss hat die umgehende Uhr mit den 7 Churfürsten an der Frauen Capellen gemacht, dazu hat er die Wagbalken und Gewicht, die sich selbst heben an der Mehlwag erfunden, desgleichen das künstlich und leicht Geschöpf, im tiefen Brunnen am Ponersberg, darum er dann billig von solcher und anderer Kunst wegen ein künstlicher Meister mag genennt werden.

Siebenkees in den Mater. III. 321 ff. hat, obgleich Cocleus, dessen er gedenkt, die Priorität des Jahres 1512 für sich hat, durch urkundlichen Beweis den bis zu seiner Zeit (1780) gang und geben falschen Namen Hanns beseitigt, welchen Wagenseil und Doppelmayr wiederholt hatten, und durch die Veröffentlichung des Briefs vom Freitag 21. Dec. 1509 den richtigen Namen Jorg (Georg) nebst andern auf seine Betheiligung bei jenem Werke sich beziehenden Umständen festgestellt. Dass auch er den Meister Adam als Adam Kraft ansah, kann man ihm nicht verargen, von dem Meister Adam Merz wusste vor Baader Niemand etwas. Dann folgte Murr, der in seiner 1804 erschienenen Beschreibung der Marienkirche die

Urkunde wiederholte, und ein Gleiches that Heller in den schon erwähnten Beiträgen von 1822. Ob Campe in seinem Abdruck Neudörfer's durch Heller's Vorgang veranlasst worden ist, in der Ueberschrift statt Hanns zu setzen Georg oder ob Dr. Mayer's Beirath entschied, der in dem vorliegenden Exemplar der alten Handschrift den Namen Hanns durchstrichen und Georg darüber geschrieben hat, bleibt, da beide Männer todt sind, unentschieden; allerdings ist das Letztere wahrscheinlicher.

Jorg Heuss gehörte wie Jacob Pülmann zu den wegen ihrer Kunstfertigkeit so berühmten Schlossern, dass ihnen der Rath wiederholt Erlaubniss, mehr Gesellen als die Ordnung zugab zu halten, geben musste. So 1512, am 28. Mai und 7. Nov., jedesmal zwei Knechte, allerdings nur auf eine bestimmte Zeit, ebenso 1513 am 12. Mai, u. a. So wurde ihm auch am 18. Nov. 1513 erlaubt, für die Zeit, da er die Glocken auf beide Pfarrthürme zu behenken und zu versorgen bestellt sei, zwei Knechte mehr als die Ordnung zugiebt, zu halten. Auch 1528 Aug. 22.

Jorg Heuss war 1499 Bürger und Meister geworden, scheint daher nicht hier geboren zu sein, obgleich andere seines Namens, z.B. Hanns Heuss, Wirt „zum goldnen Horn" (jetzt Posthorn), sich gleichzeitig vorfinden. Wohnhaft war er zuerst nahe an oder neben Peter Vischer und verheiratet zuerst mit Barbara, Ludwig Gerung, des Schlossers, Tochter. Haus und Frau werden genannt, als am Montag 1. Dec. 1511 der Kammmacher Hanns Griessel und Dorothea, seine eheliche Hausfrau, vor Jeronymus Holzschuher und Niklas Haller, als gebetenen Zeugen, Jorg Heussen, dem Schlosser, und Barbara, seiner ehelichen Hausfrau, ihre Erbschaft an der Behausung in St. Lorenzen Pfarr, auf der obern Einfahrt, oberhalb St. Katharina Kirchen, auf dem Graben, gegen dem Marstall über, zwischen Jakob Püllmans und der Herbstin Häusern gelegen, um 80 f. rh. und einem an sie zu gebenden Eigenzins von 2 f. rh. verkauften. Lit. 27, fol. 29. Im Namen Meister Caspar Gerung's, Schulmeisters zu S. Sebald, seines Schwagers, verkaufte er am 7. Juli 1517 die demselben zugefallenen Liegenschaften an Jakob Amman, den Stadtschreiner, und war auch am 9. Aug. 1521 Mitvormund über des letztgenannten Nachlass. Vor dieser Zeit und vielleicht noch vor seiner Heirat war er in Gesellschaft mit Peter Henlein und einem andern Schlosser in eine nächtliche Rauferei verwickelt worden, in welcher Clemens Glaser, auch ein Schlosser, um's Leben kam. Bei Peter Henlein, der als der eigentliche Thäter galt, wird weiter davon geredet werden. Später war er in der Fischergasse wohnhaft. Am 1. Juni 1526 kommt vor, Jorg Heussen, Schlossers, Eckbehausung in St. Sebalds Pfarr an der Fischergasse, gegen dem Schiessgraben über. Lit. 39, fol. 151 b. Auch war er damals in zweiter Ehe verheiratet. Am 8. Aug. 1548 verkaufte Agnes, Jorg Heussen, Schlossers, Wittib, mit Bewilligung Hannsen

Vischers, Rothschmids, und Jeronymus Fleischers, Schermesserers, ihrer Kinder Vormünder, aus ihrer Behausung an der Fischergasse, gegen dem Schiessgraben über, am Eck, 10 f. Eigenzins an Ludwig Fingerlein, Barbierer, und Margaretha, seine ehliche Hausfrau, um 200 f. mit Vorbehalt des Widerkaufs, mit Zeugniss von Lienhard Rotengatter und Lienhard Strolunz. Lit. 61, fol. 117 b.

Von den künstlichen Einrichtungen in der Mehlwage ist, weil die Mehlwagen, deren eine Zeitlang drei bestanden, nicht mehr bestehen, auch nichts mehr vorhanden. Das künstliche Schöpfwerk am Brunnen auf dem Ponersberg hat ebenfalls den von der Zeit gebotenen Aenderungen weichen müssen. Nichts ist geblieben als das künstliche Uhrwerk an der Frauenkirche und selbst diess ist nur Ruine.

Baader (Jahrb. f. Kunstwiss. 1868, p. 259) sagt: ,,Der Rath wollte 1523 die Handmühlmeister zu Augsburg besichtigen, er wählte dazu den Uhrmacher und Schlosser (Jorg) Heuss, der da ist ein verständiger Werkman. — Jorg Heuss, Plattschlosser, wahrscheinlich des Uhrmachers Sohn, wurde 1536 als Meister aufgenommen."

19. ANDREAS HEINLEIN, SCHLOSSER (PETER HENLEIN.)

Dieser Heinlein ist fast der ersten einer so die kleinen Uhrlein in die Bisam Köpf zu machen erfunden, und wiewol er mit Hilf Herrn Hannsen Werners, Pfarrers zu St. Johannis, die Theoria planetarum mit 16 Pfd. Gewicht in Gang gebracht nahmen sie es doch beide aus des Bulmans Tafel und Rädern, die sie stets (wie ich das selbst gesehen hab) vor ihnen hatten. Solche mössene Tafel hab ich geschrieben und geätzt.

Von diesem Heinlein, den auch Doppelmayr p. 287 mit denselben Worten wie Neudörfer anführt, weiss kein Mensch etwas, er ist eine unfindbare Grösse, ein reines Non Ens, und spukt als irregehender und irreführender Kobold in allen Nürnbergischen Künstlerverzeichnissen. Dr. Mayer hat in dem schon erwähnten Exemplar beigeschrieben: Von 1462 bis 1548 kommt kein Andres Heinlein unter den Schlossern vor, blos ein Peter Henlein. Die Achtung vor den alten Ueberlieferungen ist gewiss sehr löblich und ehrenwerth, aber es muss auch im nothwendigen Fall erlaubt, ja geboten sein, dem Irrthum geradezu entgegenzutreten. Schon bei Püllman und bei Heuss konnte man sehen, dass die Vornamen, dort Hanns, hier abermals Hanns, unrichtig waren, dort statt Jacob, hier statt Georg. Nun ist dem wackeren Modisten der dritte Unfall widerfahren, anstatt Peter zu schreiben Andres. Denn dass Heinlein bei den Abschreibern aus Henlein entstehen konnte, begreift sich leicht, und diese Variante fällt hoffentlich nicht auf Neudörfer's Rechnung, sondern auf die seiner Copisten. Es ist gar nicht anzunehmen, dass der denkwürdige Erfinder der Taschenuhren, der Nürnberger Eier, in einer Zusammenstellung der Nürnbergischen Künstler oder Kunsthandwerker sollte übergangen sein. Doppelmayr hat die Vergesslichkeit dadurch wieder gut machen wollen, dass er auf Cocleus' Zeugniss hin (a. 1512) dem Peter Hele einen kurzen aber anerkennenden Artikel gewidmet und ihn als Uhrmacher qualificirt und die Zeit der Erfindung auf circa 1500 gestellt hatte. Dieser Namen blieb seitdem im Gange; sowol Siebenkees in seiner kleinen Chronik von 1790, als auch Murr in seiner Beschreibung von Nürnberg (Ausgabe v. 1801 p. 700) hielten ihn fest, wodurch er in eine Menge Lehrbücher und Schulbücher bis auf den heutigen Tag überging. Erst dem Dr. Mayer verdankt man die richtige Lesart des Namens, der urkundlich in dem Rathsbuch oft genug vorkommt, um keinen Zweifel über die Form desselben zu lassen. Freilich wird er nirgends als Uhrmacher bezeichnet, sondern nur als Schlosser, aber aus dem einfachen Grunde, weil das Uhrmachen sich mit ihm erst als ein besonderes Geschäft aus dem Schlosserhandwerk heraus abzusondern begann. Eigentlich hätte man schon daraus, dass Neudörfer ihn einen der ersten nennt, der die kleinen Uehrlein in die Bisamköpf — offenbar zunächst eine Spielerei — zu machen verstanden, darauf kommen sollen und können, wer gemeint sei, aber der apokryphische Namen Andreas Heinlein führte immer wieder irre. Rettberg hat in seinem Nürnbergs Kunstleben von 1854 — man darf sagen — gewagt, die Identität von Andreas Heinlein und Peter Henlein (p. 100) und Peter Hele, als eine Vermuthung auszusprechen, was hoffentlich jetzt eine Gewissheit geworden sein dürfte. In den Nürnbergischen Briefen von 1846 findet sich noch (p. 28) Peter Hele. Wenn das am grünen Holze geschah, was durfte man vom dürren erwarten!

Es waren zwei Brüder Henlein, Herman und Peter. Jener, ein Messerer, wurde, weil er mit Machung einer silbernen Schale dem Goldschmidhandwerk, trotz vorhergegangenen Verbots Eingriff gethan, wesshalb die geschwornen Meister der Goldschmide beim Rathe geklagt hatten, am Montag 27. Oct. 1516 drei Tag und Nacht auf einen Thurm gestraft und ihm ausserdem von neuem verboten, hinfür dergleichen Arbeit, silberne Scheiden oder Beschläg von Silber oder Gold an die Scheiden zu machen, ganz müssig zu stehen, bei Pön 5 Pfd. Novi. Er hatte 1506 und 1507 etwa wie Lindenast, eine bedingte Erlaubniss zu Versilberung des Kupfers erhalten. Seitdem hatte nichts von ihm verlautet. Es dauerte aber nur wenige Wochen, so beging er eine andere, weit sträflichere That. In der Nacht vom 22. Nov. war ein böser sträflicher Mord an einem jungen Bettelmaidle, am Markt bei Thumers Haus (S. 880) geschehen und es wurde verlassen, derhalben morgen Sonntag vom

Rathhaus eine öffentliche Berufung zu thun und auszubieten, wenn Jemand den Thäter zu Gefängniss bringen oder anzeigen würde, damit er eingebracht würde, dem sollen darum von gemeiner Stadt 100 f. gegeben werden, wenn auch desselben Thäters Gesellen, so damals bei ihm gewesen, ihn einbringen oder anzeigen würden, der oder die sollten dieser That halben gesichert und aus Sorgen gelassen werden und die 100 f. dennoch folgen. Müllner erzählt diesen Fall ebenfalls mit einigen Nebenumständen, verlegt ihn aber in 1515. Er nennt jedoch Herman Henlein als Thäter, er sei zuerst in der Stadt geblieben, als aber allmälig Verdacht gegen ihn entstand, sei er nach Roth ins Geleit entwichen, dann sei er von dort weg und zuletzt zu Augsburg hingerichtet worden. Bestätigung hievon ist Folgendes: Am Mittwoch 19. Mai 1518 wurde dem Severin, Herman Henleins Sohn, der im Gericht in Beisein, auch mit Wissen und Willen Peter Henleins und Paulus Emerings, seiner Vormunde, angesagt hatte, er sei 20 Jahr alt, erlaubt, dass er den Hausrat, so ungefähr vier Gld. werth sei, seinem Vater zustelle, worauf er alsbald gedachte seine Vormünder, mit Wissen und Willen Peter Wests, seines hiezu gerichtlich gegebenen Curators aller und jeder seiner mütterlichen Erbschaft halben in bester Form ledig und los sagte. Cons. 23, fol. 98 b. Von einer Frau des nun flüchtig gewordenen Thäters ist nicht die Rede, er war jedenfalls Wittwer und trieb sich auswärts herum. Aber die Verrufung und der ausgesetzte Preis der 100 f. thaten doch ihre Wirkung, wie aus folgendem Verlasse zu sehen ist: Am Montag 6. Fbr. 1524 wurde der Schlosser Peter Henlein, weil er den Messerer Martin Lutz von Augsburg berüchtigt und beschuldigt hatte, er habe seinen Bruder Herman Henlein zu Augsburg angegeben und sei selbst mit den Stadtknechten und vor das Haus gegangen, darin sein Bruder gefänglich sei angenommen worden, wofür er auch 100 f. empfangen, 14 Tage auf einen Thurm gestraft und sollte dazu dem Lutz für seine Zehrung und ausgebrachte Kundschaft 2 f. bezahlen. Weil aber derselb Henlein auf eröffnete Straf und trotz dem angelobten Frieden auf dem Rathhaus gegen Martin Lutzen sagte, er sei dennoch der er sei wie vorher, wurden ihm zu voriger Strafe noch drei Tage zugegeben, und musste von Stund an vom Rathhaus auf den Thurm gehen, die aufgelegte Strafe zu vollbringen.

Freilich geht aus dieser Geschichte nichts hervor, als dass es zwei Brüder des Namens Henlein gab, Herman den Messerer und Peter den Schlosser. Dass dieser der berühmte Erfinder der Taschenuhren, der anfänglich sogenannten Nürnberger Eier gewesen, lässt sich mit dem, was nun beigebracht werden wird, in keiner Weise darthun, er bleibt immer nur der Peter Henlein der Schlosser und es wird Jedermann unbenommen sein, an den Andreas Heinlein oder wenigstens an den Peter Hele zu glauben. Es würde auch nichts helfen, wollte man zeigen, dass die Oerlein, von denen Felicitas Grundherrin in ihrem Brief von 1509 an Leonhard Grundherr, ihren Vater, redet und wesshalb sie von der Aebtissin gescholten wird, dass sie ihren Vater um Lappenwerk bemühe, schwerlich etwas anders, als das neue Kunstwerk waren, das natürlich die Neugier der armen abgeschlossenen Klosterfrauen rege machte, denn der Namen des Erfinders oder, neben Andern, ersten Verfertigers wird dadurch doch nicht ermittelt. Auch mag es wol sein, dass die Erfindung, wie Neudörfer's Worte entnehmen lassen, ein Gemeingut Mehrerer war, und Peter Henlein nur fast einer der Ersten war, der sich damit abgab und darin hervorthat. Was man von Georg Heuss und Jacob Püllman weiss, berechtigt, diesen ebenfalls ausgezeichnete mechanische Kenntnisse und Geschicklichkeit beizumessen. Doch soll der Ruhm seines Namens hierdurch nicht beeinträchtigt sein.

Peter Henlein, über dessen Herkunft nichts vorliegt, als dass sich vermuthen lässt, sein Vater habe auch dem Handwerkstande angehört, mag der ältere der beiden Brüder gewesen sein, wenigstens wird er schon früher genannt. In der Nacht auf Maria Geburt, 8. Sept. 1504, war Clemens Glaser, ein Schlosser, bei Nacht auf der Gasse erschlagen worden; seine Wittwe Katharina und sein Bruder Melchior Glaser, der Stadtschlosser, gaben bei dem Rath Bittgesuche ein und erhielten am 3. Okt., in Ulman Stromers und Endres Geuders Frage, die Antwort: „Dieweil Peter Henlein der rechte Thäter im Kloster zu den Barfussen und der That bekenntlich sei, und die andern angezeigten zwei, mit Namen Jorg Heuss, Schlosser, und Paul Tefler ihre Unschuld anzeigen, so möchten sie, wenn sie zu denselben zweien vermeinten Forderung zu haben, sie mit freundlichem Rechte am Stadtgericht vornehmen, und wo sie Peter Henlein, den eigentlichen Thäter, in eines Raths Gebiet betreten mögen, so wolle man denselben lassen annehmen und ernstliches Recht gegen ihn gestatten: sollten sie aber können anzeigen, dass die erstgemelten zwen auch Rath und That am Todschlag hätten, Das wolle der Rath hören und sich darin unverweislich halten." In dieser nichts als Unparteilichkeit und gefälliges Entgegenkommen gegen das Begehren der Kläger athmenden und zur Schau tragenden Antwort kann man dennoch ohne grosse Prophetengabe bereits ein günstiges Vorzeichen für Peter Henlein's Freisprechung zwischen den Zeilen lesen, denn wozu die Angehörigen des Erschlagenen anweisen, sich mit den beiden andern am Stadtgericht in freundlichem Recht zu benehmen? Diese versicherten ihre Unschuld, waren also auch schwerlich geneigt, für nichts und wieder nichts Geld zu zahlen, was man nur dann that, wenn man irgendwie schuldig war. Wiewol im vorliegenden Falle sich Jorg Heuss doch auch zuletzt zu einer Entschädigungssumme verstand, vielleicht nur, um die Sache endlich einmal hinter sich zu haben. Offenbar sollte der Rathsverlass die Kläger nur vorläufig beschäf-

tigen; mit Peter Henlein, dem der That geständigen, wollte der
Rath, wenn man denselben ihm, dem Rath, zu Handen schaffe,
thun, was Recht sei. Wie konnten die Wittwe und der Bruder
hoffen, ihn aus seiner „Gewahrsam" bei den Barfüssern herauszu-
ziehen, wenn es dem Rath mit Hilfe seiner Stadtknechte und Büttel
nicht möglich war! Und nun folgte, vom Samstag Ottmari (16. Nov.)
anfangend, wo ihm zuerst Geleit zum Verhör auf vierzehen Tage
zugesagt wurde, eine durch lange Jahre sich hinziehende Reihe von
Geleitserstreckungen, einmal, am Freitag vor Pfingsten (21. Mai)
1507, in Jakob Grolands und Sigmund Grossen Frage, bei erneuter
Erstreckung auf ein Vierteljahr, glaubt man, es werde nun zu Ende
gehen, denn es wurde auch ertheilt, „bei den Parteien und ihren
Procuratoren zu handeln, damit dieselb Irrung, so nun ins dritt
Jahr am Gericht gehangen sei, dermassen gefördert werde, dass
die fürderlich zu End lange", allein am 9. Aug. wird ihm das
Geleit wieder erstreckt bis auf Michaelis, und erst nach der am 18.
April 1508 erfolgten abermaligen Erstreckung bis auf Johannis zu
Sunwenden hört der Peter Henlein auf, ein stehender Artikel des
Rathsbuches zu sein, so dass sich annehmen liesse, es sei endlich
eine Ausgleichung zu Stande gekommen, wenn man nicht annehmen
will, der Rathschreiber habe — was unzweifelhaft in vielen Fällen
geschah — einen heimlichen Wink bekommen, eine Sache, die
dem Rathe nicht gerade zur Ehre gereichte, in die Rathsbücher
nicht einzutragen. Erledigt aber war sie noch lange nicht. Denn
am Stadtgericht war 1507 ertheilt worden: „wiewol ungewiss und
unwissend, auch unbewiesen sei, durch welchen aus den drei Beklagten der Todschlag begangen sei, sollen sie doch alle drei
darum pflichtig sein und versuchen, ausserhalb Gerichts sich mit
der klagenden Partei in der Güte zu vertragen". Von diesem Urtheil, als einem, so viel ihn betreffe, unbilligen, appellirte Jorg Heuss
an den Rath und bat, ihn mit Appellation zuzulassen. Es wurde
nun, auf etlicher Personen gütliche Vermittlung, durch Katharina
Glaserin und Jorgen Heussen, seiner Person halb, so viel ihn das
ergangene Urtheil betreffe, auf einen erbern Rath compromittirt,
so dass was durch denselben in der Güte gesprochen und erkannt
würde, beide Parteien annehmen und zu halten schuldig sein sollten,
ohne alle Weigerung. Dieses Compromiss nahmen Katharina Glaserin und Jorg Heuss, in Gegenwart Hn. Caspar Nützel's und Hn.
Steffan Paumgartner's, am Mittwoch 23. Juni 1507 mit eidlicher
Zusage an. Nachdem aber dieser Handel lange Zeit gehangen und
in Kraft des Compromisses nichts gehandelt worden war, auch von
Clement Glasers verlassenen beiden Kindern das eine, ein Töchterlein, mit Tod abgegangen war, so unterfingen sich Hr. Anthoni
Kress der jüngere, Propst zu St. Lorenzen und der „erbare"
Hanns Behaim, beiden Parteien zu gut, mehrerem Unrat zuvor-
zukommen, in dieser Sache gütlich zu handeln und sie hinzulegen,

forderten darum die Parteien vor sich. So erschienen am Montag 28. Jan. 1510 vor ihnen Melchior Glaser, Clement Glasers sel. Bruder, anstatt Katharina Glaserin, seiner Geschwey und Jacoben Glasers, seines Vettern, auch für sich, soviel ihn diese Handlung betreffen mag, und Georg Heuss, und gelobten an Eides statt, alles zu halten, was durch die Spruchmänner erkannt würde. Da nun Anthoni Kress und Hanns Behaim bedachten, dass die Entleibung Clement Glasers offenbar und unlaugenbar, aber unbekannt sei, ob Georg Heuss diesen Todtschlag gethan, dann er dessen allweg und noch in Laugnen gestanden habe, so erkannten sie wie folgt: Alle Irrung zwischen den Parteien solle todt und ab sein, alle Gerichtskosten sollen gegeneinander aufgehoben und compensirt sein, Georg Heuss, wiewol dieses Todtschlags nicht geständig noch überwiesen, sondern nur verdacht, soll der Katharina Glaserin und ihrem Sohn und Melchior Glasern 40 f. rh. geben, endlich soll dieser Vertrag der klagenden Partei gegen Paulus Tefler und Peter Henlein keinen Nachtheil bringen, sondern ihre Ansprüche gegen diese sollten vorbehalten sein. Die Annahme des Vertrags bezeugten Endres Geuder und Endres von Watt. Endlich erklärten Melchior Glaser und Otto Wonsesser, Windenmacher, als Vormünder des jungen Jacob Glasers, und Katharina Glaserin den Jorgen Heuss aller Ansprüche ledig und los, was am Montag 13. Mai 1510 in Gericht also angenommen wurde.

Dass bei dieser Abfindung Peter Henlein und der dritte Mitbeschuldigte nicht inbegriffen, ja sogar ausdrücklich ausgeschlossen waren, hat man sehen können. Wie es mit diesem überhaupt ging, liegt nicht vor, ist auch im Ganzen gleichgiltig. Für Peter Henlein mag sich eine günstigere Stimmung eingestellt haben, wie wenigstens daraus zu ersehen ist, dass er im Anfang als eigentlicher Thäter und zwar als geständiger, bezeichnet wurde, während in dem Erkenntniss der Spruchmänner zwar die That eine unleugbare, aber die Thäter, als unbekannt genannt werden. Dies wälzte einen Theil der Schuld von Peter Henlein ab und vertheilte dieselbe auf seine Complicen, was gewiss zum Nachtheil von Jorg Heuss war. Man bedenke, wie Henlein durch sein Fliehen in's Barfüsserkloster sich selbst als schuldig bezeichnet, wie er Jahre lang um Geleit nachgesucht und dieses ihm immer erstreckt worden war, und nun den gänzlichen Umschlag! Was die Ursache zu demselben war, das lässt sich nicht sagen. Anzunehmen, dass die Kunstfertigkeit des Mannes auf den Rath Eindruck gemacht habe, hiesse jener Zeit Beweggründe unterlegen, die ihr fremd waren. So kam es, dass fünf Jahre noch darüber hingingen, bis Peter Henlein von aller Anfechtung frei war. Erst am Montag 26. Fbr. 1515 erklärten Melchior Glaser und Ott Wonsesser, als Vormunde Clementen Glasers des ältern seligen Sohns, Jacob genannt, und mit ihnen Katharina, gedachts Glasers Hausfrau d. h. Wittwe, dass ihnen Peter Henlein die 21 f. rh. von Gerichtswegen gemässigtes Geld entrichtet und bezahlt hat, darum sie ihn quitt und ledig sagen und versprechen, wenn er von Jacob Glaser angelangt werde, ihn zu vertreten. Cons. 19, fol. 84 b. Vielleicht war dies nur ein Rest des Wergelds, denn der Unterschied der 40 f. des Jorg Heuss von diesen 21 f. ist ziemlich. Und doch würde, dass es ein Rest und somit das Ganze abgethan war, ausdrücklich gesagt worden sein.

In die nächsten Jahre fällt das von seinem Bruder Herman bereits Erzählte, wobei er im J. 1524 auch persönlich auftritt. Hierauf wird erst im J. 1529 seiner wieder gedacht, indem am Freitag den 17. Dec. Martin Pfinzing vor Gericht erklärte, nachdem er vergangner Zeit in Namen und auf Befehl des hochwürdigsten, durchleuchtigsten hochgebornen Fürsten und Herrn, des gnädigsten Herrn von Mainz, Cardinals, Kurfürsten und Markgrafen Albrecht von Brandenburg, Simon Schulmeister, als er noch hie gewohnt, eine kupferne Kugel überantwortet und in der Meinung zugestellt habe, dass er des Himmels Lauf darauf stechen sollte, ihm auch auf diese Arbeit 25 f. gegeben, derselbe Schulmeister sich aber mit der Kugel und dem Geld von hinnen und, wie er berichtet sei, in die Stadt Strassburg gethan habe, dass er demnach Peter Henlein, Zeiger dieses Briefs, Macht und Gewalt gegeben haben wollte, an seiner Statt und in seinem Namen gedachte Kugel an den genannten Schulmeister zu fordern und zu empfahen, und wenn die dem geschehenen Andingen gemäss gefertigt sei, sich mit ihm nach Gelegenheit der Sache zu vertragen und ihn dessen, so ihm über die eingenommenen 25 f. ferner gebühren sollte, zu vergnügen oder, wenn er die nit gemacht habe, als dann die Kugel und die 25 f. von ihm zu seinen Handen zu nehmen, und wenn er sich hierin widersässig bezeige, ihn desshalb rechtlich zu beklagen und alle diejenigen rechtlichen Schritte zu thun, die zu Erreichung seines Zieles erforderlich seien. Von welchem Erfolg dieser Auftrag begleitet war, ist nicht bekannt.

Am 26. Nov. 1512 wird Kunigund, Peter Henlein's Ehefrau, Endres Ernsts seligen Tochter, genannt. Lit 27, f. 301. Auch am 6. April 1513, nebst Friedrich, Johann und Endres, den Ernsten, ihren Brüdern. Lit. 29, fol. 85. Im J. 1522 ledigte er sein neben Peter Vischer gelegenes Haus von einem darauf haftenden 4 f. rh. betragenden Eigengelde. Cons. 30, fol. 51 b.

Sein Tod wird bei Doppelmayr in das Jahr 1542 gesetzt, was auf kein hohes Alter schliessen lässt, da Cocleus in der schon erwähnten Vorrede zum Pomponius Mela ihn 1512 „admodum juvenis" nennt. Die „Theoria planetarum", die er mit 16 Pfd. in Bewegung setzte, scheint dieselbe zu sein, wozu Püllmann 80 Pfd. Gewicht benöthigt war, und mag in Bezug auf das Uhrwerk an der Frauenkirche stehen, wenn es nicht eine Art Tellurium oder Planetarium war, wie man sie auch in neuerer Zeit gemacht hat.

Wenn man das Kleinuhrmachen von Peter Henlein und andern zeitgenössischen Schlossern beginnen lässt, so muss es sich doch ziemlich bald zu einem selbständigen Gewerbe entwickelt haben. Schon am 23. Juni 1515 kaufte Heinrich Eisen, Hormacher, und Magdalena, seine Ehefrau, ein Haus am alten Rossmarkt. Lit. 3o, fol. 43 b. Freilich ist nicht gesagt, dass er ein Kleinuhrmacher war.

20. CASPAR WERNHER, SCHLOSSER.

Ich bin selbst in Röm. Kaiserlicher Camer gewest, als dieser Meister Caspar hinausging, dass Ihre Maj. zu mir sagte: Dieser Meister ist wahrlich ein künstlich Mann, dann Ihre Maj. hat ihn allein darum beschickt, dass er ihn eine Uhr, so Ihre Maj. von Barthel Schwaben hat kauft, wollt sehen lassen, denn Ihr Majest. gefiel das Werk sehr wol. Da sagt er: Diess Werk hab ich selbst gemacht, und wüsste noch etwas künstlicher daran zu machen und zu hängen, das ward ihm alsbalden von Ihr Kais. Majest. zu thun befohlen. Er übet sich aber in der Kunst des Uhrmachens also sehr, dass er sein Gedächtniss, ja auch seinen Verstand und Vernunft gar verlor, dazu er dann durch Arznei und göttliche Gnad wieder kam.

Er machte ein Schiff ungefähr, wie ichs gesehen hab, $3/4$ Ellen lang, das ging auf einen Tisch, und darinnen sass ein Weibsbild, ungefähr einer Spannen lang, die schlug mit beiden Händen auf ein Hackbrett mit Saiten eine rechte gemessene Mensur; zuvörderst aber auf dem Schiff stand ein Kindlein, eines Fingers lang, das beweget seinen Kopf und ruderte mit beiden Armen, zu hinterst des Schiffs stund auch ein Kindlein mit zweien Flügeln, dem in der Läng gleich; das hatte einen gespannten Bogen und auf der Senne ein Pfeil liegen. Das war also zugerichtet, welchen man am Tisch wollt haben, auf denselben wendet sich das Kindlein und schoss auf ihn ab.

Caspar Werner, Plattschlosser, aufgenommen Mittwoch nach Judica 1528, gab 3 f. Währung. Starb, nach Doppelmayr, um 1545.

Die erwähnte kaiserl. Majestät könnte nur Ferdinand I. gewesen sein, da Karl V. bei seinen nur kurzen Aufenthalten schwerlich für solche Allotria Zeit hatte.

21. HANNS EEMANN, SCHLOSSER.

Dieser Eemann ist seiner Arbeit also überfleissig, dass er auch mit seinem Nachdenken und Suchen seiner Nahrung vergisst. Er hat den Geudern am Heumarkt ein Gitter von Eisen über die Hausthür gemacht, als wäre es von Messing gegossen. Im Zirkelmachen ist er so fürtrefflich und im Schlossmachen auf mancherlei Manier wird schwerlich seines gleichen gefunden. Er hat eine Thür gemacht, die nach beiden Seiten aufgeht.

Hanns Eemann, Schlosser, gab 3 f. Währung 2 post Circumcis. dni 1524. Das Geuderische Haus am Heumarkt ist S. 923.

22. GEORG STADELMANN, ZIMMERMANN IN DER PEUNT.

Dieser Zimmermann ist seiner Arbeit halben also berühmt gewest, dass ihn Magister Cunrad, Prädicant im Neuen Spital, als er (wie damals der Gebrauch war) sein Abscheiden verkündiget, ihm ein grosses Lob gab und von wegen seiner Kunst einen langen Sermon machet. Er hat gemacht das Gebäu des neuen Kornhauses auf der Vesten, dazu hat er auch die rein und künstlich Thurmspitzen St. Laurenzen Kirchen darauf die zwo Schlagglocken sein, welche mit vergulten Spitzen bedeckt ist, gemacht, und zweifel gar nit, dass solcher künstlicher Schliessung und reinen Thurmspitzen, von Holz gemacht, wenig gefunden werden.

In den Jahren vor 1518, in dem er gestorben sein wird, kommt sein Namen, als des Meister Jorg, sehr häufig vor. In Baader's Beitr. I. wird Meister Jorg Stadelmann p. 73, 100, 102 u. s. f. genannt. Wie der ältere Hanns Behaim als Steinmetz, so war Jorg Stadelmann als Zimmermann. Dass die Thurmspitze zu St. Lorenzen am 6. Jan. 1865 vom Blitz getroffen und somit die künstliche Holzarbeit des Meisters Jörg in Feuer aufgegangen ist, kann in der kleinen von Braunstein und Priem 1866 darüber erschienenen Schrift näher nachgelesen werden. An Stadelmann's Stelle kam im März 1518 Meister Mathes von Sachsen, mit einem jährlichen Sold von 24 f.

23. GEORG WEBER, ZIMMERMANN.

Wiewol dieser Weber weder schreiben noch lesen kann, so ist er dennoch in Proportion der Räder, in allerhand Mühlwerk also fürtrefflich, dass ihm in Zahl und Mass gar nichts mangelt und abgehet. Er hat hinter Wöhrd zwo Pulvermühl gemacht und das Wasser also abgewogen, dass es den andern Mühlen in Wöhrd keinen Abgang bringt. Im Heben und Aufrichten der Gebäu und sonderlich bei den Mauern, die sich zum Fall schickten, ist er fürsichtig und gewaltig, ist auch für sich selbst grossen starken Leibs.

Statt dieser letzten Bemerkung hat Heller Folgendes: hat sich auch stets starke Leut beflissen zu haben. Als Anmerkung gibt dann Heller noch: War einer der geschicktesten Mechaniker seiner Zeit, aus Dinkelsbühl gebürtig, musste aber seine Vaterstadt nach 1524 verlassen. Eine Handschrift erwähnt dieses mit folgenden Worten: „Ihm hatte zu Dinkelsbühl sollen der Kopf abgeschlagen werden, darum dass er in der Bauern Aufruhr den Bauern hätte hölzerne Kanonen gemacht, war aber durch den Rath zu Nürnberg erbeten und ihnen von denen von Dinkelsbühl geschenkt worden." In Nürnberg erregte er mit seinen Gebäuen allgemeine Bewunderung. Im J. 1532 erfand er daselbst die messinge Hoyer, welche mit Steinen gefasst und in die Höhe gezogen wird, deren man sich noch jetzt bei den Bauten bedient. Dieser Hoyer wurde zum erstenmal bei dem Bau der Bastei an dem Irrer oder Hallerthürlein 1532 gebraucht. Er erfand auch die kleinen Sägmühlen, welche die Schreiner gebrauchen. Er verfertigte ebenfalls einen Wagen, dessen Axen von Eisen waren und mit Röhren vorgingen, auf demselben konnte man 24 Quadersteine zugleich fahren etc. Im J. 1533 verbesserte er die Zugbrücke an den Stadtthoren, dass ein Knabe die schwerste Brücke mit leichter Hand aufziehen konnte. Wegen seiner grossen geleisteten Dienste ward er nach 1532 Stadtbaumeister. Er starb den 1. Juli 1567. Soweit Heller.

Obgleich weder einzusehen ist, warum die von Nürnberg sich vermüssigt sollten gefunden haben, denen von Dinkelsbühl in's Handwerk zu greifen, noch die leiseste Spur von einer solchen Intercession für einen Verurtheilten einer fremden Stadt vorliegt, so hat man doch nicht aus Achtung vor Heller's Chroniken, sondern vor Heller's Fleiss die Chroniksage — fast möchte man sagen als ein warnendes Beispiel — aufnehmen wollen. Urkundlich ist Folgendes: Am 8. Mai 1528 wurde Meister Jorg, Zimmermann von Dinkelsbühl, auf 10 Jahre zu eines Raths Werkmeister aufgenommen mit 5 oder 6 f. Rathsbuch. Meister Georg von Dinkelsbühl wurde am 19. Jan. 1530 erlaubt, auf zwei Tage gen Regensburg zu ziehen. Ebend. Man wollte ihn dort den Nürnbergern abspänstig machen. Der Rath beschloss daher am 12. Sept. ihm sein Begehren, ihn zu beurlauben, mit guten Worten zu benehmen, dazu ihn mit 10 f.

als einem Bibal zu beschenken, und im neuen Jahre mit einem Aemtlein zu versehen, damit er bleibe. Ebend. Eine solche Bestallung kam im J. 1532 zu Stande, wie aus einem Brief vom Freitag 30. April 1540 zu sehen ist. Darin erklärt Jorg Weber, Zimmermann und Bürger zu Nürnberg, nachdem er in der Verschreibung, die er dem Rath seines zunächst hinter und an Wörd gelegenen Pulvermühlwerks halben am 17. Mai 1532 mit Sebald Rechen und Martin Hallers Insigeln besiegelt gegeben hat, im fünften Artikel sich ausdrücklich verbunden habe, sein Leben lang unaufgesagt Bürger zu bleiben, dem Rath mit seinen Diensten gehorsam und gewärtig zu sein, und keiner andern Herrschaft noch andern Leuten ein Muster seiner Kunst anzugeben und zu lernen, es werde ihm denn von seinen Herren, dem Rathe, erlaubt, wiewol er nun dennoch vom Rathe zum Unterbaumeister auf der Peunt angenommen sei, so haben sie ihn doch auf seine Bitte dieses Amts wieder entlassen, und er will hierauf seine oben angezogne Bestallung, nicht allein des fünften, sondern aller Artikel halben, wieder erneut und zugesagt haben, auch in gemeiner Stadt Gebäuen, in der Stadt, dem Zeughaus, und auf dem Land in ihren Flecken und Gebieten, auf ihr und der Landpfleger Erfordern, als ein Landbaumeister, räthlich, hilflich und förderlich zu sein, insonderheit, so ein Rath ihn in's Feld zu gehen gebrauchen würde, auch darin gehorsam zu sein; er soll auch ohne des Raths Wissen keine fremde Gebäu ausserhalb der Stadt annehmen, um welche seine Gewartung ihm der Rath jährlich 50 f. in Münz bewilligt hat, vierteljährlich zu bezahlen. Hierauf hat er mit handgebenden Treuen an Eides statt Pflicht gethan. Auf seine Bitte haben Sebald Rech und Martin Haller ihre Siegel angehängt. Urk. des Stadtarchivs z. Nbg. n. 412. Den Verkauf der Pulvermühle an Albrecht Harscher a. 1543 s. unten n. 62, wobei auch Weber's Ehefrau Margaretha genannt wird.

Am Pfinztag 16. Nov. 1542 gab Sixt Oelhafen, Gegenschreiber des gemeinen Almosens, auf Befehl der Almosenpfleger, in Beisein Heinrich Holzschuher's, desselben Almosens Mitpflegers, vor Augustin Tichtel und Bartholmes Lorenz Schwab, als gebetenen Zeugen, Meister Jorgen Weber dem Zimmermann und Margaretha seiner Hausfrauen eine Hofrait oder Hofstatt alhie in St. Lorenzen Pfarr an der Grasergasse zu kaufen, lang 31 und breit 28 Werkschuh, darauf er, Weber, ein Haus, wie das jetzt vor Augen und an allen Orten frei stünde, gebaut hat, gegen Wolfen Schechinger, des Steinmetzen, seligen Haus über gelegen, auf einen ewigen Gulden Eigenzins, und versprach die beiden Eheleut der Vererbung dieser Hofstatt genugsame Wärschaft zu thun, doch alles mit dem bedingten Recht, dem gemeinen Almosen und den verordneten Pflegen zu dem Einkommen der Karthäuser gehörig zu bezahlen einen Gulden rh., unangesehen aller Statute, so Ablösung der ewigen Zinsen halben ausgegangen sind oder noch gemacht werden möchten, welche Vererbung beide Eheleute auch also annahmen. Lit. 56, fol. 16. Dass diese Hofstatt vorher unangebaut lag, dürfte eben so gewiss anzunehmen sein, wie dass Weber, der sie schon vorher zu einem Hausbau benutzt hatte, sie durch diesen Act gleichsam zum Geschenk erhielt, da die Belastung mit einem Gulden Ewiggeld zu gering war, um in Anschlag zu kommen. Ob es aber dieselbe Behausung ist, die er 1543 verkaufte, möchte, so wahrscheinlich es auch ist, doch angezweifelt werden. Am Donnerstag 11. Jan. 1543 verkaufte nämlich Meister Jorg Weber der Zimmermann und Margaretha seine Ehewirthin vor Hannsen Koberger dem jüngern und Sebalden Lochner, als gebetenen Zeugen, die Erbgerechtigkeit ihrer Behausung und Hofrait alhie in St. Lorenzen Pfarr bei den Karthäusern an der Grasergasse zwischen Hrn. Lienhard Tuchers Garten und Jorgen Mantels des Fleischhackers Stadel gelegen, Hannsen Köler, dem Gewandschneider, und Margareth, seiner Ehewirtin, um 70 f., worüber die Verkäufer quittiren und sie neben Ueberantwortung ihres darüber gehabten Briefs in ruhige Possess und Gewähr setzen. In diesen Kauf hat auch gewilligt Hr. Martin Pfinzing, dem die Eigenschaft mit einem Gulden rh. ewigs unabkäuffigs Eigens und 7 f. rh. ablöslichs Gattergelds aus dieser Behausung zusteht. Lit. 56, fol. 43. So viel sich auch dafür sagen liesse, dass es dasselbe Haus ist, worüber der Brief von 1542 lautet, so viel steht wieder entgegen.

Weber bewegte sich fortwährend in Käufen und Verkäufen. Am Dinstag 16. Nov. 1544 bekannte Georg Weber, Zimmermann, der ältere, im Beisein und mit Bewilligung Jorgen Webers des jüngern, seines Sohns, auch Vincenzen Vogels und Hannsen Fleischmanns, seiner unmündigen Kinder Vormünder, auch in Gegenwart Jorgen Ungers, Steinmetzen, dass Hr. Martin Haller, Stadtrichter, ihm die 210 f., so gedachter Unger am vorigen 8. Oct. von seinetwegen hinter das Stadtgericht erlegt, ihm zugestellt hat, sagt demnach den Richter, das Stadtgericht und den Unger, mit Zeugniss von Heinrich Wahl und Bernhard Uttersy, ledig und los. Cons. 61, f. 24. Vermuthlich war die Summe ein Theil oder das Ganze des Kaufschillings für das Haus an der Grasergasse, das Georg Unger von Georg Weber gekauft hatte. Cons. 61, fol. 22 b.

24. WOLF DANNER, BÜCHSENSCHMID.

Die Rohr an den Handbüchsen von Eisen zu schmieden und darnach dieselben auszubohren und abzurichten, ist dieser Meister in gar grossem Ruhm, und wird für alle andern gelobt, wie an den Büchsen darauf sein Zeichen und Namen allweg eingesenket ist, zu sehen.

Baader (Jahrb. f. Kunstwissensch. 1868, p. 256) sagt: Graf Albrecht von Hohenlohe bestellte 1542 bei Wolf Dhanner dem Büchsenschmied mehrere Arbeiten. Desshalb und weil Dhanner auch für das Nürnbergische zu arbeiten hatte, wurde ihm erlaubt, dass er über die Ordnung ein Vierteljahr lang zwei Gesellen haben möge.

25. KUGELSCHMID (?)

Mit was grossem Fleiss und Vortheil, auch Kunst, dieser Meister die eiserne Kugel zu schmieden in Brauch bracht hat, das ist doch ganz wunderbarlich zu sehen, da alle Kugeln ein Gewicht, ein gleich Höh und eine solche künstliche Runde haben, als wären sie von Holz gedreht. Seine Arbeit siehet man im Zeughaus, eine grosse Meng hat er erstlich bei der Hadermühl und jetzo zu Rötenbach gearbeitet oder geschmiedet.

Da eine besondere Ueberschrift, die den Namen enthielte, diesem Meister nicht vorangestellt ist, so entsteht allerdings der Zweifel, ob er nicht derselbe mit dem vorhergehenden Wolf Danner ist, und Heller hat, diesem Zweifel Folge gebend, das hier Gesagte gleich mit jenem vereinigt. Der Campe'sche Abdruck hat, wie es scheint, richtiger, beide Meister als verschiedene Personen behandelt, welchem Vorgang hier auch gefolgt ist. Im Rathsbuch findet sich Folgendes: „Am 9. Aug. 1515 wurde dem Kugelschmid vergönnt, bis auf eines Raths Widerrufen und Abschaffen, zu gemeiner Stadt Geschütz auf dem Tutscheday (Dutzendteich) Eisenkugeln zu schmiden, doch dass er in allweg den Fischbach nicht versetze, sondern ungehindert hindurch gehen lasse." Ein Namen desselben ist nicht genannt. Vielleicht oder vielmehr sehr wahrscheinlich ist es der in folgender Urkunde genannte, die desswegen ganz wortgetreu hier wiedergegeben ist: Jacob Bühler, Kugelschmid, Burger hie, bekennt, nachdem ein erber Rath dieser Stadt, unsere Herren, ihm zweihundert Gulden in guter Münz jetzo bar geliehen haben, dass er ihnen dieselbe Summa mit eisernen Büchsenkugeln getreulich abarbeiten und vergnügen woll, zwischen heut dato und dem schierstkünftigen Weihnachten, als in erklagtem, ervolgtem und unverneutem Rechten, setzt ihnen dafür zu rechten samentlichen und sonderlichen Bürgen und Selbstschuldnern Hannsen Holfelder, Bierbräuen, und Conrad Rössner Messingschlager, welche solcher Bürgschaft alsbald bekenntlich gewest sind, und der erber Herr Martin Pfinzing Solches von gedachter unserer Herren wegen angenommen hat. Testes Jorg Geuder und Sebald Pessler. Actum tertia post Viti 19. Juni 1531. Dazu die Quittung. Niklas Kolb hat angesagt, dass ein erber Rath, unsere Herren, der obgemelten Summa vom Bühler bezahlt seien und darum ihn und seine Erben derselben, und die Bürgen solcher Bürgschaft ledig gesagt haben wollten, in bester Form. Testes Sebald Staiber und Hanns Lochinger. Actum 17. Augusti 1532. Cons. 41, fol. 87. Er wohnte in St. Lorenzen Pfarre auf dem Platz, nach jetzigem Ausdruck „in der Marienstrasse", zwischen Hanns Sumerers und Sebald Lichtenfelsers Häusern und ledigte diese seine Behausung am 3. Juli 1531 von einem Eigenzins, der in 2 f. Stadtwährung und zwei Fastnachthennen bestanden und der Katharina Jobst Ulstatts Wittwe, einer gebornen Holzschuherin, gehört hatte, mit 56 f. rh. in Gold. Cons. 41, f. 92. Auch hier wird er ganz bestimmt Jacob Bühler, Kugelschmid, genannt. Woher bei Campe der ihm, jedoch nur im Register gegebene Namen Georg Memmersdorffer stammt, möge untersuchen, wer Lust hat.

26. VEIT STOSS, BILDHAUER.

Dieser Veit Stoss ist nicht allein ein Bildhauer, sondern auch des Reissens, Kupferstechens und Malens verständig gewest, ist letzlich in seinem Alter erblindet, wurde 95 Jahr alt. Er enthielt sich des Weins und lebte sehr mässig. Seiner Arbeit findet man viel im Königreich Polen. Er machte dem König in Portugal Adam und Eva lebensgross von Holz und Farben, solcher Gestalt und Ansehens, dass sich einer, als wären sie lebendig, davor entsetzt. Herrn Christoff Coler sel. Erben (welcher dann ein Liebhaber der Kunst, auch derselbigen verständig war) haben ein ausgespanntes Göttlein oder Crucifix, ist ungefähr ein wenig länger dann ein Spann, welches er allemal auf 40 f. hielt, daran sieht man was dieser Stoss für einen Verstand gehabt hat. Er machte das Crucifix bei St. Sebald, dessgleichen zu Unser Frauen den Altar im Chor, dergleichen bei Unser Frauen Brüdern, item den schönen Englischen Gruss, der oben im Chor bei St. Lorenzen steht. Er hat auch selbsten mich eine ganze Mappam sehen lassen die er von erhöhten Bergen und geniederten Wasserflüssen, sammt der Städte und Wälder Erhöhungen gemacht hat.

Zu dieser Zeit ist auch ein künstlicher Bildhauer hie gewesen, den hat man den bösen Bolz genannt.

Veit Stoss hatte 1477 sein Bürgerrecht zu Nürnberg, mit gewöhnlichem Revers, aufgegeben und sich nach Krakau gewendet, von wo er 1496, also nach fast zwanzig Jahren, wieder zurückkam und drei Gulden für die Wiederaufnahme zahlte. Es war vermuthlich der Sohn oder Enkel des Gürtlers Michel Stoss, der 1415 zu Nürnberg in's Bürgerrecht aufgenommen worden war. Er scheint entweder schon ehe er auswanderte geheiratet zu haben oder erst in Krakau; den Namen seiner ersten Frau kennt man nicht. Sie hatte ihm nicht wenige Kinder geboren, die fast alle nach des Vaters 1533 erfolgten Tode, von einigen, die schon gestorben waren, die Enkelkinder, zum Vorschein kamen und sich um die Erbschaft bewarben. In Krakau war er sesshaft gewesen und hatte dort auch viele, zum Theil noch vorhandene und werth gehaltene Arbeiten gefertigt. Sein Alter, als er Nürnberg verliess, wird das eines Zwanzig- oder höchstens Dreissigjährigen gewesen sein, da solche Auswanderungen auf's Ungewisse hin in höheren Jahren nicht unternommen werden. Nach Nürnberg scheinen ihm nur sein Sohn Andreas gefolgt zu sein, dann die Tochter, welche den Georg Trummer heiratete, deren Name aber unbekannt ist. Wenn nach der bei Nopitsch im Gelehrt. Lexic. angeführten Stelle Andreas Stoss a. 1517 zu Ingolstadt Doctor Theologiae geworden ist, so ist doch gar nicht zu ermitteln, ob er dem Vater bei der Uebersiedlung nach Nürnberg als Knabe gefolgt ist oder ob er erst in Nürnberg als Sohn der Christina Reinoltin geboren ist. Dass er sein, des Bildschnitzers, Sohn gewesen, ist gewiss, obgleich weder Will noch Nopitsch, noch Veesenmayer (in seinen kleinen Beiträgen z. Gesch. d. Reichstages zu Augsb. 1830. Nbg. Campe) etwas davon gewusst zu haben scheinen. Es gibt aber Beweise genug dafür. Dass Veit Stoss in einem langen Aufenthalt in der damaligen Hauptstadt des, auch damals, mächtigen Polenreiches sich Sitte und Tracht des Landes angeeignet hatte, so war es nur natürlich, dass er gewöhnlich der „Polë" geheissen wurde, er war es aber nicht, sondern ein geborner Nürnberger.

Er muss schon 1497 oder jedenfalls 1498 geheiratet haben, und zwar Christina, Johann Reinolts Losungschreibers seligen Tochter, da er am Freitag 14. Sept. 1498 einen Process gegen Anthoni Oertel, Hanns Kneussel, Johann Mülbeck, den Rathschreiber, und Jeronimus Reinolt, als Testamentsexecutores des verstorbenen Losungschreibers begann, um die Herausgabe des väterlichen Erbtheils seiner Frau zu erwirken. Dass ihm in dieser Sache, wo das Recht ganz auf seiner Seite war, mochte auch einige Verzögerung eintreten, sein Recht zu Theil werden musste, versteht sich von selbst. Nun galt es sich anzusiedeln, wozu die eben vollzogene Judenausweisung die schönste Gelegenheit darbot, da der Rath ermächtigt worden war, sich für die dem Röm. König gezahlte Summe von 8000 Gulden durch den Verkauf der Judenhäuser zu entschädigen. Am Samstag 2. März 1499 verkauften Burgermeister und Rath der Stadt Nürnberg, da Herr Maximilian Röm. König alle Juden aus Nürnberg weggeschafft und derselben Judischheit liegende Güter, durch den Reichsschultheissen Hrn. Wolfen von Parssberg zu Parssberg Ritter zu seiner Gnade Handen annehmen und Alles auf den Rath kaufsweise habe wenden lassen, das Eckhaus sammt dem Hinterhause und dem dazwischen gelegenen Höflein, einerseits an Jorgen von Thill's Haus, darin jetzt Michel Mengersreuter sitze, auf der andern Seite an Conzen Scharf's des Schreiners Haus stossend, das vormals Mayer Joël des Juden gewesen war, um 800 f. an Veit Stoss. Jetzt mit S. 939 und 940 gezeichnet und längst schon in zwei Theile gesondert, wovon der eine Theil das Eck der Judengasse, der andere Theil das Eck des Prechtelsgässleins bildet, ist es am südlichen Eck noch durch ein Marienbild bezeichnet, das, nach Allem, dem Meister Veit Stoss seine Entstehung verdankt, da die folgende Zeit für solche Kundgebungen religiöser Gesinnung nicht mehr angethan war. In diesem Hause lebte er bis an seinen Tod. Das Original des Kaufbriefs, der sehr schön auf Pergament geschrieben und mit dem Stadtsiegel in rothem Wachs versehen war, wurde vor etwa 20 Jahren von der Besitzerin um 50 f. an einen Polacken verkauft. Veit Stoss erscheint schon damals als ein nicht unvermögender Mann, er mag aus Polen erworbenes Geld mitgebracht haben, sein Hauskauf legt ein Zeugniss dafür ab und noch mehr seine Geldanlage bei Jacob Baner, die ihm freilich verhängnissvoll wurde und ihn sogar zum Gegenstand romantischer Dichtung machte.

Müllner berichtet in seiner Chronik beim J. 1503: „Am Eritag vor St. Barbara-Tag hat man Veit Stoss, einen Bildschnitzer, falscher Brief halben, durch bede Backen gebrannt und schwören lassen, sein Leben lang nit aus der Stadt zu kommen." Diese Thatsache ist geraume Zeit nur als eine Sage mit Vorbehalt aufgenommen, bis man aus der Heinz Deichlerischen Chronik von den näheren Umständen in Kenntniss gesetzt wurde. In derselben heisst es: „Am Montag an St. Barbara Tag (wahrscheinlich das richtige Datum 4. Dec., worauf aber hier nichts ankommt, da die Sache an sich feststeht), da brennt man den Veit Stoss durch bede Backen, und man hat keinen so lind gebrennt, denn er kam um das Sein, wol mehr dann um 1300 f., und es ging also zu. Er leget 1000 f. zu einem Kaufmann auf Gewinn und Verlust an, der Kaufmann hiess Paner an St. Gilgengassen, in dem Haus zu den Löwenköpfen, und sagt ihm die Gesellschaft auf, und gab ihm die Gulden wieder, damit hatte er ihm die Zeit gewonnen 300 f., und der Veit Schnitzer oder Stoss sprach zu dem Paner: Lieber, weiset mir einen, da ich die Gulden zuleg, ich lass ihr nicht gern feiern, und da weiset er ihn zum Starzedel, der nahm die 1300 f. an, Item und derselbig Starzedel war dem Paner 600 f. schuldig, und die nahm der Paner von dem Starzedel an für sein Schuld. Item, der Starzedel entrann und er trug dem Veit Schnitzer die 1300 f. hinweg. Da erzürnt der Veit auf ihn und gedacht, wie er von dem

Paner das Geld wieder ein möcht kommen, darum dass er ihn so böslich mit Wissen und mit Gefährd angeweisst hätt und um das Sein bracht. Und der Veit schrieb den selbigen Schuldbrief nach jener Handschrift des Paners, dass es des Paners Schuldbrief eben gleich war, und er hätt ihm sein Siegel abgemacht, und er drucket es auf den Brief, und er fordert an Paner seine 1300 f. Paner sprach, er hätt ihms geben. Da sprach Meister Veit, er hätt ihms noch nit geben, er wollt ihm Das beweisen mit seiner Handschrift, den der Veit ihm hatte gegeben. Und sie rechten wol zwei Jahr mit einander, ehe er sein Ebenteuer darum bestund (d. h. ehe er gebrannt wurde), und er musste schwören, sein Lebtag nicht aus dieser Stadt zu kommen, wann er hätte gar gross und viel gebeten, dann man wollt ihm die Augen ausgestochen haben."

Wenn nun auch dieser Chronikbericht im Allgemeinen nicht unrichtig ist und die Verschuldung des Meisters Veit zur Genüge daraus erhellt, so fehlt es doch immer noch an einer eingehenden chronologisch geordneten Darstellung des Verhältnisses, was selbst nach den werthvollen Mittheilungen Baader's in seinen ersten (1860) und zweiten (1862) Beiträgen z. Kunstgesch. Nbgs., und in der Fortsetzung derselben in den Jahrbüchern zur Kunstwissenschaft von A. v. Zahn (1868, II. und III. Gesammtheft) vermisst wird. Dass der Process schon zwei Jahre lang gedauert hatte, bis es zur Brandmarkung kam, gibt freilich Deichsler an, es würde diess auf 1501 zurückweisen, was man immerhin annehmen mag. Während des Processes begab sich Stoss, der als schuldbewusst dem Ausgange nicht traute, in das Karmeliter-Kloster, als aber die Unterhandlung mit Baner sich günstig zu gestalten schien, verliess er dasselbe wieder (Baader I, 15). Nun griff aber der Rath, da der Schuldige direct oder indirect — zur Folter kam es jedoch nicht — überwiesen war, zu seinem Rechte und liess ihn, unbekümmert ob er sich mit Baner vertragen habe oder nicht — brandmarken und schwören, die Stadt nicht zu verlassen. Aus Furcht, er möchte wegen der mittlerweile durch Jorg Trummer gegen die Stadt in seinem Interesse unternommenen Plackerfehde in Anspruch genommen werden, wurde er wortbrüchig und entfloh aus der Stadt, liess sich aber doch bewegen, um Geleit zu bitten und sich einer bürgerlichen Strafe zu unterwerfen, die ihm am 14. Juni 1504 mit vierwöchentlichem Thurmverhaft auferlegt wurde.

In Betreff seines Eidams Jorg Trummer, der sich in den Schutz der Riedesel, Herman und Theodor, Erbmarschalke von Hessen, begeben hatte und in herkömmlicher Weise die Stadt, d. h. die Ihrigen zu schädigen suchte, zuletzt aber mit seinem Schwäher selbst zerfiel, ist es bisher unmöglich gewesen, den Namen der Tochter ausfindig zu machen, welche mit diesem Trummer verheiratet gewesen sein muss. Die schon oben genannte Ursula, die den Goldschmid Sebald Gar zum Manne hatte, scheint, nach einem Briefe vom 28. Jan. 1522, in welchem ein langgedauerter Rechtsstreit mit Hannsen Trummer von Mürstadt (Münnerstadt), dem Bruder ihres Vaters, beigelegt wurde, eine Tochter dieser ungenannten Frau des Jorg Trummer gewesen zu sein, aber obgleich ihre mütterliche Ahnfrau Dorothea Trummerin namhaft gemacht wird, so wird doch nie der Name Georg Trummer's und nie der Name der Frau desselben ausgesprochen. Jedenfalls mag sich Ursula Garin mehr an den Anherrn Veit Stoss als an den andern Anherrn Hanns Trummer angeschlossen haben. Aus dem Verlass vom 5. Nov. 1515, worin sich Hanns Trummer, Bürger zu Münnerstadt, eidlich reinigt, seinem Bruder Jorgen Trummer nicht geholfen zu haben, und desswegen aus Sorgen gelassen wird, geht das Verhältniss deutlich hervor. Dass Veit Stoss sich mit der Anlage seines Capitals an Jacob Baner wendete, mag davon herrühren, dass Jacob Baner's Bruder, Hanns Baner, in Krakau eine angesehene amtliche Stellung einnahm, wie aus dem ihm beigelegten Prädicat „Herr" zu sehen ist. Jacob Baner verliess 1512 selbst Nürnberg und zog mit Barbara, seiner Ehefrau, nach Krakau.

Veit Stoss betrachtete sich keineswegs als im Unrecht und der Rath musste ihm ausdrücklich untersagen, mit seiner Ansicht hierüber zurückzuhalten. Die Mehrzahl seiner Zeitgenossen werden ihm hierin beigepflichtet haben und die Rechtsanschauung jener Zeit, in der Jedermann von dem Recht der Wiedervergeltung, und zwar im ausgedehntesten Sinne, durchdrungen war, wich von der unserer Zeit so weit ab, dass es jedenfalls ein verfehltes Unternehmen ist, für einen, der wegen Fälschung gebrandmarkt worden ist, Sympathie hervorrufen zu wollen. Veit Stoss hatte nur so gehandelt wie seine Zeitgenossen, er hatte sich für den Verlust seines Capitals, da er den eigentlich Schuldigen zunächst nicht erreichen konnte, an demjenigen zu erholen gesucht, durch den er zu Schaden gekommen zu sein glaubte. Ob es Perfidie Jacob Baner's war, dass er ihm rieth, sein Geld bei dem Starzedel anzulegen, darnach fragte er nicht, er hielt es für möglich, dass Baner wisse, Starzedel stehe schlecht und werde mit dem Gelde durchgehen, und diese Möglichkeit galt ihm als Wirklichkeit.

Zu näherer Aufklärung des Verhältnisses zwischen Veit Stoss und Jacob Baner dürfte folgender Brief dienen: Ich, Veit Stoss, Burger zu Nürnberg, bekenn offentlich mit diesem brief für mich und alle mein Erben, nachdem ich Jacoben Baner, auch Burger zu Nürnberg, am Stadtgericht daselbst um 1265 f. gerichtlich vergenommen und beklagt, und zu Bewährung meiner Klag einen Schuldbrief, als desselben Baners Handschrift, in Gericht gelegt hab, dagegen aber Jacob Baner die beklagte Summe verneint und gesagt hat, der eingebracht Schuldbrief sei nit sein Handschrift, er hab auch den nit geschrieben noch verpettschirt, dess haben wir von beden Theilen zusamt der verhörten Zeugen in Gericht viel

Schrift bracht, darauf dann amtlich geurtheilt ist, wie dann das Urtheil lautend witd. Nachdem ich aber im Vornehmen gewesen bin, von diesem Urtheil zu appelliren, und doch dabei erwogen Versäumnisskosten und Anderes, so mir derhalben und daraus erwachsen möchte, hab ich mich der Hilf der Appellation verziehen, die auch begeben und fallen lassen, mich auch mit oft genanntem Baner vereint und vertragen, ihn auch um die Gerichtskosten und Schäden seinen Willen gemacht und ihn dessen vergnügt, also und in der Gestalt, dass ich und meine 'Erben der obbestimmten Summe Gelds, auch aller und jeder andern Handlung halben, so sich zwischen ihm und mir bis auf diesen heutigen Tag begeben haben, wie die genannt seien, nichts ausgenommen, zu dem viel genannten Baner oder seinen Erben kein Zuspruch noch Anforderung nit mehr haben sollen noch wollen, weder durch uns noch Jemand von unsern wegen, wie das erdacht oder vorgenommen werden möcht, inner oder ausserhalb Rechtens. Doch so soll solcher Vertrag mir in meiner Anforderung und Gerechtigkeit gegen Hannsen Starzedel und seine Gesellschaft um die zwölfhundert fünf und sechzig Gulden, so sie mir, Inhalt ihres Schuldbriefs, den ich von ihnen hab, schuldenunschädlich sein, und nachdem ich den Schuldbrief den ich von ihnen, zu Bewährung meiner Klag, als Jacob Baners Handschrift, in Gericht gelegt, für seine, des Baners, Handschrift gehalten und mich desshalben geirrt und so viel Berichtung empfangen, dass ich gänzlich glaub, dass Jacob Baner denselben Brief nit geschrieben noch zu schreiben befohlen, so soll und will ich hinfür nit sagen, dass er, der Baner, diesen Brief geschrieben noch verpetschaft, auch nit zu schreiben noch zu verpettschaften befohlen hab, ihn auch fürter nit beschuldigen, dass er seiner Handschrift laugne, und auch wider solche Ledigsagung und Anderes hierin begriffen, nimmer setzen noch dawider handeln, mich auch dawider keiner Freiheit, Auszug, oder andere dergleichen Einrede nit gebrauchen will, versprich und gelob an Eids statt solch Alles und Jegliches, ohne alle Gefährde und böse List, stet und fest, unzweifelig zu halten. Und dess zu Urkund u. s. w. Einen entsprechenden Brief hatte auch Jacob Baner ausgestellt. Beide Briefe mit Siegeln der beigezogenen Zeugen versehen, waren in vorläufiger Erwartung des Ausgangs in sichern Händen niedergelegt, mit folgendem Zettel: Anno tausend fünfhundert und drei Jahr, auf Sonntag nächst nach Simon und Judä (29. Oct.) ist zwischen Jacob Baner und Veiten Stossen vor diesen hernach benannten N. und N. ihrer Forderung und Zuspruch halben, so sie in Gericht und sonst gegen einander hatten und auf diesen Tag mit beder gutem und freiem Willen vertragen und zugesagt, wie denn diese beide Copien hiebei innhalten, deren Baner eine und Veit Stoss die ander, einen Brief gleich also lautend haben sollen, und nachdem solcher Vertrag in Stille und unvollstreckt bleiben

soll bis zur Eröffnung des Endurtheils hie am Stadtgericht, als
der Vertrag darauf gestellt, so soll nichts desto minder dieser
Vertrag zwischen Banern und Stossen in Kräften, wie der von
ihnen jetzt bewilligt und aufgeschrieben ist, unwiderruflich und
unverletzt bleiben, als denn gemelter Jacob Baner und Veit Stoss
uns vier Zeugen jetzt auf diesen Tag solchen Vertrag nach ergan-
genem Endurtheil fürderlich zu eröffnen, aufzurichten und zu ver-
siegeln als Zeugen fleissig gebeten haben, und so Solches also
geschieht, so soll Veit-Stoss Jacoben Baner die eingelegten Brief
zu seinen Handen aus dem Gericht geben lassen."

Dieser Vertrag war in Beisein Wilhelm Derrer's, Peter's von
Watt und Hanns Mugenhofer's geschlossen und die Copien (nach
damaligem Sprachgebrauch auch Originale) dem Wilhelm Derrer in
Verwahrung gegeben worden. Veit Stoss begab sich, in der Hoffnung Alles erledigt zu haben, aus dem Kloster, erlitt aber nun
seine Strafe, wodurch aber sein Vertrag mit Baner nicht berührt
wurde. Daher wurde der Vertrag nun hervorgeholt und zu besserer
Bekräftigung Abschrift davon genommen, auch am Mittwoch nach
Erasmus 5. Juni 1504 ein von Paulus Volckamer und Peter Harsdorffer bezeugter Gerichtsbrief darüber ausgestellt. (Lit. 20, fol. 121b.)

Das Unangenehmste, was für Veit Stoss aus dieser Geschichte
erwuchs, war die Beschränkung seiner freien Bewegung, obgleich
ihm auf sein Begehren Urlaub nie versagt worden zu sein scheint.
Er pflegte die Messen zu Nördlingen und zu Frankfurt mit seinen
Waaren zu besuchen und auch an andere Orte führte ihn sein
Verkehr. In niedrigeren Anschlag kam die Missachtung der Welt,
insbesondere seiner Handwerksgenossen. Doch liess er sich vom
Römischen König einen Restitutions- und Rehabilitationsbrief ertheilen, der ihn aller bürgerlichen Ehren wieder theilhaftig machen
und die Schmach der Brandmarkung tilgen sollte, und bat den Rath,
dieses Mandat öffentlich anschlagen zu dürfen. Der Rath aber beschloss am Donnerstag post Ottonis (1. Oct.) in Marquart Mendels
und Caspar Nützels Frage: Veit Stossen, dem Bildschnitzer, soll
man auf gehabter der Gelehrten Rathschlag vergönnen, sich der
königlichen Begnadung und Restitution zu seiner Nothdurft zu
gebrauchen, doch nicht anzuschlagen. Würde er dann fragen, wessen
er sich soll versehen, so er ausziehe, ob man's ihm vergönnen
wolle? soll ihm gesagt werden: wenn er woll ausziehen, soll er
Das mit Erlaubniss thun; womit Wilibald Pirkheimer und Jeronimus
Ebner betraut werden. (RB. VIII, fol. 293. Baader Beitr. I. 28.
etwas anders formulirt und anders datirt, vom 7. Sept.) Am
10. Fbr. 1507 wurde ihm dann vergönnt, zu königlicher Majestät
zu reisen, seiner Nothdurft nach, und ebenso am 18. März 1507
auf ein Meil Wegs von dieser Stadt zu „webern" und seine Nothdurft zu handeln, dieweil er seines Anzeigens aus Nothdurft der
römischen kön. Majestät das müsse thun, doch dass er ohne Wissen

und Willen eines Raths über Nacht nicht aus der Stadt bleibe. (Wie aber Beides zu vereinigen, wenn der König weiter als eine Tagreise von Nürnberg entfernt war?) Als er dann 1508 verlangte, ihm die Meister und Gesellen der Bildschnitzer durch einen Stadtknecht zusammenzufordern, wurde ihm dieses am 20. Oct. abgelehnt, sondern er möge denen für sich selbst seinen königlichen Begnadungsbrief eröffnen und hören lassen, ob sie dann dennoch bei ihm arbeiten oder nicht. Das lasse ein Rath geschehen, wolle Niemand dazu nöthen oder das wehren; wenn ihm aber von einem der Meister oder Gesellen Unbilliges begegne oder er von ihnen geschmäht werde, darum hab er Recht und Gericht hie Solches zu klagen, werde ihm wie einem Andern Hilf mitgetheilt werden.

Erst in diesem Jahr war auch die Erbschaftsforderung seiner Frau erledigt worden, und am Freitag 14. Jan. 1508 bekannte Christina Veit Stössin, dass ihr Jeronimus Reinolt 125 f. väterliches Erbtheils entrichtet habe, nach Inhalt einer vormals in's Gerichtsbuch gethanen Erklärung, darum sie ihn gar und gänzlich quitt ledig und los sagt und sich aller ferneren Ansprüche begibt, mit Zeugniss Ludwig Schnöds und Seifrid Colers. Veit Stoss selbst processirte um diese Zeit gegen Hannsen Kneussel und Hannsen Hiltprand wegen 36 f. für ein Maria und ein St. Johannis Bild, und auf Verhörung der von ihm gestellten Zeugen wurden am Mittwoch 12. April die Beklagten in die Zahlung und in die Gerichtskosten und Schäden verurtheilt.

Wenn allerdings urkundlich Veit Stoss ein unruhiger heilloser Bürger, der einem erbern Rath und gemeiner Stadt viel Unruhe gemacht hat und auch später noch ein irrig und geschreiig Mann genannt wird (Baader I. 19 und 24), so ist es zwar nicht zu bestreiten, dass er dem Rath viel zu schaffen machte, aber mit Ausnahme des Handels mit Baner, worin er nach der Ansicht seiner Zeitgenossen handelte und in ihren Augen nicht gerade streng beurtheilt worden sein wird, die andern Fälle auf die Rechnung der Umstände zu setzen sind und er nur zu entschuldigen ist, nicht aber zu tadeln. Dass er gleich anfangs durch seine Heirat der Christina Reinoltin zehn Jahre lang die Gerichte anzulaufen genöthigt war, um das väterliche Erbgut derselben aus den Händen der Vormünder zu erhalten, kann doch unmöglich ihm zur Last gelegt werden, sondern nur der städtischen Rechtspflege, die, so kurzen Process sie in Criminalfällen machte, in civilrechtlichen Fällen die lange Bank als ein sehr bequemes Mittel für die Gerichte betrachtete, was sich durch die ganze Geschichte der Stadt verfolgen lässt. Durch den Verlust des bei Hanns Starzedels niedergelegten Geldes war er, obgleich er den Gedanken, es irgendwie wiederzuerlangen, niemals aufgab und noch 1525 sich desshalb durch den Rath bei Herzog Karl von Münsterberg und der Stadt Breslau, dem Zufluchtsort Hanns Starzedel's, befürworten liess (Baader, in

Jahrb. f. Kunstwissensch. 1868, p. 239), genöthigt, andere Ausstände und Forderungen, die er namentlich an den Rath hatte, geltend zu machen, und da konnte es nicht fehlen, dass er demselben lästig und unangenehm wurde. Es waren mehrere Posten, für die er Entschädigung verlangte, ein Pfeilerbau an der Rezatbrücke bei Stein, ein sogenanntes grosses Bruckenwerk und ein ditto kleines, endlich einen aus Polen mitgebrachten und vom Baumeister Seiz Plinzing sich angeeigneten Wagen. Was unter den Bruckenwerken zu verstehen, da nichts davon, weder Modelle noch Zeichnungen, auf die spätere Zeit gekommen sind (s. Baader in den Beitr. I. 19, 20 in den Anmerk.), ist nicht mit auch nur annähernder Gewissheit zu sagen. Die Vermuthung, es sei unter der kleinen Brucken ein Entwurf für den Baldachin über St. Sebald's Sarg zu verstehen, ist schon längst wieder aufgegeben worden. Genug, da sich Stoss den Anerbietungen des Raths nicht fügen wollte und mit der Röm. kön. Majestät drohte, liess ihn der Rath am 26. März 1506 in's Loch legen, gab ihn aber, auf ein demüthiges Schreiben, wieder frei; die 40 f., die er für Arbeit, die er gemeiner Stadt gemacht hatte, erhielt, sind wahrscheinlich eine Abfindungssumme für oben benannte Forderungen. Er machte damals zwei Figuren unter das Kreuz in Uns. Lieb. Kirche, wozu er eine Linde aus dem Walde vom Rathe nach Waldsordnung erhielt. Dagegen verweigerte ihm der Rath abermals die Erlaubniss, ohne Wissen und Willen aus der Stadt und weiter als in seinen Garten wandern zu dürfen. Wo dieser gelegen war, ist unbekannt.

Ist nun in diesen Handlungen die Schuldbarkeit Meisters Veit entweder nicht gross oder gar nicht vorhanden, so war freilich die Plackerfehde seines Eidams Jorg Trummer, Sohn des Weissgärbers Hanns Trummer und seiner Ehefrau Dorothea, etwas um so Unangenehmeres und Lästigeres, als sie sich Jahre lang hinzog, dem Rath Schreiberei, an die Riedesel und an den Landgrafen Reinhard von Hanau, verursachte, und bei einer so unberechenbar unvernünftigen Natur, wie nach Allem dieser Jorg Trummer war, an ein vernünftiges Abkommen sich nicht denken liess. Es war für den Rath einige Beruhigung, durch den Vater eine gewisse Bürgschaft gegen den Sohn gewissermassen als ein Faustpfand zu besitzen. Dass Veit Stoss der Plackerfehde Georg Trummer's nicht fremd gewesen, ist wol nicht anzunehmen, schlug ja nach einiger Zeit die Feindschaft gegen die Stadt, die aus angeblicher Theilnahme für das Geschick des Schwiegervaters entstanden war, in offenbare Feindschaft gegen diesen um. Nie ist Veit Stoss auch nur durch einen Rathsverlass desshalb in Anspruch genommen worden, und von Jorg Trummer's kopflosem Unterfangen sagten sich alle seine Freunde und Beschützer los. So sein eigner Bruder Hanns Trummer, Bürger zu Münnerstadt, der auf seine eidliche Versicherung, er habe an seines Bruders Georg Unterfangen keinen Theil, am 5. Nov.

1515 aus Sorgen gelassen wurde. Als sich Hanns Trummer, der Vater, mit gleichem Begehren für seinen Sohn Georgen an den Rath wandte, wurde es ihm am 13. Fbr. 1516 abgelehnt, es sei denn, dass der Sohn für allen geübten Schaden Ersatz leiste. Gleich im Anfang des folgenden Jahres, am 2. Jan. 1517, wurde Hannsen Trummer dem alten an der Irhergasse durch Conrad Imhof und Jorg Fütterer gesagt, dass er bei seinem Sohn, Jorgen Trummer, der sich in seinem Schreiben an den Grafen Herman von Hennenberg für einen abgesagten Feind dieser Stadt bekannt habe, wolle handeln und verfügen, ausserhalb Rechtens, wozu sich ein Rath hievor und jetzo überflüssig erboten habe, mit keinerlei thätlichen Handlung gegen gemeine Stadt oder die Ihren etwas vorzunehmen, denn wo es dennoch geschehe und einem Rath oder den Ihren einige Beschädigung durch gemelten seinen Sohn zugefügt werde, wolle sich ein Rath dafür zu ihm halten und an seinen Leib und Gut zukommen. Doch folgte bald darauf ein milderer Verlass: am 16. Jan. wurde auf Anbringen und Bitte des alten Hannsen Trummers und seiner Freundschaft, dass der Rath den Sohn aus Fahr und Sorgen lasse, dagegen wolle derselbe seines fehdlichen Vornehmens abstehen, wo nicht, dass dann ein Rath ihm um seine Ansprüche vor Graf Herman, Grafen und Herrn zu Hennenberg, Rechts pflege, ertheilt: Angesehen diese Fürbitte, ihm, Jorgen Trummer, seine geübte mutwillige fehdliche Handlung zu begeben und derhalben aus Fahr und Sorgen zu lassen, doch so fern, dass sein Vater und Freundschaft sich für ihn verpflichte und gut sein wolle, dass er gegen gemeine Stadt und ihre Bürger und Zugewandten in ewige Zeit ausserhalb freundliches Rechtens nichts thätliches handeln oder vornehmen soll. Worauf Jorg Trummer irgendwelche Ansprüche an die Stadt gründete, ist kaum zu errathen, und wenn der Rath seine Fehde eine muthwillige, sozusagen vom Zaun herabgerissene nannte, so war es die reine Wahrheit. Ein Antrag des Vaters Trummer, noch vor der bei Graf Herman bevorstehenden rechtlichen Handlung einen gütlichen Tag anzusetzen, den der Rath und Jorg Trummer mit je zwei Personen beschicken solle, lehnte der Rath am 29. Jan. als ungeeignet ab. Eben so ging der Rath am 28. Fbr. nicht auf die Bitte des Vaters ein, dem Sohn vorläufig Sicherung zu geben.

Und nun ist mit einem Male der Name Trummer verschollen. Ob der angesetzte Hennenbergische Tag zu Stande kam, ob nicht, darüber ist im Rathsbuch nichts aufgezeichnet, die Belästigungen des Raths von dieser Seite hören auf, man muss sich blos auf Vermuthungen beschränken, dass ein rascher Tod den alten Hanns und den Sohn zugleich abgerufen habe, so dass nur der in Münnerstadt lebende Hanns, des Jorg Bruder, und die unter dem Schutz ihres mütterlichen Anherrn lebende Ursula, um diese Zeit schon mit dem Goldschmid Sebald Gar vermält, von der Familie Trummer noch vorhanden waren. Eine kleine von der Irhergasse oder vielmehr dem Geyersberg zur Weissgerbergasse hinabführende Gasse hiess noch eine Zeit lang das Trummergässlein.

In dieser ganzen Reihe von Jahren wird Veit Stoss nicht genannt, keinenfalls so, dass er die missliebigen Beinamen, mit denen ihn der Rath bezeichnete, verschuldet hätte. Dafür ist gerade das Jahr 1518 durch die Vollendung seines grössten in Nürnberg noch vorhandenen Kunstwerks, des von der Familie Tucher gestifteten sogenannten Englischen Grusses, eigentlich einer Verkündigung Mariae, bezeichnet. Es muss der eigentlichen Kunstkennerschaft überlassen bleiben, dieses Werk nach seinem wahren Werthe zu würdigen, wobei nicht vergessen werden darf, dass es gerade wie Peter Vischer's Sebaldusgrab hart an den Scheidepunkt zu stehen kommt, nach welchem eine Nichtachtung dessen, was vorher hoch und heilig geachtet wurde, eintrat und nur eine in Nürnberg doch nicht ganz erloschene Pietät die in kindlich gläubigem Sinne geschaffenen Werke der Vorfahren gegen die wüste Bilderstürmerei der Neuerer schützte. Das Interesse, das es einflösst, wird wesentlich erhöht durch sein Schicksal, wenn man erwägt, dass es gewissermassen aus dem Nichts, d. h. aus einem ganz zertrümmerten Zustand wieder in's Leben, d. h. in sein jetziges Dasein zurückgerufen worden ist.

Am 25. Juni 1519 wurde vom Rath die Erlaubniss zur Aufnahme von Veit Stossen Tochter in's Kloster Engelthal gegeben. Sie hiess Margareth und blieb daselbst bis 1552, wo sie wegen Leibesgebrechlichkeit es verliess, aber bald darauf starb. Da durch den Tod Johann Zeidelmair's (oder: Zeilmair's), Priors im Kloster zu den Frauenbrüdern, eine Neuwahl nöthig war, so liess der Rath am Mittwoch 1. Fbr. 1520 den Provincial des Ordens ersuchen, dafür zu sorgen, dass an des Verstorbenen Stelle ein tapferer, verständiger Mann gewählt würde, der in geistlichen und weltlichen Dingen dem Kloster wol vorstehen möge. Die Wahl fiel auf Dr. Andreas Stoss, des Bildschnitzers Sohn, der auch in seinem neuen Amte sich zwar tapfer und verständig zeigte, aber ebendesswegen 1525 die Stadt verlassen musste. Durch die 1521 beginnende, aber schon 1522 zur Zufriedenheit der Sebald Garischen Eheleute beendigte Rechtssache wurde Veit Stoss, nun schon im Greisenalter, nicht unmittelbar berührt, doch wird es ihm lieb gewesen sein, den Handel in einer für die Garischen Eheleute, die mit Kindern reich gesegnet waren, weniger aber mit irdischen Gütern, befriedigenden Weise ausgehen zu sehen.

Nun kam es in den sich überstürzenden reformatorischen Bewegungen, gegen welche alles Andere zurücktrat, zu jenem bekannten Religionsgespräch vom 3. März 1525, in welchem der Rath erkannte, dass unter den Anhängern der alten Lehre keiner so bedeutend sei als Dr. Andreas Stoss, Prior zu den Frauenbrüdern, wesshalb ihm der Rath sagen liess, er habe sich binnen drei Tagen von hinnen zu thun, wodurch die Aufgebung eines Widerstandes von Seite des Convents von selbst erfolgte. Er soll gesagt haben: man rede immer so viel von Adam der den ganzen Sündenfall verschuldet und das Menschengeschlecht ganz verderbt habe (ein durch Lazarus Spengler in einem Kirchenlied, das ein Zeugniss für den Ungeschmack der Zeit abgibt, weiter ausgeführter Glaubensartikel), man sollte vielmehr von der Eva reden, die den Adam verführt habe; auch hatte er sich bestimmt dahin ausgesprochen, es sei keine Unparteilichkeit bei diesem Gespräch zu erwarten, sondern das Urtheil sei schon vorher gefällt. Ein Mann von solcher Entschiedenheit war dem Rath, der ganz von Osiander und Spengler beherrscht wurde, nicht bequem, ihn zu entfernen war am räthlichsten, was zwar ungerecht war, allein wozu hätte man die Gewalt, wenn nicht auch um Unrecht zu thun! Dr. Andreas verliess die Stadt und wurde von seinem Orden, in Anerkennung der Tüchtigkeit des Mannes, zum Provincial gemacht. Unberührt, wie es scheint, durch diesen Fall — man mochte sich wol mit der Hoffnung eines wiedereintretenden Rückschlages trösten — kaufte damals Veit Stoss von Jacob Elmstetter und Christina seiner ehelichen Hausfrau, zu 5 f. jährlichen Eigenzinsen, die er schon vorher hatte, noch 2 f. in sein Einshand, aus ihrem Hause in der innern Laufergasse zwischen Wendel Spenglers und Margareth Frummänin Häusern gelegen. Auch scheint man von dem früher so streng eingehaltenen Gebot, sich ohne Erlaubniss des Raths nicht aus der Stadt zu entfernen, Umgang genommen zu haben, denn als am 9. Aug. 1526 seine Hausfrau, wahrscheinlich ohne längere Krankheit, Todes verschied, war Veit Stoss abwesend, und da an den Rath gelangte, es würden sich etliche unterfahen, die Güter zum Theil zu entziehen, traf der Rath Fürsorge, dass der Stadtrichter in Beisein des Stossen Freundschaft die Habe inventire und in Verwahrung nehme. Doch scheint es eine überflüssige Besorgniss gewesen zu sein. Jedenfalls war der Sohn der verstorbenen Christina, Wilibald Stoss, bei der Hand und gegenwärtig; die einzigen, von welchen ein Eingriff zu befürchten gewesen wäre, möchten die Garischen Eheleute gewesen sein. Man darf jedoch nicht glauben, dass Veit Stoss seine alte Forderung an Hanns Starzedel hätte fallen lassen. Am Montag 3. Oct. 1524 hatte er einen papiernen verpettschaften Brief vor Gericht vorgelegt, worin Hanns Starzedel von wegen Frizen und Otten Russwurm, auch für sich und ihre Gesellschaft bekannte, dass sie Veit Stossen schuldig seien 1265 f. rh. für Gewand, die er, Hanns Starzedel, von ihm erkauft und zu Leipzig im Ostermarkt empfangen habe und sie in der Frankfurter Herbstmesse über ein Jahr zu bezahlen verspreche, und so ihm, Veit Stossen, die Bezahlung zu Frankfurt zu nehmen nicht gelegen wäre, sollen und wollen sie ihm solche Summa Geld ausrichten zu Nürnberg auf St. Michelstag ungefährlich acht Tag nach derselben Herbstmesse, und dessen zu Urkund habe er, Hanns Starzedel, diesen Brief geschrieben mit seiner eignen Hand und ihr gewöhnlich Petschaft, so sie von wegen ihrer Gesellschaft gebrauchen, zu Ende dieser Schrift gedruckt, im Jahr 1500, am Tag Urbani 25. Mai, zu Nürnberg. Und Stoss bat, weil ihm beschwerlich wäre, das Original über Land, da er dessen nothdürftig wäre, zu schicken, ihm davon ein gleichlautend Transsumpt oder Vidimus zu geben, was mit Gerichts Insiegel zu thun erkannt wurde. (Lit. 23, fol. 175 b.) Im nächsten Zusammenhang damit stand Folgendes. Am Montag 28. Mai 1526 bat Veit Stoss, Leo Schürstab bei seiner Amtspflicht über folgende zwei Artikel vernehmen zu lassen: 1. Veit Stoss will beweisen, dass Hannsen Starzedel's Gläubiger auf seine, des Stoss, beim Rath erhobene Klage, dass sie ihn unbillig in den Vertrag zwischen Herrn Karl, Herzog zu Münsterberg, und dem Starzedel ohne sein, des Stossen, Wissen und Willen hineingezogen, vor dem Rath, beziehungsweise Leo Schürstab, erklärt hätten, sie hätten das nicht gethan. 2. Leo Schürstab habe ihm darauf zur Antwort gegeben, dass sie es verneinten und nicht geständig wären. Leo Schürstab erklärte hierauf, er habe auf Befehl des Raths die hier anwesenden Gläubiger Starzedel's, etwa vier oder fünf, beschickt, die hätten aber gesagt, zu Augsburg und an anderen Orten seien noch mehr, darum diese Sache sie nicht allein angehe, sondern es gehöre sich, des Stossen Klage auch an ihre Mitgläubiger gelangen zu lassen, sie hätten aber verneint, Veit Stossen in den Vertrag gezogen zu haben. Das habe er auch auf des Raths Befehl dem Stoss sofort angezeigt. (Lit. 39, fol. 145 b.) Darauf gedachte sich Stoss an die in Nürnberg befindlichen Gläubiger Starzedel's zu halten, wahrscheinlich um an ihrem Guthaben, wenn sie etwas ausrichteten, durch Arrestlegung sich zu erholen, worüber Rathsverlasse vorliegen. In Endres Tuchers und Christoff Colers Frage wurde am Samstag 25. Mai 1526 durch Niclas Haller und Lazarus Holzschuher, Veit Stossen der Forderung halb, so er zu Petern Imhof und dem Hirssvogel, von Hannsen Starzedel herrührend zu haben vermeint, gesagt: dieweil sich seine obgemelt Widertheile zum Rechten erbieten, sie davon nit zu dringen; man soll ihn auch lassen schwören, solche Sache seinen Söhnen nit zu übergeben, und dabei anzuzeigen, wo eines Raths Bürgern sollte darüber etwas Arges zustehen, dess würde man an seinem Leib zukommen. (Weitläufiger formulirt ist dies im Cons. 25, fol. 95 eingeschrieben: Veit Stoss bekennt, nachdem er zu denen Imhof, den Hirssvogeln und andern eines erbern Raths Bürgern, als Hanns Starzedel's Gläubigern, Forderung zu haben vermeint, dass er sich gegen einen erbern Rath und allen ihren Bürgern an freundlichem bürgerlichem Rechten (ausserhalb einiges thätliches Vernehmens) sättigen lassen, auch dieselb seine Forderung weder seinen Söhnen noch

Jemand anders nicht übergeben, zustellen, noch ihnen derhalben einig Beilegung thun soll noch woll, sondern seines Vermögens darob und daran sein und treulich verhüten, dass sich dieselben sein Söhne und Andere, ausserhalb einiger thätlichen Handlung an gleichem Rechten auch sättigen lassen. Wo aber das darüber geschehe, so soll ein erber Rath desselben an seinem Leib, Habe und Gütern zukommen, wie er das zu halten gelobt und einen Eid zu Gott geschworen hat. Geschehen in Gericht, sexta post vocem Jocunditalis ultima Maji 1527). Hierauf wurde am Donnerstag 6. Juni verlassen: als sich Veit Stoss bei einem erbern Rath beklagt, dass ihm in der Sach, betreffend den Starzedel, die Hirssvogel und die Imhof an einem Advocaten Mangel erscheine, welchen er, dieweil Doctor Martin Rorer vom Widertheil sei besoldet, ein erber Rath vergönne ihm dann ihrer Doctores einen, nit zu stellen wisse, mit Bitt, damit er nit rechtlos gelassen werd, ihm einen Doctor zu vergönnen, dieweil nun dieser Stoss ein irrig und geschreyig Mann ist und desto minder sich zu beklagen Ursach hab, wurde ihm durch Lazarus Holzschuher gesagt und vergönnt, unter Doctor Michel Marstaller und Doctor Valentin Kötzler, welchen unter beiden er wolle, zu einem Advocaten in dieser Sache zu gebrauchen. Den Hirssvogeln und Imhofen wurde Dr. Christoff Scheurl zu Advocaten bestellt. Der endliche Ausgang des Processes ist unbekannt. (Baader Beitr. I, 24.) Aus den dem Veit Stoss hier noch zu guter Letzt gegebenen Prädicaten geht allerdings ein gewisser Unmuth des Raths hervor, immer noch mit der alten, nun über zwanzig Jahre alten Geschichte behelligt zu werden, aber, wenn nicht die Persönlichkeit des alten Mannes einiges Unangenehme hatte, so war sein Verlangen ihm nicht zu verübeln, und man sah sich doch vermüssigt, ihm allerdings auch aus Furcht, er möchte über Rechtslosigkeit klagen, seine Bitte zu gewähren.

Dass er in einer Klage gegen Jorg Schmalpeck um 7 f. Hauszins einen im Ganzen zufriedenstellenden Gerichtsspruch am Mittwoch 6. Mai 1528 (Cons. 36, fol. 73) erhielt, und dass er am 5. Oct. 1529 dem Jacob Elmstetter aus seinem Haus an der innern Laufergasse zu den 7 f. Eigenzins, die Veit Stoss schon aus dem Haus hatte, noch 3 f. abkaufte, sind wol weniger erhebliche Thatsachen, als dass Wilibald Stoss, mit Verwilligung Hannsen Reinolts, seines Curators, am Mittwoch 16. März 1530 erklärte, dass ihm Veit Stoss, sein Vater, an seinem mütterlichen Erbtheil 50 f. gezahlt habe, darum er ihn quittirt und verspricht, sich diese Summe gegen seine Geschwister abziehen zu lassen. (Cons. 31, fol. 31.) Hanns Reinolt war seiner verstorbenen Mutter Bruder. Christina Reinoltin, des Johann Reinolt Losungschreibers Kind aus dritter Ehe (ihre Mutter hatte als Wittwe den Tuchscherer Hanns Hundertkess geheiratet), hatte nach Urk. v. 31. Jan. 1507 ihrem Manne 200 f. zugebracht, wogegen er ihr 300 f. zugeschrieben hatte, zu deren

Genuss sie freilich nicht mehr gelangte. Andere Kinder, als dieser Wilibald und die im Kloster Engelthal lebende Margaretha sind aber aus dieser zweiten Ehe des Bildschnitzers Veit Stoss nicht bekannt. Wol lebten in sarmatischen, magyarischen und transsylvanischen Landen noch viele der Söhne und Enkel des alten Meisters. Als 1531 zwei seiner Söhne zu Schessburg in Siebenbürgen starben, sandte Veit Stoss den Georg Meyer, Bürger in Hermannstadt, nach Schessburg, um die Hinterlassenschaft derselben in Empfang zu nehmen. (Baader in Jahrb. f. Kstwissensch. 1868. p. 239.)

In hohem, aber vielleicht doch zu hoch angesetztem Alter starb Veit Stoss, 1533. Dass er das dem Menschen gewöhnlich gesetzte höchste Lebensziel von 80 Jahren erreicht, ja überschritten haben mag, wird nicht zu bezweifeln sein, aber die Zahl 95 scheint etwas zweifelhaft.

Er war mit Hinterlassung eines Testaments gestorben, dessen Ausrichter oder Executoren waren Caspar Schmid, Rechenmeister, Hanns Aschauer, Goldschmid, und Wilibald Stoss, sein Sohn, der Caspar Schmid's Tochter Barbara entweder schon geheiratet hatte oder in diesen Tagen heiratete. Das Testament selbst ist zwar nicht mehr aufzufinden, aber aus den Erbtheilen, die den einzelnen Erben zu Theil wurden, ergibt sich der im Ganzen nicht unbedeutende Stand der Hinterlassenschaft.

Zuerst meldete sich Hanns Plattner, Burger zu Krakau, anstatt und als Anwalt Anna, seiner Ehewirtin, auch Margaretha ihrer Schwester, bede Stenzel Stossen seligen, weiland Burgers zu Krakau, nachgelassner Töchter und Veit Stossen Burgers allhie Enklein, und bekannte, dass ihm benannte Executores für der beiden Schwestern anherrlich und anfräulich, auch des verstorbenen Adrian Stossen ihres Vetters seligen, brüderlich Erbschaft und Antheil, nach Veit Stossen Geschäft, auch aufgerichtetes und betheuertes Inventarium, und geschehener Rechnung, ausgerichtet haben 62 f. an Gold, 480 f. 5 Pfd. 12 Pfg. an Münz, darein die 109 f. 1 Ort, so benannter Stenzel seliger in seinem Leben empfangen gehabt, auch gerechnet und eingezogen sind, und an Silbergeschirr und Hausrat 53 f. 4 Pfd. 20 Pfg., samt etlicher Kunst und gemachten Arbeiten, worüber er quittirt, doch ausgenommen ein geschnitzt Adam und Eva, auch ein alt Weib und Kindleinstanz, und ein gross Crucifix, so ungetheilt blieben ist, daran einem Jeden sein gebührender Theil noch zuständig und unbegeben bleiben soll, und ob das Haus, so Veit Stoss verlassen, höher dann um 800 f. Münz, darauf es vertheilt worden, verkauft werde, so soll den genannten zweien Schwestern ihre Gebürniss an der Uebermass auch unbenommen sein. Mit Zeugniss Bartholomes Hallers und Jorg Volkamers, am Dienstag 10. Febr. 1534. (Cons. 45, fol. 202.)

An demselben Tag quittirte auch Wilibald, dass ihm seine

Mitvormunde, was ihm als väterlich und mütterlich, auch von seines verstorbenen Bruders Adrian Stossen seligen Erbschaft gebührt, entrichtet hätten, nämlich an Gold 62 f., an Münz 449 f. 1 Pfd. 6 Pfg., darein die Kaufsumma des Gartens vor dem Vestner Thor, den er im Leben seines Vaters von ihm um 50 f. erkauft habe, und dazu 230 f., die er im Leben seines Vaters empfangen gehabt habe, auch gerechnet und eingezogen sind, an Silbergeschirr und Hausrat 53 f. 1 Pfd. 20 Pfg., samt etlicher Kunst und gemachter Arbeit, woran ihm ganz wol genügt, doch ausgenommen ein geschnitzt Adam und Eva, auch ein alt Weib und einen Kindleinstanz und ein gross Crucifix, an welchen noch unverkauften Stücken so wie an der Uebermass, wenn das Haus höher als um 800 f. verkauft werde, er sich seinen gebührenden Antheil ebenfalls vorbehält. (Cons. 45, fol. 202 b.)

Nun kam noch an demselben Tage Ursula Sebald Gar, des Goldschmids Hausfrau, an die Reihe, welche bezeugte, dass die obengenannten Executoren, was ihr auf Absterben ihres Anherrn seligen, vermöge seines Geschäfts, des Inventars und der Rechnung für ihre anherrliche Legitima und auch anfräulich und des verstorbenen Vettern Adrian Stossen seligen Erbschaft gebührt habe, nemlich 31 f. an Gold, 392 f. 8 Pfd. 10 Pfg. an Münz, darein 225 f., so ihrer Mutter seligen für mütterlich Erbtheil gebührten, samt 10 f., die Veit Stoss ihr, der Garin, in seinem Leben geliehen, auch gezogen sind, an Silbergeschirr und Hausrat 53 f. 4 Pfd. 20 Pfg. zugestellt haben, sammt etlicher Kunst und gemachter Arbeit, doch ausgenommen und vorbehalten, wie bei den vorhergehenden. Zeugen dieselben.

Dazwischen kamen nun einige andere Fälle. Am 12. Febr. 1534 bekannte Anna, Burkhart Kupfers ehliche Hausfrau, in Beisein und mit gutem Willen desselben ihres Mannes, dass Wilibald Stoss und seine Mitvormünder weiland Veit Stossen seines Vaters seligen Geschäfts, ihr die 25 f., so derselb Stoss ihr geschafft, gütlich bezahlt haben, sagt sie, ihr nachkommenden Vormunde und alle Veit Stossen seligen gelassne Erben und Güter desshalb ledig und los, in bester Form, mit Zeugniss von Anthoni Tetzel und Lorenz Kempf. (Cons. 46, fol. 31 b.) Wichtiger ist aber das Auftreten Florio Stossen, der, so scheint es, an dem bisherigen eigenmächtigen Verfügen Anstoss nahm. Am 13. Febr. 1534 erklärte das Gericht: zwischen Florio Stossen für sich selbst und als Anwalt seines Bruders, des Provincials, an einem, und den Vormunden Veit Stossen, seines Vaters seligen Geschäfts, am andern Theil, ist erkannt: vermein er, der Stoss, die Vormünder beder oder der einen Sache halb Forderung nit zu erlassen, mög er die gegen sie durch schriftliche Klag ausführen, wie Recht ist. (Cons. 37, fol. 32.) Hierauf wurde am 20. Febr. zwischen Florio Stossen und den Vormündern erkannt, sofern er, Florio, den Vormündern ungefähr so viel Werth erlege oder erlegen lasse, als er von seines Bruders, des Doctors, wegen von ihnen empfangen habe, so sollen sie schuldig sein, ihm den übrigen Theil seines väterlichen Erbes zuzustellen. (Cons. 36, fol. 34 b.)

Aber mitten hinein fiel der Verkauf des Hauses, und die drei Vormünder weiland Veit Stossen Geschäfts und letzten Willens gaben seine frei lauter eigene Eckbehausung in St. Sebalds Pfarr in der Juden Gasse zwischen Hrn. Martin Geuders und Hanns Pfeufers Häusern gelegen, zu kaufen Meister Hannsen Behaim dem Jungen um 1000 f., daran er 500 f. sogleich bezahlte, die sie zu Ausrichtung des Testaments verwendeten, und 500 f. als abkäufigen Eigenzins, mit 25 f. jährlich darauf stehen liess, worüber am 20. März eine gerichtliche Urkunde ausgefertigt wurde und gleichzeitig auch der Revers wegen der Ablösbarkeit der 25 f., in welchem Revers die Lage des Hauses insofern etwas anders bezeichnet ist, als es heisst: in der Judengasse an einem Eck zwischen weiland Hrn. Martin Geuders seligen Erben. Dass Hanns Behaims sel. Erben, bzhw. Töchter, das Haus am 4. Juni 1550 an den Rechenmeister Stephan Brechtel um 1600 f. verkauften, ist schon oben gesagt. Auch damals noch wird die Lage bezeichnet „zwischen der Herren Geuder und Hannsen Pfeufers seligen Behausungen gelegen". Martin Geuder war am 22. Dec. 1532 gestorben. Das anstossende Haus S. 941 gehörte ihm wol, aber er bewohnte es nicht. Das Hanns Pfeuferische Haus war S. 938.

Nun erfolgte am 23. März in dem Hader Florio Stossen mit den Vormunden ein weiteres Erkenntniss, von wegen des Zettels, worauf mit Veit Stossen Handschrift seine Barschaft verzeichnet sein soll, sollen die Vormunde ihm billig eine gleichlautende Copie desselben, auch die Rechnung noch heute zustellen. Jetzt bekannte auch am 26. März Florio Stoss, Bürger zu Görlitz, Veit Stossen, Bürgers allhie ehlicher Sohn, dass ihm die drei Executoren alles was ihm für sein väterlich und mütterlich, auch des verstorbenen Adrian Stossen seines Bruders seligen Antheil, sammt dem Geschick väterlicher Kleidung, vermög Veit Stossen Geschäfts, des Inventariums, und der Rechnung, die er neben anderen anwesenden Erben, nemlich der Sebald Garin, Wilibald Stossen und Hannsen Plattner von Krakau, als recht und genugsam angenommen hat, von seines Vaters seligen Gütern gebührt, nemlich 62 f. an Gold, 480 f. 5 Pfd. 12 Pfg. an Münz, darein die 225 für mütterliches Erbe, so er im Leben seines Vaters seligen bekommen hat, gezogen sind, an Silbergeschirr und Hausrat 53 f. 4 Pfd. 20 Pfg., für das Geschick der väterlichen Kleidung 3 f. 1 Pfd. 14 Pfg., sammt der Kunst und gemachter Arbeit, die auch nach dem Loos, doch ungeschätzt vertheilt ist worden, zugestellt haben; derhalben er in bester Form quittirt, nichts ausgenommen, dann das so ihm von seinen ausländischen Brüdern, weil man nicht weiss, ob die noch leben

oder todt sind, zustehen möchte, auch ausgenommen ein geschnitzt
Adam und Eva, ein alt Weib, ein Kindleinstanz und ein gross
Crucifix, so noch ungetheilt geblieben, daran Jedem seine Gebühr
unbegeben sein soll. Und nachdem er an seines Bruders, des Provincials, statt, in der Theilung an Silbergeschirr und Hausrat für
53 f. 4 Pfd. 20 Pfg., samt der väterlichen Kleidung $5^1/_2$ f. werth,
daran den andern Brüdern herausgebührt 2 f. 2 Pfd. 22 Pfg., und
Kunst und Arbeit, die ungeschätzt blieben, empfangen und ihm das
zum Theil zugeschickt, aber derhalb zu quittiren nit genugsamen
Gewalt hat, lässt er den Vormunden inhändig an Barschaft in
Münz 96 f., so lang bis sein Bruder seine Gebührniss auch gar
empfät und genugsam quittirt. Gebetene Zeugen waren Hanns
Schnöd und Hanns Lochinger. Ferner quittirt obernannter Florio
Stoss die Vormünder um seinen gebührenden Theil der Uebermass
an seines Vaters seligen Behausung, die um 200 f. rh. in grober
Münz höher dann sie geschätzt, auch an den geschnitzten Bild-
stücken, so um 90 f. rh. verkauft worden sind, als 24 f. 10 Kreuzer.
Zeugen und Tag wie oben. (Cons. 46, fol. 56, 37.)

    Veit Stoss hatte aber auch die Garischen Kinder besonders
bedacht. Am 20. April wurde zwischen Sebald Gar, Goldschmid,
und seiner Hausfrau, eines, und den Vormunden, andern Theils,
zu Recht erkannt, dieweil gemelter Gar sich erbeut, dass er
seinen Kindern, des Stossen Eniklein (eigentlich Ureniklein) ihre
125 f. auf dem Haus, dass er von Georgen Aichinger jetzo erkauft
hat, dermassen woll versichern, dass sie nach demselben Aichinger,
der 5 f. Eigenzins darauf behalten will, deren vor Männiglich darauf
habhaft sein sollen, dass die Vormünder sich solches Erbietens
billig sättigen lassen. (Cons. 46, fol. 67.) Am 4. Juni bekannte auch
Ursula, Sebald Gars, Goldschmids, ehliche Hausfrau, mit Bewilligung ihres Mannes, dass die Executores ihr die 12 f. 20 Pfg., als
ihren gebührenden Theil an den 290 f., der das Haus und die
geschnitzten Bildstücke höher, als sie geschätzt waren, verkauft
worden sind, zu Dank bezahlt haben, und quittirt sie desshalb mit
Zeugniss von Sebald Schürstab und Jacob Koplinger. Ferner bekannten Sebald Gar und seine Hausfrau, nachdem sie ihren Kindern auf dem von Jorg Aichinger erkauften Haus 125 f. anherrlichen Geschicks versichern wollen, wie sie denn das, sobald der
Kauf aufgerichtet ist, thun werden, dass sie dieselben ihre Kinder
der 13 f. 7 Pfd. 1 Pfg., die ihnen über die gedachten 124 f. gebühren, auf allen andern ihren gegenwärtigen und künftigen, liegenden und fahrenden Gütern versichert und die Testamentarier,
als ihnen jetzt gegeben, quittirt haben wollen. Endlich versprechen
bede Eheleut, ob die Vormünder von dem würdigen Herrn Andreas
Stossen, Provincial, von wegen der 20 f., so ihnen an der Tafel
in der Frauenbrüder-Kirche hie zustehen und sie von ihnen, den
Vormunden, hievor empfangen haben,, über kurz oder lang ange-

fordert werden, dass sie sie desshalb gegen denselben Stossen vertreten und schadlos halten wollen. Gleichermassen quittirt auch Wilibald Stoss seine Mitvormünder um seine empfangene Gebührniss an den 290 f. Zeugen und Tag wie oben. (Cons. 46, fol. 91.) Sogleich am andern Tage, Freitag 5. Juni, bekannten die Garischen Eheleute, dass sie ihren eheleiblichen Kindern die 125 f. auf ihrem Erb an der Behausung in St. Sebalds Pfarr beim Radbronnen zwischen Michel Murren Stallung und Steffan Menzels Häusern versichert haben wollen, wie dann Georg Bayer als Eigenherr darein gewilligt hat, mit Zeugniss von Hanns Sidelmann und Niclas Wolkenstein. (Cons. 46, fol. 92.) Auf Begehren Sebald Gars, von wegen seiner Hausfrau, wurde am Freitag 7. Aug. erkannt, dass die Executores schuldig seien, zu Erkundung, ob die ausländischen Erben noch leben oder nit, die Kosten von der Erbschaft derselben ausländischen darzugeben. (Cons. 46, fol. 122.) Auch bekannte Ursula Garin am 9. Sept., dass die Executoren ihr 7 f. 12 Pfg. als den zwölften Theil, so ihr und ihren Kindern, gemelts Stossen Enigklein, zugebührend an den jährlichen verfallnen Zinsen und Anderm, so in das Inventar nit kommen noch gesetzt sei, laut geschehner Rechnung, daran sie wolbenügig sei, gütlich bezahlt haben und sagt sie ledig und los, mit Zeugniss Wilhelm Schlüsselfelders und Hanns Lochingers. Sie, bede Eheleute, bekannten auch, dass ihnen die Vormünder die 7 f. 5 Pfg., so Florio Stossen für seinen zwölften Theil berührter Zinsen zuständig und ihnen von demselben Florio laut seiner verpetschirten Handschrift übergeben seien, zugestellt und bezahlt haben, sagen sie derhalb mit Ueberantwortung angezogner Handschrift ledig. Gleichermassen quittirt Wilibald Stoss seine Mitvormund um seine Gebürniss der 7 f. 5 Pfg. an obgemelten Zinsen und Anderm. Zeugen und Tag wie vorher. (Cons. 46, fol. 137.) Vermuthlich in Folge dieser Erkundigung geschah es, dass Florio Stoss am 3. Dec. 1534 bekannte, dass die Executoren 34 f. rh. in grober Münz ihm von Matthes Stossen, Burgers zu Pilsen, seines Bruders seligen väterlicher Erbschaft als seinen gebührenden eilften Theil ausgerichtet hätten, mit Zeugniss von Sixt Oelhafen und Erasmus Reich. Ueber gleiche Summe quittirte auch Wilibald Stoss, und von derselben Erbschaft um 17 f., als die ihr gebührende Legitima Ursula, Sebald Gars eheliche Hausfrau. Ferner bekannten die Garischen Eheleute, dass sie ihren Kindern die 27 f. 4 Pfd. 8 Pfg., so ihnen für ihren halben eilften Theil Matthes Stossen väterlicher Erbschaft, auch für den halben zwölften an Kunst und Bildern, und dann den halben zwölften Theil der Uebermass etlicher verfallner Zinsen, von Veit Stossen, der Kinder Urahnherrn, zugebührend, auf allen ihren, der beden Eheleut, gegenwärtigen und künftigen liegenden und fahrenden Gütern, hiemit versichert und sie, die Vormünder und desselben Veit Stossen Erben als ihnen jetzo bar gegeben quittirt und ledig gesagt haben wollten. Zeugen und Tag wie vorher. (Cons. 46, fol. 165.)

Nun erscheint ein vorher nicht genannter Sohn und Erbe. Martin Stoss von Medwisch, in Siebenbürgen gelegen, bekannte am 22. Dec. 1534, dass ihm Hanns Aschauer, Caspar Schmid und Wilibald Stoss, sein Bruder, als weiland Veit Stossen, seines lieben Vaters sel., Testamentsausrichters und Executores, alles was ihm laut des Testaments, des Inventars, und der Rechnung für sein väterlich und mütterlich, auch seines Bruders Adrian Stossen seligen Erbschaft und Antheil gebührt, entrichtet und zu seinen Handen gegeben haben, nemlich 62 f. an Gold, und 500 f. an Münz, und etliche gemachte Kunst und Arbeit; daneben sei ihm gegeben 24 f. 10 Kreuzer an dem Geld, das seines Vaters sel. Haus höher verkauft, dann es angeschlagen, auch für das aus etlichen Kunststücken erlöste Geld, ferner 7 f. 5 Pfg. an der Uebermass verfallner Zinsen, und 34 f., ihm von Matthes Stossen, seinem Bruder, seiner väterlichen Erbschaft halb anerstorben, sagt demnach gemelte Testamentarier ledig und los, mit Zeugniss von Bartholmes Haller und Jacob Kopfinger. Auch Florio Stoss von Görlitz bekennt, nachdem er den Executoren von seines Bruders Hr. Andreas Stossen quittirens wegen 90 f. innen gelassen, dass sie ihm dieselben jetzo zugestellt haben, sagt sie daher dieser 90 f. ledig und los, mit Zeugniss von Hanns Pfanmuss und Jacob Kopfinger. Tag wie vorher. (Cons. 46, fol. 171.)

Am 14. Jan. 1535 bezeugten die Executores, dass Meister Hanns Behaim der Jüngere die Eigenschaft und 25 f. rh., die er den Vormunden aus dem von ihnen hievor erkauften Eckhaus an der Judengasse, an Hanns Pfeiffers Behausung gelegen, verkauft, jetzt mit 500 f. wieder abgekauft und das gedachte Haus von der Eigenschaft geledigt habe, sagen ihn und das gemelte Haus neben Wiedereinantwortung derhalb gehabter Briefe ledig und los, mit Zeugniss Anthoni Tetzels und Bartholmess Hallers. (Cons. 46, f. 178.)

Gleich darauf am 15. Jan. wurde in Sachen Christan Malers von Schessburg in Siebenbürgen, in Namen weiland Hanns Stossen, seines Vorhübners, dreier verlassner junger Söhne, weiland Veit Stossen, Burgers dieser Stadt seligen, Enigklein, gegen die Testamentarier um Zustellung der Kinder anherrlichen, anfräulichen und vetterlichen Erbschaften, nach Verhör beder Theil Vortrags und eines erbern Raths zu Schessburg Schreiben an einen erbern Rath hie, zu Recht erkannt, dass die Beklagten, unverhindert ihrer Auszug, als ob der Kläger nit Gewalt hiezu hält und ungeirrt Veit Stossen Geschäfts, schuldig seien, dem Kläger von wegen seiner Stiefkinder gemelte Erbtheil gegen gebührliche Quittanz zuzustellen. Cons. 46, f. 178 b. Das lateinisch verfasste Schreiben des Raths zu Schessburg, gegeben am 31. Oct. 1534, besagt, dass Johann Stoss, Maler, Burger daselbst, am Montag 5. Sept. 1530 zu Schessburg gestorben, und mit Magdalena, seiner Ehefrau, drei Kinder,

Franz, jetzt 12 Jahre alt, Emerich, 7 Jahre, und Georg, 4 Jahre
alt, erzeugt und hinterlassen, die Wittwe aber den Maler Christan
geheiratet habe, und da sie aus dem Schreiben der Executoren ersehen, dass Veit Stoss, der Kinder Anherr, im vorigen Jahr gestorben und Vermögen hinterlassen habe, so bitten sie, den Maler
Christan, den Vorzeiger des Briefs, als Stiefvater, und die leibliche
Mutter der Kinder, Magdalena, zum Genusse der Erbschaft gelangen
zu lassen. (Cons. 46, f. 182 b.)

Diess geschah am 25. Jan. 1535, indem Christan Maler,
Bürger zu Schessburg in Siebenbürgen, anstatt Magdalena Hanns
Stossen seligen Wittib, jetzt seiner ehlichen Hausfrau, auch Franciscus, Emerich und Georgen, Gebrüdern, obgedachts Hanns Stossen
nachgelassner Söhne, die er mit gemelter Magdalena ehelich erzeugt
hat, Veit Stossen weiland Bürgers alhie Enigklein, bekennt, dass
ihm die Executores, in Beisein Martin Stossen, Inwohner zu Medwisch in Siebenbürgen, und Hanns Stossen, Inwohner zu Pergsass
in Ungarn, Gebrüdere, seine des Christan Malers Schwäger, alles
was der obgenannten Magdalena, seiner Hausfrauen, auch Francisco,
Emerico und Georgen, des Veit Stossen Enigklein und jetzo seinen
des Christan Malers, Stiefkindern, nach Geschäft auch Inventar und
Rechnung, die er für recht und genugsam angenommen hat, für
alle ihr Gebührniss, nemlich 225 f. anfräulicher Hab, 32 f. 36 Pfg.,
so von Adrian Stossen seligen, der weiland Hanns Stossen eheleiblicher Bruder gewesen, auf ihn Stossen gestorben, thun bede Summa
257 f. 36 Pfg., daran Hanns Stoss seliger in seinem Leben, laut
seines Vaters seligen Registers und brieflicher Urkund empfangen
hat 56 f. 8 Pfd. 9 Pfg., samt 9 f. 4 Pfd. 12 Pfg., so ihm, Hanns
Stossen, Dr. Andreas Stoss, Provincial, in seinem Leben zu seiner
merklichen Nothdurft geliehen hat, Rest noch lauter anfräulicher
und vetterlicher Erbschaft 190 f. 5 Pfd. 15 Pfg., ferner anherrlicher Legitima 31 f. in Gold, 185 f. 3 Pfd. 9 Pfg. in Münz, ferner
an anherrlichem Nachgeschick an Gold 31 f. und in Münz 91 f.
5 Pfd. 7 Pfg. auch von dem, so das Haus theurer, dann es in
dem Inventar angeschlagen ist, verkauft, und den verkauften Bild-
stücken 24 f. 1 Pfd. 12 Pfg., ferner von den Zinsen 7 f. 5 Pfd.
20 Pfg., und von Matthes Stossen seligen, das auch in die anherrliche Habe gehört, 34 f., thut in Summa anherrlicher Erbschaft an
Gold 62 f. rh., in Münz 392 f. 7 Pfd. 6 Pfg., Summa Summarum
an anfräulichem, vetterlichem und anherrlichem Erbgut 62 f. rh.
in Gold und 532 f. 4 Pfd. 9 Pfg. in Münz, samt der Kunst und
gemachter Arbeit, überantwort und zugestellt haben, daran ihm
auch ganz wol benügt, derhalben er für sich und Magdalena seine
Hausfrau um das, so ihr von den 190 f. 5 Pfd. 9 Pfg. gebühren
würde, auch Francisco, Emerich, und Georgen seine Stiefsöhne, die
Vormünder frei, ledig und los sagt. (Cons. 46, f. 180.)

Ausser dem schon genannten Martin war bei dieser Handlung

auch Hanns Evangelist Stoss von Bergsass in Ungarn zugegen, der auch am 25. Jan. 1535 bekannte, dass die Testamentarier, unter denen er Wilibald Stoss seinen Bruder nennt, ihm, mit näherer wie bei den Andern zu findender Angabe des Testaments, des Inventars, und der Rechnung, bezahlt haben 62 f. an Gold, 502 f. 5 Pfd. 26 Pfg. in Münz, daran die 2 f., so er in seines Vaters seligen Leben empfangen hat, auch gerechnet sind, samt der väterlichen Kleidung, und seinem Theil gemachter Arbeit und Kunst, daneben 24 f. 10 Kreuzer an dem Geld, das seines Vaters Haus höher verkauft dann es angeschlagen und aus dem Erlös etlicher gemachter Arbeit, ferner 7 f. 5 Pfd. 20 Pfg. an der Uebermass verfallner Zinsen, und 34 f., ihm von Matthes Stossen seinem Bruder anerstorben, sagt sie darum, mit Zeugniss von Bartholmes Flück und Niklas Wolkenstein ledig und los. (Cons. 46, f. 160.) Darauf erklärte Martin Stoss (den der Schreiber hier, wol aus Versehen, Burger zu Schessburg in Ungarn nennt), dass er Wilibald Stossen, seinem lieben Bruder, Barbara, seiner ehlichen Wirtin und ihren beden ehlichen Kindern, um empfangener Wolthat und genugsamer Vergleichung, so ihm von ihnen geschehen, alle seine zukünftige Erbschaft von Brüdern und Schwestern, übergeben habe, dieselbe gütlich und rechtlich zu erfordern und damit zu thun und zu lassen als mit andern ihren eignen Gütern, von ihm, Martin Stoss, ungehindert, mit Zeugniss von Hanns Schnöd und Jacob Kopfinger, am 1 Fbr. Eine ganz gleichlautende Erklärung gab auch Hanns Stoss von Pergsass. (Cons. 46, f. 186.)

Nachdem nun die Söhne und die Enkel der nachweisbar verstorbenen Kinder zur Zufriedenheit abgefunden waren, wurde auch nach den verschollenen Söhnen geforscht. Sebald Gar erklärte für sich und Ursula, seine Hausfrau, die dieser Zeit im Kindbett liege, nachdem Veit Stoss, der Garin Anherr selig, ihr in seinem Testament nur die Legitima geschafft und dann seines Geschäfts Vormünder Sebastian Stossen, genannts Veit Stossen Sohns, Theil väterliches Erbs innen behalten, nachdem man nit wisse ob er lebendig oder todt sei, dass sie ihm jetzo auf das am 17. Dec. 1535 zwischen ihnen ergangene Urtheil seines Weibes Theil, das ihr von gedachts Sebastian Stossen väterlichem Erb, wenn er todt wäre, zu ihrer Legitima angebührte, nemlich 2 f. an Gold und 26 f. 5 Pfd. 3 Pfg. in Münz, nach guter Rechnung bar gegeben und zu seinen Handen gestellt hätten, sagt sie darauf dieser Summe ledig und los, mit dem Versprechen, wenn sich über kurz oder lang finde, dass Sebastian Stoss noch im Leben wäre und sein väterlich Erb erfordern würde, dass alsdann er, der Gar, und sein Weib den Vormündern die ihnen jetzt gegebene Summa und dazu alle Zinsen, so dieses Geld bis dorthin hätte ertragen mögen, ohne Verzug entrichten wolle, wofür er zu Bürgen setzt Steffan Kemlein, der die Bürgschaft alsbald auf sich nahm. Mit Zeugniss von Hrn. Hanns

Haller und Jacob Kopfinger, am 21. Jan. 1536. Cons. 46, fol. 108. Steffan Kemlein, ebenfalls ein Goldschmid, war Genannter des grossern Raths von 1536—1543, Roth Gen. Buch, welche letztere Zahl aber ohne Zweifel irrig ist, da Kemlein gerade 1543 das Haus S. 495 kaufte, das er allerdings 1546 an Georg Schultheiss wieder verkaufte, aber jedenfalls nicht gestorben war. Uebrigens kam Sebastian nicht mehr zum Vorschein.

Aber auch der Tod des schon als gestorben betrachteten Adrian wurde nach einigen Jahren in Frage gestellt, und Wilibald Stoss sah sich genöthigt, die beiden Personen, von denen das Gerücht herrührte, gerichtlich vernehmen zu lassen. Diese waren Ludwig Fingerlein, des gleichnamigen Meister Barbierers Sohn, und Jorg Kreel, auch ein Stadtkind, und stellte die Bitte, weil Jorg Kreel wegfertig sei und den Kriegsläuften nachziehe und er dieser Kundschaft beraubt möchte werden, dieselben Zeugen zu verhören und ihre Sage beschlossen zu halten, bis seiner Zeit er oder seine Geschwister derselben bedürfen würden, um sich derselben zu bedienen. Er wolle nämlich anzeigen und beweisen, dass Adrian Stoss zu Weihnachten 1535 zu Lübeck in Leib und Leben gewesen, dass auch der Zeug Ludwig der Barbierer in Beisein des Jorgen Kreelen mit demselben Adrian Stossen geredt, gegessen und getrunken, unter anderm angezeigt und angesagt, dass Veit Stoss, sein, Adrians, Vater mit Tod verschieden wäre, darum sollte er sich heim hieher nach Nürnberg fügen, dass also Adrian seines Vaters Tod erlebt habe.

Auf diese des Stossen als geziemend angesehene Bitte liess man beide Zeugen, nach gehöriger Vermahnung die Wahrheit zu reden und desshalb geschwornem Eide, jeden in des Andern Abwesen ihre Aussage thun, und zwar lautete die des Kreel also: Zunächst künftigem Herbst werde es vier Jahr werden, da hab er einen, der unter einem pommerischen Fähnlein Knechte gefangen sei worden, der sich Adrian Stoss genennt und gegen ihn gesagt, er sei von Nürnberg, wie er denn also eingeschrieben sei worden, in der Stadt Lübeck gesehen, sei aber bei der Rede, die Ludwig Fingerlein mit ihm allda, laut des andern Theils dieses Artikels gethan soll haben, nit gewest, und hab des Adrian Stossen davor keine Kundschaft gehabt.

. Ludwig Fingerlein sagte, gleichfalls vor Meineid gewarnt und nach abgelegtem Eide, folgendermassen: vergangenen 1534sten Jahrs, um Allerheiligen Tag, sei er neben Andern in einem Lübeckischen Flecken belagert gewest, daselbst hab sich einer, der sich Adrian Stoss genennt, gegen ihn angezeigt und gesagt, er wäre Veit Stossen Sohn von Nürnberg, demselben hab er (Zeuge) zu erkennen gegeben, dass derselb sein Vater mit Tod abgegangen sei, darum sollte er heimziehen. Darauf sei er, der Zeug, unter seinem Fähnlein an ein ander Ort gezogen, also dass er gemelten Adrian nit mehr gesehen hab. — Hierüber wurde auf Wilibald Stossen Bitte ihm am Mittwoch 30. April 1539 ein gerichtlich besiegelter Brief ausgestellt. (Lit. 49, fol. 203.) Adrian blieb trotz dem ebenso verschollen wie Sebastian.

Durch die hauptsächlich von Florio angeregte genauere Ermittelung der Verlassenschaft mussten auch Nachzahlungen geschehen. Christoff Scheffler, Bürger zu Krakau, als constituirter Anwalt und Gewalthaber Anna, Hannsen Plattners, Burgers zu Krakau Ehewirthin, und Jungfrau Margaretha, deren Schwester, beide weiland Stenzel Stossen, Bürgers zu Krakau seligen, verlassener Töchter, bekennt, dass die Testamentarier ihnen überantwortet haben 73 f. 7 Pfd. 19 Pfg., so aus Veit Stossen ihres Anherrn seligen Erbschaft hinterstellig geblieben ist, und er sagt, im Namen seiner Principalinen die Testamentarier kraft seines Gewalts quitt, ledig und los, was Caspar Schmid und Wilibald Stoss für sich und Hannsen Aschauer also annahmen, am Mittwoch 28. Juni 1542. (Cons. 56, fol. 131.)

Florio Stoss, Goldschmid, Bürger zu Aussitz an der Elbe, und Sebald Gar, auch des Goldschmidhandwerks Mitburger alhie zu Nürnberg, bekennen hiemit öffentlich, nachdem ihnen weiland der ehrwürdig Herr Endres Stoss Doctor, ihr freundlicher lieber Bruder und Schwager, an der Tafel auf dem Chor alhier in Frauenbrüder Klosters Kirche stehend, 242 f., so ihm von gedachten Klosters wegen ihr lieber Vater und Schwäher Veit Stoss, als derselben Werkmeister, verschafft und bisher noch unentrichtet und unbezahlt aussenstehend geblieben, testirt und zugeeignet hat, dass ihnen demnach die verordneten Almosherren des gemeinen Almosens der Stadt Nürnberg, als Inhaber des Klosters berührte Tafel, an welcher gleichwol vorgemeltem Veit Stossen 150 f. über gedachte ausständige Summa bezahlt worden und ihnen von einem erbern Rath alhie, unsern Herren, aus besonderer Gnad nachgelassen sind, darum sie sich allezeit dankbarlich und zu verdienen schuldig erkennen, dieselb zu bestem ihrem Nutz und Frommen anzuwenden und zu vertreten, gänzlich zustehen und folgen haben lassen, darauf sie dann obgenannte Almospfleger und wer sonst obberührter Tafel halben quittirens bedarf, kraft dieses Briefs für sich selbst und alle ihr beder Erben und Nachkommen in bester Form ledig und los sagen mit endlichem Zusagen, wenn Jemand oft gemelte Tafel anfechten würde oder Ansprüche darauf zu haben vermeinte, gegen den wollten sie die Almosenpfleger vertreten und sie derhalben aller Kosten und Mühe entheben. Herr Erasmus Ebner hat von Raths wegen diese Quietanz also angenommen. Montag 16. April 1543. (Cons. 57, fol. 125.) (Baader erwähnt diese Tafel in den Beitr. I. 24 und ebenfalls in den Jahrb. f. Kunstwiss. 1868, p. 239, mit Anführung vorausgegangner Handlungen.) Nach dem Worte weiland zu schliessen, war Dr. Andreas gestorben; auch der Ausdruck „testirt" deutet darauf hin. Florio in Aussitz ist derselbe, der vorher in Görlitz war.

Nun kommen auch die Garischen Kinder hervor. Jorg Gar, Goldschmid, seinem Anzeigen 25 Jahr alt, bekennt am Dinstag 7. Juni 1543, nachdem Veit Stoss, Bildhauer, sein Ahnherr (eigentlich Urahnherr) seliger ihm und seinen sechs Geschwistern, jedem 21 f. vermacht, dass demnach Sebald Gar, sein eheleiblicher Vater, ihm diese 21 f. jetzo baar entrichtet hat, und sagt seinen lieben Vater dieser 21 f. ledig und los, mit Zeugniss von Bernhard Uttersy und Lienhard Thoman. (Cons. 57, fol. 378.)

Dazwischen fällt auch eine Angelegenheit Wilibald's. Dieser, Wilibald Stoss, Gewandschneider, und Conrad Pottenstein, Kürschner, bekennen, nachdem weiland Hanns Reinolt, Kürschner, seliger, mit einem Testament Todes verschieden und darin unter Anderm geordnet, wo seine Tochter Anna, die nit bei Land und ihm unwissend wo die wäre, in zehen Jahren nach seinem tödtlichen Abgang sich nit anzeigte, oder dass man keine Kundschaft von ihr haben möcht, dass alsdann ihr väterliches Erbtheil seiner, Hannsen Reinolts seligen, Wittib Brigitta, jetzt obberührts Conrad Bodensteins Hausfrau, und seinem Sohn Hanns Reinolt, so bei Land und Leben sein würde, auf gebührliche Caution, von Hanns Gengenbach, Balbirer, und Valentin Hofman, Plattner, seines Geschäfts Vormündern zugestellt werden sollt, weil aber seither von gedachter Anna nichts zu erfahren gewesen, so hätten gedachte Vormünder Conraden Bodenstein von wegen gedachter seiner Hausfrauen, und Wilibalden Stoss, von wegen Hannsen Reinolts bemelter Anna väterlichen Erbtheil eingeantwortet, nämlich dem Bodenstein ein Häuslein zwischen Quirin Clasen Schlossern und der Eckbehausung an Ponersperg in der Söllnergasse, um 80 f. geschatzt, und dem Stossen drei Häuslein zu Wohrd, am Gedüll gelegen, und um 95 f. angeschlagen, und dann ihnen beiden noch an Farnuss und Schulden 13½ f., alles in einer Summa 188½ f., worüber die beiden Empfänger, mit dem natürlichen Vorbehalt, im Fall sie es wieder abtreten müssten, für alle aufgewendeten Bauunkosten entschädigt zu werden, quittirten am Montag 17. Dec. 1543. (Cons. 58, fol. 83.)

Den Garischen Eheleuten muss es bei allem aus der Erbschaft ihnen zugeflossenem Gelde doch knapp und hinderlich gegangen sein. Katharina, Hannsen Trummers zu Münnerstadt seligen nachgelassene noch unverheiratete Tochter, war damals im Dienst bei Anthoni Tucher hier und streckte ihnen auf ihre fleissige Bitte zu Forderung ihres Nutzen 20 f. vor, welche sie bei Verpfändung aller ihrer Habe, mit Zeugniss von Steffan Bayer und Ulrich Wendenheimer, wann sie derselben nimmer gerathen wolle, wieder zu geben am 25. Nov. 1544 versprachen. (Cons. 61, fol. 28.) Freilich waren Katharina und Ursula Geschwisterkinder.

Bald darauf erklärte Barbara Garin, ihrem Anzeigen nach

25 Jahr alt, nachdem Veit Stoss, Bildhauer, ihr Ahnherr (eigentlich Urahnherr) seliger, ihr und ihren sechs Geschwistern, jedem 21 f. vermacht habe, dass Sebald Gar, ihr eheleiblicher lieber Vater ihr gedachte 21 f. ausgezahlt habe, worüber sie mit Zeugniss von Georg Volkamer und Joachim Tetzel am Dinstag 9. Nov. 1546 quittirte. Cons. 62, fol. 148 b. Fast gleichlautend quittirte Conrad Gar, Goldschmid, Burger dieser Stadt, ohne sein Alter anzugeben, dass Sebald Gar, auch Goldschmid, sein eheleiblicher Vater, ihm die von Veit Stoss, seinem Ahnherrn, geschafften 21 f. ausgezahlt habe und Gar nahm am 14. Dec. 1549 diese Quittung also an. (Cons. 69, fol. 85.)

Mittlerweile war in dem Personal der immer noch fortdauernden Vormundschaft durch den Tod Caspar Schmid's eine Veränderung vorgegangen, indem Erasmus Reich für denselben eintrat. Diese nunmehr aus Hanns Aschauer, Wilibald Stoss und Erasmus Reich bestehende Vormundschaft nahm aus Caspar Schmid's, des Wilibald Stossen Schwähers, Nachlass alles in die Stossische Vormundschaft Gehörige in Empfang, was ihnen durch Jeronimus Fleischer Schermesserer, Sebald Schmid Rothschmid, und Sebald von Worms, Plattner, den drei Caspar Schmids sel. Testamentsausrichtern, übergeben wurde, bestehend in einer eisernen Truhe, samt allen Büchern, Registern, Briefen, darin ein gewundener goldener Frauenring; ferner ein goldener Petschaftring, ein goldenes geschmelztes Täfelein, item einen ungarischen Goldgulden, vier ungarische Gulden schwer, 10 rhein. Gulden in Gold, und 19 rhein. Gulden in Gold. Auch legten sie über Caspar Schmids seligen Administration und Verwaltung, die Stossische Vormundschaft betreffend, vollständige Rechnung ab. Die Stossischen Vormünder sagten nun die Caspar Schmidischen Vormünder am Mittwoch 16. Jan. 1549 gänzlich ledig und los, was der Fleischer, Sebald Schmid und der von Worms also annahmen. (Cons. 67, fol. 89 b.) Darauf bekannte auch Barbara, Wilibalds Stossen Ehewirthin, dass ihr Jeronimus Fleischer, Sebald Schmid, und Sebald von Worms, als Ausrichter und Vollzieher weil. Caspar Schmids Rechenmeisters, ihres lieben Vaters seligen, Geschäfts ihre gebührende Legitima zugestellt, nämlich 287 f. 4 Pfd. 5 Pfg., und 20 f. Uebertheurung an der Behausung, so Katherina, ihre Stiefmutter, käuflich angenommen, ferner auch 198 f. 3 Pfd. 11 Pfg., ihrer Kinder Uebermass, samt 45 f. Erhöhung der verkauften Behausung, und sagte daher die Geschäftsexecutores und ihre Stiefmutter alles Empfangnen und aller Ansprüche am Montag 11. Febr. 1549 ledig und los. (Cons. 67, fol. 101 b.) Wilibald Stoss wohnte an der innern Laufergasse, auf der nach Süden schauenden Seite.

Dass sich die Executoren auch ihrer Pflicht gegen die Garischen Kinder bewusst waren, ist ebenfalls noch löblich zu erwähnen. Nachdem Veit Stoss (hier ebenfalls Bildhauer prädicirt) seliger des

9*

Sebald Garen sechs Kinder, mit Namen Jorg, Barb, Kungund, Conrad, Hanns und Steffan, in seinem Testament in die Uebermass zu Erben eingesetzt und sich als solche 125 f. gefunden, so habe Sebald Gar diese Summe empfangen und auf seinem von Jorg Aichinger erkauften Haus, mit Bewilligung des Eigenherrn versichert und fünf seiner Kinder je 21 f. entrichtet — der fünften Quittanz halben wolle er bis Lichtmess auch guten Schein beibringen — so sagen die Executoren ihn und Ursula, seine Hausfrau ledig und los, ausserhalb noch 21 f., die er dem sechsten, noch unmündigen Kind Steffelein zu geben hat, und die beiden Eheleute versprechen demselben, wenn er zu seinen vogtbaren Jahren komme, sie auszuzahlen und versichern sie auf der Behausung beim Neuen Thor zwischen Hanns Zehenders und Erasmus Straussen Häusern gelegen, wozu Veit Holzschuher, als Eigenherr, seine Einwilligung gibt, welche Caution von den Executoren also am Freitag 20. Dec. 1549 angenommen wird. (Cons. 69, fol. 87.)

Es musste den Testamentsausrichtern endlich das Verlangen kommen, dieser langwierigen Vormundschaft los zu werden, was in folgender Weise geschah. Wilibald Stoss bekannte, nachdem Veit Stoss, sein Vater, a. 1533 gestorben und in seinem Testament Hannsen Aschauer und weiland Caspar Schmid Rechenmeister selig, an dessen Statt nachher Erasmus Reich geordnet wurde, zu Executoren ernannte, dass ihm die benannten Aschauer und Reich für alle ihre gepflogene Administration aufrichtige Rechnung gethan und ihm alles und jedes, wie das genennt werden möge, überantwortet haben, so dass sie von berührts Testaments wegen nichts mehr in Händen haben, so sagt er sie für all ihre Verwaltung, für alles Einantworten und Zustellen, von Anfang an bis auf heut, ledig und los, mit dem ferneren Versprechen: nachdem er, Wilibald Stoss, zwei Brüder, Sebastian und Adrian die Stossen, die ungefähr, der eine in 36, der ander in 18 Jahren nit hie gewesen, von denen, ob die noch in Leib und Leben, er über alle gethane Nachfrag kein Wissen habe, demnach wo sie oder ihre Erben über kurz oder lang der Erbschaft halben die Testamentarier anlangen würden, dass er, Wilibald Stoss, sie, die Testamentarier, allerding wol vertreten und schadlos halten wolle, bei Verpfändung aller seiner Hab und Güter, welche Quittanz und Versicherung die Testamentarier, mit Zeugniss Peters von Watt und Augustin Fürnbergers am Dinstag 20. Oct. 1551 also annahmen. (Cons. 73, fol. 92 b.)

Hiemit wäre was über Veit Stoss und die Seinen, obgleich die Möglichkeit eines „Spicilegii" nicht geleugnet werden soll, zu sagen ist, in der Hauptsache erledigt, nur bleibt über die Tochter Margaretha, welche 1519 zu Engelthal aufgenommen war, zu berichten noch übrig. In der Irrung zwischen Margaretha Stössin, Conventschwester zu Engelthal, eins, und Frau Christina von Königsfeld und dem ganzen Convent daselbst zu Engelthal, andern Theils, wurde durch Hrn. Jorg Volkamer den ältern und Hrn. Jeronimus Schürstaben, als von einem erbern Rathe verordnete Unterhändler, auch in Beisein vorgedachter Schwester Margaretha Bruders Wilibald Stossen folgender Vertrag abgeredt und zu Dank angenommen. Erstlich, nachdem sich ermel.e Schwester Margaretha sonderlich ihres Leibs Schwachheit und Unvermöglichkeit halb beschwert, länger in dem Kloster zu bleiben, sondern ihr Thun und Wesen in ander Weg zu richten, soll ihr dasselbe also gutwillig gestattet und zugelassen werden. Zum Andern, nachdem sie, die Stössin, 100 f. an grober Münz und 31 f. in Gold mitgebracht, auch drei silberne Becher und etlichen Hausrat, der ungefähr auf 12 f. damals angeschlagen wurde, wurde betheidingt, auch durch die Frau Priorin und Convent bewilligt, ihr der Stössin aus gutem Willen und keiner Gerechtigkeit für obbemelte 131 f. an Münz und Gold baar zuzustellen 131 f. an guter grober genger Münz, und ihr auch folgen zu lassen die drei silbernen Becher, und vom Hausrat, so viel noch vorhanden. Zum Dritten, da sie auch auf der Losungstube 12 f. Zins in Gold gehabt, so um 3oo f. erkauft worden, und wiederum 8 f. Zins, die mit 200 f. erkauft waren, sollen sich die Frau Priorin und Convent aller zu haben vermeinter Rechte daran ganz begeben und dieselben der Stössin eingeantwortet haben, dagegen soll Margaretha die verfallenen Zinsen, die sie bisher aus den 5oo f. Hauptsumme empfangen und jederzeit der Frau Priorin überantwortet haben soll, soviel ihr nach Abzug dessen, was ihr einzeln davon wieder zugestellt worden ist, in Bedenkung, dass sie so lange vom Kloster unterhalten und ihrer vielfältigen Schwachheit und Krankheit halben auf sie gewendet worden ist, noch pro resto gebühren, begeben und fallen lassen und ihr die Frau Priorin und Convent derwegen nichts mehr schuldig sein.

Zum Vierten und Letzten soll Margaretha Stössin alsbald nach Empfahung der 131 f., auch der drei silbernen Becher und des Hausrats, so viel dessen noch vorhanden, die Frau Priorin, das Convent und ihr Kloster Engelthal gehörig quittiren und sich aller Ansprüche gänzlich begeben, wie dann beide Theile diesen Vertrag zu halten dem hernachbenannten Stadtrichter und zweien geschwornen Gerichtsschöpfen an Eidesstatt angelobt haben. Margaretha Stössin gab hierauf in bündigster Form die von ihr begehrte Quittung, welche die Priorin samt dem Convent also annahm. Zeugen waren Hr. Anthoni Schlüsselfelder, Stadtrichter, Nikolaus Schleicher und Jobst Lochner. Geschehen am Samstag 16. Juli 1552, in Sebald von Thills Wittwen Behausung an St. Aegidien Gasse. (Cons. 74, fol. 49.) Hierauf bekannten Wilibald Stoss und Margaretha Stossin, seine eheleibliche Schwester, als Erbin Veit Stossen, ihres Vaters seligen Verlassenschaft, nachdem sie bisher 20 f. in Gold auf der Losungstube gehabt, dass die Herren Losunger jetzo 4 f. an 100 Goldgulden Hauptsumma neben 20 Goldgulden verfallner Zinsen wiederum abgekauft, so dass nur noch 400 f. Gold bestehen bleiben, darum sagt er, Stoss und seine Schwester den Rath der 100 f. und der 20 f. Zins ledig und los, und nachdem beide Geschwister noch 400 f. auf der Losungstube gewärtig haben, haben sie bewilligt, dieselben in vier Jahren, jedes Jahr 100 f. ohne Zinsreichung zu nehmen, so dass sie nach Ausgang dieser Zeit ihrer ganzen Hauptsumma gänzlich vergnügt werden und ihnen keine Forderung mehr gebühren soll. Jacob Tucher hat Dieses von der Losunger wegen also angenommen. Zeugen waren Jacob von Quickelberg und Gabriel Muffel. Geschehen am Mittwoch 28. Sept. 1552. (Cons. 75, fol. 8 b.) Dieser Vertrag wurde aber, man weiss nicht warum, wieder aufgehoben und am Mittwoch 8. Febr. 1553 erklären die Geschwister Wilibald und Margaretha, dass die Herren Losunger ihnen die 400 Goldgulden samt allen verfallen Zinsen heute baar bezahlt haben, darum sie dieselben ledig und los sagen, und der obige Vertrag hiemit cassirt und kraftlos sein solle, was Jeronimus Spalter an der Herren Losunger Statt also angenommen hat, mit Zeugniss von Jeronimus Reich und Nikolaus Schleicher, Margaretha Stossin aber erklärt, dass Wilibald Stoss ihr die 400 Goldgulden zu ihren sichern Handen und Gewalt zugestellt habe, so dass er weder an väterlichem, mütterlichem oder brüderlichem, sonderlich von Sebastians und Adrians, ihrer eheleiblichen Brüder seligen Gut, was ihr gehöre, mehr in Händen habe, sagt ihn daher gänzlich ledig und los, welche Quittanz er auch also annahm, mit Zeugniss von Conrad Zeunlein und Jeronimus Jacob. Tag wie oben. (Cons. 75, fol. 69.)

Nicht lange mehr konnte sich Margaretha Stössin der erlangten Freiheit vom Klosterverband und der behaglichen Ruhe erfreuen. Sie starb im Laufe des Jahres und gerieth mit ihrem eigenen Bruder noch in Zwiespalt, was schon daraus erhellt, dass nicht Wilibald Stoss sondern zwei fremde Personen die Vollstrecker ihres letzten Willens waren. Dieser selbst hat sich den Nachforschungen entzogen, aber Quittungen über Legate geben hierüber Aufschluss. Am Samstag 23. Sept. 1553 bekannte Christina, Sebalden Worms, Plattners, cheliche Hausfrau, in Beisein desselben, dass Hanns Propst der ältere, Beutler, und Endres Oberländer, Pfragner, als Executores weiland Margaretha Stossin hinterlassenen Testaments ihr heut den silbernen Becher mit dem knorreten Deckel und einem Bild darauf, auch die schwarz „Wurschate" Schaube mit Sammt verbrämt und mit vehem Futter gefüttert, so die gemelte Stossin, ihr liebe Geschwey selige, in ihrem Testament ihr legirt, zu ihren Händen eingeantwortet haben, und sagt sie desshalb ledig und los. Dann bekennt auch Hieronymus Krüger, Rothschmiddrechsel, anstatt Margaretha, weiland Cunzen Pins, auch Rothschmiddrechsels seligen Wittib, seiner Tochter, welche dieser Zeit Schwachheit halben nicht erscheinen kann, dass die Executores ihm die 8 f., so obgemelte

Stossin gedachter seiner Tochter legirt, zu seinen Handen gestellt und baar bezahlt haben und quittirt darüber in bester Form. Letztlich bekennt auch Kungund Grossin, nachdem die obgedacht Stossin sie zu Erbin der Uebermass ihrer noch unverschickten verlassenen Habe eingesetzt, dass ihr die obengenannten Geschäftsvormünder dieselbe Uebermass so zu ihren Handen gestellt, dass sie an dieselben gar nichts mehr von dieser Uebermass wegen zu fordern habe, und sagt sie desshalb ledig und los. (Cons. 78, fol. 176.) Da Christina Sebald von Worms Ehefrau, der Barbara Wilibald Stossin Schwester war, beide des Caspar Schmid Rechenmeisters seligen Töchter, so nennt sie die Margareth ihre Geschwey.

Das Zerwürfniss Wilibald's und Margaretha's thut sich deutlich in folgendem Briefe kund. Nachdem Wilibald Stoss am Montag 25. Sept. 1553 über zwei f., welche die Executoren Margaretha Stossin seiner Schwester seligen Testaments ihm als Legat derselben übermacht haben quittirt, „so — heisst es weiter — haben die Executores diese Quietanz also angenommen und dagegen frei lauter bekannt, nachdem die gemelt Stossin zu obbemeltem Stoss etliche Sprüch und Forderung gehabt und derhalben durch Schiedsleut verglichen worden seien, als dass er, ehegemelter Stoss seiner Schwester für solche Sprüch reichen und geben soll acht Gulden, dass er ihnen, den Executoren dieselbigen acht Gulden jetzt alsbald auch eingeantwortet, entrichtet und bar bezahlt hab, sagen und zählen ihn, den Stoss, und alle seine Erben dieser bezahlten acht Gulden hiemit auf ewig auch quit, frei, ledig und los in bester Form, inmassen der Stoss diese Bekanntnus auch also angenommen hat". Zeugen waren Paulus Lengenfelder und Melchior Tetzel. (Cons. 75, fol. 176.) Wer von beiden Geschwistern an dem Zerwürfniss die grössere Schuld getragen, ob Bruder oder Schwester, entzieht sich aus begreiflichen Gründen dem Urtheil der späteren Nachwelt. Doch mag ein Erbe von des alten Veit Stoss hartnäckigem Geiste auch in der Tochter Margaretha geschlummert haben, und diese hartnäckige Unnachgiebigkeit mag sie noch in ihren letzten Willen hinein festgehalten haben.

Zu einer vollständigen Geschichte des Veit Stoss gehört namentlich seine in Krakau zugebrachte Lebenszeit, über welche Holland in „Deutsche Charakterbilder, München, 1864" von p. 115 anfangend, sich eingehend geäussert hat. Was die zweite in Nürnberg zugebrachte Lebenszeit des alten Meisters, insbesondere was seine häuslichen Verhältnisse anlangt, so dürfte in dem hier Mitgetheilten auf den Grund der erbschaftlichen Quittungen das möglichst Genaue gegeben sein. Vor allen Dingen verschwindet die in dem Campe'schen Abdruck der Neudörfer'schen Handschrift — man weiss nicht woher — spukende Barbara Herzin, die ihm als zweite Frau beigelegt wird, in Nacht und Nebel, und macht der Christina Reinoltin Platz, die er bald nach seiner Ueberkunft nach Nürnberg geheiratet, wahrscheinlich schon 1497, und mit ihr bis an ihren Tod 1526 gehaust hatte. Schon Heller (a. 1822) erwähnt des Todes der Christina (p. 61, Anm. 3), und noch früher (1803) hatte Murr in Kiefhaber's Nachrichten Bd. I. sowohl der Christina als auch ihres Mannes Todesjahr, aus zuverlässiger Quelle entnommen, abdrucken lassen. Das half aber Alles nichts. Nachdem einmal im Campe'schen Abdruck die Spukgestalt der Barbara Herzin aufgetaucht war, griff die Schaar der buchmachenden Literaten nach derselben, und sie musste entweder als seine erste oder auch als seine zweite Frau dienen. Man sollte sich bei so bewandten Sachen von Quellenstudium zu reden wohl in Acht nehmen. Allerdings musste der selbstbewusste Ton der Vorrede, die dem Abdruck von 1828 vorausgeht, dem Publicum imponiren, aber es bringt der vielgerühmten deutschen Gründlichkeit wenig Ehre, dass die falsche Barbara Herzin und auch das falsche Todesjahr 1542 (dieses jedoch nicht bei Holland) bei den Meisten festgehalten worden sind. Auch wird man erkennen, dass Veit und Philipp, welche bei Neudörfer die Schreibekunst erlernten, in kaiserliche Dienste traten und sogar geadelt worden sein sollen (Holland p. 132) unmöglich Söhne des alten Veit Stoss gewesen sein konnten; Söhne Wilibald's, also Enkel, mögen sie gewesen sein.

Es sind in des wackern Meisters Veit Leben noch mehrere unaufgehellte Punkte, auf welche ein künftiger Biograph, dessen Veit Stoss gewiss nicht unwürdig ist, sein Augenmerk zu richten hätte. Vor Allem scheint, wie schon gesagt, die krakauische Periode genauer als es bis jetzt geschehen zu sein scheint, zu behandeln und auszumitteln, wer seine erste Frau gewesen, die ihm ein ziemliches Vermögen zugebracht haben muss, da die von ihr geborenen Kinder — und deren sind die meisten — über 225 f. mütterliches Erbtheil quittiren, ob sie ihm aus Nürnberg gefolgt oder, was wahrscheinlicher, ob er sie erst in Krakau gewann; ferner, wie die Tochter geheissen, die den Georg Trummer heiratete, und wie sich das Verhältniss des Schwähers zum Eidam aus einem freundlichen in ein feindliches gestaltete; endlich dürften die Altersverhältnisse der Söhne, insbesondere des Dr. Andreas und der beiden verschollenen, Sebastian und Adrian, noch möglichst genau festzustellen sein. Durch Baader's Beiträge und die vorliegenden Mittheilungen dürfte eine ziemliche Fülle Material gegeben sein, die Aufgabe selbst aber dürfte, wenn auch wesentlich gefördert, doch noch lange nicht erledigt sein.

Die von Heller bereits angebahnte Beantwortung der Frage, ob Veit Stoss auch ausser der Bildschnitzerei auf anderen Gebieten der plastischen Kunst, als dem Malen und Kupferstechen, etwas geleistet, was nicht nur Neudörfer schon ausspricht, sondern auch Holland (p. 120) durch Anführung von Kupferstichen belegt, dürfte ebenfalls eine besondere Aufgabe des künftigen Biographen sein.

Hier ist aus guten Gründen davon abgesehen und nur des noch vorhandenen Englischen Grusses Erwähnung gethan worden.

Was Neudörfer am Ende seines Artikels von dem sogenannten bösen Bolz erwähnt, muss auf sich beruhen, da nur ein Zufall auf die Entdeckung dieser ganz unbekannten Grösse führen kann.

27. PETER FLÖTNER, BILDHAUER.

Was für klein Ding dieser Flötner gemacht hat, das zeigt noch heutigs Tags seine Arbeit an. Er machte aber und schnitt an einem Kühhorn 113 veränderliche Angesichter, von Manns und Weibs Personen, er schnitt auch an die Corallenzinken Thierlein und Müschelein, als wären sie daran gewachsen. Seine Lust aber in täglicher Arbeit war in weissen Stein zu schneiden, das waren aber nichts anders dann Historien, den Goldschmiden zum Treiben und Giessen, damit sie ihre Arbeit bekleideten, geordnet. In Perspectiv und Masswerk war er also erfahren, dass ich achte, so nebenbemelter Veit Stoss gelebt hätte, er würde ihm den Preis zugelassen haben, und wo er einen Verleger gehabt hätte, würde er in grossen Werken nicht weniger dann in kleinen Dingen gewaltig gewest sein, wie dann das steinerne Camin in des Hirschvogels Haus am Schwabenberg wol Zeugniss giebt. Den mehrern Theil seiner Kunst und Arbeit hat Jacob Hoffman, Goldschmid, von ihm erkauft. — Was aber dieser Flötner für sich selbst gemacht hat oder machet, das mussten eitel wüste und abscheuliche Angesichter und Gemäld in Form der langen Creuzfahrten von Mönchen, Nonnen und Pfaffen, die er gerissen und in Druck geben hat, sein. (Starb 1546 den 23 Oct.)

Die Variante Kirschkern statt Kühhorn ist ein Unsinn. Da Veit Stoss 1533 starb, so muss Flötner nur kurze Zeit seine Kunstfertigkeit getrieben haben, weil er schon 1546 starb. Welches Haus am Schwabenberg das Hirschvogel's gewesen sei, ist unbestimmbar; unter dem Hirschvogel ist vielleicht Augustin gemeint. Jacob Hoffman wird von Neudörfer selbst weiter unten besprochen. Doppelmayr hat diesen Artikel natürlich ebenfalls aufgenommen, aber den weissen Stein in Stechstein verändert, was wahrscheinlich heissen soll Speckstein. — Rettberg im Kunstleben (p. 160) führt mehrere von ihm noch vorhandene Kunstsachen auf.

Peter Flötner, Bildhauer, war mit Bernhard Schaller Vormund über Jorgen Sonnenschein's seligen Kinder, Katharina Sebald Merkel's Ehewirthin und Hanns Sonnenschein, beide unmündig. Mittwoch 22. März 1542. (Lit. 54, fol. 103 b.)

28. JOHANN TESCHLER, BILDHAUER.

Nicht weniger ist auch dieser Teschler in allen Dingen, wie jetzt gemelter Flötner, künstlich geübt und erfahren; seine Lust war in Marmelstein zu schneiden, daraus machte er ganze Bildnisse von solcher lieblichen und gerechten Proportion, dass es wunderbarlich zu sehen war. In Conterfetten war er sehr fleissig und bei dem Erzherzog Maximilian fast angenehm. Er zog auch auf die Reichstag, darauf er grosse Herren conterfettet. Damit er aber seiner Kunst begründet werden möcht, reiset er, in ehelichem Stand, mit Vergunst seiner frommen Ehewirtin, zwei Jahr in Welschland und davon bracht er aus Venedig, aus Rom und andern Orten viel schöner Kunst und Verzeichnuss.

Heller führt an, dass Doppelmayr sage, er starb nach 1546. Seine Frau Anna starb 1559.

29. HIERONYMUS GÄRTNER.

Dieweil ich jetzt von kleinen subtilen Werken pfleg zu schreiben, kann ich dieses erbaren Mannes Fleiss nicht verhalten, wiewol er in der Architectur fast erfahren war und im Wasserleiten und dasselbig mit Pumpen zu zwingen, sehr verständig, so war doch dieser Zeit mit seinem köstlichen Werkzeug und Drehen nicht seines gleichen. Er war aus der Hand zu schnitzen sehr fleissig, denn er hat aus einem Hölzlein, ungefähr des Zeigefingers länge, eine Weichsel oder Kirsche mit ihrem Stiel ganz künstlich geschnitzt, aber das Grösste und Lobwürdigste ist, dass er von selbigem Hölzlein oben auf das Kirschlein eine Mücke von Flügeln, Füssen und allem andern, so conterfettlich schnitt, als wäre sie lebendig, es war auch alles so subtil, wo man ein einig daran blies, so beweget sich der Kirschenstiel und die Mücke. Er machte dem König aus Engelland eine schöne Visirung von Holz, ungefähr einer Ellen lang, das war ein einig Wasserrad und trieb, dass man darauf mahlen, schleifen, policren und mangen mocht. Er wurd alt, hätt kein Weib, seinen Tisch und Unterhaltung hatte er letzlich bei Herrn Jacob Welser. Er ward von vielen Chur und Fürsten zu den Bauräthen erfordert und gebraucht. Er leitete auch dem Churfürsten von Mainz einen gewaltigen springenden Brunnen oben aufs Schloss zu Aschaffenburg, dazu goss der ältere Peter Vischer einen St. Martinum mit dem churfürstlichen Wappen.

(Zusatz aus Campe und Heller). Dieser Zeit waren viel von den erbarn Geschlechten, die ihre Lust nit allein von Künsten zu reden hatten, auch verstanden, dieselbigen ins Werk zu bringen. Es war ein Schlüsselfelder hinter St. Lorenzen sehr künstlich und der Architectur verständig, machte die Visirung zu des Wolfgang Eisen Haus an der Pegnitz. Sein Vorhaben und Gedanken waren darauf gerichtet, wie er ein Rad machen möcht, das sich mit eigner gewichtlicher Beschwerung für und für selbst trieb, davon hab ich etlich Stück gehangen und geschaffen gesehen, die ganz fleissig zugericht und alles ob es möglich wär, zu Werk zu bringen geordnet. Andere befliessen sich mit Feuerwerk, Perspective, Feldermessen u. dgl.

Er (nämlich Hieronymus Gärtner) starb 7. Sept. 1540.

30. HANNS FREY.

Und zwar in solcher Zahl erbarer Künstler kann ich nicht aussen lassen diesen kunstreichen alten Freyen, der in allen Dingen erfahren war. Der Musik hatte er Verstand, für einen guten Harfenschläger war er berühmt, hatte einen guten Verstand, das Wasser mit Luft in die Höhe zu bringen; er machte aus Kupfer allerlei Bilder, Manns und Weibspersonen, die waren inwendig hohl, und also durch Gebläse zugerichtet, dass das eingegossene Wasser ihnen oben zum Kopf oder andern Orten in der Höhe heraus sprang, und mocht ein Jeder solchen Brunnen tragen und mitten in einen Saal setzen und zu zierlichen Ehren gebrauchen, wie denn bei Herrn Hannsen Ebner noch einer zu sehen ist. Dieser Frey gab seine Tochter dem grossen künstlichen Maler Albrecht Dürer zu der Ehe, er hatte aber kein Kind mit ihr erzeugt. Er ward Genannter des grössern Raths 1496. Seine Ehewirtin starb 1521, er selbst 1523 an Unser Frauen Opferung Tag den 21. Novembris.

In den 1870 Nürnberg bei Fr. Korn erschienenen „Personen Namen Albrecht Dürers" ist p. 12 ff. über Hanns Frey Alles gesagt, was auf Grund urkundlicher Zeugnisse über ihn gesagt werden kann und worin namentlich der irrige Wahn, er sei ein Handwerker und Agnes, seine Tochter, Dürer's Frau, habe als Handwerkerstochter eine ihres hochstrebenden Mannes unwürdige Gesinnung von Haus aus besessen und sei bestrebt gewesen, ihn zu ihrer eigenen Niedrigkeit herunter zu ziehen, in seiner Grundlosigkeit dargethan wird. Neudörfer ist übrigens ganz ausser Schuld an diesem Wahn, denn er spricht von Hanns Frey nur als von einem in mancherlei Kunst, in Musik und Physik, wol bewanderten Dilettanten, der zu keiner Profession, wie die vorhergenannten Meister, die als Steinmetzen, Goldschmide, Zimmerleute u. s. w. prädicirt sind, gehört hatte. Doppelmayr gibt ihm den Titel Mechanicus. Heller ergreift diese Gelegenheit, um über Agnes, Dürer's Frau, herzufallen und die allbekannte Stelle aus Pirkheimer's Brief an Johann Tscherte, worin sie als die Ursache von Dürer's Tod bezeichnet wird, abermals wiederzugeben. Es würde, nachdem Moritz Thausing diese Frage eingehend und lichtvoll behandelt hat, verlorene und ganz überflüssige Mühe sein, hier diese Fehde aufs Neue aufzunehmen, und man muss sich an der Zustimmung der Vorurtheilsfreien und Urtheilsfähigen, seien sie auch die Minderzahl, genügen lassen. Hier nur so viel. Hanns Frey gehörte als letzter Abkömmling zu einer zwar nicht rathsfähigen, aber durchaus als ehrbar geachteten Familie, die Handel getrieben hatte und innerhalb der Stadt wie ausserhalb Liegenschaften besass. Auf dem beim 5ten Band der Städtechroniken befindlichen Stadtplan sind die Freyischen Häuser am Markt, S. 18 und 19, angegeben, die Sebald Frey, seines Vaters Bruder, das eine an Hanns Gartner, das andere an Bernhard Walther, den bekannten Astronomen, verkaufte. Er selbst, Hanns Frey, heiratete Anna Rumlin, aus der wohlbekannten patriciatischen Familie, und hatte mit ihr zwei Töchter, die argverleumdete Agnes, die bekanntlich 1494 Dürer's Frau wurde, und Katharina, die später Martin Zinner nahm, den sie überlebte. Als Hanns Frey 1523 gestorben war, fand sich ein Nachlass von baaren 455 f. und einem auf der Losungstube angelegten Capital von 600 f. vor. Hanns Frey liegt auf St. Johannis Kirchhof nro. 649 begraben und der Stein ist mit dem Frey- und Rumlischen Wappen und den Worten: „der Freyen Begrebnus" bezeichnet, wozu später noch die Erinnerungen an Albrecht Dürer hinzugekommen sind.

31. HANNS KRUG DER ÄLTERE, GOLDSCHMID.

Dieser alte Krug war in allem Dem so zum Goldschmidhandwerk gehörig, geschickt und erfahren, sonderlich aber war er des Kornens, Probirens, Schmelzens und Scheidens ganz hoch berühmt, darum ihn denn auch ein erber Rath, als die Schau noch unterm Rathhaus war, zu einem Schaumeister gemacht hat. Er verliess zwei kunstreiche Söhne und starb 1514.

Er wurde Meister 1484 am Mittwoch Nerei et Achillei (12. Mai), gab 10 f. Stadtwährung und schwur ut in forma. Das Todesjahr 1514 ist falsch, er lebte noch 1516. Aus dem J. 1508 ist im Rathsbuch aufgezeichnet: Da sich Jakob Baner über Hannsen Krug, eines Raths geschwornen Amtmann in der Schau beklagt hatte, wie er vor einem Jahr von Hannsen Degersen und seiner Gesellschaft ein Stück Silber erkauft, das ihm durch dieselben in die Schau geliefert und daselbst gewogen sei, dass es habe 122 Mark 1 Loth 1 Quint, wie er es dann für dasselbe Gewicht bezahlt und sofort in die Münze gen Polen geschickt, habe man daselbst an dem Stück Silber gefunden, dass es sich dem angesagten Gewicht nicht vergleiche und ein merklicher Abgang daran sei, nemlich 25 Mark minder als hie in der Schau angesagt sei, darum er zu Erkundigung der Wahrheit dieses Stück Silber wieder habe herausbringen lassen, da habe sich der Fehl eigentlich erfunden, und er demnach bei den Verkäufern so viel gehandelt, dass ihm um den Abgang Widerlegung geschehen sei, und dieweil er dann mit Hin und Widerschicken desselben grosse Kosten gelitten habe, zusammt der Wagniss und Versäumniss, sei seine Bitte, erstlich mit dem genannten Krug zu schaffen, ihm eine Urkunde zu geben, damit er den Münzherren zu Polen anzeigen könne, dass seinethalben hierin nicht gefährlich gehandelt sei und er desshalben unschuldig und unverdächtigt bleibe, und zum Andern, dass er ihm Ersatz gebe für seine Schäden, die er zu mässigen einem erbern Rathe anheimstelle, wurde dieses mit weitläuftigem Inhalt seiner, des Baners, schriftlichen Supplication Hannsen Krug vorgehalten. Dieser verantwortete sich so, dass er sagte, er habe von dem gewogenen Silber nicht besonderes Wissen, möge das Uebersehen von seiner Knechte einem geschehen sein, vermeine nicht schuldig zu sein, ihm desshalb etwas zu thun oder dessen eine Urkunde zu geben, sondern er biete dem Baner darum das Recht. Dem Allem nach wurde am Samstag 19. Fbr. im Rath auf genugsames Verhör der Dinge ertheilt, dem Krug durch Hn. Jorg Haller und Hn. Hanns Volkamer zu sagen, und mit ihm zu verfügen, dass er Jacoben Baner eine gehörige Urkunde gebe, dass durch ihn oder seinen Gewalt an diesem Stück Silber ein ungefärliches Uebersehen geschehen, überrechnet und missgeschrieben sei, und dann der begehrten Widerlegung, der Kosten und Versäumniss halben, soll man mit ihm handeln, dass er Das einem Rath auch heimstelle, ein Rath wisse sich wol unverweislich zu halten. Im Spätjahr liess man am 11. Oct. ihm verbieten, in der Zeit, da er nicht Silber münze, Wechsel mit silberner Münze um Geld zu treiben, auch nicht gewöhnlichen Wechsel zu treiben, welches gemeiner Stadt in der Wechsel bisher Abgang und Nachtheil gebracht habe, er soll auch um diesen getriebenen Wechsel mit Rüg vorgenommen und laut dem Gesetze gestraft werden. — Diese Vorfälle mögen ihn veranlasst haben, am 26. Fbr. 1509 zu kündigen, was angenommen und Hanns König, jedoch erst von Allerheiligen an, zu seinem Nachfolger bestellt wurde.

Diese mit dem ältern Hanns Krug gehabten Erlebnisse mögen zu den strengen Bedingungen, die man dem jüngern auflegen wollte, veranlasst haben.

32. HANNS GLIM, GOLDSCHMID.

Dieser Glim ist in den grossen Werken der silbernen Bilder von ganzen Stücken zu treiben hoch berühmt gewest, dazu hat er viel Kupfer und Kunst gestochen, derhalben auch Albrecht Dürer mit ihm in guter Verwandtnuss war und malet ihm von Oelfarben eine schöne Tafel, nemlich eine Abnehmung Christi vom Kreuz, die liess er für sich und seine verstorbene zwei Weiber in die Predigerkirche, an die Säule der rechten Hand neben dem Predigtstuhl aufhenken. Als aber sein Sohn seine Güter gar verschwendet hat, verkaufte er auch diese Tafel aus der Kirche an Herrn Hanns Ebner den ältern. Als aber nun gedachter Glim zu einem ruhigen Alter kam, ward er auch der Reformation und Rechten so läufig, dass er ihm und Andern advociret; letztlich traf ihn der Schlag, dass er ferner sich zur Kindheit nahet.

Ein Hanns Glym ist aus dieser ganzen Zeit, welche Neudörfer im Auge haben konnte, nicht auffindbar, auch hat Heller nichts beibringen können. Wol aber kommt Albrecht Glym vielmals vor, der ein bedeutender Goldschmid gewesen war, und nicht nur zwei Weiber hatte, deren zweite, Elsbeth Spalterin, Sebald Deichsler's Wittwe, aus einer geachteten Familie war, ihm auch ein schönes Stück Geld — für jene Zeit — zubrachte, sondern sogar drei, deren dritte, Margareth genannt, ihn überlebte. Aber die oben befindlichen Angaben sind zu unsicher, um auf diese hin einen bestimmten Beweis, dass ein Irrthum, wie bei Pülman, Heuss u. s. w. vorliege, gründen zu können.

33. HANNS KRUG DER JÜNGERE.

Des schon gemelten Hanns Krug ältester Sohn ward die Münzeisen zu schneiden und Probierwagen zu machen für einen fürnehmen Mann gerechnet.

Laut der am Montag nach St. Ursula (23. Oct.) 1512 aufgesetzten Heiratsabrede heiratete er Barbara, der Beatrix Lotterin Tochter (Lit. 27, fol. 227) und gab, nach dem Bürgerbuch, am Samstag nach Bartholomäi (27. Aug.) 1513 zehen f. Währung für das Meisterrecht. Am 14. April 1513 wurde er, der junge Hanns Krug, zu einem Eisengraber (Münzstempelverfertiger) bestellt und sollen ihm 8 f. zu Rüstgeld (Anschaffung von Werkzeug) gegeben werden. Nach dem Tode Heinrich Ering's wurde er am Montag 19. Oct. 1519 zu einem Probierer und Amtmann in der Schau (Münzwardein) ernannt, zunächst auf Probe, sollte jedoch zuvor mit 2000 f. Bürgschaft thun, damit, wenn Jemand durch seinen Unfleiss oder Versäumniss in der Schau Schaden nehme, seine Bürgen darum verhaftet, schuldig und pflichtig sein sollten, diesen Schaden abzulegen oder sich darum zu vertragen. Seiner Bürgen, Hannsen Teuernfelders und Michel Krugs, beschloss man sich genügen zu lassen, doch so, dass er, Hanns Krug, und seine Ehefrau, eine Verschreibung thun, wenn durch ihre gedingte Knechte und Ehehalten einiger Schaden geschehe, dieselben zu Erstattung bei Verpfändung aller ihrer Hab und Güter, und dann der benannten Bürgen halb, dass die Bürgschaft allein auf Krugs Person gestellt werde, um 2000 f. verpflichtet zu sein. Ueber diese wesentlich geänderten Bedingungen, die dem Hanns Krug zu unbillig geschienen haben mögen, zerschlug sich die Sache, und am 4. Nov. wurde Jacob Wigelin als Probierer und Amtmann in der Schau, und zwar ohne Bürgschaft, angenommen, doch ihm eingebunden und befohlen, wenn Jemand Silber probiere, soll er das nicht über einen Tag in seiner Verwahrung behalten, sondern einem Jeden wiederum zustellen, doch einem Jeden an die Tafel schreiben, wie viel es sei und wem es zustehe. (Rathsbuch.)

Es ist aber nöthig, hier auf seine Familienverhältnisse zurückzugehen. Hanns Krug der ältere hinterliess von zwei Frauen, beide Ursula geheissen, von denen die zweite, nach Urkunde von 1503, eine Tochter Hannsen Fugger's von seiner ersten Frau, Christina Eschenloherin war, sechs Kinder, Hanns, Ludwig, Erasmus, Paulus, Endres und Ursula. Diese drei letztern standen 1519 noch unter Vormundschaft Albrecht Glym's und Michel Krug's, ihres Vettern, ohne Zweifel Vatersbruders, beider Goldschmide, und verkauften, wobei Hanns und Ludwig als mündig erscheinen und Ludwig für seinen Bruder Erasmus bevollmächtigt ist, die andern Kinder aber durch die Vormünder vertreten werden, ihr elterliches Haus am

Obstmarkt an einem Eck neben Katharina Feuchterin und hinten an Hannsen Trosts Behausungen gelegen, nach eingeholter obrigkeitlicher Erlaubniss, an eben diesen Michel Krug um 800 f. rh., am 15. Juli. Lit. 34, fol. 106. Paulus muss gleich darauf zur Mündigkeit gelangt sein, denn Hanns, Ludwig und Paulus, Söhne der ersten Frau, Ludwig abermals als bevollmächtigter Anwalt Erasmus Krug's, ihrer aller Bruders, bekennen am 25. Sept. 1519, dass Albrecht Glym, Michel Krug und Ursula, Hannsen Krug's seligen Wittwe, ihre Stiefmutter, als Vollzieher des väterlichen Testaments, ihnen all ihr Erbtheil übergeben haben. (Lit. 34, fol. 27.) Es ist daraus zu ersehen, dass ein anderer Hanns Krug, als der hier genannte, damals nicht vorhanden war und dass, was wenn auch selten doch allerdings zuweilen z. B. bei den Neuscheln, vorkommt, ein anderer Sohn ebenfalls des Namens Hanns da gewesen wäre, dieses besonders bemerkt sein würde. Dies ist aber nicht der Fall. Was also von dem jüngern Hanns Krug, der 1519 Schauamtmann werden sollte, es aber nicht wurde, weil man ihm unbillige oder ihm wenigstens unbillig scheinende Bedingungen stellte, auf die er nicht eingehen zu dürfen glaubte, berichtet wird, kann nur von ihm gelten. Dass er, wie Heller, verführt durch Roth's Genanntenbuch, meint, er sei 1519 gestorben, ist schon desswegen nicht anzunehmen, weil die seinem Namen beigefügte Zahl nicht gerade seinen Tod bedeuten muss, sondern auch seinen freiwilligen oder auch unfreiwilligen Austritt aus dem Genannten-Collegium, und dass er ausgetreten sei, scheint nicht zu bezweifeln. Auch Baader (Beitr. 2, 22) glaubt nicht an seinen so frühen Tod, sondern lässt ihm 1535 durch den Rath erlauben, zwei Jahre lang, unentledigt seines Burgerrechtens, ausserhalb dieser Stadt zu wohnen und in fremden Landen seine Handtierung zu treiben. In den Jahrb. f. Kunstwiss. 1868, p. 248, wird seine Lebensdauer noch genauer bestimmt. ,,Hanns Krug der jüngere begab sich zu dem König von Ungarn, der ihn als Münzmeister aufnahm. Als er um das Jahr 1555 in Ungarn starb, wurde auf seine Verlassenschaft Arrest gelegt. Seine Kinder und Enkel, die zu Nürnberg wohnten, liessen durch den Rath 1555 bei der Königin Maria von Ungarn anfragen, ob denn die Beschlagnahme des Vermögens noch immer nicht aufgehoben sei." So Baader.

Mit diesen ohne Zweifel aus ganz zuverlässigen, weil archivalischen Quellen geflossenen Mittheilungen steht Folgendes in unvereinbarem Widerspruch. Am 12. Februar 1529 erschien Frau Katharina, Hannsen Krugs seligen, gewesenen Münzmeisters zu der Kremnitz, und jetzo Erasmus Gudis eheliche Hausfrau, in Beisein ihres Hauswirths, auch Barbara, ihrer Stieftochter, und mit ihr Michel Krug ihr Schwager, und sie, Katharina, und Michel Krug, übergaben eine schriftliche Bitte, nachdem ihr Hauswirth und Vetter seliger etliche Güter hieher gebracht und sie Micheln Krug zu getreuer Aufbewahrung übergeben, sei er auf der Heimreise unterwegs erkrankt und 1528 nach Ostern gestorben. Da er nun sie, Katharina, mit sechs Kindern, die, ausser zweien, noch unmündig seien, und ein ansehnlich Vermögen, theils in Nürnberg, theils in Kremnitz, hinterlassen, so sei ihre Bitte, obgleich sie nicht Bürger seien, angesehen die Türkengefahr und andere Umstände, ihnen hier in Nürnberg Vormünder zu setzen. Dieser Bitte wurde willfahrt. Die sich hieran knüpfenden Unterhandlungen, die zur Ordnung der Verhältnisse zwischen der Wittwe Katharina und den Vormündern gepflogen wurden, fanden erst am 7. April 1529 ihren Abschluss. Vormünder wurden Hanns Sailer, Michel Krug und Martin Kessler, denen auf besonderes Verlangen Katharina's noch Hanns Nembschky, der ersten Krugischen Kinder Mutter Bruder, beigegeben wurde, der auch von Krumenau, wohin er seit ein Paar Jahren von Nürnberg übergesiedelt war, am 1. März hieher kam und zu der Vormundschaft Pflicht that.

Aus den folgenden Handlungen werde hier nur bemerkt, dass Hanns Krug zu Juxtagron im Kloster St. Benedicten-Ordens am Donnerstag nach Vdalrici 9. Juli 1528 seinen letzten Willen gemacht und vermuthlich dort auch gestorben war. In demselben hatte er seine sechs Kinder, deren fünf, Wolfgang, Barbara, Margaretha, Dorothea, Christoff, von der ersten Frau waren, Lienhard, der etwa zwei Jahre alt war, von der zweiten, sämmtlich zu gleichen Theilen, und die Witwe zu einem Kindstheil zu Erben eingesetzt, so dass das ganze Vermögen in sieben gleiche Theile getheilt werden sollte, abgesehen von dem, was der Wittwe an Kleidern, Kleinodien und dgl. an sich gehörte. Von den Kindern war das älteste ein Sohn, etwa 14, das nächste, die Tochter Barbara, etwa 12 Jahr alt, diese beiden, für welche Curatel eintrat, waren mit der Stiefmutter und noch einem der Geschwister, nach Nürnberg gekommen, die anderen waren zu Hause gelassen worden. Dorthin wollte auch Katharina, nach Bereinigung der Sache, mit dem Manne zurückkehren, von den Daheimgebliebenen sollten die zwei von der ersten Frau geborenen, sobald es immer möglich, nach Wien geschickt und von da nach Nürnberg gebracht werden, um hier Lehre und Erziehung zu erhalten, das dritte, der Katharina eigenes Kind, solle vorläufig bei der Mutter bleiben und ihr die Vormünder ein jährliches Kostgeld von 18 f. zahlen. Erasmus Gudt, der jetzige Mann der Krugin, stand früher in des ersten Mannes Diensten und hatte noch für 2 Jahre rückständigen Lidlohn zu fordern, den ihm zum Betrage von $32\frac{1}{2}$ f. die Vormünder zustellten, desgleichen auch 68 f. 3 Ort rh., welche Hans Krug dreien seiner Diener schuldig geblieben sei, worüber er quittirte und die Quittungen der Andern hieher zu schicken versprach. Zeugen dieser am Mittwoch nach Quasimodogeniti 7. April 1529 geschlossenen Handlung waren Hanns Meichssner und Endres Pegnitzer. (Cons. 38, fol. 66—75.) Dass im Laufe der Jahre durch den Tod manche Veränderung, zumal unter den Vormündern, vorging, versteht sich von selbst; von den oben genannten war nach 12 Jahren keiner mehr am Leben, doch waren ihre Stellen ersetzt worden. Im Jahre 1541 bekannte Wolf Krug aus Ungarn von der Kremnitz, nachdem auf Absterben weiland Hannsen Krugs, ehedem gewesenen Münzmeisters in Ungarn, Katharina, desselben Wittib, seine liebe Mutter, jetzt Erasm. Gudis eheliche Hausfrau, viele Schulden, so sein Vater selig sollte schuldig geblieben sein, angesagt, aus welchem Vorgeben zur Fürsorge 2000 f. in Gold an jährliche Nutzung seien angelegt worden, um, wenn sich Jemand mit einer Forderung melden würde, denselben mit billiger Bezahlung nicht aufzuhalten, nun seien diese 2000 Goldgulden ohne Anforderung angelegt gewesen, an welchem ihm, Wolfen Krug, ein siebenter Theil zustehe, dass demnach Hanns Puchner, Jorg Winkler der Jüngere, und Jacob Renz, alle drei des Krugischen Geschäfts und Kinder Vormünder, ihm seinen siebenten Theil von der Hauptsumma der 2000 Goldgulden und desgleichen von der Abnutzung richtig ausgezahlt haben, bescheinigt er am Donnerstag 7. Juni 1541 mit Zeugniss von Benedict Fels und Jacob Salzmann. (Cons. 55, fol. 3 b.) Ohne Zweifel ist dieser Wolf der älteste von weiland Hannsen Krug's, Münzmeisters zu der Kremnits in Ungarn, nachgelassenen Kindern, damals (1529) 14, jetzt 26 Jahre alt. Weitere Nachweise über Hannsen Krug den jüngern zu geben dürfte überflüssig sein.

34. LUDWIG KRUG, GOLDSCHMID.

Ich könnt nicht erdenken, was diesem Ludwig Krug, obvermelten Krugen Sohn, an Verstand der Silber und Gold arbeit, im Reissen, Stechen, Graben, Schmelzen, Treiben, Malen, Schneiden, Conterfetten, sollt abgangen seyn, denn was obgemelter Frey von Kupfer, Bildnissen und Wassertreiben gemacht, das hat der aufs künstlichst von Silber getrieben, geschnitten und zu wegen gebracht. Welcher Kunst Hanns Koburger ihm für und für abkauft. Was er aber in Stein, Camel und Eisen schnitt, das war auch bei den Wahlen (Wälschen) löblich. Er hatte einen scharfsinnigen Kopf zu philosophiren.

Als aber Herr Melchior Pfinzing, Propst zu St. Sebald, welcher fürwahr von Kaiser Maximilian her im Giessen und andern Künsten begierig und verständig war, den Hanns Schwarzen von Augsburg (der dann zu der Zeit in Holz für den besten Conterfetter geachtet wurde) im Pfarrhof bei ihm hatte, war ich dabei, dass er zu diesem Schwarzen sagte, er sollt ihn conterfetten in Holz, so wollt er ihn dagegen einwarts in Stahl conterfetten, daraus man schliessen mag, was dieser Ludwig Krug für ein Künstler gewesen ist. In Z. 15 liest Heller „ein Werk" statt „einwarts" und lässt das vorhergehende „ihn" weg.

Nach dem Bürgerbuch gab Ludwig Krug am Samstag vor Jubilate (10. Mai) 1522, 10 f. für das Meisterrecht. Ueber die von ihm herrührenden Kupferstiche ist bei Heller, nach Bartsch, Näheres zu finden, so wie auch über den von Andern ihm gegebenen Namen Kruger oder Krüglein. Er starb, zufolge des von Heller citirten Necrol. Sebald. 1532, wo er als Ludwig Krug hinterm Rathhaus eingeschrieben ist. Auf einem Porträt mit der Jahreszahl 1523, das aber wohl spätere Arbeit ist, lautet die Unterschrift: Ludwig Krueg, Aurifaber, Pictor et Sculptor Norimbergae Clarissimus. Auch Rettberg (Kunstleben 80 und 159) gedenkt seiner und seiner Arbeiten, setzt aber mit 1450—1532 seine Lebensdauer zu hoch an. Er war erst 1522, zehen Jahre nach seinem Bruder Hanns Meister geworden. Seine Frau hiess Brigitta, mit der er ein Kind hatte. Zwischen Niklas Glockendon und Jorg Webler, als Vormündern Ludwig Krugs seligen Geschäfts und Kinds, und Brigitta, desselben Krugs Wittib, erhub sich Zwist, der am Freitag 23. Oct. 1532 dahin entschieden wurde, wenn Glockendon und Webler an Eidesstatt betheuern würden, sie hätten nicht anders verstanden und vermeint, als sie sollten allein Geschäftsvormünder sein, so sollten sie dieser Vormundschaft ledig sein. Sie leisteten dieses Gelöbniss. (Cons. 44, fol. 40.)

35. MELCHIOR BAYR, GOLDSCHMID.

Dieser Bayr ist mit Treiben, Reissen und grossen Werken von Silber zu machen berühmt. Er machet dem König in Polen eine ganz silberne Altartafel, die wog viel Mark. Zu solcher Tafel machet Peter Flötner die Patron und Figuren von Holz, aber Pancraz Labenwolf goss dieselben hölzernen Patronen von Messing, über diese messingene Tafeln wurden die silbernen Platten eingesenkt und getrieben. Ward Meister 1525.

Nach dem Bürgerbuch gab er Samstag nach Lichtmess 1525 4 f. für das Burgerrecht und am Montag darauf 10 f. für das Meisterrecht. Nach Doppelmayr starb er am 3. Aug. 1577. Anna, seine Frau, starb schon 1545. Er erscheint als Vertrauensmann 1528 in der Berechnung der Veit Hirschvoglischen Erben.

36. WENZEL UND ALBRECHT DIE JAMNITZER, GEBRÜDER, GOLDSCHMIDE.

Es möchte gesagt werden, dieweil diese bede Brüder meine Gefreunde sind, ich möcht derhalben des Lobens bei ihnen zu mild seyn, derhalben ichs E. E. Rath, meine günstige Herren und alle andere Kunstner, so ihr gemachte Arbeit und Werk täglich sehen, urtheilen will lassen, darum ich das, so sie täglich brauchen, will ein wenig unter die Hand nehmen. Das fürnehmste Stück aber, das mir von ihnen beden am besten gefällt, ist, dass sie ihren Vater und Mutter, damit sie ihnen Ehr und alles Gute erzeigen mögen, von Wien hieher haben bringen lassen, darum Gott auch gleich ihre Söhnlein, wie man sieht, mit Kunst und Gnaden begabet. Diese zwei Brüder sind auch in Erfindung der Kunst, auch in Vertheilung ihrer gemachten Arbeit also einig, dass keiner das Seine von dem Andern fordert, noch viel weniger das wenigst oder das meist vor dem Andern verbirgt. Sie arbeiten beide von Silber und Gold, haben der Perspectiv und Messwerk einen grossen Verstand, schneiden beide Wappen und Siegel in Silber, Stein und Eisen. Sie schmelzen die schönsten Farben von Glas, und haben das Silberätzen am höchsten gebracht, was sie aber von Thierlein, Würmlein, Kräutern und Schnecken von Silber giessen, und die silbernen Gefässe damit zieren, das ist vorhin nicht erhöret worden. Wie sie mich dann mit einer ganzen silbernen Schnecken, von allerlei Blümlein und Kräutlein gegossen, verehret haben, welche Blättlein und Kräutlein also subtil und dünn sind, dass sie auch ein Anblasen wehig macht, aber in dem allen geben sie Gott allein die Ehre.

Nachdem 1828 bei J. L. Schrag zu Nürnberg im dritten Heft der Nürnbergischen Künstler Wenzel Jamnitzer eingehend besprochen ist, so dürfte sich kaum etwas Erhebliches noch über ihn sagen lassen. Die Untersuchung, wie sein Namen eigentlich gelautet habe, ob Jamnitzer, Jamitzer, Gamitzer etc. scheint heut zu Tage von sehr geringer Bedeutung. Sein Geburtsjahr 1508 und Wien als seine Geburtsstadt ist festgestellt, aus amtlichen Quellen auch sein Todestag als der 15. Dec. 1588. Begraben ist er auf St. Johannis n. 664, unter einem dem Dürer'schen in der pultartigen Form gleichenden Grabstein. Er wurde 1556 zu einem Genannten des grössern Raths gewählt und ging als solcher seit 1571 aus dem Handwerk der Goldschmiede zu Rath, wesshalb er seit diesem Jahr amtlich den Titel Herr bekam. In Num. 1. des vom Baierischen Gewerbmuseum zu Nürnberg herausgegebenen, von Dr. O. von Schorn redigirten Blattes „Kunst und Gewerbe" ist im Jahrgg. 1874 ein eingehender, von dem Redacteur verfasster Artikel über Wenzel Jamnitzer, worin ausser dem bekannten Merklischen Tafelaufsatz auch andere theils wirklich von ihm herrührende, theils ihm nur zugeschriebene Arbeiten besprochen werden.

37. JACOB HOFFMANN, GOLDSCHMID.

Dieser Hoffmann, ob er wol mein Freund und Bruder ist, so weiss ich doch mit allen Kunstnern zu bezeugen, dass er in Conterfetten, Wappensteinschneiden, Treiben, Giessen, Schmelzen, Reissen, auch von Gold und Silber zu arbeiten, hocherfahren, darum er denn auch, von wegen seiner Leutseligkeit, bei Königen, Chur und Fürsten, auch dem Adel lieb und werth gehalten wird; was grossen Verstand er aber in der Symmetria hat, das geben seine grossen Werk, die er täglich in seiner Werkstatt aufbringt, zu erkennen.

Er war um das herkömmliche Geld, 10 f. Währung, am Samstag 19. Oct. 1533 als Meister aufgenommen worden, Genannter wurde er 1547, starb 16. März 1564. Am 29. Sept. 1543 verkaufen Katharina, Johann Neudörfers, und Clara, Jacob Hoffmanns Ehewirtin, mit Beistand ihrer Männer, Jacob Hoffmann und Mathes Hartmann, Hannsen Sidelmanns seligen zweier Kinder, die er mit genannter Katharina Neudörferin erzeugt, neben der Neudörferin gesetzte Vormünder ihre frei lauter eigene Behausung in St. Sebalds Pfarre, neben Jacob Hoffmanns Behausung unter der Veste gelegen, wie sie von ihrem lieben Ehewirth und Vater seligen auf sie erblich gekommen ist, an Steffan Kämmlein, mit besonders bedungener Gemeinschaftlichkeit der Mauer nächst dem Hoffmännischen, ehedem der Christina Michel Wolgemuts Malers Wittwe gehörigen Hause, und des Brunnens, um 2030 f. rh., wobei Paulus Lengenfelder und Georg Herz Zeugen waren. (Hausbrief von S. 495.)

Hanns Sidelmann war ein Goldschmied wie auch der kaufende Steffan Kämmlein, der 1531 gegen 4000 f. Caution nach Jacob Wigelein's Tod Amtmann in der Schau geworden war, welche Bürgschaft Jorg Diether, Arnold Wenk, Augustin Wigelein, und Katharina, Jacob Wigelein's Wittwe, am 2. Dec. für ihn übernehmen zu wollen zusagten. (Cons. 41, fol. 148 b.) Das Haus 495 hatte schon

Mathes Sidelmann, des Hanns Vater, auch ein Goldschmid, besessen. Die Witwe Hannsen Sidelmann's hatte, wie man sieht, den Johann Neudörfer, auch einen Witwer, geheiratet, Clara, ihre Stieftochter, war Jacob Hoffmann's Frau. Dieser besass das ehedem Michel Wolgemutische Haus S. 496. — Mathes Hartmann war ein Kürschner.

98. MICHEL WOLGEMUT, MALER.

Dieser Wolgemut ist seiner Zeit für einen guten künstlichen Maler und Reisser geacht gewest, darumb auch Albrecht Dürers Vater ihm, Wolgemut, seinen Sohn Albrechten zu lernen befohlen hat. Was aber gemelter Wolgemut zu der Zeit gerissen hat, findet man in der Nürnbergischen grossen Chronica; sein Gemäld aber ist die Tafel in der Augustiner Kirche gegen die Schustergasse, welches der Peringsdorffer hat machen lassen. Er starb 1519.

Erst die neuere Zeit fängt an, diesem fleissigen und kunstfertigen Mann eine verdiente Gerechtigkeit widerfahren zu lassen. So hat Rettberg im Kunstleben sich bemüht, seine vorhandenen Bilder namhaft zu machen und zu würdigen. Seinen Antheil an der Weltchronik Hartmann Schedel's berührt, wie oben zu sehen, auch Neudörfer, während Doppelmayr in unbegreiflicher Weise Hartman Schedel mit Herman Schedel, der 1485 starb, verwechselt, da doch Hartmann Schedel, der 1514 starb, das Erscheinen des Werkes nicht blos erlebte, sondern auch die Früchte dieser für alle Theilhaber gut ausgefallenen literarischen Unternehmung genoss. Diese Theilnehmer waren nämlich Sebald Schreier für sich selbst und mit Lazarus Holzschuher, als Vormunde Sebastian Kamermeisters seligen Geschäfts, an einem, und Michel Wolgemut für sich selbst, auch als ein Vormund Jungfrau Magdalena, Wilhelm Pleidenwurfs seligen verlassnen Tochter, Helena, vormals gemelten Wilhelm Pleidenwurfs und jetzo Simon Zwölfers ehelicher Hausfrau, auch derselb Simon Zwölfer und die obgedachte Magdalena, ihre Tochter, von gemeltem Pleidenwurf geboren, am andern Theile. Am 29. Dec. 1491 war das Unternehmen beschlossen worden und am 22. Juni 1509 rechneten die eben genannten mit einander ab, und jeder Theil bekam ausser empfangenen und gutgeschriebenen Exemplaren und Anweisung auf rückständige Schulden noch 98 f. bar, wobei die Kosten des Druckes durch Anthoni Koburger und der Autorsold für Hartman Schedel und andere Ausgaben für Buchbinder und Illuministen schon vorher erledigt waren. Sebastian Kammermeister, Schreier's Schwager, war 1503 gestorben ohne die Beendigung des Werkes erlebt zu haben, ebenso auch Wilhelm Pleidenwurf. Michel Wolgemut hatte, wie aus einem Ehevertrag vom 2. Fbr. 1495 hervorgeht, worin Wilhelm Pleidenwurf auch schon als selig, d. h. verstorben, erwähnt wird, Hannsen Pleidenwurfs, des Vaters, Witwe Barbara geheiratet. Helena, des jüngern Pleidenwurfs Witwe, war Dominicus Mülich's, Apothekers, Tochter, und es war natürlich, dass, als Dominicus Mülich starb, Michel Wolgemut als Vormund mit der Verlassenschaft betraut wurde, in welcher Eigenschaft mehrere Urkunden seiner gedenken. Dass Wolgemut S. 496 besass und bewohnte, geht aus vielen Urkunden hervor, obgleich es ihm nicht vergönnt war, das Haus lange bei seinem Namen zu erhalten. Von seiner zweiten Frau, die er wahrscheinlich schon in seinen ziemlich vorgerückten Jahren nahm, ist nur der Namen Christina bekannt. Sie behauptete sich noch einige Jahre in dem Hause unter der Veste. Hanns Umbhau der jüngere, anstatt und im Namen Hannsen Umbhaus seines Vaters, bekannte am 31. Jan. 1521, dass Michel Seybolt, Drahtzieher, Michel Reichenmüller, Gürtler, und Jobst Eyssler, Goldschmid, als Vormunde Michel Wolgemuts verlassener Kinder, 7½ f. jährlich Gatterzins, die gemelter sein Vater aus des benannten Wolgemuts Behausung an der Schildröhren, zwischen Jeronimus Rudolfs und Hanns Sidelmanns Häusern gelegen, gehabt, mit 150 f. abgekauft und ihm diese Summe mit allen verfallenen Zinsen bezahlt haben und sagt sie, ihre Pflegkinder und die Behausung im Namen seines Vaters und aller seiner Erben in der besten Form ledig und los. (Cons. 27, fol. 119 b.) — Herr Endres Imhof, im Namen und als Pfleger der armen Pilgram zu St. Martha hie zu Nürnberg, bekennt, dass Christina, Michel Wolgemuts seligen gelassne Wittwe die 15 Pfennige jährliches Zins, so das bemelt Almosen auf ihrem Haus und Hofrait allhie in St. Sebalds Pfarr, unter der Vesten, bei der Schildröhren, zwischen Hannsen Sidelmanns und Jeronimus Rudolfs Häusern gelegen, gehabt, und er, der Pfleger, vor Kurzem vom Kloster Heilsbronn dazu erkauft, mit 12 Pfd. und 15 Pfg., die sie ihm dafür bezahlt, wieder abgekauft und dadurch dasselb ihr Haus von dieser Beschwerd gänzlich geledigt hat, sagt demnach für sich und seine nachkommende Pfleger sie, die Wolgemutin, und ihre Erben, auch das Haus um das Alles ledig und los, in bester Form, Zeugen sind Joachim Haller und Sigmund Held. Geschehen Mittwoch praesentacionis Mariae 21. Nov. 1526. (Cons. 34, fol. 149 b.) — Aus demselben Jahre führt Baader (Beitr. 2, 42) an, dass eine Malerin Christina, Michel Wolgemut's Witwe, einige Anforderungen an den Abt zu Münchaurach und an den Markgrafen Casimir, der die Schulden desselben übernommen hatte, zu machen hatte. Der Rath unterstützt sie hierin und spricht von ihren Kindern und ihrem „grossen Unvermögen". Ebenfalls Baader (in Jahrb. f. Kstwissensch. 1868, p. 224) sagt: Die Malerin Christina Wolgemutin erhob im J. 1530 eine

Schuldforderung an das Gotteshaus zu Windelsbach bei Culmberg, und zwar für eine „gemalte Tafel", die schon früher verfertigt worden. Der Rath nahm sich nun der Malerin an und liess die Gemeinde Windelsbach auffordern, sie soll nach so langer Zeit endlich einmal zahlen und sich nicht mit der Ausrede behelfen, die Tafel sei zu ihrem Wolgefallen nit gemacht, das hätte sie gleich und nicht jetzt erst ahnden sollen. — Im Jahre 1540 starb, in der Stadt Krems der Maler Michel Wolgemut. Dass er aus Nürnberg stammte, leidet keinen Zweifel, denn seine Mutter, seine Schwester und sein Schwager lebten daselbst und baten den Rath er möge sich bei der Stadt Krems verwenden, dass ihnen die Verlassenschaft ihres Sohns und Bruders verabfolgt werde. Der Rath nahm sich der Sache an. Soviel Baader.

Eine hauptsächlich durch Endres Wolgemut, dessen Herkunft aus Goslar stammte, vertretene Kaufmannsfamilie, hängt mit dem Maler nicht zusammen.

39. HANNS BEUERLEIN, MALER.

Ich finde unter allen Gemälden hier keines, das mir so wol gefällt, als dieser Beuerlein in dem untern Kreuzgang im Prediger Kloster ein Kreuz mit Schächern, an der Wand mit Oelfarben ao. 1493 gemalt, dabei er auch unterm Kreuz neben andern Juden, in einem Zipfelpelz, und auf dem Haupt ein rothes Schäplein, sich selbst conterfeyet hat, an welchem ein jeder Verständiger in der Physiognomia sehen und erkennen muss, was dieser Mann für einen Geist gehabt haben muss, und obgleich nicht mehr als die zwei so auf den Pferden sitzen, gemalt vorhanden wären, möchte doch sein Verstand genugsam daraus geurtheilt werden. Starb gegen ao. 1500.

Da Doppelmayr diese kurze Notiz (p. 177) noch enger zusammenzieht, auch Rettberg im Kunstleben ihn nicht einmal nennt, so wird, zumal bei dem Schicksal, dem nicht blos die Prediger-Kirche sondern auch die zwar noch bestehenden und Spuren ehemaliger Bemalung zeigenden, eigentlich aber demolirten Kreuzgänge verfallen sind, es genügen, diese Aufzeichnung einfach zu wiederholen.

40. JACOB, WALCH GENANNT, MALER.

Ich habe zwei Stück gesehen, die dieser Walch gemacht hat, das eine ist mir entfallen, das andere ist Herrn Friedrich

Behaims Vater, der ein Baumeister gewesen ist, Conterfey, an welchen einigen Bild man sehen mag, was dieser Walch für eine Hand und Verstand gehabt hat. Hanns von Culmbach, der die lange Tafel a. 1513 Herrn Doctor Sixt Tucher, Propsts, Gedächtnuss neben der Sacristei zu St. Sebald gemalt hat, ist sein Lehrjung gewesen.

Da auch Dürer in seinem zweiten Brief aus Venedig (Thausing in den Quellenschrift. III. p. 6. Z. 19) dieses Meister Jacob gedenkt, so glaubte sich Campe in den Reliquien (a. 1828) p. 12 und 32 befugt, das Dunkel, das über dieser Persönlichkeit schwebte, dadurch aufzuhellen, dass er ihn für Jacob Elsner erklärt, von dem er selbst zwei Bilder besitze, ohne übrigens ihren Gegenstand näher zu bezeichnen, und ohne dass in dem 1847 erschienenen Katalog seiner Sammlung diese Bilder aufgeführt wären. Freilich sind die Oelgemälde in dem Katalog nicht enthalten und es mögen Oelbilder gewesen sein. Bei den im J. 1870 als Vorläufer zu einer nicht zu Stande gekommenen Dürerfeier erschienenen „Personennamen" musste der Verfasser p. 33, n. 17 auch auf diesen Namen zurückkommen (da Doppelmayr gar nichts gab, als was er in Neudörfer gefunden hatte, und Rettberg im Kunstleben p. 74 ihn für einen nur dem Namen nach bekannten Maler erklärte, dem man wol einige Malereien, auch Kupferstiche zuschreibe, aber nur als Vermuthungen), und sich bestimmt gegen Campe's Aufstellung aussprechen, indem aus Allem hervorgehe, dass dieser Meister Jacob nicht nur kein Nürnberger, sondern nicht einmal ein Deutscher, vielmehr ein Wahle, Walch, Wälscher, Italiener, gewesen sei. Ihn mit Namen zu bezeichnen, überliess er billig den mit diesem Theil der Kunstgeschichte vertrauten Männern. Die weitere Lösung liess nicht lange auf sich warten. Schon 1871 in dem Artikel: Eine Anbetung der Könige von Hanns von Kulmbach, von C. von Lützow, p. 330 in der Zeitschrift f. bildende Kunst, Heft II., wurde ausgesprochen: Er hiess Jacopo de Barbaris, dessen Lehrjunge Hans Wagner (?) von Kulmbach gewesen sein soll, bevor er in Dürer's Werkstatt eintrat. (Wegen des ? siehe den Artikel 42.) Und nun hat M. Thausing auf S. 187, Anm. zu p. 6, 10 über diesen Meister Jacopo de Barbari, auch Meister mit dem Mercuriusstabe genannt, soviel beigebracht, dass jeder Zweifel über die Identität schwinden muss. Auch sein bei Neudörfer u. s. f. auf 1500 gesetztes Todesjahr ist falsch, da er 1510 als Hofmaler in Diensten der Erzherzogin Margarethe, der Regentin der Niederlande, erscheint, aber allerdings schon 1516 als gestorben genannt wird.

41. ALBRECHT DÜRER, MALER.

Mein Fürnehmen ist nicht, dieses Albrecht Dürers Vater, der auch Albrecht geheissen war, geboren 1427, gestorben 1502, und ein Goldschmid gewesen zu Jula, nahe bei der Stadt Weradein in Ungarn, in einem Dörflein, Namens Eytas, wo er mit Haus gesessen, auch seiner tugendsamen Mutter Barbara Hallerin, verheiratet 1467, Leben und Wesen, welcher sie doch vor Männiglich berühmt gewesen, zu beschreiben, sondern allein, was ihr Sohn Albrecht, der sie in ihren alten Tagen ernähret hat, für ein kunstreicher Mann gewesen ist, inmassen nun Albrecht Dürer der jüngere bei 13 Jahren alt gewesen ist, hat ihn ermelter sein Vater in Deutschland geschicket, in Meinung, ihn zu Nürnberg bei Martin Schön, dem Maler, in die Lernung zu thun, aber da er gen Nürnberg kommen, ist gedachter Martin Schön kurz davor Todes verblichen, derhalben er ihn zu Michel Wolgemut, Malern, der damals unter der Vesten gesessen, gethan, anno 1486 an St. Endrestag, und drei Jahr bei ihm gelernet, nachmals da er gewandert, und Deutschland durchzogen und besehen, ist er gen Colmar zu Caspar und Paulus, Goldschmiden, Ludwigen, den Maler, und zu Basel zu Georgen, Goldschmiden, allen vieren, des obbemelten Martin Schön Brüdern kommen, von denen allen er ehrlich empfangen und freundlich gehalten worden; als er aber seiner Kunst weit nachgewandert, hat er nichts desto weniger mit Conterfetten der Leute, Landschaften und Städte seine Zeit zubracht. Eine schöne Tafel machet er zu Venedig. Zu Antorff luden ihn etlich hundert Maler zu Gast und erzeigten ihm Ehr, als wär er ihr Vater. Kaiser Maximilian gab ihm jährlich hundert Gulden, dem riss er die Ehrenpforten, und sonsten mancherlei schöne Figuren und Gemäld, dazu dieser Theuerdank ein grosse Lust hatte. Der König aus Engelland begabet ihn hoch, und andere Chur- und Fürsten, die er conterfettet hat, verehrten ihn trefflich. Bei einem erbern Rath war er angenehm, war Genannter des grössern Raths a. 1509, und mit dem Gespräch so weise und lieblich, als sei er ein Rathsfreund mit ihnen gewest. Er malet die Tafel zu Allerheiligen, und verehret meinen Herren, den Rath, mit vier Bildern in Mannesgrösse, in der obern Regiments Stube, von Oelfarben gemalt, darin man eigentlich einen Sanguinicum, Cholericum, Phlegmaticum et Melancholicum erkennen mag. Die Bücher, so er gemacht hat, a. 1515 von Gebäuen, von Zirkel und Messwerk, und a. 1528, auch von menschlicher Proportion, sind vor Augen, und so einer alle seine gerissene und gestochene Kunst kaufen will, deren ein grosse Meng ist, kann ers unter 9 f. nicht wol zu wegen bringen. Ao. 1494 nach Pfingsten kam er wieder nach Haus und verheiratete sich noch desselben Jahrs mit Jungfrau Agnes, Hanns Freyen Tochter. Starb 1528 den 6. April, führte auf seinen Gemälden und Kupferstichen dieses Zeichen

AD

Es wird hoffentlich nicht erwartet werden, dass der verworrene Bericht, den Neudörfer in Vorstehendem über des grossen Meisters Leben und Werke gibt, zu entwirren und zu berichtigen gesucht werde. Ein günstiges Geschick hat in dieser Beziehung schon längst über den Mann, der nicht blos in dem engen Kreise seiner Heimath gross und berühmt war, sondern dessen Namen überall hin, wo die Kunst auf Anerkennung rechnen durfte, seine wolverdiente Ehre gefunden hat, gewaltet. Und zwar ist nicht erst seit neuerer Zeit, in welcher der Namen Dürer gewissermassen das Losungswort der deutschen Kunst geworden ist, mit der seinem Genius dargebrachten Huldigung zugleich das Bestreben rege geworden, Alles, was ihn der Gegenwart näher zu bringen vermöchte, aufzusuchen und den Nebel zu beseitigen, den die unklaren Berichte der Vergangenheit um ihn gebildet haben. Die Thätigkeit hierin war nicht auf Nürnberg beschränkt, sondern von allen Seiten wurden hiezu Beiträge gespendet. Mit den Namen Will, Murr, Campe, Reindel, von Eye, Baader, verbinden sich Hausmann, Joseph Heller, Nagler, Cornill, von Retberg, Thausing und Andere, deren Aufzählung desswegen bedenklich ist, weil man fürchten muss, durch absichtslose Uebergehung Einzelner zu beleidigen. Vor Allen hat freilich der Meister selbst die schätzbarste Grundlage geliefert, einmal durch die noch von seinem Vater begonnenen und von ihm fortgesetzten Nachrichten über sein Herkommen und Geschlecht, sodann durch seine Briefe, sowol die an Jakob Heller als auch die aus Venedig an Pirkheimer, endlich durch seinen Bericht über die niederländische Reise. Geleitet von diesen, die in Thausing's Ausgabe (Quell. 1872) in ansprechender Form vorliegen, wird es leicht, sich von dem Leben des Künstlers ein richtiges Bild zu machen und sich den immerhin in engbürgerlichen Verhältnissen lebenden, aber mit seinem künstlerischen Geiste hoch über sie hinausragenden Mann in seiner sinnigen einfachen Grösse vorzustellen, wie ihn eine befugte Feder bald vielleicht dem Publicum vorführen wird.

Auch der beiden Brüder Endres und Hans gedenkt Neudörfer folgendermassen:

Sein Bruder Hans ward des Königs in Polen Hofmaler und daselbst für einen guten Maler und Künstler geachtet. Sein Bruder Endres hat alle köstlichen Farben, gestochene Kupfer- und gestochene Holzwerke, und was er von der Hand gerissen hat, von ihm ererbt.

Hans war seines Bruders Albrecht Lehrling und half unter Anderm bei dem Altarbild für den Frankfurter Jacob Heller, wofür ihm dieser 2 f. Trinkgeld gab. Am 30. Juli 1510 wird er als Hans Dürer der Maler genannt, da er von einem Knecht Christoff Kressen verwundet ward. Als Endres Dürer 1518 das elterliche Haus übernahm, wird er nicht genannt, wol aber als im polnischen Dienste am 8. Juni 1530, als sich Agnes mit ihren Schwägern abfand. Endres hatte mit seiner Frau Ursula eine Tochter Constantia, die er an Gilg Kilian, einen Goldschmid, mit 40 f. Heiratsgut 1531 aussteuerte. Er verkaufte 1533 das elterliche Haus an den Apotheker Quintinus Wertheimer. Siehe Anzeig. f. Kde. d. deutsch. Vorzeit. 1869, n. 8. und Personennamen p. 12. S., auch Baader Beitr. 2, 25 in der Anmerkung.

42. HANNS VON KULMBACH.

Dieser Hanns von Kulmbach war obgedachten Walchs sein Lehrjung, hat die lange Tafel bei St. Sebald, Herrn Doctor Sixtus Tuchers seligen Gedächtnuss, neben der Sacristei ao. 1513 gemacht. Ingleichen hat er das Marienbild, so von denen Deichslern gestiftet, bei der Säulen gegen dem Predigtstul über, ao. 1519 gemalet.

Der Zusatz „er starb gegen a. 1545" kann unmöglich von Neudörfer herrühren, denn wenn auch dieser Maler kein Stern erster Grösse war, so ist doch der Verstoss allzu arg. Freilich hat die Neudörfer-Doppelmayr'sche Autorität gar Manche, z. B. Rettberg im Kunstleben p. 138, irre geführt. Der Irrthum ergibt sich aus folgenden Urkunden: 1522 Mittwoch nach Andreä (3. Dec.) Heinrich Paur, als Vormund Hannsen von Kulmbachs seligen Geschäfts, bekennt, dass ihm Steffan Gabler zehen Gulden Rests, so er dem benannten von Kulmbach an einer Tafel, die er ihm gemalt gehabt, schuldig gewesen, entricht hat, sagt ihn darum quitt, ledig und los. (Cons. 3o, fol. 5o b.) Steffan Gabler, mit Sophia, Dr. Heinrich Gartner's Tochter, verheiratet, gest. 1541, war ein reicher Nürnberger Bürger, mit Häusern in der Stadt und Gütern in der Umgegend ansässig, der auch wegen vieler Zerwürfnisse mit dem Rath und mit Einzelnen oft genannt wird.

Ferner: 1523 Freitag nach Othmari (20. Nov.) Margaretha Tischerin von Kulmbach bekennt, dass ihr Heinrich Paur und Jorg Webler, weiland Hannsen Fuessen, den man sonst Hanns von Kulmbach genannt, Geschäftsvormund, zehen Gulden, zwei Paar Leilach, zwei Tischtücher und zwei Handzwehel, so ihr genannter Hanns von Kulmbach in seinem Geschäft geschickt und vermeint, entricht und zu ihrem Wolbegnügen zugestellt und überantwortet haben, sagt darum für sich und ihr Erben gedachte Vormund und ihr Nachkommen in bester Form quitt, ledig und los. Unmittelbar darauf folgt, von dem gleichen Datum: Lorenz Silber von Kulmbach, als Anwalt Katharina Tischerin, Burgerin daselbst, bekennt in Kraft seines Gewalts von gemelter Tischerin unter der Stadt Kulmbach Insigel ausgangen, habend, dass ihm obgemelte Geschäfts Vormunde zehen Gulden, so gemelter Hanns von Kulmbach seliger gemelter Katharina in seinem Geschäft geschickt, entricht und bezahlt haben; sagt darum für sich und obgemelte seine Gewaltgeberin auch ihr Erben, gedachte Vormünder und ihre Nachkommen in bester Form quitt, ledig und los. (Cons. 32, fol. 2 b.) Margaretha und Katharina Tischerin waren vermuthlich zwei Schwestern, von denen die eine vorgezogen hatte, persönlich ihr Legat zu erheben, die andere sich durch ihren Anwalt vertreten liess.

Auch Baader (Jahrb. f. Kstwissensch. 1868, p. 224) erwähnt, dass Veit Caler, Bürger zu St. Joachimsthal, 1525 Ansprüche an die Hinterlassenschaft des Malers Hanns von Kulmbach machte.

Am Mittwoch nach Margarethe 18. Juli 1526 wurde in Sachen Jorg Weblers, Schüssler genannt, contra Anna Hanns Albrechts Wittib, von wegen sechs Gulden verfallens Eigenzins, die sie ihm und weiland Heinrich Pauern seligen, als Vormünder Hanns von Kulmbachs letzten Willens schuldig sein soll, nach Verhör alles ihres Vorbringens zu Recht erkannt: Werde die Frau an Eids statt anrühren, dass sie solche sechs Gulden gemeltem Pauern bezahlt hab, so soll sie dem Kläger desshalb nichts schuldig, sondern ihm vorbehalten sein, dieselben sechs Gulden an Heinrich Pauern Erben zu fordern. (Cons. 34, fol. 89. b) Der Grund dieses richterlichen Erkenntnisses lag darin, dass Heinrich Pauer, noch a. 1514 Frohnbote, durch Brauchbarkeit und Anstelligkeit es zum Losungschreiber mit der besondern Aufgabe, die neuen Bürger zu verzeichnen und die mit ihrer Losung rückständigen aufzuschreiben und zu mahnen, gebracht; in dieser Stellung hatte er mehrere hundert Personen ohne Wissen des Raths zu Bürgern aufgenommen und eine Menge Betrügereien verübt, die ihn allerdings am Dinstag

26. Juni 1526 an den Galgen brachten, aber der Rath kam doch durch die selbstverschuldete Nachlässigkeit in der Ueberwachung eines Beamten in manche Verlegenheit und musste suchen, mit möglichster Billigkeit gegen Leute zu verfahren, die durch das Vertrauen, das sie auf seinen Diener gesetzt, betrogen worden waren.

— Jorg Webler, Schüssler genannt, ist ohne Zweifel derselbe, der auch als Testamentsausrichter Peter Vischer's des ältern genannt wird. Hanns Albrecht selig war ein Maler gewesen.

Neben diesem Hanns von Kulmbach dem Maler wird auch gleichzeitig ein anderer dieses Namens genannt, der mit fünf andern 1515 bei Clement Karl, damals bischöflisch eichstättischem Kastner in Spalt, Getreide kaufte (Cons. 20, fol. 176), aber am 1. Fbr. 1525 als Hanns von Culmbach der Beck prädicirt wird. (Lit. 36, f. 234 b.)

Auf welche Gewähr hin ihm der Namen Wagner gegeben worden ist, mögen diejenigen untersuchen, die sich desselben bedient haben. Schon Nagler p. 71, aber gewiss nicht als der Erste, nennt ihn so.

43. WOLF TRAUT, MALER.

Dieser Traut war des alten Trauten Hannsen, der den Kreuzgang zu den Augustinern gemalet und darin viel erbare Herren conterfeyet und in seinem Alter erblindet, nachgelassner Sohn, war dem Vater in der Kunst des Malens und Reissens hoch überlegen. Er malet (ao. 1502) die Altartafel, in der Capelle bei St. Lorenzen, so Cunz Horn erbauet und mit grossem Ablass aus Rom seines Verhoffens gezieret hat. Er, Traut blieb ledig und war im Leben mit Herman Vischer Rothschmiden also einig, als wären sie Brüder gewesen. Darum er auch dabei war, als dieser Vischer bei Nacht unter dem Schlitten zerstossen ward.

Statt Sohn steht bei Campe offenbar irrig: Bruder. — Wolf Traut, Maler, starb 1520. Kiefh. Nachr. I. 132.

Am Mittwoch 6. Aug. 1505 bekannte Hanns Traut von Speier, Veit Stossen 18 f. für Arbeit zu bezahlen, auf sein gut Vertrauen, da er deren länger nicht entrathen wolle, mit Zeugniss von Wolf Pömer und Wolf Löffelholz. Die Traute waren von Speier und werden daher öfters auch mit Weglassung des Familiennamens blos „von Speier" genannt.

Hanns Traut bei Baader (Beitr. 1, 2) 1477.

In einer Urkunde vom 29. Aug. 1547 wird erwähnt „eine Trautin, des Steffan Arnolts Mutter Schwester, so hie in Nürnberg gestorben, wol bei zehen Jahren ungefährlich oder länger verschinen, hat einen Mann gehabt, der Hanns Traut genannt, welcher ein Maler gewest und gemeiniglich nur Hanns von Speier genannt worden, hat hie in der Bindergasse gewohnt. (Lit. 62, fol. 20.)

44. GEORG PENZ, MALER.

Obwol was von diesem Penzen in Kupfer vorhanden, genugsam anzeiget, was trefflichen Verstand und Geist dieser Mann in der Kunst gehabt, so ist er doch auch des Conterfeyens sehr sicher und im Malen in den Tafeln sehr fleissig gewesen, also dass man kaum erdenken möcht, ob die Farben auch höher möchten gebracht werden. Mit dem Durchgläsen und Scheinen in Gläsern, Wassern, Feuern und Spiegeln ist er sehr künstlich und in der Perspectiv sehr erfahren. Seiner Handarbeit findet man hie bei den erbaren Bürgern viel.

Campe hat als Zusatz: Ao. 1521 hat er alhie das Rathhaus renovirt, welches zuvor von Hanns Graffen ao. 1340 von neuem gemacht worden. Starb zu Breslau 1550 im Monat October mit seinem Sohn Egidius auf einen Tag. — Hievon ist nur das auch durch das Todtenbuch bestätigte Jahr 1550 richtig. Wegen der an der südlichen Wand des Rathhauses noch etwas sichtbaren Bemalung mag sein, dass Penz als Dürer's Gehilfe oder Diener daran gearbeitet hat, die Visirung aber wurde von Dürer gemacht, dem es der Rath übertrug und 1522 für seine Mühe 100 f. gab. (Baader I, 8.) Was von Hanns Graff und 1340 gesagt ist, braucht nicht widerlegt zu werden.

Bei Rettberg im Kunstleben, p. 143, sind mehrere seiner Gemälde, deren auch Nürnberg noch einige besitzt, angeführt. Daselbst wird auch seines Aufenthaltes in Italien gedacht, vermuthlich auf Doppelmayr's Gewähr hin, da Neudörfer darüber schweigt.

Baader (Beitr. 2, 52) hat über ihn und seine zwei Genossen, Sebald und Barthel Behaim oder die „gottlosen Maler" sehr Interessantes mitgetheilt, wozu auch die Beilage III, p. 74—77, die das Verhör derselben enthält, gehört. Der Rath konnte einen so gänzlichen Bruch mit allem kirchlichen Wesen und christlichem Glauben nicht dulden und verwies sie 1524 aus der Stadt. Penz bat 1525, ihm die Rückkehr zu gestatten, zunächst aber wurde ihm nur erlaubt, sich in Windsheim niederzulassen, mit strengem Verbot, Nürnberg oder das Gebiet der Stadt zu betreten. Dazu wurde er am 28. Aug. 1525 des Burgerrechts geledigt. Später erhielt er Erlaubniss zur Rückkehr und 1532 eine Bestallung, dem Rathe zu gewarten mit seiner Kunst des Reissens, Malens und Visirens, mit einem Wartgeld von 10 f., das ihm „aus angezeigter Noth" vorausgezahlt wurde. Als er 1538 die Leisten zu Dürer's Gemälde der vier Temperamente (der vier Evangelisten) vergoldete, bekam er dafür 15 f. rh. Für den hlg. Hieronymus, den er dem Rath zum Geschenk machte, gab ihm der Rath 80 f. als Gegengeschenk. „Er starb sehr arm und hinterliess Weib und Kind in grosser Dürftigkeit, so dass der Rath im J. 1550 60 f. bezahlte, die Penz einer Vormundschaft schuldig war." S. auch Beitr. I, 39, wo andere künstlerische Thätigkeit des Georg Penz angegeben ist.

Im Verzeichniss der Maler (Baader Beitr. I, 3) wird Georg Penz 1523 genannt. Er wird also, dem Gebrauche gemäss, damals auch geheiratet haben. Nach Baader (Beitr. I, 7) heiratete Jorg (Penz?), Dürer's Knecht (d. h. Gehilfe), 1524 desselben Magd. Er wurde als Bürger aufgenommen und zahlte dafür 2 f. Vielleicht war es die Susanna, welche ihre Herrschaft auf der Reise in die Niederlande begleitet hatte. Michel Graff der Maler nennt ihn am 25. Jan. 1530 bei Specificirung des Zugebrachten seiner, des Graff, zweiten Frau, Anna genannt, seinen Eidam. (Cons. 40, fol. 55 b.) Als am 17. Nov. 1541 Matthes Prunner der Maler und Barbara, seine Ehefrau, auf ihr Anwesen am Spitzenberg, auf dem, bestehend aus drei Häusern und einem Gärtlein, Lorenz Tucher die Eigenschaft mit 2 f. Stadtwährung und 2 Fastnachthennen besass, demselben noch 2 f. rh., gegen Wiederkauf verkauften, verbürgte sich ausser Sebald Prunner, dem Sohn, auch Georg Penz, der Eidam, für richtige Zahlung. (Lit. 53, fol. 106.) Und er, Georg Penz, Maler, und Margareth, seine Hausfrau, verkauften am 7. März 1542 an Michel Graff, auch Maler, und Anna, seine Ehefrau, für 35 f. Hausrat und Fahrnuss und quittirten für richtige Bezahlung dieser Summe mit Zeugniss von Martin Haller und Sigmund Held. (Cons. 55, fol. 106 b.)

45. HANNS, SEBALD UND BARTHEL BEHAIM, MALER.

Diese sind mit obgedachtem Penzen auferzogen worden und in gleicher Uebung des Malens, Reissens und Stechens gewesen, sehr berühmt, wie auch aus den Abdrücken, so noch vielfältig vorhanden, abzunehmen, und des Sebalds ganzer Stich selbst einen Augenschein giebet. Herzog Wilhelm in Bayern hat des Barthels Gemäld und Kunst in grossen Ehren gehalten, der ihn dazu auch von Erfahrenheit und Kunst wegen in Italien auf seiner fürstlichen Gnaden Kosten gesendet, darin er auch gestorben, 1540.

Sebald war geboren 1500, starb 22. Nov. 1544. Hanns geboren 10. Aug. 1527, ist auswendig gestorben.

Rettberg's Kunstleben, 142, 143, gibt Bericht über Barthel's und Hanns Sebald's Arbeiten, Gemälde und Kupferstiche. Ob Hanns und Sebald zweierlei Personen oder nur eine, ist man hier zu untersuchen nicht im Stande. Doppelmayr (196) nennt ihn Barthel's Vetter und Schüler, bestätigt aber, was Baader später von der aller guten Zucht und Ordnung entgegenlaufenden Lebensweise, insofern sie eine nothwendige Folge einer Lossagung von jedem positiven Gebot ist, sagt, und lässt ihn 1550 zu Frankfurt a/M. sterben, wofür er ein Zeugniss anführt. Derselbe bespricht auch den Doppelnamen und glaubt, es komme dem Sebald nur dieser eine Namen zu. Eben so wird schwer zu ermitteln sein, ob der Namen Böhm oder Behaim oder Behem zu schreiben ist. Am 1. Dec. 1528 wurde ertheilt, dass man Sebalden, den Maler, der vergangener Tage, als man ihn, um seines Ungehorsams willen, auf einen Thurm gestraft hatte, entwichen war, auf eine bürgerliche Strafe, wenn er sich darein ergeben wolle, wieder einkommen zu lassen. RB.

Ob der Maler Hanns Behaim, dessen „Conterfectur", „Nürnberg auf ein Bret gesetzt", der Rath 1540 dem Künstler abkaufte aber verbot, dergleichen nicht mehr zu machen, der obengenannte ist, steht dahin. (Baader Beitr. I, 39.) Ueber Hanns Sebald Behaim s. Heller's Beiträge p. 92, woraus am Ende ersichtlich ist, dass er sich auf den mitgetheilten Büchertiteln doch nur einfach „Sebald" nannte.

46. JACOB ELSNER, ILLUMINIST.

Dieser Elssner war ein sehr angenehmer Mann bei den erbarn Burgern, des Lautenschlagens verständig, derhalben ihn auch die grossen Künstler im Orgelschlagen, welche waren Sebastian Imhof, Wilhelm Haller und Lorenz Staiber, sehr lieb haben, waren mit andern ihrer Gesellen täglich um und bei ihm. Er conterfetet sie auch und illuminiret ihnen schöne Bücher und machet ihnen ihre Wappen und Kleinot, damit sie vom Kaisern und Königen begabt waren, in ihre Wappenbrief. Dieser Zeit war Keiner hier, der das gemalte Gold so rein machet wie er.

Nach Rettberg Kunstleben p. 144 möchten die Malereien des sogen. Gänsebuches, eines in zwei Bänden bestehenden Choralbuches, das in der Sacristei von St. Lorenzen aufbewahrt wird, von diesem Elsner sein. S. p. 10 des Textes zum Nürnberger Gedenkbuch, Schrag'sche Hofbuchhdlg. zu Nürnberg. Elsner starb 1546, jedenfalls früher als Neudörfer, und diese fallen in eine ziemlich frühe Zeit, da sie der Propst Anthoni Kress (gest. 1513) malen liess und der 1507 gestorbene Vicarier Friedrich Rosendorn den Text — wenn man so sagen darf — schrieb. Auch Doppelmayr weiss nichts von ihm anzugeben als zur Noth, was Neudörfer sagt. Wegen der Musikfreunde Sebastian Imhof und Wilhelm Haller kann man für ihre persönlichen Verhältnisse auf Biedermann's Patriciat verweisen, über Lorenz Staiber aber, der einer zwar ehrbaren aber nicht rathsfähigen Familie angehörte, möge es erlaubt sein, einige Auskunft zu geben. Er war der Sohn Hanns Staibers, eines reichen Kaufmannes, der schon 1506 und noch 1517 als Besitzer des grossen vorher Paumgärtnerischen Hauses am Markt S. 874 vorkommt, worauf seine Söhne, Sebald und Lorenz, 1519 als Inhaber genannt werden. Sebald, der ältere, führte das väterliche Geschäft fort, Lorenz ging noblen Passionen nach. Er hatte schon 1509 ins Patriciat geheiratet, indem er Magdalena, Hanns Rumel's Tochter, zur Frau nahm. Er machte eine Reise nach England, wo K. Heinrich VIII. sein Wohlgefallen an seinem Gebahren dadurch bewies, dass er ihn zum Ritter schlug und mit einer freundlichen Botschaft an den Rath zu Nürnberg betraute. Heimgekehrt hielt er mit Wolf Stromer 1528 ein Gesellenstechen. Auch bei Besitzveränderungen wird sein Namen öfters genannt, er hatte von Hanns Groland den sogen. Kienschrotenberg gekauft, den er jedoch bald wieder an Georg Thum verkaufte, von welchem der Berg den im 30jährigen Krieg historisch gewordenen Namen Thumenberg bekam und trotz vielen Besitzwechsels bis in dieses Jahrhundert so geheissen hat. Ein dicht am alten Rathhaus gelegenes Haus verkaufte er 1527 an den Rath, der es zur Erweiterung seiner Amtsräumlichkeiten verwendete. Zuletzt trat er als Amtmann von Camerstein in markgräfliche Dienste und sein Todtenschild ist noch in der sogen. Ritterkapelle zu Kloster Heilsbronn zu sehen. Von Kindern, die er hinterlassen, verlautet nichts. Die Familie Staiber, jetzt freilich erloschen, wurde von seinem Bruder fortgepflanzt.

47. GEORG GLOCKENDON, DER ÄLTERE, ILLUMINIST UND BRIEFMALER.

In der Zeit des Glockendons Annehmen und Aufrichten illuminirte man auch die Gesang- und Messbücher, dess war er mit flossirenden Buchstaben und dem Goldgrund wol geübt. Er illuminirt auch die Wappenbrief und trieb einen grossen Handel mit gemalten Briefen. Er hatt einen Sohn, ward ein Magister, der macht ein Buch, so noch vorhanden ist, von der Perspectiv. Er brauchte mit den Patronen einen grossen Fleiss und Vortheil. Er hatte Söhn und Töchter, die hielt er dazu, dass sie täglich dem Illuminiren und Briefmalen hart mussten obsitzen. Seine beiden Söhne, Nicolaus und Albrecht, wurden auch berühmte Illuministen.

Ein Vorkommen des Jorg Glockendon, Illuministen, a. 1490 und 1491, wo er mit einem Hanns Rieger wegen des Sohns desselben, der aus der Lehre ausgetreten war, vor Gericht kam, reicht hin, um sein Dasein zu constatiren. Wichtiger ist sein Hauskauf, indem er und Kungund, seine ehliche Wirthin, am 9. Jan. 1499 das Haus im Taschenthal (alias Judengasse) zwischen Conzen Kaisers seligen Kindern und Michel Kochs Häusern gelegen, um 85 f. erkauften, worauf ein Eigengeld von 4 f. Stadtwährung und 4 f. rh. Gattergeld lastete, beides dem Christoff Rothan gehörig. Am 28. Jan. 1499 wurde der Kaufbrief mit Zeugniss von Paulus und Steffan den Volkamern ausgefertigt und 2 Pfd. Kanzleigebühr entrichtet. Jorg Glockendon st. 1515 und in folgender Urkunde tritt die ganze Sippschaft hervor. Kungund Glockendonin, Albrecht Glockendon, Ursula Jorg Harders ehliche Hausfrau, Veronica Glockendonin, auch Jorg Aichinger und Jörg Schwarz, als Vormünder Jorgen Glockendons verlassnen Geschäfts, auch Ottilia und Agnes, seiner beiden unmündigen, mit gedachter Kungund erzeugten Töchter, an einem, und Niklas Glockendon am andern Theil, alle weiland Jorgen Glockendons seligen Wittib, Söhne und Töchter, bekennen vor Gericht, dass Jorg Glockendon ein Testament hinterlassen hat, worin er Niclasen Glockendon nit mehr als die gebührliche Erbschaft hinterlassen, darum dieser, der mehr verdient zu haben glaubte, gegen sie in Irrung gestanden, so seien sie bederseits an ihre guten Freunde, Albrecht Glym und Conrad Hofman, als Schiedsrichter gekommen, welche folgenden Spruch gethan: erstlich solle alle bisher gepflogene Handlung ganz todt, ab und kraftlos sein; zum Andern soll Niklas Glockendon für das, was seine Hochzeit gekostet, nichts einzuwerfen schuldig sein, sondern Dieses zu einem Voraus haben; zum Dritten soll ihm auf künftig mütterlich Erbtheil auch folgen die Erbschaft der Behausung in der Judengasse, zwischen dem Sonnenbad und Michel Kochs Schreiners Haus gelegen, daran die Eigenschaft mit 4 f. Währung Hannsen Glockengiessers ist, und Kungund Glockendonin und ihre Kinder resp. die Vormünder, sollen den Eigenherrn darum begrüssen, und im Todesfall der Kungund soll Niklas Glockendon den Wert der Behausung, die um 110 f. angeschlagen ist, in die mütterliche Erbschaft einwerfen, wofern nicht die Mutter in ihrem Geschäft ihm einen besondern Vortheil thue. Hiemit sollen beide Theile geschieden sein. Geschehen am Mittwoch nach Sixti 8. Aug. 1515. (Cons. 20, fol. 131.)

Das hier dem Niklas Glockendon zugesprochene Haus ist dasselbe, welches die Eltern ao. 1499 gekauft hatten. Die Witwe Kungund führte das Geschäft fort. Am 23. Sept. 1521 bekannte Anna, Jacob Mair's Ehewirthin, der Kungund Glockendonin 17 f. weniger eines halben Orts schuldig zu sein für Kalender und gemalte Briefe, die ihr Mann von ihr erkauft habe, und zu bezahlen auf nächste Lichtmess 2 f. minder ein halb Ort, und nachher alle Lichtmess 5 f. bis die ganze Summe bezahlt sei. (Cons. 29, fol. 6.) Auch nahm sie Lehrlinge an, so den Florio Storch, Sohn des gestorbenen Feldhauptmannes Sebald Storch, der aber ohne Grund aus der Lehre austrat und daher eine Conventionalstrafe von 7 f. bezahlen musste. S. Anzeig. f. Kunde d. deutsch. V., 1874, Febr., p. 37.

Die Töchter wollten das Testament des Vaters anfechten, thaten es vielleicht auch, standen aber wieder davon ab. Am 14. April 1534 bekannte Ursula, Georg Harder's eheliche Hausfrau, dass Albrecht Glockendon, ihr eheleiblicher Bruder, sich mit ihr wegen ihres erlebten väterlichen und mütterlichen Erbtheiles, und dann ihres Vaters weiland Georg Glockendons seligen gethanen Testaments, in welches sie Einrede zu haben vermeint hatte, gütlich und unwiderruflich vertragen, dergestalt, dass er ihr 109 f. rh. in Münz jetzt baar dafür ausgerichtet und bezahlt habe, sagt ihn darum gänzlich ledig und los, mit Zeugniss Augustin Dichtels und Lucas Sitzingers. Und desselben Tages und mit denselben Zeugen bekennen Hanns Kissling und Sebald Schwan, als Vormünder weiland Niclas Glockendons seligen gelassner Kinder, und mit ihnen Anna, desselben Glockendons Wittib, ihnen ihr und ihrer Pflegkinder erlebt väterlich und mütterlich Erb, das 117 f. rh. in Münz sei, völliglich und zu gutem Benügen zugestellt und bezahlt habe, sagen ihn ledig und los, in bester Form. (Cons. 46, fol. 65.) Verena (vorher Veronica geheissen), Paulus Lengenfelder's eheliche Hausfrau, bekannte in Beisein und mit Willen desselben ihres Mannes, dass sie sich mit Albrecht Glockendon, ihrem eheleiblichen Bruder, von wegen ihres erlebten väterlichen und mütterlichen Erbtheils, und dann ihrer beiden Vaters Jorg Glockendons seligen verlassnen Testaments, welches sie etlichermassen anzufeinden vermeinte, gütlich, auch endlich und unwiderruflich vertragen, dergestalt, dass er ihr 109 f. rh. in Münz jetzo baar desshalb bezahlt habe, sagt ihn darum gänzlich ledig und los, mit Zeugniss Augustin Dichtels und Lucas Sitzingers, am 28. Juni 1535. (Cons. 47, fol. 32.)

Die Wittwe Kungund war, wie aus dem Ganzen hervorgeht, mittlerweile auch gestorben, von den Töchtern Ottilie und Agnes gebricht es an Nachricht. Paulus Lengenfelder und seine Frau Verena kauften 1535 ein Haus in St. Aegidiengasse (Theresienstrasse), wahrscheinlich S. 596. Er war Genannter des grössern Raths und als solcher Zeuge a. 1543, n. 37. Von Georg Glocken-

don's Kindern, resp. Söhnen war, da Niclaus 1534 auch schon todt war, nur noch der Sohn Albrecht und dessen Söhne, sowie Niclas Glockendon's Söhne am Leben. Die Witwe Kungund kommt noch vor, als sie sich gegen Erasmus Bettmann für ihren Eidam Jorg Harder, der 14 f. für Wachs binnen 5 Jahren zu zahlen hatte, verbürgt. Am 6. Dec. 1523. (Cons. 32, fol. 14 b.)
S. auch Baader Beitr. 2, 50.

48. NIKOLAUS GLOCKENDON, ILLUMINIST.

Ich hab nicht gehört, dass ein fertigerer Illuminist, als dieser Nikolaus, mein lieber Freund, gewesen sei, der auch dazu fleissig war. Er illuminiret dem Bischof von Mainz ein Messbuch, dafür gab er ihm 500 f., und hat auch sonst viel Fürstenarbeit. Hatte zwölf Söhne, die zog er alle auf zu Kunsten.

Sein Sohn Nikolaus, so in Preussen verschied, war beim Hannsen Koberger Demantschneider und dazu mit dem Gamahnschneiden sehr fleissig; die andern Söhn, als Georg, Gabriel, Sebastian, Jacob und Wolf, sind Probierer, Maler und Bildhauer.

Dieser Nikolaus hatte einen Bruder, hiess Albrecht, der war wie er im Illuminiren fleissig, und im deutsche Versemachen, schier ein halber Poet, mit solchen Versen zieret er die Historien seiner Gemähld.

Schon am Montag 18. Fbr. 1516 bekannte Nikolaus Glockendon, dass Jorg Schwarz und Jorg Aichinger, Vormünder weiland Jorgen Glockendons seines Vaters seligen Geschäfts und Kinder, ihm alle und jede seine väterliche Legitima und Erbschaft, mit samt dem Rest der 35 f. auch väterlicher Legitima, die sie ihm hinterstellig schuldig gewesen, zu Dank ausgerichtet und bezahlt, dass sie ihm auch redliche Rechnung alles ihres Einnehmens und Ausgebens gethan und ihm allen seinen Theil und Gerechtigkeit soviel ihm an seinem väterlichen Erbtheil gebührt, zu seinen Handen überantwortet haben, sagt sie darum in bester Form ledig und los. (Cons. 22, fol. 75 b.) Hierauf verkaufen Niklas Glockendon und Anna, seine eheliche Hausfrau, die Erbschaft ihrer Behausung im Taschenthal zwischen Michel Kochs des Schreiners Haus und dem Sonnenbad gelegen, mit ihren besonderen Rechten, an Michel Graf den Maler und Anna, seine eheliche Hausfrau, um 75 f. rh., wozu 4 f. Stadtwährung Eigengeld und 4 f. rh. Gattergeld kommen, die Hannsen Glockengiessern gehören. Geschehen am Montag 18. Nov. 1521. (Lit. 32, fol. 92 b.) Die Zahlung der Kaufsumme geschah in

Fristen, denn am Montag Mauritii 22. Dec. 1522 bekannte Niklas Glockendon, dass ihm Michel Graf der Maler 40 f. als den Rest der Kaufsumme der Behausung an der Judengasse beim Sonnenbad gelegen und also das Ganze bezahlt habe, und sagt ihn darum ledig und los. (Cons. 29, fol. 144.) Er kaufte sich dann in einer andern Gegend an, denn im Zinsbuch zum 6. Sept. 1525 ist eingetragen, dass Niklas Glockendon jährlich an Uns. Frauen-Capelle aus einem Haus am Engelthaler Hof gelegen, gegen Niklas Grolands Behausung über, 5 f. zinst. Fol. 210. Das Haus kann als S. 684 bezeichnet werden. Nun kommt er mehrmals vor als Testamentsausrichter, z. B. Hannsen Krausen, Färbers in Gostenhof, seligen, und auch in derselben Eigenschaft für Ludwig Krug seligen, was schon oben angegeben ist. Er starb 1534. Seine 12 Söhne kommen auf Neudörfer's Rechnung. In Nürnberg muss der Namen Glockendon bald erloschen sein. Doppelmayr lässt den Nikolaus 1560 sterben!!

Albrecht Glockendon und Katharina, seine eheliche Hausfrau, kaufen am Freitag 6. Sept. 1521 Lienhard Rorers Behausung an der Judengasse, zwischen Heinzen Künhofers und Hannsen Wolframs Hinterhäusern gelegen, um 100 f. rh., nebst 6 f. Stadtwährung, die Sixt Oelhafen als Eigenherrn gehören. (Lit. 32, fol. 161.) Er kommt noch am 2. Dec. 1541 als Bürge in einem Bilderkauf vor. (Lit. 56, fol. 161.) Baader (Jahrb. f. Kstwissensch., 1868, p. 234) weist ihn 1542 als Formschneider nach.

Dass er auch Holzschneider war, sieht man aus einem Verlass vom 19. Nov. 1530, wodurch er privilegirt wurde, dass man ihm seine geschnittene Hirschenjagd in einem Jahr nicht nachschneiden dürfe.

49. HANNS SPRINGINKLEE, ILLUMINIST.

Dieser Springinklee war bei Albrecht Dürer im Haus, da erlanget er seine Kunst, dass er im Malen und Reissen berühmt ward. Er riss die Figuren und Leisten in Hortulum Animae, und illuminiret fleissige Ding, wie bei Georg Damen in einem Gebetbüchlein, welches Alexius Birnbaum geschrieben hat, zu sehen ist.

Zufolge Rettberg (Kstleb. 160) wohnte er bei Dürer im Hause und war Lehrer im Holzschnitt des Hanns Schäuffelins, Dürer's Lieblings. (Vielleicht gestützt auf Nagler p. 41 und 71.) Hier muss man ihn für eine mythische Person erklären. Allerdings findet sich schon 1487 Paulus Springinklee, der am 13. Nov. verordnet, Niemand soll nach seinem Tode an seinen Enkel Michel Lochner, den er seit seiner Kindheit erzogen, verköstigt und gekleidet habe, des-

halb eine Anforderung thun, und am 23. Sept. 1500 verordnet
Katharina, Paulus Springinklee's Wittwe, dass ihrer Tochter Brigitta, die seit 16 Jahren ihr und ihrem Hauswirth seligen zu ihrem
Handwerk und freier Kunst getreulich geholfen habe, ohne Lohn
dafür erhalten zu haben, ein namhaftes Voraus (das genau angegeben
ist) gegeben werden und sie dann noch gleichen Theils mit den
andern Geschwistern erben soll. (Lit. 16, fol. 218.) Dazwischen hinein
fällt am 18. April 1491 eine Erklärung eines Hanns Springenklee,
er wolle seine, sich nicht ganz auf 100 f. belaufenden Schulden
mit halbjährig 6 f. abzahlen. (Cons. 3, fol. 181.) Aber zu den Vorhergenannten wird er nicht gehört haben, da als am 17. Aug. 1502
Jorg Springinklee und seine Ehefrau Barbara mit seinen Schwestern,
Anna Steinhauserin, Clara Lochnerin, Katharina Schreinerin und
Jungfrau Brigitta, sich wegen ihres ererbten Hauses am Neuenbau
(Sebalder Seite) abfindet, keines Erben des Namens gedacht wird.
(Lit. 18, f. 91.) Erst als dieses Jorgen Springinklee Söhne, Hanns,
Sebald und Paulus, gegen ihren Vater am 27. Fbr. 1523 eine Klage
erhuben, dass er ihnen an ihrem mütterlichen Erbtheil das Haus
am Neuenbau um 100 f. zu hoch angesetzt habe, und er gerichtlich angewiesen wurde, die Forderung der Söhne zu erfüllen (Cons.
30, fol. 19 b.), wird ein Sohn Hanns genannt, der möglicherweise
der Hausgenosse Dürer's gewesen ist, aber urkundlich sich einen
Gürtler nennt. Aber sonst verlautet nichts von ihm. Jorg Springinklee, der Vater, fand sich mit seinen Söhnen ab, deren zwei, Sebald und Paulus, jener am 2. März 1523. (Cons. 30, fol. 82.) Paulus
am 22. Sept. 1533 (Cons. 44, fol. 152 b.) quittirten, während die
Quittung des Hanns sich der Nachforschung entzogen hat. Jorg
Springinklee, der, wie man abnehmen kann, wieder geheiratet hatte,
verkaufte nun, nebst seiner Hausfrau Barbara (vermuthlich einer
Witwe, da er sie in Urk. v. 29. Juli 1539 Barbara Hanns Päuerin
nennt), ihr Haus auf dem Neuenbau, im Gässlein bei der Bayernmühl, gegen der Schleifmühl über, an Elsbeth Niclas Pinstocks
eheliche Hausfrau, um 85 f. rh., nebst einem Eigengeld von 3 f.,
das Wolf Planken gehörte, und 3 f. Gattergeld, die Ulrich Trollings
seligen Erben zustanden. (Lit. 36, fol. 196 b.) Er starb 1542 und
Sebastian Teschler, Messerschmid und Bürger zu Füssen, als Anwalt Conraden Springinklees, Hafners, auch Bürgers daselbst, kraft
seines mit Hrn. Mattheusen Däderleins, Stadtvogts zu Füssen, Insigel besiegelten Gewaltbriefs, bekennt, dass Barbara, weil. Jorgen
Springinklees, Gürtlers seligen, Bürgers hie, Witwe, ihm anstatt
seines Principals den ihm von bemeltem Springinklee, seinem Anherrn seligen, anerstorbenen Erbtheil, nemlich 15 f. baar bezahlt,
und quittirt sie darüber, welche Quittung die Frau in Beisein Hrn.
Bartholomeus Schmids und Hannsen Sebers, als ihrer Kinder Vormünder, also annahm. Geschehen am Mittwoch 8. Nov. 1542.
(Cons. 57, fol. 67.) Sie kommt noch 1544 vor, als sie das in der

Spitalgasse gelegene, von Jorg Springinklee am 19. Nov. 1510 aus dem Besitz Hannsen Strauss und Barbara seiner Ehewirthin, um 85 f. nebst 6 f. Stadtwährung und 6 f. Gattergeld erkaufte Haus wieder verkaufte.

Der Namen der Springinklee, der Gürtler, kommt noch bis gegen das Ende des 16. Jahrhunderts vor, aber den Illuministen genau zu constatiren, will nicht gelingen.

50. VIRGILIUS SOLIS, ILLUMINIST.

Dieser Virgilius ist nicht allein ein Illuminist, sondern auch für einen guten Kupferstecher berühmt, wie solches seine Kupferstich anzeigen. Dess Gamalierens ist er also frei und künstlich, dass ich nicht weiss, ob darin seines gleichen gefunden wird.

Baader (Jahrb. f. Kstwiss. 1868, p. 226) nennt unter d. Verzeichniss etlicher Maler: Hanns Sollis, 1525.

S. Rettberg Kunstleben 163. Folgende zwei Urkunden geben einige Auskunft über seine Familie.

1. Virgilius Solis Maler, bekennt für sich und Dorothea, seine Ehewirthin, dass ihnen Sebald Ludwig und Jorg Praun, beide Steinschneider, und Michel Moll, Goldschmid, als Vormünder Matern Weidners seligen Kinder, von derselben ihrer Pflegkinder Gut geliehen haben 48 f., die sie von dato über vier Jahr wiederum zu bezahlen versprechen, und zu mehrer Versicherung setzt er zu Bürgen Wolfgang Prissel und Jeronimus Peter, beide Goldschmid, welche auch diese Bürgschaft auf sich genommen haben; er verspricht auch, seine Bürgen schadlos zu halten und die Vormünder haben diese Bürgschaft, die der Solis für sich und seine Hausfrau gethan, also angenommen. Es bekennen auch die obgenannten Vormünder, dass die obersten Vormundherren der Witwen und Waisen die 48 f., welche hinter sie erlegt waren, jetzt wiederum herausgegeben haben, und quittiren darum in bester Form Samstag den 3. Nov. 1548. (Cons. 66, fol. 236 b.)

2. Endres Solis, Maler, und Hanns Solis, Formschneider, für sich und hernachgesetzte ihre abwesende Geschwister, Susanna, Abraham, Merta, Malers zu Prag, Ehewirthin, Niklasen Solis, Bürgern zu Augsburg, Virgilius Solis, und Cordula, Johann Sellae Ehewirthin, alle weil. Virgilii Solis, gewesenen Malers, und Dorotheä, desselben Ehewirtin, beider seligen, nachgelassene eheleibliche Kinder, bekennen, nachdem Georg Mack, Illuminist, und Hanns Eppishofer, Goldschmid, auf Absterben ihrer Eltern ihre verordnete Vormünder bisher gewesen, vermög guter gepflogener und gethaner

Rechnung einem Jeden pro rata parte achthalben Gulden zugestellt haben, dass sie demnach für sich und ihre abwesende Geschwister, die beiden Vormünder solches ihnen sämtlich und einem Jeden insonderheit zugestellten väterlichen und mütterlichen Erbtheils, desgleichen auch der getragenen Vormundschafts Verwaltung, quittirt und ledig gezählt haben wollen, mit dem Versprechen, wenn die beide Vormünder derhalb angesprochen würden, dass sie, beide Brüder, der Endres und Hanns, die Vormünder durchaus schadlos halten wollen, welches Versprechen und Quittanz die Vormünder also angenommen haben, mit Zeugniss von Thomas Pregel und Jobst Lochner. Geschehen Dinstag 7. Jan. 1578. (Cons. 131, fol. 62.)

51. VEIT HIRSCHVOGEL DER ALT, GLASMALER.

Dieser alt Meister Veit ist Stadtmeister und seines Glasmalens sehr fleissig und berühmt gewest, wie dann die vier grossen Kirchenfenster hinter St. Sebalds Chor, mit dem Kaiserlichen, Bischöflichen Wappen, wie auch Markgräfischem und Pfinzingischem, genugsam anzeigen, die er anno 1515 gemacht hat. Er verliess seines Handels und Handwerks 3 Söhn, nemlich Veit, Hanns und Augustin. Wiewol der Hanns seines besten Alters starb, so sind doch aus den andern zweien feine Künstler geworden.

Er, der alte Veit, war geboren ao. 1461, war 30 Jahr Stadtmeister, starb 1525 am heiligen Christabend.

Gegen die erst noch in neuerer Zeit wieder aufgetischte grundlose Meinung, die Glaser oder Glasmaler Hirssvogel seien aus den reichen und rathsfähigen oder patricischen Hirssvogeln, als diese in Folge ihres übermüthigen Luxus verarmten, hervorgegangen, wird man wol enthoben sein, in eine Polemik sich einzulassen. Er wird zuerst urkundlich genannt, als am Montag 11. Juni 1485, Barbara, Heinzen Hirssvogels Wittib und jetzo Michel Walthers ehliche Wirthin, beweist, dass, mit Zeugniss Sebald Schlüsselfelders und Michel Paumgartners, Veit Hirssvogel, ihr leiblicher und ehelicher Sohn, mit Wissen und in Beiwesen Barbara, seiner ehelichen Wirthin, und Hannsen Schatzers, seines Schwähers, bekannt hat, dass, nachdem seine Mutter ihm als Heiratsgut und Zuschatz, auch für väterlich und mütterlich Erbtheil, 90 f. versprochen, sie ihm diese 90 f. ausgerichtet und bezahlt hat, worüber er quittirt und einen Gerichtsbrief ausfertigen lässt, dessen Zeugen Niklas Gross und Hanns Tucher sind. Michel Walther war ebenfalls ein Glaser, Hanns Schatzer war ein Nestler. An demselben Tag bezeugte auch

Hanns Schatzer, dass Veit Hirssvogel und Barbara, seine eheliche Wirthin, sein Eidam und Tochter, ihn über die 50 f., die er der Barbara nebst Ausfertigung zu geben versprochen hatte, quittirt haben.

Hierauf wurde am Freitag 9. Nov. 1487 ein von Sebald Reich und Hektor Pömer bezeugter Gerichtsbrief darüber ausgefertigt, dass Veit Hirssvogel das Erbe an dem Hause an der Schustergasse zwischen St. Georgen Kapelle bei den Augustinern und Jorgen Schobers Haus gelegen, um 95 f. rh. gekauft habe, wozu noch ein in 8 f. rh. bestehender, den Kindern Anthoni Holzschuhers seligen gehörender Eigenzins kam, weshalb Erkenprecht Coler, Vormund der Kinder, seine Einwilligung gab. Die St. Georgen Kapelle war der älteste Bestandtheil des früher unscheinbaren Wirthshauses „zum Leistlein", welches in neuerer Zeit zu einer gewissen Bierhausberühmtheit geworden, zwei anstossende Häuser in sich aufgenommen hat. Hier also, jedenfalls wie schon aus dem Kaufschilling abzunehmen, in sehr unscheinbarer Gestalt, war Veit Hirssvogel's erstes Wohnhaus. Die beengte Räumlichkeit musste den jungen thätigen Mann, dessen Geschäft sich hob, zur Erwerbung einer grösseren antreiben. Dass er in seinem Geschäft vorwärts kam, sieht man daraus, dass er am Montag 29. März 1490 mit des Gerichts Buch erwies, dass Ulrich Haller und Sebald Schreier bezeugt hatten, dass Hanns Tafler am Samstag vorher erklärte, Veit Hirssvogel habe von seinem Hause ein Gattergeld von 2 f. mit 40 f. abgelöst. Die Lage des Hauses wird ebenso bezeichnet wie oben. Gerichtszeugen für diese Ablösung waren Jacob Groland und Hektor Pömer.

Dass er einen Bruder, Hanns genannt, der auch Glaser war, gehabt, der auch ein Paarmal urkundlich genannt wird, aber dann nicht mehr vorkommt, möge im Vorbeigehen erwähnt werden.

Im Jahre 1492 kaufte Veit Hirssvogel sein zweites Haus. Er, Veit Hirssvogel, Glaser, erwies vor Gericht von sein und Barbara, seiner ehlichen Wirthin, wegen, dass Stefan Kauer und Sebald Frey eidlich bezeugt haben, dass Marx Steinmetz und Barbara, seine ehliche Wirthin, am Eritag 7. Febr. die Erbschaft und Behausung an der Laufergasse, zwischen Hannsen Gruners und Ulrich Kressen seligen Häusern gelegen, wie sie an sie von der vermeldeten Vater und Geschwistern erkauft und gekommen wäre, ihm, dem Veit Hirssvogel und Barbara, seiner Frau, um 380 f. rh. verkauft haben, was mit Willen Sigmund Fürers geschehen sei, der die Eigenschaft darauf habe mit 12 f. Stadtwährung, einem Weck zu Weihnachten und einem Lammsbauch zu Ostern, oder für jedes dieser Weisat 3 Schilling Haller der langen. Der am Montag 20. Febr. hierüber ausgestellte Gerichtsbrief wurde von Jakob Groland und Hektor Pömer bezeugt. Es gab auch noch eine umständliche Beweisführung, dass das Haus zum Feuerrecht befugt sei, die hier der Kürze wegen wegbleiben kann. Das Haus war das mit S. 800 gezeichnete, das des Ulrich Kress, eines Pfeilschmids, war S. 801, das des Flaschners Hanns Gruner S. 799.

Hier lebte nun der alte Veit unbehelligt bis an seinen Tod. Er konnte nicht gleich seinem Namensvetter Veit Stoss ein irrig und geschreiig Mann genannt werden, denn er hatte das Glück, weder eine hohe Obrigkeit in Anspruch nehmen zu müssen noch von derselben in Anspruch genommen zu werden, ausser wo sich in dem Bereiche seines Amtes das von selbst ergab. Nicht einmal seine Ernennung als Stadtglaser, was schon 1495 geschehen sein muss, wenn anders Neudörfer's Angabe von der 30jährigen Amtsdauer richtig ist, findet sich im Rathsbuch, vielleicht aus Nachlässigkeit des Schreibers, eingetragen. Wie er sich zu der 1507 geschehenen Weigerung, die Glaser zu einem geschwornen Handwerk zu machen, verhalten habe, ist selbstverständlich nicht bekannt. Als ein geachteter Mann wurden ihm solche Vertrauensämter übertragen, wie z. B. nach Jorgen Glockendon's Tod die Curatel über die jüngsten Kinder. Dass er nach dem Tode seiner ersten Frau wieder heiratete, welche zweite Frau auch Barbara hiess wie die erste, war für den Mann, der einen ansehnlichen Hausstand hatte, eine Nothwendigkeit. Wenn er für die Nachwelt hauptsächlich, ja ausschliesslich als Glasmaler gilt, so möge erwogen werden, dass er für seine Zeitgenossen nichts weiter war als ein Glaser, dass er nirgends und nie anders benannt und prädicirt wurde, und dass das Künstlerische in seinen Arbeiten zunächst nur Nebensache war, geradeso wie beim Schlosserhandwerk das Uhrmachen, das sich erst allmälig, wenn auch immerhin schnell genug, zu einem besonderen Gewerbe entwickelte und selbständig wurde.

Am Samstag 25. April 1528 gaben Veit und Augustin die Hirschvogel, weiland Veiten Hirschvogels des Glasers seligen Söhne für sich, für Stefan Hirschvogel, ihren ausländischen Bruder, auch andere ihre Geschwister und Miterben, in Beisein Peter Hermanns von Freiburg im Uchtland, vor sitzendem Bauerngericht folgende Erklärung ab: nachdem Martin Hirschvogel, ihr Bruder seliger, vergangner Zeit auswärts gestorben und ein Testament gethan, worin er jetzt benannten Hermann zum Erben seiner verlassnen unverschickten Habe ernannt hätte, dass sie ihm darauf aller Güter und Erbtheils halben, so ihrem Bruder Martin zugestanden, Rechnung und verzeichnet überantwortet hätten, in deren Folge sich 41 f. 2 Pfd. 9 Pfg. als die dem verstorbenen Martin gebührende Summe ergab. Diese versprachen sie dem Peter Hermann, sobald das Haus verkauft sein werde, zu entrichten und dieser übertrug dem Goldschmid Melchior Bayer die zum Empfang erforderliche Vollmacht.

Ungesäumt wurde nun der Verkauf des Hauses vorgenommen. Am Mittwoch 29. April 1528 erschienen vor Gericht Veit und Augustin die Hirschvogel, für sich und Stefan, ihren ausländischen Bruder, und mit ihnen Barbara, Veit Hirschvogels Wittib, jetzt Mercurius Herdegens des Goldschmids ehliche Hausfrau, in Beisein desselben, dann Sebald Müllner, als Vormund Magdalena, Hannsen Hirschvogels seligen Töchterlein, für sich und anstatt Hannsen Meichssners seines Mitvormunds, auch Jacob Kopfinger und Peter Eemann, als Vormünder Magdalena, gemelter Barbara Tochter, die sie mit gedachtem ihrem ersten Hauswirth, dem Veit Hirschvogel, ehlich erzeugt hat, und erklärten, dass sie die Erbschaft der Behausung in St. Sebalds Pfarr, an der innern Laufergasse, zwischen Hannsen Schweinfurters und Hannsen Morsers (Mosers?) verlassner Behausung gelegen, die der vorgenannt Veit Hirschvogel, ihr Vater, Anherr und Hauswirth seliger verlassen, aus besondern guten Ursachen, weil man der Frau ihr Heiratsgut und Erbtheil herausgeben, auch andere Schulden bezahlen muss, und keiner der Erben dieses Haus selbst an sich lösen mag, zu kaufen gegeben haben Hannsen Rot und Anna seiner Hausfrau, um 500 f., worein Mathes Saurmann, als Eigenherr, dem die Eigenschaft mit 15 f. rh., die mit 300 abzulösen sind, zusteht, eingewilligt hat. Aus den angezeigten Ursachen war der Verkauf gerichtlich bewilligt worden. Das Haus ist dasselbe, das Veit Hirschvogel 1492 gekauft hatte, nur die Nachbarn hatten sich geändert, in S. 801, früher Ulrich Kress, wohnte jetzt Hanns Schweinfurter, und an die Stelle Hanns Gruner's S. 799, war jetzt der Pfragner Hanns Morser gekommen. Uebrigens ist aus diesem Ergebniss zu sehen, dass die Lage des ehrlichen Glasers keine glänzende war und er nicht einmal sein Haus von der darauf lastenden Eigenschaft hatte befreien können. Sich durchbringen war Alles, was ihm gelungen war, von gesammeltem oder angelegtem Geld, wie bei Veit Stoss und Albrecht Dürer, war keine Spur.

52. VEIT HIRSSVOGEL DER JÜNGERE, GLASMALER.

Dieser Sohn ist nicht weniger denn sein Vater im Glasmalen verständig, und ist der Vater mit dieser Gnad von Gott versehen, dass seine Söhne nicht allein in fleissigem Glasmalen, sondern auch im Gamaliren, Reissen und Kupferstechen sehr fleissig sind.

Am 24. Dec. 1526 wurde verlassen: Veiten Hirssvogel Glaser soll man anstatt seines verstorbnen Vaters zu der Stadt Arbeit als einen Stadtglaser hinfüro gebrauchen. (R. B. M., fol. 213.) Hieraus dürfte wol mit grosser Wahrscheinlichkeit hervorgehen, dass Veit der Vater nicht 1525 sondern 1526 starb. Es wäre seltsam, mit der Besetzung des Amtes ein ganzes Jahr zu warten und wenn auch nicht Gefahr im Verzug lag, so ist es doch weit weniger auffallend, augenblicklich einen Entschluss zu fassen, als zwölf Monate darüber hingehen zu lassen.

In Gemeinschaft mit seinem Bruder Augustin kommt er in einer Urkunde vom Freitag 10. Mai 1532 vor, worin Veit und Augustin die Hirssvogel, Gebrüder, bekennen, dass Lienhart Kun und Niklas Gütner, als Inhaber weiland Conraden Hasenschnurs verlassner Güter, ihnen als neben des Kunen und Gütners ehlichen Hausfrauen derselben Güter Erben, ihre angebürende Theile und dazu Stephans, ihres ausländischen Bruders Theil, für den sie derhalb gut zu sein hiemit versprechen, zu ihren Handen gegeben und bezahlt haben, sagen demnach sie, ihre Hausfrauen, auch alle ihre Erben und des Hasenschnurs Güter um das alles in bester Form ledig und los. Zeugen waren Gastel Fugger und Endres Echenhauser. (Cons. 40, fol. 208 b.) Die Frau des Conrad Hasenschnur war eine Tochter des alten Hanns Schatzer, Schwester von Barbara, des alten Veit Hirssvogel's erster Frau, und von Agnes Gütnerin, woraus sich die Erbschaftsberechtigung der beiden Hirschvogel erklärt. (Urk. vom Montag 8. Fbr. 1501. Lit. 17, f. 25.) Vermuthlich war Conrad Hasenschnur ohne Leibeserben gestorben, oder, dass wenigstens durch einen Todesfall sich den Hirschvogeln Erbansprüche eröffnet haben.

Veit Hirschvogel d. j. starb 1553 an St. Georgen Abend. Nach ihm wurde sein Sohn Sebald Stadtglaser, st. 21. Mai 1580 berühmt als ein sinnreicher und künstlicher Mann.

53. AUGUSTIN HIRSSVOGEL, GLASMALER.

Ich weiss fürwahr dieses Augustini Kunst und Verstand nicht alles anzuzeigen, denn nachdem er ein Glasmaler, war er dem Vater und Bruder in der Kunst überlegen, dann er eine sonderliche Tuschirung im Glasmalen erfand. Im Reissen war er gewaltig, im Glasbrennen erfand er sonderlichen Vortheil. Der Musik war er verständig, im Gamaliren war seiner Zeit keiner über ihm.// Er überkam aber andere Gedanken, liess solches alles fahren, machte eine Compagnie mit einem Hafner, der zog gen Venedig, ward hie ehelich und ein Burger, musste darinnen das Handwerk und das Schmelzen von neuem lernen, kam wieder hieher, bracht viel Kunst in Hafners Werken mit sich, machte also welsche Oefen, Krüg und Bilder auf antiquitetische Art, als wären sie von Metall gossen, solches liess er auch anstehen, übergab seinem Mitgesellen den Handel, ward ein Wappensteinschneider und darinnen sehr fleissig und berühmt, liess solches auch stehen, und begab sich auf die Cosmographia, durchwandert Königs Ferdinandi Erbländer und Siebenbürgen und Hungarn, liess davon Tafeln in Druck ausgehen, welche er der Königlichen Majestät zuschrieb, die verehrt er ihm. Des Cirkels und der Perspectiv war er so begründt und fertig, dass er ein eigenes Büchlein, so er dem Starken zuschrieb, liess ausgehen. Des Aetzens war er so fertig, dass er viel Kunststück selbst gerissen, geätzt, gedruckt und ausgehen hat lassen.

Ueber seine Leistungen als Maler und Kupferstecher s. Rettberg Kstleb. p. 137, über seine mathematischen Schriften s. Doppelmayr 156, der ihn als Maler p. 199 bespricht. Bei demselben ist auch auf Tab. XIV eine auf ihn geprägte Medaille mit seinem Bilde zu sehen. Auch Will. Münzbelust. III. 186 hat eine Medaille abbilden lassen, die er für eine andere hält, was zu entscheiden den Münzkundigen anheimzustellen ist. Uebrigens ist sein Artikel, der die oben befindliche Stelle Neudörfer's vollständig enthält, ein Gemisch von Irrthum und Wahrheit und vollkommen geeignet, den Lesenden zu verwirren, namentlich durch das über Herkunft, Schicksale und Ausgang der Hirschvogel Gesagte, denen, nämlich den rathsfähigen, er diesen Augustin aneignet und doch zu seinem eigenen Befremden findet, dass die Familie dieses Augustin ein anderes Wappen als das Hirschvoglische Geschlecht geführt habe. Was er auch von dem J. 1320, in welchem sie nach Nürnberg gekommen seien, von dem Sebalder Propst Martin, der 1495 gestorben sei, und von Marx Hirschvogel, gest. 1509, sagt, von der Hirschelgasse, die von ihnen ihren Namen habe, und dergleichen, ist barer Unsinn, der aber bis auf diesen Tag nicht ermangelt hat, die Köpfe zu verwirren und ihnen dann, wenn sie einsehen, dass sie genasführt worden sind, die Geschichte Nürnbergs zu verleiden. Dass jedoch Will im besten Glauben an die Richtigkeit seiner Mittheilungen schrieb, ist ausser Zweifel, er wusste es selbst nicht besser.

Augustin war, wie aus den bisher mitgetheilten Urkunden zur Genüge erhellt, der zweite Sohn des alten Veit Hirssvogel. Die erste Phase seiner wechselnden Kunstthätigkeit war die Glasmalerei, von der er zur Hafnerei oder Töpferei überging. Hiezu verband er sich mit dem Hafner Oswald Reinhard, der mit Hanns Nickel vom Rath 50 f. rh. geliehen bekommen hatte, und diese in zwei Jahren mit Verbürgung Frizen und Michels der Eisen, Vater und Sohn, wieder zu zahlen versprach, am Mittwoch 1. März 1531. (Cons. 74, Fol. 65 b.) Sie waren beide schon in Venedig gewesen und Jeronimus Reich hatte ihnen dort 25 f. geliehen, über deren Wiedergabe er an demselben Tage quittirte. Diese Verbindung löste sich aber, und Hirssvogel trat an Nickels Stelle ein, wie aus Folgendem erhellt. Hanns Nickel und Oswald Reinhard, beide Hafner, bekennen, nachdem ihnen vergangner Zeit der Rath zu Treibung und Machung ihrer Kunst der Venedischen Arbeit mit dem Schmelzen und Glaswerk 50 f. vorgestreckt und auf Bürgschaft geliehen habe, aber dem Oswald Reinhard nit fügsam sein wolle, diese Kunst und Arbeit mit dem Nickel weiter zu treiben, dass er demnach Augustin Hirssvogel an seine Statt stehen lassen und ihm samt dem Hanns Nickel diese Arbeit getreulich und mit allem Fleiss lernen und unterweisen, auch mittler Zeit er, Reinhard, keinen andern, ausserhalb seiner Kinder, solche Arbeit lernen, und er derselben Arbeit auf offenem Markt nit feil haben oder ausser seines Hauses nicht verkaufen soll noch woll, weder wenig noch viel, wo er aber das nit thut und Hirschvogel dess Schaden erleiden würd, soll er ihm denselben Schaden zu widerkehren schuldig sein. Dessgleichen sollen und wollen Nickel und Hirschvogel bei solcher Pön keinen andern ohne des Reinhards Willen und Wissen gedachte Kunst auch nit lernen oder unterweisen.

Darauf verspricht genannter Augustin Hirschvogel gemelten Oswald Reinhard seiner Schulden und Bürgschaft, als 25 f. gegen einen erbern Rath, wenn die Zeit der Zahlung kommt, zu entheben und gänzlich schadlos zu halten, bei Verpfändung aller seiner Güter, und setzt ihm derhalben zu einem Bürgen Jorgen Penzen, Malern allhie, welcher diese Bürgschaft alsbald gegenwärtig auf sich genommen hat. Dagegen hat Jeronimus Holzschuher von wegen eines erbern Raths genannten Reinhard und seine Bürgen um die verschriebenen 25 f. ledig gezählt, so dass unsere Herren derwegen nichts mehr an sie fordern, sondern solcher Summa bei Augustin Hirschvogel und Jorgen Penzen seinen Bürgen gewärtig sein wollen. Gebetene Zeugen von allen Theilen waren Hanns Tucher der jüngere und Bonaventura Furtenbach. Geschehen am Mittwoch 27. Dec. 1531. (Cons. 43, fol. 27.) Im Einklang hiemit ist natürlich auch das Rathsbuch wo (fol. 237 b.), in Bernhart Paumgartners und Hieron. Holzschuhers Frage, folgender Verlass vom Mittwoch 20. Dec. 1531 aufgezeichnet ist: „Augustin Hirschvogel ist bewilligt, dass ein Rath der 25 f., so Oswald Reyner einem Rath neben einem Hafner schuldig ist, von ihm gewarten und den Reyner derselben hiemit entledigt haben wolle, doch soll versucht werden, ob Hirsvogel einem Rath darum Bürgschaft thun könne." Dass sich der Rath mit Georg Penzen Bürgschaft genügen liess, war freilich eigentlich ein Gnadenact, nicht minder, als dass ihm der Rath am 30. März 1531 zehen Gulden „seinen Nutz damit zu schaffen" geliehen hatte, die er in einem halben Jahr wieder in die Losungstube zu entrichten versprach, wofür Veit Hirschvogel sein Bruder für ihn Bürge war, mit Zeugniss von Lazarus Holzschuher und Bartholmes Haller. (Cons. 42, fol. 88 b.) Wenn er (nach Rettberg Kstleb. p. 137) sich schon 1530 in Wien niederliess, so muss diese Niederlassung sehr vorübergehend gewesen und er von dort ziemlich kahl wieder heimgekommen sein, da er nicht einmal 10 f. zur Verfügung hatte. Hatte man geglaubt, er habe sich mit Oswald Reinhard vergesellschaftet, so zeigt die folgende Urkunde ihn in anderer Verbindung. Hanns Nickel eines und Augustin Hirschvogel anders Theils bekennen, nachdem sie sich der Venedischen Arbeit mit dem Schmelzen und Glaswerk miteinander unterfangen, und samentlich zu treiben mit sonderm Geding gegeneinander hievor verpflichtet haben, sie aber solcher Arbeit und Handels dermassen berichtet seien, dass sie wissen, was Jedem insonderheit mit seiner Arbeit darauf gehe und darzulegen gebühre, dass sie sich demnach solcher Verlegung halben dermassen mit einander vereinigt haben, dass Hirschvogel zu solcher Arbeit das Gemäle, Farb und das Holz als für sein Kosten dargeben, und Nickel all ander Unkosten und Zeug, nichts ausgenommen, auf seinen Theil, doch auf gleichen Geniess, darlegen und geben solle, mit dem Zusagen, dass keiner einen Fremden solche Kunst ohn des Andern Vorwissen und Verwilligung unterweisen, desgleichen mit keinem Andern Solches treiben und arbeiten solle, sondern sie wollen sich hierin dermassen gegen einander halten, dass es Jedem ohn Nachtheil und Beschwerd sein soll. Zeugen waren Augustin Gabishaupt und Pangraz Altentaler, Mittwoch 15. Mai 1532. (Cons. 43, fol. 100 b.)

Von Oswald Reinhard ist nicht mehr die Rede, obwol es nicht scheint, dass sein Tod an der Auflösung der Verbindung Schuld war. Wie viel Augustin in dieser zweiten Phase seiner künstlerischen Bestrebungen ausgerichtet habe, weiss man nicht, man muss sich dafür mit Neudörfer's, seines Zeitgenossen, Aussage, begnügen. Es dauerte jedoch nicht lange, so findet man ihn in der dritten Phase, dem Wappenschneiden. Am Montag 14. Juli 1533, bekannte Paulus Schütz, Goldschmidsgesell, nachdem er Augustin Hirschvogeln drei Jahr lang verdingt und gesprochen gewesen sei, von demselben die Kunst des Steinschneidens zu lernen und zu treiben, er aber diese Zeit nit ausgehalten und derhalben ihm, dem Hirschvogel, 30 f. nach dem gemachten Geding zu bezahlen schuldig sei, dass er demnach ihm diese 30 f. in einem Jahre entrichten wolle, nämlich also, wenn er mittler Zeit des Jahrs an solcher Summa dem Hirschvogel den halben Theil, als 15 f. entrichte, so soll Hirschvogel schuldig sein, ihm alsdann, was ihm in der Kunst des Steinschneidens noch mangelt, vollkommen und getreulich, seines Vermögens zu unterrichten und zu lernen, und die übrigen 15 f. nach Ausgang des Jahrs, ohne des Hirschvogels Kosten; daneben verspricht auch obgedachter Paulus Schütz, solche Kunst wie er darin von dem Hirschvogel unterwiesen worden ist, hie, in dieser Stadt Nürnberg für sich selbst sein Lebenlang nicht zu treiben, noch auch einem andern zu lernen, es wäre denn, dass er sich hie setzen und auf dem Goldschmidhandwerk Meister würde, alsdann soll er dasselbe für sich selbst zu treiben unverbunden sein, doch dass er es Niemand dann seine Kinder unterweise und lehre. Wo er aber Solches verbrechen und nit halten würde, was dann dem Hirschvogel und seinen Erben Schadens daraus entstehen würde, dass soll und woll er ihnen zu erstatten und zu widerlegen schuldig sein, bei Verpfändung aller seiner Habe. Dieses hat Hirschvogel also angenommen und ihn, Schützen, auf Bezahlung der Summa treulich zu unterweisen zugesagt. Zeugen waren Mathes Jorian und Hanns Tucher der jüngere. (Cons. 45, fol. 106.)

Ueber eigentliche Erfolge seiner Steinschneidekunst gebricht es an Nachrichten. Seine vierte Phase, die kosmographische, scheint am meisten von Glück begleitet gewesen zu sein; dass eine Medaile auf ihn geschlagen und er mit einem eigenen Wappen begnadet wurde, scheint dafür zu sprechen. Er war jedenfalls ein begabter Mann. Ob er verheiratet gewesen und Kinder hinterlassen habe, ist unbekannt. Stadtglaser, wie ihn Baader Beitr. 2, 57 nennt, ist er nie gewesen.

54. SIMON MIT DER LAHMEN HAND, BILDHAUER.

Sollte ich alle Ding, so dieser Simon und kunstreiche Mensch gewusst und verstanden und mit eigner Hand gemacht hat, erzählen, würde es gewisslich noch so viel sein, als ich jetzt von Augustin Hirssvogel angezeigt habe, denn es war nichts so künstlich, dass dieser Mann nicht einen Verstand davon gehabt hat. Er war ein Bildhauer, Goldschmid, Uhrmacher, Maler, und in Summa aller künstlichen Ding fast mehr Vortheil denn andere verständig. Den Letten zu formiren und Bilder daraus zu machen und zu schneiden war er fürtrefflich. Im Cirkelmachen grosser und kleiner Manier, ward vor ihm nie keiner erfunden, der diess also gericht hätt zu wegen gebracht, wie man denn bei Herrn Hanns Starcken seiner Arbeit viel findet.

Da Doppelmayr, Rettberg und Baader über diese Kunstgrösse, deren Zunamen anzugeben Neudörfern, wahrscheinlich weil er ihn nicht wusste, nicht gefallen hat, wird man den Späteren nicht übelnehmen, ebenfalls mit Stillschweigen darüber hinwegzugehen.

55. HIERONIMUS, FORMSCHNEIDER.

Als Johann Stabius dem Kaiser Maximilianus alhie zu Nürnberg die Ehrenpforten und Anderes machen liess, war dieser Hieronymus unter andern Formschneidern auch in allem dem, das zum Werk gehört, der geschickteste und oberste, sonderlich aber ist vor keiner gewesen, der die Schriften so rein und gerecht in Holz geschnitten hat. Ich Hanns Neudörfer macht ihm eine Prob von Fracturschriften, die schnitt er in Holz, und darnach in stählerne Punzen, und verändert dieselbige Schrift in mancherlei Gröss, und wiewol Kaiserl. Majestät vorher durch den Schönsperger (Hanns Schönsperger zu Augsburg hat das Neue Testament mit Figuren in Holz geschnitten, gedruckt in Folio 1525) auch ein Fractur machen und den Teuerdank damit drucken lassen, welche Prob Herr Vincenz Rockner, Kais. Maj. Hof Secretari, machet, das ich auch gesehen, und der Kaiser mit eigner Hand darunter die Wort: Te Deum Laudamus, schrieb, achte ich doch, diese seine Schrift soll auch noch heutiges Tags wol daneben stehen. Er hätt auch ein eigne Druckerei, und ist im Eisenschneiden zur Münz sehr geschickt und berühmt.

Hieronimus „Andreä" nannte sich (zufolge Doppelmayr) niemals nach seinem Zunamen, nur nach seinem Taufnamen. Ob er eigentlich Resch geheissen habe, wird desshalb nicht ohne Grund bezweifelt. Er wohnte in dem „Weschenhof" an der Breiten Gasse, der jetzt noch amtlich Wäschershof heisst, und ebendaselbst auch Martin Keltsch, der Buchdrucker, dessen Presse er benutzt haben und so die Meinung, er habe eine eigene Druckerei gehabt, veranlasst haben mag. Noch in Dürer's Todesjahr 1528 sah sich der Rath veranlasst, Jeronimus Formschneidern und Sebalden Behaim, dem Maler, zu sagen, dass sie bei eines Raths Strafe, die man an Leib und Gut wolle gegen sie vornehmen, sich enthalten, das abgemacht Büchlein von der Proportion, das aus Albrecht Dürers Kunst und Büchern abhändig gemacht worden, in Druck ausgehen zu lassen, so lang bis das recht Werk, das Dürer vor seinem Absterben gefertigt und das im Druck ist, ausgehe und zu Licht gebracht werde. (RB. S. auch Baader Beitr. 1,10.) Doch verdankt man ihm die zweite 1538 erschienene Originalausgabe „von der Messung mit dem Cirkel" etc. (S. Nagler, p. 55.) In den Jahrb. f. Kstwissensch. 1868, p. 232 theilt Baader noch Mehreres über diesen Jeronimus mit, woraus er als ein unruhiger und turbulenter Kopf erscheint. Ebendaselbst constatirt er auch seinen Namen Andreae.

Er ist begraben auf St. Johannis num. 558, wo seine Grabschrift, nach Nor. Chr. Freydh. p. 83, lautet: „Anno domini 1556 Jahr, den 7 Tag Maji, verschied der Erbar Hieronymus Andreae, Formschneider, dem Gott genad. Amen." Hierdurch wird aller Zweifel, wie er geheissen habe, beseitigt.

56. WOLF WEISKOPF, SCHREINER UND STADTMEISTER.

Obwol Hanns Stengel vor diesem Weiskopf auf welsche und deutsche Art gleichwie Georg Schreiner, so die goldene Stube auf dem Rathhaus und sonst viel Positiv machet, viel schöne Schreinerwerk machten, sonderlich wie man sagt, dass derselbe Stengel mit derselben welschen Arbeit der erste gewesen sein soll, so ist ihnen doch derselbe Weiskopf mit dem Masswerk und Verstand weit im Werk vorgegangen, wie das seine Arbeit und verlassene Kunst anzeigen.

Er machte auch ao. 1544 (?) das Gehäuse zu der neuen Orgel bei St. Lorenzen. Seine verlassene Wittib nahm den jetzigen Meister Conrad, Stadtschreiner, der ist (um) nichts weniger in allen Dingen kunstreich als ihr voriger Hauswirt war. Seines Handwerks siehet man im Rathhaus im Gericht eine wolgestellte Tafel.

57. SEBALD BECK, SCHREINER.

Dieser Beck ist nicht allein ein künstlicher Schreiner, sondern auch ein guter Bildhauer, Steinmetz und Architekt gewesen. Er hat seine Kunst, dazu einen bösen Magen, aus Welschland gebracht; keiner vor ihm ist in Perspectiv des verschrotten Werks so künstlich gewest. Er machte viel Visirung, und gute Schreiner [gab es] die sich nach seinen Dingen übten. Er war im Marmorstein zu arbeiten und denselben zu poliren sehr gewaltig. Im Formen und Giessen hatte er grossen Verstand. Er machte a. 1540 die zwei steinerne Säulen neben dem messingenen Gitter auf dem Rathhaussaal. Bei Herrn Hanns Ebner findet man seiner Arbeit von Säulen, Güssen (Giessen) und Schreinerwerk und Visirung eine gute Anzeigung.

Bei dem Bau der Bastei zwischen Vestner und Thiergärtner Thor zog Signor Antonio Fazuni, mit dem Zunamen „Maltese aus Sicilia", zur Machung der Modelle den Schreiner Sebald Beck zu Hilfe, der mehr und bass dann alle seine Handwerksgenossen geschickt und kunstreich war. (Baader Beitr. 2, 9.) Wenn der Rath durch Sebald Beck und Georg Penz eine Ansicht von Nürnberg machen liess, wofür er ihnen a. 1540 einschliesslich aller Unkosten 261 f. zahlte (Baad. Beitr. I, 40), so scheint diess, weil ein Schreiner dabei beschäftigt war, ein geschnitztes und vielleicht auch colorirtes Bild oder Modell gewesen zu sein, wie auch Hanns Behaim (s. n. 45) eines dergleichen gemacht hatte. Noch jetzt besitzt die städtische Kunstsammlung ein solches, aber nach Allem aus einer späteren Zeit stammendes Holzbild.

58. HANNS WEINMANN, GEWICHTMACHER.

Sodann nun in allerlei Policei recht Gewicht und rechte Mass zu ordnen nicht der geringsten Stück eines ist, und das Gewicht sich an dem einen Ort anders denn an den andern halten, ist dieser Weinman und sein Zeichen, das er schlägt, in vielen Landen und Königreichen bekannt, dann er diesen Beruf hat, was Lands auch einer ein Gewicht hat haben wollen, das hat er ihm machen und giessen können. Seinen Sohn hat er gleichfalls gelehrt und abgericht.

Starb 1560 den 10. März.

59. HANNS LAMBRECHT, WAGMEISTER UND WÄGLEINMACHER.

Wie nun dieser Weinman im Gewichtmachen künstlich, also ist auch dieser Lambrecht im Wagmachen berühmt gewesen, denn seines gleichen ist damals alhie von kleinen und grossen Wagen zu machen nicht gewest.

Starb nach ao. 1560.

Muthmasslich ist es derjenige, dessen in folgendem Verlass gedacht wird: Am Dinstag 13. Sept. 1530 liess man Lamprechten von Ach zum Amt des Gewichtaufziehens mit Pflicht fertigen und sein Sold des Jahrs auf 6 f. gesetzt, neben dem, was man ihm sonst gewöhnlich für seine Mühe giebt. (Rathsbuch.)

60. DANIEL ENGELHART, WAPPENSTEINSCHNEIDER.

Dieser Engelhart ist nicht allein in Wappensteinschneiden und Farben, sondern auch in Siegelschneiden in Silber ist er fürtrefflich, also dass Albrecht Dürer hier mir in seiner Stube, da ich ihm die vorgemelten vier Bilder (wie in gedachten Dürers Beschreibung zu sehen und gemeldet worden, dass

Dürer aufs Rathhaus verehret) bei den Füssen schrieb und
etliche Sprüch heiliger Schrift bezeichnete, saget: Er hätte in
Welsch- und Deutschland keinen gewaltigeren und kunstreichern
Wappenschneider gesehen.

Ward Genannter des grössern Raths 1552, starb 1560,
wohnte in der Zisselgasse gegen Albrecht Dürer über. (Zusatz bei
Campe.)

Dass ihn Rettberg den ersten namhaften Künstler dieser Art
nennt (p. 97), kann man sich, weil ein früherer nicht genannt
wird, gefallen lassen, nur ist das ihm octroyirte Todesjahr 1512
entweder Schreib- oder Druckfehler, da p. 160 sein Todesjahr 1552
in Uebereinstimmung mit Campe angegeben ist.

Ueber dieses Engelhart Wohnung liegt folgende Urkunde vor:
1540, Dinstag 22. April. Daniel Engelhart, Bürger und Siegel-
schneider, nachdem ihm Burgermeister und Rath erlaubt haben,
aus seiner erkauften Behausung und Erbschaft unter der Veste,
zum Nottelbrunnen genannt, den Abfluss eines im Keller derselben
Behausung stehenden Brunnens, den man bisher mit einer Pumpe
herausgezogen hat, in sein Wohnhaus, darin er dieser Zeit wohnt,
am Milchmarkt hinauf, gegen dem Thiergärtnerthor wärts, zwischen
Peter Ehemans und Erharten Eberharts Häusern gelegen, vom
Keller an bis 18 Schuh in einer gegossenen messingenen Röhren
und folgends denselben Gang zu vermauern, und mit Aufhebung
des Pflasters und unter demselben in seine Wohnbehausung zu
leiten, so bekennt er, dass er sich dieser Wasserleitung nur als
eines Precariums und einer Vergünstigung gebrauchen, kein Recht
dadurch ersitzen und auf Geheiss des Raths wieder abstellen will.
Jacob Tucher hat auf sein Bitten sein Insiegel neben das seinige
gehangen. (Urkunde des Stadtarchivs zu Nbg. num. 1486.)

61. HANNS MASLITZER.

Dieser Maslitzer ist eine Zeit lang Rechenmeister gewesen
und ein zierlicher Schreiber, wol gegründet und berühmt.
Seinen Anfang im Giessen hat er von Herrn Melchior Pfinzing,
Propst, aber sein Fleiss und Uebung hat ihn mit göttlicher Hilf
dahin bracht, dass er allen Goldschmiden genug zu giessen
hätte. Er geusst aber von Gold und Silber und durchbrochen
so rein, als wär es verseubert hohl gegossen oder getrieben.
Die Würm abzugiessen, acht ich dafür, soll er der erste gewesen sein; in Probieren allerlei Erz Bergwerk, und Silber

auch im Schneiden, ist er ganz gewiss, und alles das so an ein Münz gehört, kann er verrichten, und weiss im Prägen der Münz solche Vortheil, wie wenig Münzmeister noch erfunden werden. Die Probierwag zu machen, hat er einen grossen Beruf, aber die Streichnadel von Gold und Silber zuzurichten, wird seines gleichen wenig gefunden. Er hat a. 1538 die goldene, silberne und bleierne Münz gegossen, die zum Gedächtniss an dem Bau zwischen dem Vestner und Thiergärtner Thor gelegt worden. Ward Genannter des grössern Raths 1532.

Starb 1574.

Doppelmayr charakterisirt ihn als Goldschmied und gibt sich anerkennenswerthe Mühe, die verworrenen Worte Neudörfer's oder vielmehr seines Copisten in eine verständliche Form zu ordnen. Maslitzer heiratete jedenfalls erst nach 1525 Jungfrau Anna Sebald Thumen seligen Tochter, Enkelkind des 1521 gestorbenen sehr bemittelten Kürschners und Kaufmanns Hanns Thum, der hier ein Haus S. 99 und in Breslau, wo er eine Commandite hatte, ebenfalls eines besass, das nach dem Tode des Vaters in der Erbtheilung im Sept. 1525 der älteste Sohn Hanns Thum übernahm, der zweite, Georg Thum, übernahm das Haus in Nürnberg, die Tochter Katharina Veit Herdegnin, und die Enkeltochter, die damals noch Annalein genannt wird, zum Zeichen dass sie noch ein Kind war, wurden in anderer Weise abgefunden, so zwar, dass die Enkelin das dem alten Thum durch Spänbrif a. 1521 zu Theil gewordene Kaltenhauserische Haus am Markt S. 875 erhielt. Als Hanns Maslitzer später die Anna Thumin geheiratet hatte, verkauften sie das Haus am 7. Mai 1535 an Hanns Pfann, Agenten oder Factor der Welser in Augsburg, um 4260 f. Ob ihm seine künstlerischen Geschicklichkeiten auch so viel als diese Heirat eintrugen, darüber fehlt es an Nachrichten.

62. MARTIN HARSCHER, KANDELGIESSER UND PULVERMACHER.

Dieser Kandelgiesser hat einen solchen Fleiss fürgewandt, was ein jeder gemeiner Goldschmid von Silber gemacht hat, das hat er also rein von Zinn zu wegen gebracht. Er konnte das Zinn also läutern und mischen, dass es dem Englischen Rang und Glanz gleich ward. Er macht nicht allein Kandel, Schüsseln und Teller, sondern auch Leuchter, Becken, Giesskandeln, Hofbecher, Magellein. Dieweil aber sein Vater ein Pulvermacher gewest war, nahm er nach desselben Tod seinen

Handel an. Dieser Harscher war bei dem Wöhrderthürlein wohnhaft, starb 1523, seines Alters 83 Jahr.

Der oben n. 23 vorgeführte Georg Weber, Zimmermann, und Margaretha, seine Ehefrau, verkaufte am Mittwoch 3. Jan. 1543 die Erbgerechtigkeit der Pulvermühle, oberhalb Wöhrd an der Pegniz liegend, die sie, beide Eheleute, auf des Raths Bewilligung von neuem gebaut und innen gehabt haben und der Käufer etliche Jahr in Bestand gehabt hat, Albrecht Harscher, dem Pulvermacher, und Katharina, seiner Hausfrau, über den darauf stehenden Eigenzins und die 415 f., so Harscher beim Bestand der Pulvermühle darauf gegeben hat, noch um 580 f., so dass die Kaufsumma 995 f. beträgt, und sagen sie dieser Summa, auch der 2 Goldgulden, die Harscher jährlich während des Bestands Meister Georgen Hausfrauen zu geben versprochen hatte, ledig und los und begaben sich aller Ansprüche. Und in diesen Kauf willigte Herr Sebald Pfinzing, Zinsmeister, von wegen des Raths, dem die Eigenschaft mit 10 f. rh. darauf zusteht, wie Christoph Pfinzing, Hrn. Sebalds Sohn, vor Sigmund Held und Hanns Deichsler, als erforderten Zeugen, auf Befehl seines Vaters ansagte. Auf Bitte des Käufers wurde am Freitag 12. Jan. 1543 ein Brief darüber gegeben. (Lit. 56, fol. 406.) Albrecht Harscher, Kandelgiesser, Wilhelm Harschers, Pulvermachers Sohn, hatte 1534 (Lit. 45, f. 1636) Katharina, Stephan Bayers, Kanzleischreibers, Tochter zur Frau genommen, er kaufte am 4. Juni 1550, von Sebastian Ayrer und den Kindern Bartholmess Ayrers seligen, deren Vormund er war, das Haus am Markt S. 6 um 3650 f., und wird in einem auf diesen Kauf bezüglichen Schultheissenbrief vom 22. Sept. 1550 Albrecht Harscher, Kandelgiesser, genannt. Hausbriefe von S. 6. Ohne Zweifel war er neben der Kandelgiesserei auch Pulvermacher und wahrscheinlich der Nachkomme des obengenannten Martin, der vielleicht richtiger Wilhelm zu nennen ist. Ein anderer Pulvermacher, der Balthasar Henz hiess, kommt um dieselbe Zeit vor, an den aber bei so gänzlicher Verschiedenheit des Namens nicht zu denken ist. Schon am 5. April 1530 wurde dem Harscher 10 Ctner. Salpeter geliehen, zur Wiedergabe in einem Vierteljahr. (Rathsbuch.)

69. BURCKHARDT, ORGELMACHER.

Man weiss noch von keinem der diesem Meister Burkhart die grossen Werk zu machen gleich gewest ist. Er hielt viel Gesellen und Lehrjungen, sendet dieselben an alle Ort aus und liess sie arbeiten, darnach kam er und stimmet die Werk. Er hat die gute und beständige Orgel a. 1474 (?) zu St. Sebald gemacht. Sein Weib lebt noch heutiges Tags im Neuen Spital.

64. GEORG FELLA, ORGELMACHER.

Ich sollt diesen Meister Georgen mehr einen Künstler im Wasserleiten, dann im Orgelmachen hervor thun, denn was lange und schöne Röhren er aus Blei geusst, das sieht man täglich. Durch welche Röhren er auch den springenden Brunnen im Rathhaus von der grossen Bastei ao. 1543 geleitet hat. Im Wasserwägen und Zwingen derselben ist er mit Pumpen ein Meister, die Positiv und Regallen mit lieblichen und Posaunenstimmen zu machen, ist er nun in langer Uebung und verständig, wie dann solches seine Werke anzeigen.

Der bei Campe zu findende Zusatz „das Wasser wurde unter der Erde 5 Schuh weit geführt" ist entweder Unsinn oder Schreibfehler, denn die Kunstfertigkeit des Mannes kann doch nicht dadurch dargethan werden, dass er das Wasser 5 Schuh weit zu leiten im Stande war. Zudem ist die Entfernung von der Bastei bis zum Rathhaus etwa das Hundertfache.

65. HANNS GERLA, LAUTENMACHER.

Dieses Gerla Vater war auch ein berühmter Lautenmacher, aber dieser sein Sohn ist nicht allein im Lauten- sondern auch im Geigenmachen, mancherlei Gröss und Proportion zu machen, fürtrefflich. Er ist auch für sich selbst des Lautenschlagens, Geigens und Gesanges geübt.

Conrad Gerla st. 1521 am St. Barbara-Abend. Dieser Todestag steht oder stand auf seinem Grabstein „Conrad Gerl Lautenmacher" bei St. Rochus num. 11. Er hatte ein Haus in der Breitengasse besessen, das er, Conrad Gerlein, Lautenmacher, und Walburg seine eheliche Hausfrau, von Martin Finsterer und Agnes, seiner Ehewirtin, um 130 f. rh. mit einem dem Sebald Schreier zustehenden Eigengeld von 3 f. Stadtwährung am Montag 18. Aug. 1516 gekauft hatten; Nachbarn waren Conz Berchtold und Barbara Linkin. (Lit. 30, f. 168 b.) Das Haus blieb nach Conrad Gerlein's Tod im Besitz der Wittwe und der Kinder, und am 23. Aug. 1531 wurde Walburg, Conrad Gerleins Lautenmachers seligen Wittib, aus Ursachen ihres Gesichts Gebrechlichkeit und anderes Unvermögens erlaubt, einen Gulden Gatterzins aus dem Erb ihres Hauses zu verkaufen. (Cons. 41, fol. 107.) Der Eigenzins gestaltete sich später zu $2^{1}/_{2}$ f., welcher hernach in andere Hände kam und am 9. Sept. 1545 wieder verkauft wurde, was die Insassen oder Erb-

leute zunächst nur insofern berührte, dass sie den Eigenzins an
eine andere Person als vorher zu entrichten hatten, ohne im Besitze im
Geringsten gestört zu sein. Als diese Erbleute werden damals genannt weiland Conrad Gerlachs Lautenmachers seligen nachgelassene
unmündige Kinder, denen drei Viertel, und Hanns Gerlach, ihr
Bruder, dem das vierte Viertel des Erbes gehört. Ausdrücklich
wurde bemerkt, dass den Erbleuten ihr Recht der Ablösung unver-
kümmert sei, was auch Georg Schröter, Messerer, der Käufer, also
annahm. Die Lage des Hauses war immer noch in der Breitengasse,
aber die Nachbarn waren ganz andere als 1516, Lienhart Grosser,
der Schreiner, und weiland Jacob Pons, Kürschners seligen, verlassene Erben. (Lit. 60, f. 81 b.) Hanns Gerlein, Lautenmacher,
kommt als Vormund sogleich im folgenden Jahre vor, am 27. März
1546 (Cons. 64, fol. 23 b) und ohne Zweifel noch öfter, ohne dass
für seine künstlerische oder musikalische Thätigkeit daraus etwas
zu entnehmen wäre.

66. HANNS NEUSCHEL, POSAUNENMACHER UND STADTTROMMETER.

Was Zier und Lobs in dieser Stadt, auch Ruhms in allen
Städten, darin man die musikalischen Instrumente braucht,
dieser Neuschel hat, auch was man seiner Arbeit mit Posaunenmachen in mancher Stadt hat, das wissen alle die so in königlichen und fürstlichen Höfen mit Posaunen umgehen, dann er
nicht allein dieselben zum besten zu machen geübt, sondern
auch dieselben zu blasen, zu dämpfen und zu stimmen, auch
mit aller Lieblichkeit ins Gesäng zu richten, künstlich gewest
ist. Papst Leo, dem er silberne Posaunen gemacht hat, liess
ihn seiner Kunst halb gen Rom fordern und höret ihn gerne,
ward auch von Walhen (Wälschen) hochgelobt, und von ermeltem Papst mit einem goldenen Stück und gnädigster Bezahlung wiederum gen Nürnberg abgefertigt. Ist im Sterben
ao. 1533 mit noch zweien Todten Bahren und 12 Kerzen auf
St. Rochus Kirchhof zu Grab getragen worden.

In den vielen, von 1486 an beginnenden, kürzeren oder längeren urkundlichen Aufzeichnungen über diese Trompeten- oder
Posaunenmacher, deren zwei waren, Vater und Sohn, beide Hanns
geheissen, kommt der Namen niemals anders geschrieben vor als
Neuschel, und man trug desshalb kein Bedenken, wenn auch bei
Pulman (17), Heuss (18), Heinlein (19) die in dem Mspt. befindliche Ueberschrift, obgleich unrichtig, beibehalten und die Berich-

tigung in die Erklärung oder Anmerkung verlegt wurde, hier von diesem Vorgang abzugehen und die wahre Form des Namens schon in der Ueberschrift zu gebrauchen. Dass eine Familie Meuschel existirt hat, dass der Namen, sei er alt oder neu eingebürgert, noch existirt, mag immerhin sein, aber die beiden Trompetenmacher hiessen nicht anders als Neuschel. Dass Doppelmayr ihn unter dem falschen Namen aufführt, geschah offenbar auf des Cocleus schon öfter angeführte Autorität hin, beziehungsweise auf die Vorrede von 1512 zur Ausgabe des Pomponius Mela, welcher Autorität, obwohl Cocleus im Ganzen ein wohlunterrichteter Mann war, doch ausser dieser falschen Namensform auch der bis auf den heutigen Tag nicht ausser Curs gesetzte Peter Hele zugeschrieben werden muss, den die Späteren in gläubiger Befangenheit prüfungslos nachgeschrieben haben. Wenn oben das Jahr 1486 als äusserste Grenze der Aufzeichnungen angegeben ist, so geschieht es desswegen, weil die hier benutzten Gerichtsbücher, Literarum und Conservatorium genannt, aus früheren Jahren durch fahrlässige Verwahrlosung nicht mehr vorhanden sind, die Rathsbücher aber, welche erst mit 1441 beginnen, über Persönlichkeiten wie die hier berührten, nur ausnahmsweise und zufällig etwas berichten und erst gegen das Ende des 15. Jahrhdts. auch auf solche Mittheilungen eingehen. Die Zerstörung, welche Gleichgiltigkeit und Unwissenheit in den archivalischen Schätzen Nürnbergs angerichtet hat, ist ungeheuer, und unter archivalisch ist hier nicht blos das zu verstehen, was den Behörden zur Bewahrung anvertraut war und ist, was natürlich von dieser Zerstörung nicht betroffen werden kann, sondern das, was sich in den Häusern, der Obhut der Einzelnen übergeben, und von ihrem eigenen Interesse gehütet, findet. Fast jedes Haus besass ehedem seine mehr oder minder zahlreichen Hausbriefe, welche über die früheren Besitzer, die Erwerbsweise, ob durch Kauf oder Erbschaft, über Gerechtigkeiten des Hauses etc. Auskunft gaben und ein Archiv im Kleinen bildeten, das von jedem Besitzer dem Nachfolger übergeben und sorgfältig gehütet wurde. Bei einzelnen Häusern hat sich in einer oft bewundernswürdigen Weise die ganze Folge dieser Hausbriefe erhalten, bei andern oft nur lückenhaft, bei vielen gar nicht, und namentlich sind es die kleineren, welche diesen Mangel am häufigsten zeigen. Oft wird in einer solchen Urkunde gesagt, es seien vom Verkäufer dem Käufer die das Haus betreffenden Urkunden übergeben worden, zuweilen wird auch die Zahl derselben genannt, aber wenn man nachforscht, wo sie sind, so ist nichts zu finden. Diese aus den verschiedensten Ursachen hervorgegangene Verwahrlosung und Zersplitterung der besagten archivalischen Schätze hat freilich erweislich schon in der reichsstädtischen Zeit gewaltet, und der Wahn, diese alten Documente seien werthlos und sie zu hüten sei eine Thorheit, hat schon vor 1806 zur Verschleuderung derselben mitgeholfen, aber seitdem die Hypothekenbücher eingeführt wurden und das Publicum die Ueberzeugung bekam, in diesen Büchern sei Alles, was über den Besitz des Einzelnen zu wissen nöthig sei, ohne die weitläuftigen und unverständlichen Formularien der alten Pergamente, eingetragen, da wanderten massenhaft die sauber geschriebenen Documente zum Buchbinder, Metallschlager und zum Antiquar, wer von diesen am meisten dafür bot und zahlte. Eine hiesige Antiquariatshandlung gab im Jahre 1858 ein Paar Kataloge, meistens Urkundenverzeichnisse enthaltend, heraus, die von fremden und auswärtigen Liebhabern gekauft worden und für Nürnberg, aus dem sie hervorgingen, verloren gegangen sind. Und namentlich kamen diese Documente aus geringeren Häusern, deren Inhabern der erforderliche Bildungsgrad, sie zu würdigen, abging, und die froh waren, für das werthlose Ding doch wenigstens eine Kleinigkeit zu bekommen. Doch es mag genug sein, diesem Klaglied hier Raum gegeben zu haben, und es ist Zeit, zu Hanns Neuschel, dem Vater, zurückzukehren.

Balthasar Pfurner, Procurator, erwies vor Gericht von wegen Hannsen Neuschels, Trommetenmachers, und Elsbeten, seiner andern ehlichen Wirthin, dass Gabriel Muffel und Ulrich Haller eidlich bezeugt haben, dass Hanns, Berchtold und Aberhanns die Neuschel, des vorgenannten Neuschel Söhne von Anna seiner ersten ehlichen Wirthin, am Eritag 12. Juni 1487 bekannt haben, dass sie sich für sich selbst, auch für Lienhard und Margareth, ihre unmündigen Geschwister, mit dem genannten, ihrem rechten Vater, und ihrer Stiefmutter, dahin vereinigt und vertragen haben, dass, wenn ihr Vater vor der Stiefmutter mit Tod abgehe, dieser dann ihre Kleider, Kleinote, Gewand und Gebände, was zu ihrem Leib gehöre, frei folgen solle, und dass sie, die Stiefmutter, mit ihnen, den vorgenannten fünf Stiefkindern, auch den Kindern, die Hanns Neuschel bei ihr überkommen werde, alle seine hinterlassene Habe gleich mit einander erben sollen, als manig Mund als manig Pfund. Hanns Neuschel erweist auch, dass Ulrich Mayer, Färber, und Hanns Glanster, Zimmermann, obrigkeitlich gesetzte Vormünder der unmündigen Kinder, am Samstag 30. Juni in diesen Vertrag gewilligt haben. Der hierüber am Montag 2. Juli ausgestellte Gerichtsbrief ward bezeugt von Endres Geuder und Erkenbrecht Coler.

Auch verkaufte Hanns Neuschel und Elsbeth seine eheliche Wirthin, einen Garten am Judenbühl gelegen, um 86 f. an Heinz Ranauer, nebst einem Eigenzins von 4 f. rh. und einer Fastnachthenne, was den jungen Harsdörffern zusteht. Der Gerichtsbrief, bezeugt von Hektor Pömer und Erkenbrecht Coler, wurde am Freitag 24. Oct. 1488 ausgefertigt.

Neuschel wohnte in der Nähe des Sondergeubades, wie aus folgendem Brief erhellt. Hanns Neuschel, der Trommetenmacher, erweist für sich und seine ehliche Wirthin, dass Hanns Frank, der Schreiner, und Brigitta, seine ehliche Hausfrau, am Samstag 6. Juni

1495 ihre bisher gehabte Erbschaft an der Hofstatt hinten am Sondergeubad, neben des benannten Hannsen Neuschels Hause gelegen, ihm als Erb für 55 f. rh. zu kaufen gegeben haben, mit Bewilligung Hannsen Holzschuhers, dess die Eigenschaft mit 3 Pfd. daran ist, wie Wolf Holzschuher, sein Vetter, für ihn angesagt hat. Der am Montag 6. Juli 1495 ausgestellte Kaufbrief wurde von Niklas Gross und Georg Holzschuher bezeugt. (Lit. 11, f. 85.) Das Haus schaute also gegen Mittag. Darauf bekannte Hanns Neuschel, der Trommetenmacher, für sich und Elsbeth, seine eheliche Wirtin, dass Hanns und Ludwig die Flocken, Gebrüder, Katharina, Hannsen Ingrams eheliche Hausfrau, ihre Schwester, Johann Murrner und Johann Wengenmair, beide Canzleischreiber, als vom Rath gegebene Vormunde Ursulä, Conzen und Clarä, Geschwister, Hannsen Rappolts und Clara seiner Hausfrauen seligen gelassner Kinder, die Eigenschaft mit 10 Groschen, je sieben Pfg. für einen Groschen, aus dem Haus, zwischen Hanns Neuschels und Endres Osterbergers Häusern, gegen der Karthäuser Garten über dem Weg gelegen, daran die Erbschaft Elsbeth Hehlin seligen Erben wäre, ihm, dem Hanns Neuschel, und seiner Hausfrau um 13 f. rh. verkauft. Der am 24. Juli 1497 ausgefertigte Kaufbrief wurde von Ulrich Grundherr und Sebald Schürstab bezeugt.

Während das nur der Kauf eines Eigengelds oder eine Capitalanlage war, folgt nun wieder ein Kauf eines Hauses. Hanns Neuschel, der Trummetenmacher, erweist, dass Margreth Hannsen Hertels sel. Witwe und mit ihr Michel Hertel ihr Sohn und Anna Hannsen Hofmanns eheliche Wirthin, ihre Tochter, für sich, auch für Hannsen Hertel, ihren Sohn und Bruder, Bürger dahier, am Eritag 12. April 1502 erklärt haben, dass sie ihre Erbschaft an ihrem Hause des hintern Thorhauses an der Neuengasse zwischen Hannsen Maiers und Paulus Dratzichern Häusern gelegen, verkauft haben demselben Hannsen Neuschel um 40 f. rh., was auch geschah mit Wissen und Willen Martin Preglers, der 1 f. Stadtwährung als Eigengeld auf diesem Hause hat. Der von Ulman Stromer und Jeronimus Holzschuher bezeugte Gerichtsbrief ward ertheilt am Montag 9. Mai 1502. Am Mittwoch 6. Merz 1504 beschloss der Rath, Hannsen Neuschel, dem Trummeter, auf 5 Jahre 100 f. zu leihen, doch mit genugsamer Caution. (RB.) In der Verschreibung bekannte Hanns Neuschel, dass ihm Bürgermeister und Rath von Nürnberg zu seinem Bedarf bare 100 f. rh. geliehen haben, die er ihnen in der Mass wieder erstatten will, dass sie ihm an seinem Lohn jährlich 20 f. abziehen sollen und zu grösserer Sicherheit hat er die Erbschaft seiner Behausung allhie beim Sundergäu gelegen für den Fall, dass er nicht Bezahlung thue oder vor endlicher Bezahlung mit Tod abgehe oder um seinen Dienst kommen und abscheiden werde, verpfändet, was mit Wissen, Willen und Wort Frauen Anna Pömerin, Witwe, als Eigenfrauen, geschehen ist. Zeugen der am Samstag 30. Merz 1504 gegebenen Verschreibung waren Ludwig Schnöd und Sigmund Pessler. Lit. 20, fol. 96.

Nun hört man mehrere Jahre nichts mehr von Hanns Neuschel, bis im J. 1511 von seinen Geschäftsvormündern, Heinrich Bauer und Peter Man, Legate, die er in seinem Geschäft gemacht hat, einzelnen Personen ausgezahlt werden, und eine erbliche Anforderung an die Hinterlassenschaft der Agnes Neuschlin dadurch erledigt wird, dass das gerichtliche Erkenntniss den Anfordernden den vierten Theil des Nachlasses zuspricht. Agnes wird also wol die dritte Frau des Hanns Neuschel gewesen und kinderlos, ohne Testament gestorben sein. (Cons. 17, fol. 242, 244, 245.) Von den obengenannten Kindern erster Ehe wird ferner nur ein Sohn Hanns erwähnt, ob der erste oder der andere dieses Namens muss man unentschieden lassen, eine Schwester desselben, Petronella mit Namen, ist wol der Elsbeth, der zweiten Frau zuzuweisen. Dieser Hanns ist es nun, von welchem Neudörfer mit so viel Lobe redet. Er trat in die Stelle seines Vaters, wie aus folgender Verschreibung ersichtlich ist. Hanns Neuschel und Gertraud seine Hausfrau bekennen, dfass ihnen die Herren Losunger von gemeiner Stadt Comun Geld 80 . rh. zu anliegender ihrer Notdurft geliehen haben, die sie nachfolgender Gestalt zu bezahlen versprechen, nemlich, dass der Rath alle Quatember an seinem Soldgeld 18 Pfd. innen behalten soll, bis zu vollkommener Bezahlung, dazu setzen sie als Unterpfand ein ihre Erbschaft an der Behausung bei den Zwölfbrüdern gelegen mit Wissen und Willen Hrn. Sixten Oelhafen, doch ihm an der Gerechtigkeit seiner Eigenschaft ohne Schaden. Zeugen sind Franz Schürstab und Bartholomeus Flick; geschehen am Montag 31. März 1516. (Cons. 21, fol. 42.) Er wird hier zwar nicht Trommetenmacher genannt, aber als Bediensteter des Rathes erscheint er durch seinen Sold, und schon im vorhergegangenen Jahre wird seines Handwerks gedacht, indem am 16. Mai 1515 auf seine, des Trommetenmachers, Klage dem Barbierer Jorgen Ochsenkun geboten wird, des Zeichens der kaiserl. Kron, das er, gemeltem Neuschel zuwider auf seine Posaunen zu schlagen sich unterstanden, sofort abzustehen, weil gedachter Neuschel und sein Vater die zu schlagen vor viel Jahren hergebracht und gebraucht haben, oder wenn er das verachte, werde ein Rath mit Strafe gegen ihn gedenken und ihn pfänden lassen. Dazu liess man sie beide einen Frieden gegen einander geloben. Auch hatte am 11. Aug. desselben Jahres der Rath eingewilligt, dass die Priorin zu Engelthal Hannsen Neuschel's des Trommetenmachers Tochter zu einer Klosterfrau aufnehme. In eines der nächstfolgenden Jahre muss die Neudörfern zufolge geschehene Reise nach Rom, um sich vor Papst Leo X. hören zu lassen, zu setzen sein; das Schweigen des Rathsbuches kann freilich nicht als Gegenbeweis gelten. Am Samstag 14. Juli 1520 bekannten Hanns Neuschel und Gertraud, seine ehliche Hausfrau, dass sie dem Rath

100 f. geliehenes Geld schuldig seien, die soll man ihm so lang er lebt und ihr Diener ist, jährlich einen Theil an seinem Sold abziehen, bis zu ganzer Bezahlung, mit der Bedingung, was auf sein Ableben oder so er nicht mehr ihr Diener wäre, an diesen 100 f. noch unbezahlt aussen stünde, dass ein Rath wegen des hinterstelligen Rückstands auf die Erbschaft ihrer Behausung hie bei den Karthäusern gegen der Grasergasse über, darin sie wohnen, ein Unterpfand haben solle, in welche Verpfändung Sixt Oelhafen als Eigenherr gemelter Behausung vor Clemens Volkamer und Friedrich Behaim, als Zeugen, gewilligt hat. (Cons. 27, fol. 51 b.) Auch hier ist er nicht ausdrücklich als Trommetenmacher oder Stadtpfeifer bezeichnet, aber dass er es ist, geht aus dem ganzen Inhalt der Schuldverschreibung unleugbar hervor. Dass Hanns Neuschel auch sonst nicht unbegütert war, zeigt auch folgende Urkunde: Hans Neuschel bekannte, nachdem er mit Heinrich Krausen, Wendel Dettelbachs seligen Kindern, Hännslein und Sebastian, zu Vormund gesetzt worden sei, er aber 45 f., die den Kindern zustehen, innen habe, dass er demnach und damit dieses Geld den Kindern ertrage, auf seinem Haus im Neuen Gässlein bei St. Lorenzen gelegen, 2 f. und 1 Ort (2¼ f.) zu Zins verkauft haben und darum die oben bestimmte Summe innen behalten und sie also gesichert haben wolle, mit Versprechung, ihnen hinführo diese Zinsen, so lange die nicht abgekauft sind, zu zinsen und zu reichen. Darein willigt Hr. Georg Müllner, anstatt Hannsen Löffelholz, als der Behausung Eigenherrn. Geschehen am Freitag 23. Sept. 1524. (Cons. 32, fol. 142 b.) Das Neue Gässlein bei St. Lorenzen ist die jetzige Karthäusergasse, das Haus selbst unbestimmbar.

Ausser der im Kloster Engelthal untergebrachten Tochter hatten die Neuschel'schen Eheleute noch zwei Töchter, Söhne scheinen sie nicht gehabt zu haben. Dass diese Töchter verheiratet waren, sieht man aus folgenden Urkunden: Hanns Neuschel und Gertraud seine Hausfrau bekennen als Bürgen für Jacob Vischer, ihren Eidam, Frizen Puchfelder 60 f. für Steckheftlein, und Casparn Frischauf 92 f. für Paternoster, die derselb Vischer von ihnen empfangen, zu bezahlen und Jedem alle Vierteljahre 15 f. daran zu geben, bis die ganze Summe bezahlt sei. Geschehen im Gericht am Freitag 18. Aug. 1525. Die beigeschriebenen Quittungen der Gläubiger zeigen, dass bis 1527 die Schulden gezahlt waren. (Cons. 33, fol. 105.) An eine Verwandtschaft dieses Vischer mit dem Rothschmied Peter ist nicht zu denken. Aber diese Verbürgung der guten Eheleute war nicht die einzige. An Allerheiligen (1. Nov.) 1526 bekannte Hanns Neuschel vor Hanns Rieter und Sebastian Haller, als gebetenen Zeugen, nachdem Hanns Vischer, sein Eidam, dem Ungelter 50 f. verfallenes Ungeld schuldig sei, dass er dieselben für den genannten seinen Eidam selbst geben solle und wolle, dergestalt, dass er jährlich seinen Sold, den er von gemeiner Stadt aus der Losungstube einzunehmen, den Herren und der Losungstube innen lasse, so lange bis die gesagte Summe gezahlt sei, setzt auch zu mehr Sicherheit, ob er Todes halb abgehen würde, seine Behausung an der Grasergasse auf nachfolgende Hannsen Löffelholz, als des Eigenherrn, Bewilligung, zu Unterpfand ein, vor Männiglich darauf zu gewarten. (Cons. 35, fol. 163 b.) Ob dieser Hanns Vischer ein Bruder des Jacob Vischer war, ist möglich, aber nicht zu beweisen, aber gewiss war er eben so wenig ein Sohn des Rothschmids. Dass aber Hanns Neuschel der Stadtpfeifer war, sieht man aus der Anweisung auf seinen Sold und aus der Verpfändung seines Hauses an der Grasergasse. Und nun kam auch noch der andere Eidam, Jacob Vischer, und erklärte am Montag 19. Nov. 1526, dass er den nachbenannten seinen Gläubigern schuldig geworden sei für Kaufmannswaare, deren Bezahlung längst verstrichen sei, nämlich Peter Imhof und desselben Gebrüdern in Gold 1010 f., Ambrosien und Hannsen den Hochstettern (einem Augsburger Hause) 470 f., Anthonien Vento 632 f., Hannsen Schweikern 210 f., das alles in einer Summa macht 2322 f. rh. Um diese Summe hat er sich mit ihnen vertragen, so dass er ihnen zusammen jährlich 200 f. entrichten und von dato über ein Jahr mit der ersten Bezahlung anfangen will. Zu mehr Sicherheit setzt er Hannsen Neuschel und Gertraud seine Hausfrau, seinen Schwäher und Schwieger als Bürgen, welche sich auch vor Gericht dazu bekannt haben. (Cons. 35, fol. 177 b.) Die weiteren Bedingungen dieses Vertrags, aus dem nur klar hervorgeht, dass an eine Identität mit dem Rothschmiedsohn ebensowenig wie bei dem Hanns zu denken ist, konnten hier wegbleiben, genug, dass Hanns Neuschel, der hier abermals vor den Riss tritt, durch seine Frau als der oben schon nachgewiesene Trompetenmacher und Stadtpfeifer constatirt wird.

Die elterlichen Sorgen oder wenn man will Freuden des Neuschel'schen Ehepaares waren durch die Wirkungen der Reformation auch erweitert worden. Die ins Kloster Engelthal 1515 untergebrachte Tochter, Anna genannt, hatte dasselbe verlassen, war nach Nürnberg zu ihren Eltern zurückgekehrt, und forderte nun ihr Eingebrachtes zurück, was von demselben, wie auch in den andern Klöstern geschah — man sehe das Verfahren bei St. Clara etc. — ohne langes Widerstreben geleistet wurde. Wie vorher das Austreten vor sich ging, darüber liegt nichts vor. Genug, am Montag 23. Juli 1526 bekannten Hanns Neuschel und Gertraud, seine eheliche Hausfrau, auch Anna, ihre Tochter, Blasius Stöckel's eheliche Hausfrau, nachdem vorbesagte Eltern derselben Anna in vergangenen Jahren, als sie in das Kloster gen Engelthal gekommen, 100 f. mitgegeben, dass Sigmund Fürer, als Pfleger desselben Klosters, der Anna Stöcklin, da sie wieder aus demselben Kloster in den weltlichen Stand gekommen, diese 100 f. von wegen des Klosters wieder gegeben habe und sagen darüber ihn und das

Kloster ledig und los. (Cons. 34, fol. 94 b.) Blasius Stöckel, den die entsprungene Klosterfrau Anna Neuschlin frischweg genommen hatte, ist ein in der Nürnberger Reformationsgeschichte wol bekannter Namen. Dem Karthäuser-Orden angehörig wurde er zum Prior gewählt, aber da er die neuen lutherischen Ansichten in seinem Convent zu verbreiten suchte, dieser Stelle wieder entsetzt, verblieb aber im Orden als Prediger. In dieser Eigenschaft steht er im Verzeichniss der Conventualen, die am 9. Nov. 1525 ihr Kloster dem Rath übergaben. Seine weiteren Geschicke gehören der Kirchengeschichte Nürnbergs an. Er starb als Geistlicher an St. Jakobs Kirche. Hanns Neuschel starb 1533, in einer damals zu Nürnberg aufgetretenen heftigen Seuche, und seine Frau Gertraud folgte ihm in demselben Jahre. In ihrem letzten Willen bestimmte sie ihrer Tochter Barbara, die mit dem Schlosser Hanns Greiner verheiratet war, 100 f. zum Voraus, die zwei andern Töchter und die drei Enkel sollten mit ihr gleichen Theils erben. Diese Töchter werden im Testament nicht benannt, offenbar war die Frau des nach Lyon gezogenen Hanns gestorben. Denn Anna Stöcklin überlebte auch ihren Mann und die Frau des Jakob Vischer, der in Wien war, man weiss nicht ob vorübergehend oder für immer, Agatha geheissen, übernahm 1534 als ihr zugefallenes väterliches und mütterliches Erbe das Haus in der Neuen Gasse und verkaufte es sogleich an den Schneider Jobst von Spalt um 70 f., nebst einem Eigengeld von 1 f., dem Stefan Gollner gehörig. Söhne werden nicht erwähnt, waren also nicht vorhanden. Was aus den andern Kindern des ältern Hanns Neuschel geworden ist, findet sich nicht aufgezeichnet, ausser dass Apollonia, Hanns Neuschels seligen Wittib, nebst ihren zwei Kindern, Dorothea und Bärblein, mit Hannsen Vizthum, der ihren Mann erschlagen hat, durch Niklas Groland von Raths wegen mit 40 f. gütlich vertragen wird. Am 4. Mai 1528. Sie nahm dann den Georg Bezold, als dessen Ehefrau sie schon am 13. April 1529 erscheint. Wer aber dieser Hanns Neuschel gewesen, geht aus der ganzen Handlung nicht hervor. Da der ältere Hanns Neuschel zwei Söhne, beide Hanns geheissen, hatte, mag es der andere dieses Namens gewesen sein. Jedenfalls aber ist der Namen Neuschel, wie aus diesen urkundlichen Zeugnissen hervorgeht, der unbestreitbar richtige. Wahrscheinlich gehörte auch Friedrich Neuschel, Prior der Frauenbrüder, zu ihnen, der 1511, 1512, 1513 vorkommt. Vorher (1496) war er Vicarier im Neuen Spital. (Lit. 13, f. 151.)

Ueber die Arbeitsthätigkeit der beiden Neuschel hat Baader (Beitr. 2, 56) mehrere Belege beigebracht, desgleichen in den Jahrb. f. Kstw. 1868, p. 255, wo er auch eines Georg Neuschel aus a. 1550 gedenkt.

67. SIGMUND SCHNITZER, PFEIFENMACHER UND STADTPFEIFER.

Als meine Herren, ein erbarer Rath, ein ansehnliche Anzahl Pfeifer und Posauner für und für pflegen zu halten, ist dieser Schnitzer nicht allein auf flötischen Pfeifen, sondern auch auf der Zwerchpfeifen und Posaunen künstlich, aber über das alles ist im Pfeifenmachen dieser Zeit meines Wissens Niemand über ihm, sonderlich aber in grossen übermässigen Pfeifen, rein zu drehen, dieselben zu stimmen, und sonderlich mit Instrumenten ihrer Höhe halb zu blasen, sehr künstlich, wie dann zu Rom und allenthalben in Italien, auch Frankreich, und hie auf dem Rathhaus, seine Arbeit genugsame Beweisung geben.

Er starb 1578 den 5. Dec. (Campe.) — Nikolaus Schnitzer Maler, hatte zur Frau Kungund, Steffan Bitrolt's Tochter. Ihr Sohn war der obengenannte Sigmund Schnitzer. Als Anna (oder Agnes) Bitroltin in der Seuche 1520 starb, vermachte sie der Sigmund Schnitzerin in ihrem Testament vom 5. Sept. einen Ring. (Cons. 29, fol. 156.) Sie, Anna, war die Tochter Hanns Bitrolt's und seiner Frau Elsbet, die als Witwe den Burkhard Zeiderlein nahm und so den Namen des Bitrolts auf das von Zeiderlein zuerst gepachtete, nachher gekaufte Haus der Derrer (S. 118) übertrug und dadurch dem Hause den späterhin unverstandenen Namen Bitterholz verschaffte, aus dem erst in diesem Jahrhundert, als es durch den Ankauf des Nachbarhauses S. 119 vergrössert wurde, der Gasthof zum Baierischen Hof entstand. Mit Hanns Bitrolt, einem Kürschner, erlosch 1520 oder bald hernach der Namen und das Geschlecht der Bitrolte, einer Handwerkerfamilie. Auch von den Schnitzern verlautet nichts weiter.

Eigentlich und seines Gewerbs war er Stadtpfeifer. Am Montag 22. Sept. 1518 erklärte Sigmund Schnitzer, Stadtpfeifer, dass ihm ein erber Rath, seine lieben Herren, zu sonderer Lieb und Freundschaft baar geliehen und überantwortet haben 36 Pfd. Novi, die soll und woll er ihnen wiederum nachfolgender Weise bezahlen, nemlich alle Quatember vier Pfund Novi an seinem jährlichen Solde abzuschlagen, bis die berührte Summa bezahlt wird, und zu Sicherheit setzt er einem erbern Rath zu Unterpfand ein alle seine Hab und Güter, liegend und fahrend, nichts ausgenommen, darauf ein erber Rath dieser Summa habend und gewartend sein soll. Zeugen waren Leonhard Grundherr und Clement Volkamer. (Cons 24, fol. 59.) Schon am 2. Aug. 1510 wird Sigmund Schnitzer und seine Hausfrau Anna, nebst Kungund Bitroltin, ihrer Schwieger- und Ahnfrau, genannt. (Cons. 19, fol. 51.)

Quellenschriften f. Kunstgesch. X.

68. MAGISTER ERHARD ETZLAUB, COMPASTENMACHER.

Mein Fürnehmen ist nicht von hochverständigen, wolredenden und arzneiverständigen zu schreiben, sondern allein von denen, so mit ihrer Handarbeit künstlich gewesen sind, wie dann dieser Etzlaub in Compastenmachen mancherlei Manier sehr verständig und fleissig gewesen ist. Er war auch ein erfahrner Astronomus, machet die Gelegenheit um Nürnberg auf viele Meilen in eine Landtafel, die drucket Georg Glockendon. Was aber meine Herren, ein erber Rath, an fliessendem Wasser, Weg, Steg, Städt, Märkt, Dörfer, Weiler, Wälde, fraissliche Obrigkeit, und andere Herrlichkeit, um und bei ihrer Stadt haben, das machet er ihnen in die Landpflegstube, in schöne Karten und Tafeln; ist der erste gewesen, der mich in der Coss gelehrt hat. Er wurd letzlich ein Arzt und von dem gemeinen Mann lieb und hoch gehalten, hat auch seines Arzeneiens gut Glück gehabt. Starb ohne Erben.

Coss ist im Campe'schen Abdruck mit „Cosmographie" erklärt, aber irrig. Die Coss, vom Italienischen cosa herkommend, ist der ältere Namen der Algebra. Uebrigens ist Cosmographie auch die Lesart einer andern, aber jüngern Handschrift, welche vielleicht bei dem Campe'schen Abdruck zu Rathe gezogen worden ist. Es steht nun die Wahl frei, doch dürfte die Lesart Coss vorzuziehen sein. Auch Doppelmayr hat, wie sein Artikel über Neudörfer p. 156 entnehmen lässt, Coss gelesen.

Etzlaub kann ohne Erben gestorben sein, verheiratet aber war er, denn er wurde am Freitag 6. Juni 1511 als Meister Erhart Etzlaub, Compassmacher, nach Steffan Behaim's Tod zu einem Hauptmann am Salzmarkt ernannt. (Rathsbuch.)

69. HANNS GANABACH, PROBIRER.

Alle Goldschmid und die mit Silber, Gold, Erz und Bergwerk, Scheiden, Münzen, Probieren, sind umgangen, haben bei diesem Männlein, ungefähr zwei Ellen hoch, ihr Zuflucht gehabt, da er dann allemal einen jeden um ein gering Geld seine Frag und Begeren auflösete. Ich hab mit ihm das Büchlein, wie man eines jeden Silber oder Kürneth fein findet und den Kauf rechnen soll, gemacht und in Druck lassen ausgehen, und

hab mein Lebenlang von keinem gehört, der seiner Kunst
milder gewest denn er, also dass er gleich von etlichen verständigen
Goldschmiden darum angesprochen wurde, solche
Heimlichkeiten nicht also Jedermann zu eröffnen. Er selbst hat
ihm ausser täglicher blosser Nahrung nicht hoch zu Nutz gemacht,
aber etliche habens mit einem andern Bedenken wol
genossen und ihnen wol zu Nutz gemacht.

Starb gegen 1540. (Campe.)

70. ANTHONI KOBURGER, BUCHDRUCKER.

Wie es dieser Zeit mit den Ehehalten und Gesellen stehet,
das mag man aus den nachfolgenden Anzeigungen merken und
abnehmen. Dieser Koberger hat täglich mit 24 Pressen gearbeitet,
dazu hielt er einhundert und etlich Gesellen, die waren
eines Theils Setzer, Correctoren, Drucker, Possilierer, Illuministen,
Componisten, Buchbinder. Diese alle verkostet er an
andern Orten. Sie hatten eine gewisse Stund von und zu der
Arbeit zu gehen, liess keinen ohne den andern ins Haus, musste
einer des andern vor der Hausthür warten. Er hatte einen gewaltigen
Handel und weitläufftig mit Büchern, und ein sonderliche
Druckerei in Frankreich, da er dann viel schöner grosser
Werk in beiden Rechten drucken liess; überkam eine stattliche
Burgersnahrung, und viel Kinder, die wurden ehelich unter die
erbaren Geschlecht ausgeheiratet, und das bei mir das allerkünstlichste
ist, dass er hatte in allen Ländern Factoren und
dazu in den namhaftesten Städten der Christenheit 16 offene
Kräm und Gewölber da ein jedes, wie leichtlich zu gedenken,
mit mancherlei grossem Gepräng und Meng Bücher staffirt gewesen
ist. Dieses seines grossen Hauses Verwaltung hielt er
in einem einigen Buch, das war dermassen mit seinen Debitoren
und Creditoren getheilet und geordnet, dass er jederzeit,
und sonderlich im Einkaufen der Messe wusste, was ihm an
allen Orten abgieng oder welche Bücher er zuviel hätte und
an gelegene Ort senden möcht, welche Buchhalterei oder buchhalterische
Ordnung noch viel grossen Buchführern nicht offen
ist. Ward Genannter 1483, starb 1513.

Die dem Campe'schen Abdruck beigegebenen, aus der Müllnerischen Chronik entnommenen genealogischen Notizen sind, weil von geringem Werthe und der Neudörfer'schen Handschrift nicht angehörig, hier nicht angefügt worden. Koburger -- denn so wird der Namen früher immer geschrieben, die Form Koberger ist später -- hat dem schon vorher bestandenen Bücherdruck in Nürnberg, worüber namentlich Chr. G. v. Murr zu sehen ist, allerdings einen wahrhaft ungeheuern Aufschwung gegeben, und wenn auch in Neudörfer's Bericht, der vierunddreissig Jahre nach Anthoni Koburger's Tod niedergeschrieben ist, sich unverkennbar einiges bereits zum Mythus Gewordene und als solcher von Geschlecht zu Geschlecht gewissenhaft, wenn auch kritiklos Fortgepflanzte eingemischt hat, so bleibt doch die grossartige Ausdehnung des Koburgerischen Geschäfts eine nicht abzuleugnende Thatsache. Und hieran hatte zunächst Anthoni Koburger's ganz allein das Hauptverdienst und nächst ihm sein Vetter Hanns, Sohn des Becken Sebald Koburger's, seines, Anthoni Koburger's, Bruders. Man hat diesen, der in den ersten Jahren nach Anthoni's Tod das ganze Geschäft leitete, bald für einen Bruder des Buchdruckers selbst, bald für einen Sohn des Hauses gehalten, aber er war weder das eine noch das andere, sondern, wie aus dem letzten Willen Anthoni's hervorgeht, sein Bruderssohn oder Vetter. Er trat nach Anthoni Koburger's am 3. Oct. 1513 erfolgtem Tode an die Spitze des Geschäfts, das sich aber allmälig von Verlag und Druck zurückzog und auf Sortiment beschränkte, hierin aber allerdings bedeutend war. Von den früheren Behandlungen des Lebens und Wirkens Anthoni Koburger's, Panzer's (1778), der in seiner Gesch. d. Nürnbergischen Ausgaben der Bibel gelegentlich (p. 13 ff.) was ihm bekannt war, mitgetheilt hat, und Waldau's, der 1786 in einer eigenen kleinen Schrift dies gethan hat, darf man nunmehr absehen, nachdem Oscar Hase (1869) in einer fleissigen Schrift: die Koburger, alles was ihm zugänglich war, dem Publicum vorgelegt und ein möglichst vollständiges Verzeichniss der von Koburger und seiner Firma gelieferten Drucke gegeben hat. Ausser dem 1526 zu Hagenau gedruckten Fulgentius und der zu Nürnberg 1540 gedruckten Böhmischen Bibel weiss er kein seit 1525 bei den Koburgern erschienenes Buch namhaft zu machen. Schon am 30. Mai 1517 schreibt Dr. Christoph Scheurl an Erasmus Stella: Apud Germanos Coburgius principatum ferme obtinet, sed ipse nihil cudit. Als Gregor Haloander die Abschrift des Florentinischen Codex der Pandekten 1528 dem Rathe anbot, wollte man zuerst mit den Koburgern wegen der Uebernahme von Druck und Verlag abschliessen, ging aber, nach bereits begonnener Unterhandlung, wieder davon ab und übergab die Unternehmung dem Joh. Petrejus. Die Ursachen zu dieser Zurückziehung des Hauses Koburger von selbstständigen Unternehmungen dürften in der Vielköpfigkeit desselben zu suchen sein, da die Interessen der Brüder doch auseinander gegangen sein mögen, und Hanns Koburger, als seine Vettern mündig geworden waren, die Führung des Geschäftes ihnen überliess, sich selbst aber in den Hintergrund zurückzog und nur eine passive Theilnahme bewahrte.

Der alte Anthoni Koburger war zweimal verheiratet, zuerst mit Ursula Ingramin, aus einer zwar nicht rathsfähigen aber durchaus ehrbaren Familie, hernach 1493 mit Margaretha, Gabriel Holzschuher's Tochter, zu welcher Hochzeit ihm die Stadtpfeifer erlaubt wurden. Aus beiden Ehen waren Kinder entsprossen, aus der ersten sind nur drei Töchter bekannt, die zu ihren Tagen kamen und mit dem „Geschlecht" sich verheirateten. Ursula, wahrscheinlich die älteste, welche Wolfgang Haller, Jobst Haller's Sohn bekam, der anfangs in seines Schwähers Geschäft thätig war, aber mit Frau und Schwäher zerfiel und zuletzt, wie es scheint, in Wien und ziemlich verschuldet starb. Katharina war mit Eustachius Rieter verheiratet, Bruder der Crescentia Pirkheimerin, und Stammmutter der 1753 erloschenen Linie dieses zuletzt aus dem Nürnberger Bürgerverband ausgeschiedenen und in den fränkischen Landadel eingereihten hochgeachteten Geschlechts; die dritte, Magdalena, heirathete Thomas Reich, ebenfalls eines rathsfähigen, aber schon im 16. Jahrhdt. hier erloschenen Geschlechts. Die Verheiratung dieser drei Töchter gibt schon ein Zeugniss für die Vermöglichkeit des Vaters, da körperliche Reize, wenn sie auch nicht gemangelt haben mögen, allein nicht im Stande gewesen sein würden, ausser dem Herzen auch die Hand eines jungen Mannes vom „Geschlecht" zu fesseln. Auch weiss man besonders aus den Urkunden, die über den Hader Wolf Haller's mit Anthoni Koburger vorliegen, dass Koburger schon damals seinen Töchtern eine sehr ausreichende Ausstattung zu geben im Stande war. Thoma Reich erklärte 1515, dass er schon bei Lebzeiten Koburger's 3400 f. bekommen habe, und quittirte jetzt noch über 200 f. anfräuliches Erbe. (Lit. 30, fol. 28 b.) Er begab sich aller weiteren Ansprüche. Für die damaligen Geldverhältnisse war diese Summe sehr bedeutend.

Allerdings hatte Ursula Ingramin ihrem Manne 600 f. zugebracht, aus denen nun der dritte Theil dem Eidam zufiel, aber das übrige war doch Koburger's eigene Errungenschaft gewesen. Der Vater der Margaretha Holzschuherin, Gabriel Holzschuher, hatte viele Kinder hinterlassen, von denen Biedermann im Geschlechtsregister 15 namhaft macht, das sechzehnte Kind, die mit Koburger verheirathete Margaretha, ist vergessen; Gatterer in seiner Historia Holzsch. p. 237 macht den Fehler wieder gut. Freilich konnte da das Erbtheil nicht sehr reichlich ausfallen, wie sich aus den Ehen, welche einzelne Töchter einzugehen genöthigt sahen, entnehmen lässt, aber die Heirat versetzte sie dafür in einen behaglichen Wohlstand, der auch durch den reichen Kindersegen, den sie dem Koburger zubrachte, nicht geschmälert wurde. Bei Koburger's Tod, der ihn, wenn auch in schon vorgerückten Jahren aber doch in rüstigem Alter ereilt zu haben scheint, waren zehn Kinder dieser zweiten Ehe am Leben, Barbara, Anthoni, Hanns, Caspar, Melchior, Balthasar, Sixt, Sebald, Margareth, Hieronymus. Barbara, welche 1519 Bernhard Paumgärtner, also auch einen aus dem „Geschlecht" heiratete, mag wohl das älteste dieser Kinder gewesen sein, Hieronymus jedenfalls das jüngste, vermuthlich erst einige Monate alt. Die Vormundschaft wurde noch letztwillig dem Hieronymus Holzschuher, Geschwisterkind Margaretha's, Thoma Reichen, Hannsen Koburger, der nun der ältere genannt wird, Peter Stahel, und der Wittwe Margaretha übertragen. Wenn unter dem Namen Anthoni Koburger's des jüngern einzelne Bücher erschienen, so mag das nur ein vorübergehender Anlauf desselben gewesen sein, eine Thätigkeit für das Geschäft zu zeigen, da er, was man von ihm weiss, für erwerbenden Fleiss keinen Sinn besass. Er trat auch am 25. Oct. 1521 thatsächlich aus dem Geschäft aus, indem er von den Vormündern wegen des Hauses auf St. Aegidienhof, darin sein Vater gewohnt hatte und seine Mutter noch wohne, und wegen der Sckwabenmühle, 500 f., und die vormals Gabriel Holzschuherische Behausung, auch auf St. Aegidienhof gelegen, angeschlagen zu 700 f. und dazu 4000 f. erhielt, die er für die nächsten vier Jahre in seiner Brüder Handel liegen bleiben lassen wolle, gegen jährliche 200 f., worauf er sich aller weitern Ansprüche begab. Er heiratete dann am 12. Jan. 1523 des Jacob Sauerzapf Tochter Clara, bekannte aber schon am 27. April 1524, dass er sich des Eigenthums an den 3300 f., die er bei seinen Brüdern noch im Handel habe, begebe und nur die Abnutzung noch beziehen wolle, auch das Heiratsgut, das seiner Frau zustehe, im Betrag von 1000 f., darauf anweise. Zugleich wurde ihm Hanns Lochinger, damals Hauswirth auf dem Rathhaus, und neben diesem Steffan Bayer, damals Canzleischreiber, am 7. Dec. 1524 als Curator gesetzt. In diesem Rathsverlass heisst er der „verthune" (verschwenderische) Anthoni Koburger. Der Rath suchte ihn zu halten und zu heben und übertrug ihm 1528 die Stelle eines Wagamtmanns an einer Mehlwage, aber es war ihm nicht mehr zu helfen, und er wurde am 8. April 1531 nebst zwei andern, Ehebruchs wegen, des Genanntenamtes entsetzt und starb 1532. Er hinterliess vier Söhne, über welche nichts vorliegt. Sein Bruder Hanns hatte am 9. Juli 1521 des Mathes Sauermann Tochter Barbara, seine Schwester Margareth am 6. Aug. 1526 Georg Geuder, Melchior Koburger im Mai 1529 Susanna Leonhard Gundelfinger's Tochter, Balthasar, Anna Kötzlerin 10. Aug. 1535 geheiratet. Durch des letztern kinderlosen Tod kam das Koburgerische Haus S. 529 unter der Veste an ihren zweiten Mann Franz Teschler aus Ravensburg. Nach Sebalds und Hieronymus der Koburger Tod übernahm 1544 ihr Bruder Hanns das Haus S. 758, im Anschlag zu 6000 f. Zufolge Waldau p. 17 war Hanns Koburger in zweiter Ehe mit Cordula Paumgartnerin Anthoni Muffels Wittwe, verheiratet, starb aber kinderlos 1580. Ebenfalls kinderlos starb am 30. Jan. 1541 Sebald Koburger, der einen Juwelenhandel trieb (mercator gemmarius), nach zweijähriger Ehe mit Hieronymus Ebner's Tochter Magdalena, worauf sie Christoph Lindner nahm. Mit dem Sohne Sixt Koburgers Georg, der von zwei Frauen, Clara Grolandin und Maria Salome Pömerin, keine Kinder verliess, und am 28. Dec. 1628 als Wag und Zollamtmann starb, ist das ganze Geschlecht erloschen. Das Haupthaus S. 758 kam an die Imhof, von diesen in der Mitte des 18. Jahrhdts. an die Haller, welche es 1861 an einen Industriellen verkauften, der es verparzellirte. Ueber Anthoni Koburger d. j. s. Anz. f. Kde. etc. 1872.

Ueber Anthoni Koburgers weit ausgedehnte Thätigkeit, namentlich mit Frankreich, gibt Baader (Jahrb. f. Kstwissensch. 1868, p. 235) interessante, bis auf 1476 zurückgehende Beiträge. — Auch des 1532 gestorbenen Anthoni Koburger's zwei Söhne, Anthoni und Gabriel, werden am 22. Oct. 1546 noch genannt (Cons. 64, fol. 132), ohne dass über ihr ferneres Geschick etwas zu sagen möglich wäre.

71. JOHANNES PETREJUS, BUCHDRUCKER.

Dieser Petrejus, meiner Schwester Mann, ist Magister Artium und der Druckerei von seinen Freunden her zugethan; seine Bücher und Werk, die er täglich in deutscher, lateinischer und griechischer Sprach selbst corrigirt, geben seinen Verstand. Ich acht auch, das Corpus Juris, so ein erbarer Rath, gemeinem Nutzen zu gut, verlegt und Herr Gregorius Haloander zusammentragen und er selbst gedruckt hat, werden mehr dann ich seinen Fleiss an Tag geben. Seine Gedanken stehen für und für dahin, wie man gute Bücher in ehrlichen Künsten herfür bringen möcht, als er dann selbst auf seinen eigenen Kosten den hochberühmten Vitruvium mit seinen 10 Büchern, darvor er dann nie darinnen gewesen ist, transferiren hat lassen. Er ist nicht allein seines Handels und Wandels, auch Druckens fleissig, sondern auch alle Instrument und was zur Druckerei gehörig, zu machen künstlich.

Doppelmayr hat hier nicht blos abgeschrieben und allenfalls paraphrasirt, sondern wesentlich Neues beigefügt. Er sagt, dass Petrejus aus Langendorf in Franken gebürtig war, anfänglich seine Laufbahn auf Studien zu gründen vorhatte, daher er sich auch den

Magistergrad zu Wittenberg ertheilen liess, weil ihm aber wider Vermuthen eine Druckerei zu Nürnberg erblich zu Theil wurde, entschloss er sich dieser Kunst obzuliegen. Freilich wäre zu wünschen, zu wissen, welche, d. h. von wem vorher betriebene Druckerei diese gewesen. (S. hierüber Will. Münzbel. III. 26. und Nopitsch in der Fortsetz. des Gel. Lex.)

Dass wegen Gregor Haloander's Reise nach Italien Doppelmayr den bei Müllner's Annalen zu findenden Irrthum wiedergiebt, wonach es scheint, der Rath habe den Zwickauer Gelehrten, der in Nürnberg vorher ganz unbekannt war, mit seiner wissenschaftlichen Expedition beauftragt, sei hier gelegentlich zu bemerken erlaubt. Der Kaufbrief, dessen Regest hier gegeben wird, gibt auch den Namen der Frau an: Georg Frölich, der Kanzleischreiber, und Anna, seine eheliche Hausfrau, gaben am Mittwoch den 5. März 1533 die Erbschaft ihrer Behausung unter der Veste, an der alten Schmidgasse, zwischen Jorgen Aichingers und Michel Schmids des Goldschmids seligen Erben Häusern gelegen, zu kaufen Hannsen Petrejo dem Buchdrucker, und Barbara, seiner Ehewirthin, um 356 f. in Fristen zu zahlen, worüber Frölich am 29. Apr. 1534 quittirte. (Lit. 40, f. 139.) Jorg Aichinger, Procurator, wohnte in S. 501 muthmasslich war das gekaufte Haus S. 500.

Auch Doppelmayr hat die Grabschrift auf St. Johannis Kirchhof n. 772 mitgetheilt:

> Innumeras clarus novit Petreius artes,
> Et coluit vera religione Deum,
> Profuit officio multis et vixit — —
> Nunc cubat hic corpus, spiritus astra colit.

A. 1550 den 18. Martii, verschied der Erbar und Wohlgelehrt M. Johann Petrus Buchdrucker.

Man sieht, dass zwei Formen seines Namens im Gange waren, Petrejus und Petrus. Die erstere ist aber jedenfalls die gewöhnliche.

72. HANNS EHEMANN, BRILLENMACHER.

Wiewol diese Kunst und diess Instrument, Brillen oder Augengläser, weder von hebräischer, griechischer noch lateinischer Sprach einen eigenen Namen hat, acht ichs doch für eine neue Erfindung; dieweil es aber dem Alter der Menschen so zu Nutzen kommt, wirds billig für löblich gehalten. Was aber dieser Meister vor andern gekonnt und gewusst hat, das hab ich gesehen, hab auch von wegen meines schwachen Gesichts,

als ich sechzehen Jahr alt war, jezuweilen Brillen brauchen
müssen. Er hat einen solchen Verstand, wo einer übersichtig
war, konnt er die Brillen dermassen schleifen, dass sie ihm die
aufsteigende Schein in die Augen herab trugen. Einem jeden
Alter wusste er die Vergrösserung und Stärk des Gesichts mit
der Brille zu geben, und welches mir das Wunderbarlichst war,
er nahm ein ebenhoch Venedisch Trinkglas, that den Boden
hinweg, brennet das Glas an der Seiten auf, und breitet es im
Feuer aus wie ein eben Papier, und machet krystallene Brillen
daraus. Er starb, als er ihm eine Ader hat schlagen lassen, am
Tisch, und ist seiner Kunst Niemand fähig worden dann sein
Vetter Georg, durch welches Abgang diese Kunst auch zum
Theil gefallen ist.

 Wenn die bei Campe befindliche Angabe, dass er am 1. April
1551 starb, richtig ist, so muss auch der letzte Satz ein späterer
Nachtrag sein, da er über 1547 hinausgeht. Doppelmayr hat diesen
Namen ganz übergangen. Am 7. Sept. 1517 wurde auf Absterben
Niklas Schwarzen, Hanns Ehemann, Brillenmacher, zu einem Haupt-
mann ertheilt in St. Elsbethen Viertel. (Rathsbuch.) Da Niklas
Schwarz in dem, zu St. Elsbeth gehörenden Oberwöhrd gewohnt
zu haben scheint, so wird Ehemann's Wohnung auch in derselben
Gasse oder Gegend zu suchen sein.

 Wenn diese Kunst oder Handwerk, nach Neudörfer, weder
von hebräischer, noch griechischer, noch lateinischer Sprache benannt ist, so scheint er insofern Recht zu haben, als die seit
Dufresne beliebte Ableitung von beryllus eine so unbegreifliche
und aller Logik widerstreitende ist, dass sie sich schwerlich allgemein geltend machen wird. Das Wort wird in dem Rathsbuch, wo
es aus mehrern Ursachen oft vorkommt, immer Parillenmacher geschrieben, eben so wie die Parillen- oder Futteralmacher, welche
z. B. hölzerne oder pappdeckelne Kästen oder Futterale machten,
zur Bedeckung und besserer Verwahrung von Kleinoden, Mon-
stranzen und dgl. Sie werden immer Parillen geschrieben, niemals
Perillen. Diese Schreibung und ihre Bestimmung, dem für sie bestimmten Gegenstand angemessen zu sein, ihn geometrisch zu
decken, was auch in der Redensart, einem eine Brille vorsetzen,
ersichtlich ist, sollte auf eine ganz natürliche Ableitung des Wortes
aus dem Lateinischen führen, nämlich parilia, neutr. plur. von
parilis. Im Laufe der Zeit fiel das a heraus, als Folge der Aus-
sprache, und die Vertauschung der Muta und der Tenuis wird
Niemand als etwas Auffallendes ansehen.

73. BERNHARD MÜLLER, SEIDENSTICKER.

Dieser Seidensticker, als die Kirchenzier im Schwang gieng, war hie und anderswo für einen grossen Künstler gehalten, hielt seine Gesellen darauf, unter denen war einer, hiess Peter, dem lernt ich schreiben und lesen, der war also in dieser Kunst geübt, dass er auch mit Seidensticken die Menschen conterfeiet, und dieweil dann die Weibsbilder zu diesem Handel auch haben helfen können, kann ich nicht unterlassen, ihnen, ihres Fleiss halben, ein ehrlich Gedächtniss zuzuschreiben, dann vor Jahren sind die erbaren Frauen nicht allein im Seidensticken, sondern auch im Teppichmachen sehr fleissig und geschickt gewesen, wie dann derselben Teppich, Banklaken, Küssen und Rucktücher noch viel bei den alten erbaren Geschlechtern gefunden werden.

Mir hat der alte Meister Sebald Baumhauer, welchen der Albrecht Dürer für einen guten alten Maler rühmte und Kirchner bei St. Sebald war, gesagt, dass er von den alten erbern Leuten gehört hätte, dass vor Zeiten die alten erbern Wittfrauen, mit ihrem Teppichmachen den ganzen Tag auf St. Michaels Chörleins, in St. Sebalds Kirchen gewohnt, ihr Gebet gethan und daselbst ihre Mahlzeit gehalten, und den ganzen Tag ihre Arbeit verricht haben. Obgemelts Chörlein hat Sebald so Staiber geheissen, bauen lassen.

Ward Genannter 1520, st. 1534. Diese Angabe ist aber eben so fabelhaft, wie die bei Campe stehende Zahl 1486. Nach Roth's Genannten Buch, einem allerdings wurmstichigen Beweismittel, ist Bernhard Müller, der Seidensticker, 1496—1526 Genannter gewesen, wobei er jedoch nur schlechtweg, ohne Angabe des Stands, genannt wird. Auch ist die ganze Erzählung von den alten Weibern, die den ganzen lieben langen Tag in dem sog. Engelschörlein, hoch oben über der sog. Löffelholzkapelle, beisammen sitzen und Teppiche wirken, so abgeschmackt, dass man nicht begreift, wie Neudörfer ein solches Gewäsche des alten Baumhauer der Aufbewahrung für werth erachten konnte, davon gar nicht zu reden, wie Sebald Staiber, der Bruder Lorenz Staiber's, hinein gemischt ist. Es mag aber auch hier stehen bleiben als ein Zeichen von der Urtheilslosigkeit nicht blos Neudörfer's, sondern seiner Zeit überhaupt. Uebrigens ist dieser Zusatz nur in der einen, obgleich gerade in der bessern Handschrift zu finden.

74. MEISTER SEBALD, RÄDLEINMACHER BEIM SONNENBAD.

Dieser ist nicht allein ein fleissiger Rädleinmacher, sondern auch mit dem Hobel also geschickt gewest, dass dieser Zeit keiner gewest ist, der mit den Druckpressen und Abrichten der messingenen Platten so fleissig gewesen wäre. Er hobelte die langen messingenen Lineal und richtet sie eben also ab als wären sie Holz. Er hobelte die messingenen Tiegel, so oberhalb der Press an der Spindel hangen, also just ab, dass er zwen auf einander leget, da jeder bei einen halben Centner wog, und hub einen mit dem andern durch die gefasste Luft auf. Starb letzlich vor Armuth in dem Spital.

Hanns Frankh in der Fröschau ward nach ihm für einen der besten Brettmacher im Formschneiden, auch was zur Press gehört, gehalten.

75. HANNS GRABNER, DEUTSCHER SCHULMEISTER.

Vor Zeiten hat man einen den Guldenschreiber genannt, soll eine gute freie Hand und bei seinen Schülern sehr grossen Fleiss gehabt und fürgewendet haben. Aber dieser Grabner, wie man heutiges Tages an seinen Proben siehet, ist in zierlichem Schreiben fast kunstreich gewest, ist mit andern viel berühmten künstlichen Handwerksleuten in der Nürnberger Schlacht umkommen, da auch Markgraf Friedrich der alte (dem er viel geschrieben) gesagt hat: mich dauert dieser Mann.

Nach ihm nahm Caspar Schmid seine Wittib und befleissiget sich in seines Vorfahren Künsten also, dass er nun lange Zeit her für einen guten Rechenmeister und Schreiber (bei dem ich auch anfangs rechnen und schreiben gelernt habe) gehalten wird.

Und wiewohl je und allwege diese Stadt mit guten Schreibern ist begabt gewest, so mag man doch keinen darthun, der den erbarn und achtbaren, meinen lieben Herrn und getreuen Lehrer, Paulus Vischer, Kanzleischreiber, in deutschen Schriften, auch mit der Ebene und Fertigkeit, wär gleich gewest, aber in mancherlei Art Schriften, und sonderlich lateinischer Sprach war er unverbesserlich.

Dass die Schulen zu St. Sebald, zu St. Lorenzen, zu St. Aegidien und zum heiligen Geist zwar ursprünglich und zunächst für den Kirchendienst errichtet und bestimmt waren, aber auch andere Schüler zuliessen, sowol sogenannte Pauperes als auch zahlende, ist eine bekannte Sache, so wie auch, dass der Privatunterricht, als Erwerbsquelle auf der einen und als Bedürfniss auf der andern Seite, sich schon frühe in mannigfaltiger Weise entwickelte. Solche Privatlehrer hiessen Stuhlschreiber (cathedrales), Schreib- und Rechenmeister, auch wohl Modisten. Wol eines der frühesten Vorkommen derselben ist in den Städtechron. II. 311, Anm. 3., wo aus 1409 angeführt wird: Jobs Kapfer, Stulschreiber, ist erlaubt, hinnen (nämlich in der innern Stadt) zu wohnen, dieweil er Kind lernt. Ein solcher Modist war der obengenannte Guldenschreiber. Er hiess Bernhard Hirschfelder, aus Nördlingen, und nannte sich bereits einen Modisten. Am Donnerstag nach Lamberti (19. Sept.) 1482 wurde ihm, Bernhard Hirschfelder von Nördlingen, Modisten, durch Ulrich Grundherr und den Kanzleischreiber Heinrich Vischer, angezeigt, es sei ihm vergönnt zwen Monat hie zu sein und die Leut in seinen angegebenen Künsten zu lernen, doch dass er die Leut nicht beschwer oder übernehme. Er muss Anklang gefunden haben, denn er blieb auch nach Ablauf der ihm gestatteten Frist hier, und am Montag nach Lucie (16. Dec.) wurde verlassen: Meister Bernhard Hirschfelder, dem Guldenschreiber, ist vergönnt hie zu sein bis auf den Weissen Sonntag, auf sein Zusag, dass er sich in mittler Zeit von den von Nördlingen ledigen und hie Burger werden wolle, ihm auch, ob er dess nicht entbehren wolle, Förderung (Befürwortung) an die von Nördlingen zu geben. Seiner Aufnahme ins Bürgerrecht scheint sich nichts entgegengestellt zu haben, und so erwähnt auch Christoph Fürer als seines, nachdem er vorher in die lateinische Schule im Spital gegangen war, nächsten Lehrers, des Guldenschreibers, nach welchem er, Fürer, dem Ruprecht Kolberger, dem Rechenmeister, übergeben wurde. (Geschichtl. Studien Nbg. 1836.) Woher er den Namen Guldenschreiber hatte, ob vielleicht, weil er sich einen Gulden als Honorar zahlen liess, oder aus einem andern Grunde, ist unbekannt. Seiner wird noch gedacht, als in der sogen. Schlacht am Wald (1502) Johann Grabner, der Schreib und Rechenmeister, geblieben war, dessen Tod Markgraf Friedrich sehr bedauerte, und der sogar dem alten Guldenschreiber vorgezogen wurde. (Soden Affalterbach 68. nach Will Münzbelust. 4, 369). Von diesen Männern beginnt die Ausbildung und systematische Betreibung der Schönschreibekunst, worin Neudörfer selbst, der sich dankbar als Schüler Caspar Schmid's bezeichnet, das Beste gethan hat. Caspar Schmid, Rechenmeister, ist schon mehrmals in diesen Blättern genannt worden, als Schwäher Sebald's von Worms, der seine Tochter Christina, und Wilibald's Stossen, der seine Tochter Barbara zur Frau hatte, und namentlich als Testamentsausrichter des alten Veit Stoss, bis an seinen 1548 erfolgten Tod. Dass Caspar Schmid nach der Grabnerin Tod wieder geheiratet hatte, ist selbstverständlich, und seine Wittwe Katharina wird von Barbara Stossin ihre Stiefmutter genannt. Ob Sebald Schmid der Rothschmid, sein, Caspar Schmid's, Sohn war, ist nicht zu behaupten, ein Befreundeter war er ohne Zweifel. Die Nachbarschaft mag die Annäherung der Familien gefördert haben; beide, Stoss und Schmid, wohnten in der Judengasse. Stoss, wie schon gezeigt, in S. 939, Schmid in der gegenüberliegenden Häuserreihe, vielleicht in oder nahe an S. 1106.

Der wegen seiner schönschreiberischen Fertigkeit genannte Paulus Vischer, Kanzleischreiber, gehörte, wie wol kaum zu bemerken nöthig ist, nicht entfernt zu der Familie oder Freundschaft des Rothschmieds oder, wie man jetzt zu sagen vorzieht, Erzgiessers. Neudörfer ergreift offenbar nur diese Gelegenheit, um ihn Ehrenhalber zu erwähnen. Als am 10. Oct. 1516 die Hofmann'schen Erben das ehemalige Wirtshaus zum „Goldenen Stern" beim Neuenthor, der Rechenmeistershof genannt, an Martin Markhart den Wirth und Anna, seine eheliche Hausfrau, verkauften, wird Paulus Vischer der Kanzleischreiber, nebst seiner Frau Margaretha genannt. (Lit. 31, fol. 41 b.) Sie war die Tochter Michel Hofmann's sel., des vorigen Wirths, und seiner Wittwe Walburg. Ob aber, wie Doppelmayr annimmt, Paulus Vischer ein eigentlicher Lehrer Johann Neudörfer's gewesen, dürfte aus dem Ehrenhalber gebrauchten Ausdruck „getreuer Lehrer" noch nicht hervorgehen.

76. ALEXIUS BIRBAUM.

Dieser war Kirchner bei St. Lorenzen, in mancherlei Schrift berühmt, sonderlich aber in Notiren beiderlei Art Gesängen (die er geübt gewesen), ist er löblich. Er hat auch viel Kirchenbücher geschrieben und in lateinischer Sprach einen hohen Verstand gehabt, hat etliche Jahr als Rechenmeister Schul gehalten. Und wiewol vor meinen Zeiten hier viel künstliche Rechenmeister gewesen, so haben doch Bartholomäus Zolcher und Conrad Glaser in selbigen bei meinen Zeiten den guten Ruhm erhalten.

Zufolge Rathsverlass vom Mittwoch 6. Aug. 1516 wurde auf Absterben Albrecht Söldner's, Alexius Birbaum zu einem Kirchner bei St. Lorenzen ertheilt, jedoch gegen eine Bürgschaft von 800 f., die auch sogleich von seiner Freundschaft geleistet wurde. Diese waren Hanns von Koschka und Katharina seine eheliche Hausfrau,

Barbara Hanns Holzbecks Wittib, und Anna, Wilhelm Schlauersbachs eheliche Hausfrau, mit Willen ihres Ehevogts, welche am Donnerstag 7. Aug., mit Zeugniss Seyfried Colers und Stephan Paumgartners sich zur Uebernahme der Bürgschaft bereit bekannten. (Cons. 22, fol. 104 b.) Die erstgenannten Koschka'schen Eheleute waren seine Schwiegereltern. Als Hanns Koschka 1523 starb, erklärten Hans Napf und Endres Stengel, nachdem Hanns Koschka der ältere gestorben und fünf Erben da seien, nämlich Katharina, seine eheliche Wirthin, Endres, Margaretha Birbaumin, und Barbara, seine Kinder, und Endres Koschka, sein Eniklein, Bastian Koschka's seligen Sohn, dass sie, um den Nachlass zu ordnen, mit Johann Dürr, wegen Endresen Koschkas, seines Stiefsohns, und mit Alexius Birbaum, gehandelt hätten, und dass Alexius Birbaum, in Folge einer von Johann Dürr, Kanzler der Grafschaft Mansfeld, am 23. Sept. 1523 ihm ertheilten Vollmacht, sich der Sache allein unterzogen habe. Geschehen am Montag 19. Oct. 1523. (Cons. 30, fol. 197 b.) Nun starb auch Margaretha, des Birbaum Frau, und der Wittwer heiratete wieder und zahlte der mit ihr erzeugten Tochter ihr mütterliches Vermögen hinaus, worüber, bestehend in 130 f. Geld und einigem geringen Hausrath, sie, Katharina, Hannsen Lochners, des Plattners eheliche Hausfrau, mit Verwilligung ihres Ehewirths und mit Autorität Hannsen Michels, Plattners, ihres hierzu gerichtlich gegebenen Curators, den Alexius Birbaum über ihren anerstorbenen mütterlichen Erbtheil, den er ihr überantwortet hat, in bester Form quittirt und sich aller Ansprüche am Samstag 29. April 1538 begibt. (Cons. 51, f. 194 b.) Das eheliche Glück in der zweiten Heirat wird nicht sonderlich gewesen sein. Birbaum starb 1547, und Wolf Strauss, Marktmeister, als gerichtlich gesetzter Curator Anna, weiland Alexius Birbaums seligen Wittib, seiner gebrechlichen „vonwitzen" (von Sinnengekommenen) Stieftochter, verkaufte aus ihrer Erbgerechtigkeit der Behausung am Zotenberg, zwischen Steffan Prauns und Melchior Loyss Häusern gelegen, wie diese von Gasse zu Gasse geht, an Wilibald Gebhard, Rathschreiber, und Barbara, seine eheliche Hausfrau, zu den 10 f. Eigengeld, die er schon darauf hat, noch 5 f. Gattergeld, am Dienstag 13. Aug. 1554. (Lit. 70; f. 21 b.) Hiemit erlischt die Kunde von Alexius Birbaum, Birnbaum heisst er urkundlich nicht. Wahrscheinlich ist sein richtiger Namen Pyrbaum.

Bartholmäus Zolcher, Rechenmeister, und Katharina, seine Hausfrau, kauften von Sebald Kreel am Freitag St. Gallen-Tag 1517 seine bisher gehabte und in ruhiger Gewähr genossene Erbschaft an der Behausung in St. Sebalds Pfarr am Markt zwischen Georgen Schwarzen und Conzen Cristan's Erben Häusern gelegen (mit näherer Angabe einzelner Befugnisse,) um 1200 f. rh., und einem an Lienhard von Ploben dessen die Eigenschaft darauf ist, jährlich zu zahlenden Eigengeld von 4 f. Stadtwährung, worüber am Mittwoch 23. Dec.

1517 mit Zeugniss von Niklas Gross und Georg Fütterer der Schultheiss Ritter Hanns von Obernitz einen Gerichtsbrief ausfertigt. Hausbrief. Es ist S. 820, Conz Cristans Erben besassen S. 819 und Georg Schwarz, ein sog. gesalzner Fischer, dessen Tochter Anna, damals noch im Clarakloster, später dasselbe verliess, und den Friedrich Pistorius, letzten Abt zu St. Aegidien, heiratete, besass S. 821. Die Bezeichnung am Markt ist nur sehr allgemein zu nehmen, jetzt heist die Gegend die Plobenhofstrasse. (S. Topogr. Tafeln n. X.)

Bartholomäus Zolcher starb noch zu Neudörfer's Zeiten, und sein gleichnamiger Sohn verkaufte mit Ueberantwortung seiner Eltern ererbten Hausbriefs aus dem Hause die Eigenschaft mit 35 f. um 700 f. an Thomas Leventer, wozu Ursula, seine eheliche Hausfrau, ihre Einwilligung gibt und Hanns Fürleger und Jeronimus Jacob am 20. Juni 1542 ihre Siegel anhängen. Hausbrief. Die Lage wird insofern anders bezeichnet, als es anstatt am Markt heisst „an der Barfüsser-Brucken", und die Nachbarn hatten sich geändert. S. 821 besass Conrad Esslinger, und S. 819 Pangraz Altentaler.

Conrad Glaser, der als dritter hier vorgemerkt ist, war ursprünglich ein Geistlicher, der schon 1522 beim Ausbruch reformatorischen Fanatismus eines Laien genannt wird, unter dem er zu leiden hatte, später aber sich selbst der Reformation zuwandte und heiratete. Noch ehe er, wie es scheint, copulirt war, kam er von Sinnen, stürzte seine eigene Mutter von einem Gange im Hause hinunter, dass sie starb, und versuchte ein Gleiches mit einem jungen Kress, der bei ihm in Kost war, der aber mit dem Leben davon kam. Nun liess ihn der Rath (Anfang 1529) ins Loch schaffen und an Ketten legen, gab ihn aber auf Bitten seiner Verlobten — es war Katharina, die schon zwei Männer, erst den Lorenz Meder, dann den Wolfgang Volprecht, ehemaligen Prior der Augustiner und dann Sudenprediger im Spital gehabt hatte — gegen eine Caution von 600 f. und die Versprechung, ihn gehörig verwahren zu wollen, wieder frei, was sich aber, weil man ein eigenes Gemach einrichten musste, bis in den Nov. 1529 hinauszog. Allgemach muss er wieder zu seinen Sinnen gekommen sein und legte sich nun auf den Unterricht, mit dem er sich vorher befasst haben mag. Der Rath behandelte ihn mit einer der geistlichen Würde damals stets gewidmeten Rücksicht; sein noch von früher gehabtes Pfründhaus wurde nach seinem Unfall zwar vermiethet, doch sollte dem Glaser der Ertrag zu Gute kommen und als er 1546 starb, wurde sein Tod in dem Necrolog. Sebald. mit den Worten vorgemerkt: Herr Conrad Glaser, Rechenmeister zu St. Katharina. Kiefh. Nachr. 1. 158. Seine Frau scheint ihm bald gefolgt zu sein, Kinder hatte sie nur von ihren beiden ersten Männern.

77. ENDRES VOLCKAMER, PAPIERMACHER ZU DER WEIDENMÜHLE.

Dieses Meisters Arbeit lobet ihn selbst und zweifel ich gar nicht, seine Arbeit werd nicht allein hier, sondern auch in weiten Orten bekannt und berühmt, auch dieser Stadt eine Ehre sein.

Dass der Schreibmeister dem Papiermacher auch ein anerkennendes Wort widmet, ist sehr in der Ordnung, obgleich sonst keine Kunde über diesen Papiermacher auf der Weidenmühle, die noch in den ersten Jahrzehnten des neunzehnten Jahrhunderts als Papiermühle thätig war, vorliegt. Eine zweite Papiermühle war bei Wöhrd, auf der Tulnau. Die erste Papiermühle, welche Ulman Stromer 1390 einrichtete, war auf der Ostseite der Stadt, in der Gleissmühle, jetzt Hadermühle (Städtechron. I, 77 ff.), wo zur Zeit andere industrielle Anstalten sind.

Ein anderes damals noch weit mehr als heutzutage gebrauchtes Schreibmaterial war das hier in vorzüglicher Güte bereitete Pergament, von dessen Trefflichkeit noch gegenwärtig die vorhandenen Urkunden und andere Briefe Zeugniss geben. Eine Gasse, jetzt Cappadocia, früher Kappengasse genannt, hiess im 15ten und im Anfang des 16ten Jahrhunderts die Permentergasse. Die Kostspieligkeit des Stoffes veranlasste schon ziemlich bald Ausscheidungen zwischen denen, welchen auf Pergament, und welchen auf Papier von Seiten des Raths geschrieben wurde, und eben desswegen begnügte man sich bei den Abschriften, die man sich aus den Gerichtsbüchern von abgeschlossenen Käufen und Verträgen anfertigen liess, mit dem wolfeileren Material des Papiers.

78. HANNS SACHS, SCHUHMACHER.

Von Schuhmachen und Rinken ansetzen will Apelles nicht, dass ich davon etwas urtheilen soll, sondern in dem das ich verstehe mag ich mein Gutdünken eröffnen, und wiewol vor der Zeit Hanns Folz, Barbirer, sehr hoch in deutschen Versen und Fastnachtspielen zu machen, berühmt ist gewesen, so ist er doch gegen diesen Sachsen, den ich billig einen deutschen Poeten nenne, zu vergleichen ganz nicht. Er ist auch mit all denselben und allerlei Historien weitläufftig, wie auch in heiliger Schrift belesen und geübt, wie dann seiner Bücher (deren 34 sind, worinnen an der Zahl 6263 Comödien, Tragödien, Lieder und Meistergesänge sind) und alles das er nun viel Jahr her in Druck hat lassen ausgehen, den lautern Augenschein geben. Dieser Sachs hat die Singschul und köstliche Meisterlieder wieder herfürgebracht und aufgericht.

Es ist allerdings nur lobend anzuerkennen, dass Neudörfer den wackern und ehrenwerthen Schuhmacher unter die berühmten und wohlverdienten Männer seiner Zeit einzureihen gesucht und sich hiezu durch die vorausgehenden Schreib- und Rechenmeister gewissermassen den Weg gebahnt hat. Schreibenlehren und Papiermachen musste auf Denjenigen hinführen, der mit der Schrift dem Papier einen würdigen Inhalt zu geben wusste. Insofern war es nicht ungeeignet, dass auch Hanns Sachs hier seine Stelle erhielt, und Neudörfer ist auch wol der Erste, der ihm den Namen des deutschen Poeten ertheilt. Dass die eingeschlossene Stelle, welche die Zahl seiner Bücher u. s. w. enthält, ein späteres Einschiebsel ist, da, wenn auch damals schon Vieles von Sachs in Druck erschienen war, eine Gesammtausgabe noch nicht existirte, sieht wol Jedermann, und darum schien es nicht der Mühe werth, da die bessere Handschrift sie so wie oben steht gegeben hat, sie heraus zu reissen und an's Ende, als nachträgliche Bemerkung, zu setzen. Ueberhaupt wird wie bei Dürer Niemand erwarten, über Hanns Sachs hier Mittheilungen zu finden, da das Jahr 1874, das sein Standbild, das Ergebniss jahrelang fortgesetzter, von unscheinbaren Anfängen ausgegangener, aber zuletzt durch einen glücklichen Erfolg gekrönter Privatunternehmung, hat aufstellen gesehen, zugleich so viele einzelne, grössere und kleinere Schriften über Hanns Sachs hervorgebracht hat, dass es vollkommen genügt, auf diese im Allgemeinen und auf des Bibliothekars Hrn. Lützelberger, des Vorstandes des Vereins, der sich die Aufgabe, die Mittel für das Standbild aufzubringen, gesetzt hatte, eingehende Schrift insbesondere zu verweisen.

79. STEPHAN NEUDÖRFER, KÜRSCHNER, MEIN LIEBER VATER SELIGER.

Dieweil ich bei diesem Handwerk geboren, auferzogen, und eine Zeitlang Schule gehalten hab, so hab ich desselbigen ein mehrers Wissen, dann des Schuhmachens, und zwar, wo die Personen, darmit ich solche, meines lieben Vaters seligen Kunst und Verstand, auch weites Reisen und Wandern beweisen und anzeigen will, nicht mehr im Leben wären, wollt ich mich solches Lobs wol enthalten. Mein lieber Vater hat sich weites Wanderns beflissen und sonderlich in den kalten Orten, da die besten kalten Waar und Gefild gefallen, derer er ein jedes in seiner Art insonderheit wol kennet hat. Er ist auch im Schätzen der rauhen Waar, ein jegliches in seiner Art, sehr verständig gewest, hat dieselben vor andern vergattiren und zimmern können, in welchen er die Zobel mit Kappen und Gold anschmieren zäumert, als wenn er die Edelgestein auf einer schönen Folij hervor bringen kann, und wiewol, laut meiner Herren Gesetz, Niemand anders dann die Unterkäufel des Handwerks zimmern mögen, so wurd ihm aber doch von einem erbarn Rath diess Gesetz frei gethan und zugelassen. Wie dann Herr Leonhard Tucher und sein Herr Vater seliger, samt andern erbaren Kaufleuten, denen er gezimmert hat, ein günstiges Wissen tragen, und die Meister des Handwerks, so noch am Leben sind, bekennen müssen. Damit ich aber dieser Kunst, und was sie sei, einen eigentlichen Bericht geb, stell ich ein Exempel, das ich gesehen hab:

Ein Kaufmann dieser Stadt kaufet 23 Zimmer Marder um 690 f. und gab sie meinem Vater, der saget, diese Marder will ich euch um 400 f. besser machen. Das geschah auch und wurde in Solchem Niemand betrogen, sondern man thut die Marder auf einen Haufen, lösst sie von den Kappen ab, suchet sie von den Kappen ab zu mancherlei Sorten, nemlich die guten auf ein Ort, die bösen auf ein andere Stelle, die mittelsten und ärgsten auch jede Sort besonders. Dann macht man daraus gute, böse, mittlere und ärgere Zimmer, also dass die besten oft noch so theuer verkauft werden.

Im Bereiten aber Zobel, Marder, Hornbälg, Fehwerk und Lastigleder zu machen hatt er sonderlichen Verstand und Kunst. Eines muss ich anzeigen: auf eine Zeit bracht ihm ein statthafter Kaufmann einen Zobel, den achtet er um 100 f., wie dann die Weiber in Venedig solche Zobel pflegen um den Hals zu tragen, den leidert mein Vater so geschmeidig, dass ihn der Kaufmann durch seinen Wappenring ziehen konnte.

DES

ANDREAS GULDEN

Fortsetzung

DER

JOHANN NEUDÖRFERISCHEN NACHRICHTEN

VON

BERÜHMTEN KÜNSTLERN UND HANDWERKERN

im 17ten Jahrhundert.

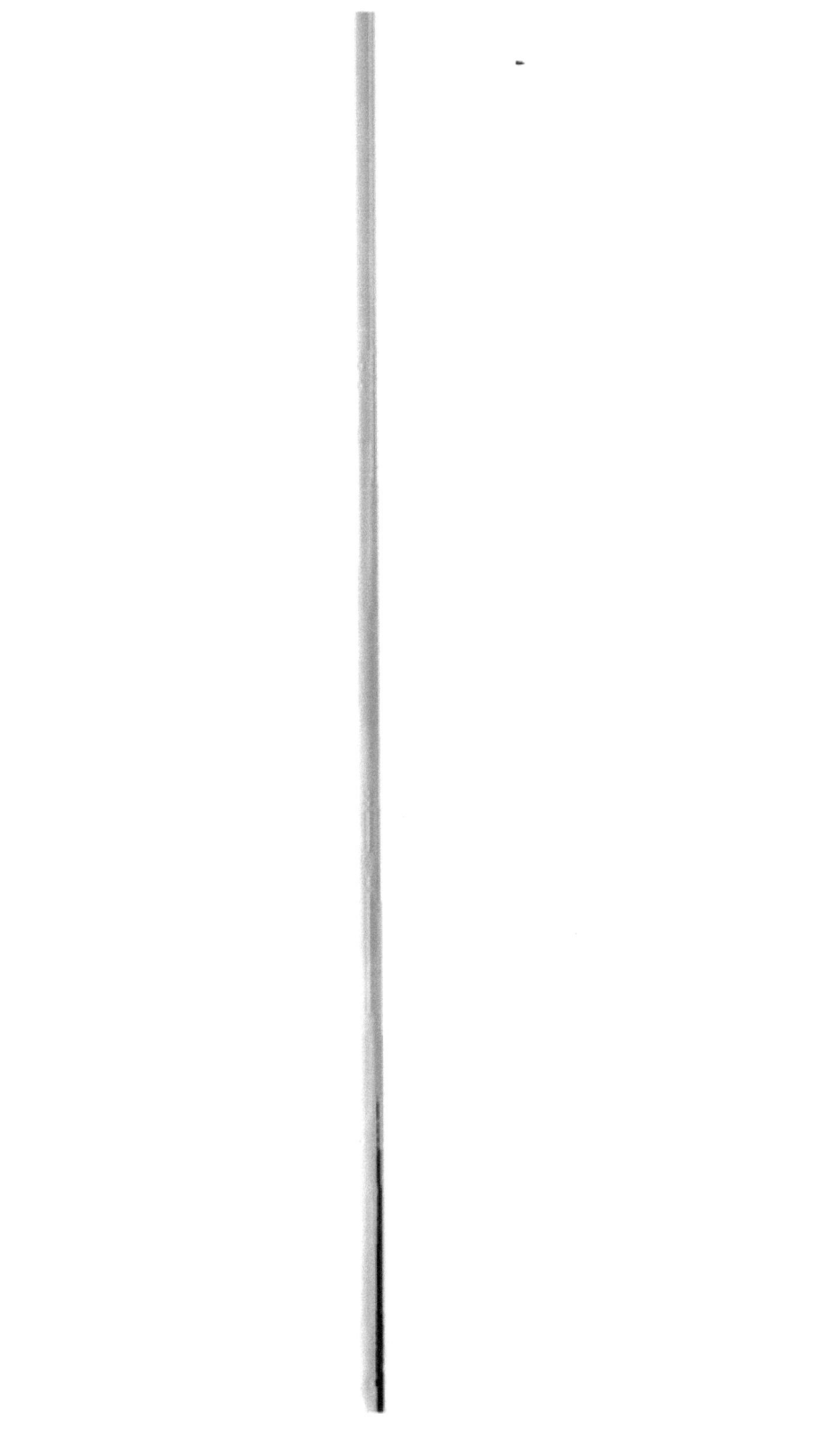

EINLEITENDES VORWORT.

Als weiland Herrn Johann Neudörfers seligen gemachet Verzeichniss derjenigen Werkleut und Künstler, so im Jahre Christi 1547 in hiesiger Stadt Nürnberg gewohnt und vor Andern ihrer Geschicklichkeit halben berühmt gewesen, ich Andreas Gulden zur Hand bekommen, hat mir selbig so wol gefallen, dass ich Anlass genommen, nachzudenken, was weiters und etwan zu unserer Zeit für dergleichen kunsterfahrene Leut in dieser unserer löblichen Stadt Nürnberg sich befunden haben und noch befinden, massen ich mich einsten mit einem dergleichen Dinge Liebhabern, Wolfgang Viatis, hievon besprachet, und habe ich, so viel wir beede uns deren erinnern können, etliche nachfolgendermassen, doch unvergreiflich und dass mein einfältiges Urtheil mir nicht missgedeutet werde, aufgezeichnet.

Da nicht, wie Neudörfer gethan hat, auch von Andreas Gulden die Zeit, worin diese Fortsetzung niedergeschrieben wurde, genau angegeben ist, so kann man nur die Lebensdauer Gulden's selbst, der 1683 starb, als Rahmen dafür annehmen. Wolfgang Viatis ist des alten Bartholomæus Viatis, der 1624 starb, ältester Sohn aus seines Vaters zweiter, 1586 mit Florentina Jägerin zu Schwäbisch Hall geschlossener Ehe. Was bei Georg Schweigger (n. 24) gesagt ist, dürfte berechtigen, etwa 1660 als das Jahr der Aufzeichnung anzunehmen, wenn es nicht wahrscheinlicher ist, dass sie nach und nach, in unbestimmten Zwischenräumen, niedergeschrieben worden sind. Aus n. 49 dürfte hervorgehen, dass a. 1663 noch daran geschrieben wurde.

I. JOHANN NEUDÖRFER.

Erstlich aber und zum Anfang ist meines Bedünkens billig vornen an zu setzen oben benannter Herr Johann Neudörfer selbsten, welcher, ob er wol nunmehro über 100 Jahr todt und also eigentlich in dieses Seculum nicht gehörig, jedoch wol werth ist, dass seiner als der zu dieser Materien den Weg gebahnet, rühmlich gedacht werde, dann er war nicht allein weit und breit bekannt in der Arithmetica, Geometria, und dergleichen Künsten ein fürtrefflicher erfahrner Mann, sondern auch der erste der die schönen und zierlichen, bevoraus aber die Teutschen Schriften die vorher aufs schlechtest und einfältigste im Gebrauch gewesen an Tag gebracht und dadurch Andere zu mehrerm Fleiss und Nachsinnen aufgemuntert hat, wie denn, als bewusst, unterschiedliche seiner Discipuln zu kaiserl. und fürstlichen Kanzleien gezogen worden. Er war benebenst eines erbaren Lebenswandels und hielte bei den Seinigen gute Disciplin unter welche ihm viel vornehmer Leut Kinder, ja Grafen und Edelleut untergeben und anvertraut worden sind. Sein Conterfait wird auf dem Rathhaus zu ewiger Gedächtniss aufbehalten.

Wenn auch die Verdienste Neudörfer's um die Feststellung der neuen Schönschreibkunst, dadurch dass er sie auf geometrische Sätze begründete und auch für die damals besonders geschätzte Verzierung der Buchstaben Sorge trug, nur unbedingt anerkannt werden müssen, so darf doch die frühere Schrift keineswegs, so wie hier geschieht, heruntergewürdigt werden. Schmierer hat es allerdings vor, aber auch nach Neudörfer gegeben und wird es fort und fort geben. Aber wer die nicht wenigen dicken Folianten, welche z. B. das Stadtarchiv zu Nürnberg besitzt, die zu einer Zeit geschrieben sind, als an Neudörfer noch nicht zu denken war, sieht, muss vor der Sauberkeit und Reinheit der Züge allen Respect haben. Ebenso sind namentlich die aus der Mitte des vierzehnten Jahrhunderts vorhandenen Urkunden, obgleich natürlich bei allen die sogenannte Mönchsschrift unverkennbar zu Grunde liegt, Muster von Sauberkeit und Gefälligkeit. Ausnahmen gibt es selbstverständlich auch da. Nicht nur gute Lehre und Zucht bildet den Schönschreiber, sondern es gehört auch Anlage dazu. Auch die Frauenzimmerbriefe, z. B. der Pirkheimerinen, sind, bei allem Unterschied, den der besonderen Charakter auch der Handschrift gibt, durchgehends sauber und gefällig.

2. JOHANN NEUDÖRFER DER JÜNGERE UND ANTONIUS NEUDÖRFER.

Erst gemelten Herrn Johann Neudörfers Sohn, Johannes, und dessen Sohn Antonius, sind in der zierlichen Schreiberei nachdem ihnen ihr Vater und Anherr darinnen vorgegangen, noch höher kommen, wie ihre vorhandenen Schriften, sonderlich aber des Antonii gestellte Schreibkunst, davon genugsames Zeugniss giebt.

Ueber die um die Schönschreibkunst erworbenen literarischen Verdienste der Neudörfer, insbesondere Anthoni's, sehe man Will. Gelehrt. Lexicon und Doppelmayr nach; Johann Neudörfer d. j. scheint zweimal verheiratet gewesen zu sein, obgleich er bei seinem Tode 1581 erst 38 Jahre alt war. Dass Johann Neudörfer, der Arzt, sein Sohn und der Bruder Anthoni's und zwei jüngerer Geschwister war, ist wol ausser Zweifel, aber die Mutter dieser drei Geschwister, Susanna, Tochter der Valentin und Anna Merzischen Eheleute aus Augsburg, scheint nicht auch seine, des Mediciners, Mutter gewesen zu sein. Am 27. April 1599 übernahm Johann Neudörfer, der Arznei Doctor, Genannter, die Curatel über Jeremias und Maria Magdalena, Johann Neudörfers und Susanna, seiner Ehewirthin, beider seligen Kinder, und sagte Paulus Sidelmann und Georgen Kunsecker, Notarius, die bisherigen Vormünder der bisherigen Vormundschaft, die sie über seine Geschwister und Pflegkinder geführt, auch der Uebergabung des väterlichen, mütterlichen und von ihrer Ahnfrau, Anna Valentin Merzin Wittib von Augsburg, ihnen gebührenden Erbguts, auf das Bündigste los. Zugleich erklärt auch Anthoni Neudörfer, Genannter, dass Paulus Sidelman und Georg Kusegker, die ihm nach Absterben Johann Neudörfer's und Susanna, seiner Ehewirthin, seiner lieben Eltern seligen, zu Vormündern gesetzt waren, all sein väterlich, mütterlich und anfräulich Erbgut ausgehändigt haben, und spricht sie von der Vormundschaft und seinem Erbgut in bester Form los. Mit Zeugniss von Jobst Kress und Mathes Speiser. (Cons. 177, fol. 69.) Da Anthoni Genannter war, musste er auch schon geheiratet haben, und die 1631 bei Halbmayer erschienene zweite Auflage von seiner „Schreibkunst" von einem Johann Neudörfer, der sich seinen, Anthoni's, Sohn nennt, so lässt sich die Nachkommenschaft des alten Neudörfer bis zum Urenkel verfolgen, mit dem sie aber dann ein Ende nimmt. Als Anthoni Neudörfer am 29. Mai 1609 über die Rückzahlung von 1000 f., die er am 1. Aug. 1600 auf der Losungstube angelegt hatte, quittirte, wird er genannt „der erbare Anthoni Neudörfer, gewesener Modist und Bürger alhie". (Cons. 194, fol. 83.) Was aber die Ursache seines Austretens aus dem Bürgerrechte war, ist zur Zeit unbekannt.

3. STEPHAN UND CHRISTOPH FABIUS BRECHTEL.

Inzwischen haben sich auch die Brechtel in der Schreibkunst herfürgethan, nemlich Stephan Brechtel, welcher zugleich auch in der Arithmetica, Geometria, Visierkunst, und Aufzeichnung der Sonnenuhren wol berühmt, und dann dessen Sohn, Christoph Fabius Brechtel. Doch ist unter allen der Christoph Fabius der fürtrefflichste gewesen, wie zum Theil aus seinen in Kupfer vorhandenen Alphabeten, und was er von rechter Stellung und Proportion der Buchstaben im Druck heraus kommen lassen, zum Theil auch sonsten aus seinen Kunstschriften, die eine besondere Freudigkeit und Tapferkeit weisen, zu ersehen, also dass er für einen der besten Schreiber damals alhier ist zu halten gewesen.

Dass Hanns Behaim der jüngere 1534 das Haus Veit Stossen kaufte, ist oben gezeigt worden. Nach Behaim's Tod fiel es in der Erbtheilung an seine beiden Töchter, Katharina, mit Erasmus Rotenburger, Kriegschreiber, und Anna, mit Jacob Fröschel verheiratet, welche es, gelegen an der Judengasse bei dem alten Heugässlein, an einem Eck gegen Martin Gruners des Kandelgiessers Behausung über, zwischen der Herren Geuder und weil. Hannsen Pfeiffers seligen Behausungen, um 1600 f. Kaufsumma und 50 f. den zwei Verkäuferinnen zu Leikauf an Steffan Prechtel, Rechenmeister, und Veronica, seine Ehewirtin verkauften, worüber der Schultheis, Haug von Parsberg zu Parsberg und Luppurg, Ritter, und die Schöpfen am Mittwoch 4. Juni 1550 einen Gerichtsbrief ausstellten. Die Käufer gaben sechs Jahre darauf aus ihrer Behausung in der Judengasse, zwischen Georg Heufelders und Johann Starken Häusern liegend, die Eigenschaft mit 35 f. rh. Johann Neudörfern, Rechenmeistern, um 700 f. ablösbar entweder im Ganzen, oder je 5 f. für 100 f. in halbjähriger Aufkündigung zu kaufen, wobei Mang Dilherr und Caspar Neumayr als Zeugen ihre Insigel anhängten, geschehen am 2. Mai 1556. Die noch nicht ganz abgelöste, sondern noch 400 f. betragende Eigenschaft war nach Neudörfer's Tod erblich an Helena, Cornelius Görzens chliche Hausfrau, Neudörfer's Tochter, gefallen, welche dieselbe — wobei die des nun auch gestorbenen Prechtels Behausung an Nicolaus Loneisen gelegen bezeichnet ist — an Christoph Balthasar Gugels sel. fünf Kinder Vormünder, Tobias Tucher und Paulus Imhof, um 400 f. verkauft, wobei Herdegen Tucher und Johann Neudörfer, beide Genannte, am 1. Nov. 1578 ihre Insigel anhängen.

Stephan Prechtel, geb. 1523 zu Bamberg, legte sich zu Nürnberg und Leipzig auf Arithmetik, auf die Coss oder Algebra, und die Gnomonik. Johann Neudörfer war zu Nürnberg, und ein Mathematiker von Amberg, Leonhard Schofer, zu Leipzig, sein Lehrmeister. Daselbst legte er sich auch auf die Büchsenmeisterkunst. namentlich als Leipzig 1546 und 1547 durch Kurfürst Joh. Friedrich von Sachsen belagert wurde. Er liess sich dann zu Nürnberg nieder und errichtete hier eine Schreib und Rechenschule (wobei zu bemerken, dass Neudörfer schon 1547 seiner gedenkt.) Dass er bei der 1561 zu Nürnberg grassirenden Seuche oder Pest nach Bamberg entwich, erhellt aus dem Titel einer mathematischen handschriftlichen Arbeit, die sich in der berühmten Ebnerischen Bibliothek befand. Will, aus dessen Münzbel. IV, 363 ff. diese vor ihm schon durch Doppelmayr gegebenen Personalien genommen sind, erwähnt noch andere literarische Bestrebungen Prechtel's. Er starb den 26. Juli 1574 und hinterliess nebst seiner Wittwe Veronica vier Söhne, Franz, Stephan, Heinrich, Christoph, und vier Töchter, Veronica, Katharina, Susanna, Maria, auf St. Johannis n. 601, begraben.

Das Haus von dessen Besitzern nun dem Gässlein der Namen Prechtelsgässlein gegeben wurde, blieb hundert Jahre bei der Familie, bis, nach Erlöschung des Mannsstamms, die Relicten sich veranlasst sahen, es zu verkaufen. Der letzte Besitzer war ein jüngerer Stephan Prechtel gewesen, und ob der bei Doppelmayr wie auch bei Gulden Christoph Fabius alias Fabian genannte in der That die andern Brüder in seiner Schönschreibkunst übertroffen habe, muss man auf ihre Gewähr hin, da andere Zeugnisse abgehen, annehmen. Von Franz Prechtel weiss man aus einer Chroniknotiz, dass er 1583 Christoph Mülich's Tochter heiratete, wozu die Hochzeit im Heilsbronner Hof gehalten wurde. Dieser mag sich auf einen andern Beruf geworfen haben, die beiden jüngern folgten dem des Vaters. Doppelte Taufnamen fangen allerdings damals an, in Gebrauch zu kommen, warum aber dieser Franz (bei Doppelm.) auch Joachim, und Christoph ebenfalls Fabius oder Fabian genannt wird, steht jedenfalls mit dem Epitaphium, wie es in Nor. Chr. Fr., in Trechsel, und bei Will mitgetheilt ist, wo kein Nebennamen vorkommt, in befremdendem Widerspruch.

Bei dem Verkauf des Hauses war auch Gulden, als Testamentsexecutor, zugegen, wahrscheinlich, obgleich er nur als Herr Gulden namhaft gemacht wird, Andreas, der Verfasser der Fortsetzung. Im Context des Kaufbriefs wird er aber nicht genannt. Seine Beiziehung war aber selbstverständlich. Am 28. April 1656 wurde zwischen weil. Frauen Maria Magdalena Brechtlin seligen Erben, nämlich Hrn. Joh. Georg Fabricius, Med. Doct., hiesiger Stadt Physicus Ordinarius, und Hrn. Joh. Christoph Eisen, gemeiner Stadt Advocat, dann Jungfrau Helena, weil. Hrn. M. Wolf Waldung, Professors der Universität Altdorf, sel. hinterlassenen Tochter, mit Beistand Georg Wolf Poschen, ihres Schwagers, an einem, und Johann Jakob Krügern, Gerichtschreibern, und Frauen Regina, seiner Ehewirtin, am andern Theil, ein ordentlicher Kauf abgeschlossen, dass nämlich die in St. Sebalds Pfarr am Prechtelsgässlein, an einer Seite eckfrei liegende, frei, lauter eigene Prechtlische

Behausung, mit der einen Seiten vorwärts zur Rechten an Johann Friedrich Ernsts, mit der andern Seite aber und dem Neben- oder Hinterhaus an N. N. Häuser stossend, wie solche der verstorbenen Frau Prechtlin und vorher ihrem Ehewirth Stephan Prechtel seligen gehöret, die oben genannten Erben den Krügerischen Eheleuten um 1900 f. Kauf- und 50 f. Leikaufs Summa zu kaufen gegeben haben wollten, wozu Joh. Georg Königsberger und Joh. Adam Gilling, als Zeugen und Siegler am 13. Aug. 1656 beigezogen wurden. Auf dem Pergamentumschlag ist bemerkt, dass alle Interessenten, nebst Hrn. Gulden, als Testamentsexecutor, in Dr. Schmid's Hause zusammengekommen waren.

So war nun die Prechtlische Behausung verkauft und der Namen nur noch als Ortsbezeichnung bis auf diesen Tag geblieben.

4. ANDREAS GULDEN.

Dergleichen Künstler lebet auch zu dieser Zeit, Namens Andreas Gulden, ein trefflicher Zierschreiber, hat eine sonderlich schöne Art und Manier in Versal oder Haupt Buchstaben, welche er mit lautern und frechen Beistrichen zieren und ausstaffieren kann; ist ein Liebhaber und erfahren vieler freien Künst, sonderlich neben der Schreiberei auch der Malerei. Er schrieb auf allerlei Metall, sowol mit der linken als rechten Hand, so ihm gleich gilt, und ätzte selbe so künstlich und zart, dass seines gleichen dieser Zeit nicht wol sein wird, wie aus dessen verfertigten Tafeln und Werken mit Verwunderung zu ersehen.

Starb 1683 den 3. Dec. Genannter seit 1649.

Auch Doppelmayr weiss sonst nichts als was hier steht, über ihn zu sagen, nur dass er noch den 21. Fbr. 1606 als seinen Geburtstag und den 4. Dec. 1683 als seinen Todestag angibt. Will hat ihn gar nicht beachtet, und erst Nopitsch hat in der Fortsetzung (a. 1802) seiner mit folgenden Worten gedacht: „ein Schönschreiber, lebte im siebzehnten Jahrhundert und war a. 1653 47 Jahre alt, wie sein Porträt anzeiget. In der Willisch-Norischen Bibliothek ist von ihm: „Calligraphia. Sind einige deutsche Vorschriften, mit seinem Bildniss von Andr. Kohl in Kupfer gestochen, und zwar die Vorschriften verkehrt, um sie durch den Spiegel zu lesen. Querfolio." Sonst weiss aber auch Nopitsch nichts über ihn zu sagen, und muss man anerkennen, dass Campe ein wesentliches Verdienst erworben hat, indem er diese Fortsetzung, sei sie auch wie sie wolle, zuerst dem Publicum zugänglich machte. In Nor-

Chr. Fr. p. 68 und in Trechsel p. 488, wird der Grabstein 95. Lit. A, f. 4, a. t. als des Andreae Gulden und Magdalena seiner Ehewirthin und ihrer beider Erben Begräbniss bezeichnet; zu Trechsels Zeit (1735) war das Epitaphium schon abhanden gekommen, das Grab aber noch im Besitz Andreae Guldens, Schreibereiverwandten. (Wahrscheinlich Sohns oder Enkels des Schreibkünstlers.) Das bei Panzer p. 85 angezeigte Bild trägt die Umschrift: „Amicissimo suo. Andreae Gulden, Calligraphiae peritissimo, hanc ipsius effigiem, mnemosynon suae vult esse gratitudinis And. Khol. Aetat. 47. Anno 1653." Was seine eigentliche Lebensstellung war, ob er Schreib- und Rechenmeister gewesen und einer Schule vorgestanden, findet sich nirgends aufgezeichnet.

5. ULRICH HOFMANN.

Zu diesen Zeiten kann auch das Lob eines guten und zierlichen Schreibers mit Recht führen Ulrich Hofmann, welcher in wol proportionirten Versalbuchstaben, auch allerhand guten, sonderlich aber Fracturschriften trefflich geübt, wie dasjenige, so von ihm in's Kupfer gebracht worden, auch die viel unterschiedliche, zu Büchern gestochene zierliche Titel bezeugen, und werden meines Erachtens wenig zu finden sein, die es ihm zuvor thun werden.

War, nach Doppelmayr 236, der ihn sehr eingehend bespricht, am 28. Mai 1610 geboren, that schon a. 1625 zu Schönberg, drei Stunden von Nürnberg ostwärts gelegen, als deutscher Schulmeister und als Schreiber des Amtmanns daselbst, Johann von Giech, Dienste, worauf er a. 1626 zu Auerbach zu dem Stadtschreiber Balthasar Möller, dann zu dem Oberamtmann Hieron. v. Egloffstein kam, darauf aber a. 1629 in seiner Vaterstadt bei dem Consulenten Georg Richter als Schreiber eintrat, welche Stellung er aber noch in demselben Jahr gegen die eines Substituten in der Schule des Sebastian Kurz, eines damals berühmten Schreib- und Rechenmeisters, über den sich Doppelm. 168 ebenfalls eingehend äussert, vertauschte. Aussichten in schwedischen Dienst zu treten, welche ihm 1632 gemacht wurden, zerschlugen sich, dagegen setzte er sich selbst 1634 als Schreib- und Rechenmeister und heiratete des Sebastian Kurz Tochter. Auch später gemachte Anträge bei der kaiserl. Canzlei zu Wien angestellt zu werden, lehnte er, wegen seiner damals schwächlichen Leibesconstitution ab, und widmete seine Dienste dem Vaterlande.

Er starb am 21. Sept. 1682.

6. CASPAR MONNICH.

Und weil diess Orts der zierlichen Schreiber gedacht wird, so ist auch nicht zu vergessen Caspar Monnichs, welcher ebenmässig unter diese Zahl gehöret; dem sind sonderlich die Fracturschriften wol angestanden, wie er dann den ganzen Psalter Davids vollkommenlich, mehr als einmal, auf Perment, mit kleiner Fractur geschrieben und jedes Blatt mit schönem Zugwerk eingefasst hat, welche noch alhier zu sehen sind.

Doppelmayr (217) gedenkt seiner ebenfalls und ganz in derselben Weise. Seinen Tod setzt er gegen 1630. Er nennt ihn Mannich.

7. HANNS HOFMANN, MALER.

War ein fleissiger Maler in Miniatur und Gummifarben, copierte den Albrecht Dürer so fleissig nach, dass viel seiner Arbeit für die Dürerischen Orginalien verhandelt worden, ist endlich zu Kaiser Rudolph kommen.

Auch von Doppelmayr 208 besprochen, er sei 1554 zu K. Rudolph gezogen und gegen 1600 zu Wien gestorben. Auch Rttbg. Kstl. 196 erwähnt ihn als einen guten Nachbildner Dürer's und den Maler eines Bildnisses von Hans Sachs aus a. 1568.

8. GÄRTNER UND PONNACKER.

Ingleichen sind diese gute Dürerische Copisten gewesen.

Zwei Georg Gärtner, Vater und Sohn, werden von Doppelmayr 222. 224. angeführt und von dem jüngern das Todesjahr 1654 Fbr. 16, von dem Vater a. 1640 angegeben. Des jüngern gedenkt, als Nachahmers Dürer's, auch Rettbg. Kstl. 188; wo aber mag das Bildniss eines Viatis, das in der weiland Hanftischen Sammlung war, hingekommen sein?

Von einem Ponnacker, als Maler, weiss Niemand etwas. Sattler dieses Namens existirten.

9. WOLFGANG RESCH, FORMSCHNEIDER.

Hat die Holzschnitte zu folgendem Buch verfertiget: Ein schöner Dialogus oder Gespräch von zweien Schwestern, die erste eine frome und züchtige Wittfrau aus Meissen, die andere ein böss, störrig und zornig Weib vom Gebürg, zu Lob und Ehr allen Frommen, zu Straf und Unterweisung den zornigen Frauen. Wolfgang Resch, Formschneider zu Nürnberg 1533.

Aus Campe, da dieser Resch, der eigentlich gar nicht in Gulden's Gesichtskreis gehört, weder im Mspt. der Stadtbibliothek sich befindet, noch Doppelmayr seiner gedenkt. Vielleicht hat ihn Campe selbst nicht etwa erfunden, aber interpolirt.

10. FRIEDRICH VON FALKENBURG, MALER.

War ein guter Landschaftmaler, dessen Stücke noch werth gehalten werden.

Campe fügt bei: Starb 1623 den 23. Aug. Er machte die Ehrenpforte so Ao. 1612 zu Kaiser Matthiae Einzug in Nürnberg aufgerichtet und nachmals von Peter Isselburg in Kupfer gestochen worden. (In höchster Gedankenlosigkeit ist noch beigefügt, starb 1625. Doppelmayr gibt auch den 23. Aug. 1623 als Jahr und Tag des Todes an.) Derselbe Doppelmayr hält den Friedrich für einen Sohn des Lucas von Falkenburg, eines um 1570 aus den Niederlanden ausgewanderten geschätzten Malers, der sich zuerst zu Linz niederliess, dann aber nach Nürnberg zog, wo er 1625 starb.

11. PAULUS KOLB, MALER.

Dieser war ein feiner Maler, gebrauchte in Oelfarben eine schöne Lieblichkeit, machte von Gummifarben, grau in grau, item grau mit Gold erhöht, viel schöner Stück.

Campe: starb a. 1650 den 5. Oct. Paulus Kolb hatte Georg Weyern zum Lehrmeister. — Diese Angabe ist nach Allem aus Doppelmayr genommen.

12. PAULUS UND FRIEDRICH JUVENELL, MALER.

Paulus Juvenell ist von guter Invention und auf Gemäuer wolgeübt, sonderlich aber ein trefflicher Perspectiv-Maler gewest, dass ihn darinnen keiner allhie übertroffen. Ist von ihm allhie noch viel zu sehen. Machte auch die Stück an der Decke in der schönen Stube auf dem Rathhaus, ist nachmals in Ungarn gekommen und daselbst gestorben.

Friedrich Juvenell, der Sohn, hat den Vater in der Perspectiv zwar nachgefolgt, ist aber demselben nicht gleich worden.

Gemelter Paulus Juvenell hat auch eine Tochter gehabt, Esther Juvenellin, welche ebenmässig feine perspectivische Sachen gemacht, von welcher Hand ich ein Täfelein habe mit einem Saal.

Doppelmayr nennt 1. Nicolaus Juvenell, der aus den Niederlanden nach Nürnberg zog, wo er sich zuerst auf das Glasmalen, dann auf das Porträtiren mit Oelfarben, zuletzt aber auf das Perspectivmalen von Tempeln und Kirchen verlegte. Er starb den 1. Aug. 1597. 2. Paulus Juvenell, dessen Sohn, geboren zu Nürnberg a. 1579, erst von seinem Vater unterrichtet, dann von Adam Elzheimer, einem berühmten Frankfurtischen Maler. Er malte a. 1609 die Taufe Christi im Jordan, dann den Plafond in einem Zimmer des Rathhauses (dem jetzigen sogenannten kleinen Saal) auch auf dem Gemäuer zu malen war er trefflich geübt, auch als Copist Dürerischer Tafeln sehr glücklich, so namentlich zu Frankfurt a. M. in dem Prediger-Kloster eine Dürerische Altar-Tafel, Mariä Himmelfahrt vorstellend, (s. hierüber Thausings Dürer's Briefe etc., p. 196, 197). Er ging 1638 nach Wien und von da nach Pressburg, wo er a. 1643 starb. 3. Johann Juvenell, auch des Paulus Sohn und Schüler, der mit seinem Vater a. 1638 Nürnberg verliess und nach Ungarn ging, wo er starb. 4. die Tochter Esther Juvenellin, die ebenfalls mit dem Vater nach Ungarn ging und daselbst starb. 5. Friedrich Juvenell, geb. 1609, auch Sohn und Schüler des Paulus, von dem aus a. 1633 ein Gemälde, wie Christus mit den Jüngern nach Emaus geht, und dessen perspectivische Bilder (was man jetzt architektonische Malerei nennen würde) angeführt werden. Er starb den 2. März 1647. 6. Johann Phillipp Juvenell, auch Sohn und Schüler des Paulus. Als eine Probe seiner Kunst wird aus a. 1645 die Darstellung des Innern einer Kirche angeführt. Er ging später nach Wien, wo er starb.

Rettberg im Kstleb. 171 und 187 erwähnt blos den Paulus Juvenell, und gedenkt der an dem Viatis-Hause L. 6. innen und aussen befindlichen Gemälde, von denen die äusseren al fresco gemalt, in den ersten Jahrzehnten des laufenden Jahrhunderts noch zum Theil, z. B. Curtius sich in den Abgrund stürzend, zu sehen oder wenigstens zu errathen waren. Auch auf dem Graffischen Blatt, die Barfüsserbrücke, sind sie noch angedeutet. Jetzt freilich ist Alles übertüncht.

Eine Linie der Juvenelle liess sich in Straubing nieder. Caspar Juvenel, Maler und Bürger daselbst, quittirte am 4. Sept. 1609, für sich und seine Geschwister, über 37 f. 7 Pfd., welche ihnen als Rest ihres anherrlichen Gutes von Peter Jacquet und Heinrich

Juvenel, als Executoren ihres Anherrn Niklas Juvenel, gewesenen Contrafaiters, ausgezahlt worden sind. (Cons. 194, fol. 142.)

13. GEORG WEYER.

Ein guter verständiger Maler, machte viel am Rathhaus-Saal.

Doppelmayr nennt ihn Gabriel und setzt seinen Tod in 1640. Rettberg Kstl. 188. adoptirt auch den Namen Gabriel und schreibt ihm die in den Fensternischen befindlichen Allegorien zu, er habe auch „Dido am Meeresstrande" radirt, und Vieles sei nach ihm gestochen worden.

14. LEONHARD BRECHTEL, MALER.

War im Vergulden und praunern von guter Wissenschaft, seine Arbeit in solchem Vergulden ist zu sehen an dem vorigen Altar in S. Sebalds-Kirche, welcher jetzo bei S. Lorenzen steht.

Statt praunern, einem allerdings ungewöhnlichen und ziemlich unerklärlichen Ausdruck giebt Campe planiren, was wol eine Variante ist, aber weiter nichts. Doppelmayr und Rettberg haben diesen Namen gar nicht aufgenommen. Panzer 24, zeigt ein Porträt von ihm an, auf dem er Leonhard Prechtel senior pictor noricus heisst. Es ist von a. 1605 und von J. F. Leonhard. (Der Ausdruck praunirt kommt auch bei der Beschreibung des grossen Leuchters im Rathhaussaale n. 33 vor, wodurch er einigermassen erklärt wird.)

15. LEONHARD HEBERLEIN, MALER.

War Stadtmaler, renovirte das Gemäl aussen an der Schau a. 1652, welches vorhin a. 1514 von Hanns Grossen gemalt und nachmals a. 1579 von Thoma Oelgast renoviret worden.

Doppelmayr und Rettberg haben von diesem Maler und seiner Kunstthätigkeit gar keine Notiz genommen. Da aber das Schaugebäude, eines der zierlichsten Ueberreste mittelalterlicher Baukunst, das, wenn auch nicht 1514, doch nur wenige Jahre später aufgeführt wurde, schon in den ersten Jahren, nachdem Nürnberg seiner Reichsfreiheit verlustig ging, abgetragen und an dessen Stelle die Hauptwache aufgeführt worden ist, so ist auch diese Erinnerung eigentlich überflüssig. Das gegenwärtige Geschlecht weiss von der Schau auch nicht ein Minimum.

16. MICHAEL HERR, MALER.

War ein Maler von sinnreicher Invention, guter Zeichnung und Ordinanz, machte auch viel schöne Conterfait.

Doppelmayr sagt, er war den 13. Dec. 1591 zu Metzingen in Würtemberg geboren, begab sich frühzeitig um Zeichnen und Malen zu lernen nach Nürnberg und ging dann nach Italien, wo er sich in Venedig und Rom weiter bildete. Nach Nürnberg 1620 zurückgekehrt, malte er 1622 ein allegorisches Bild, die sieben freien Künste, nebst dem Mars und der Justiz, und übte dann in mannigfaltiger seine Kunstfertigkeit bewährender Weise dieselbe hier aus. Von ihm ist auch das auf St. Johanniskirchhof einem jungen Kaufmann aus Lübeck, einzigem Sohn seiner Eltern, Johann Schlitter, der auf der Weiterreise nach Italien einige Stunden von hier 1646 von Räubern ermordet wurde, gesetzte Monument. Nor. Chr. Freydh. p. 283. Rettb. Kstl. 188 schreibt seinen Namen Heer, und seinen Geburtsort Melsingen. Daselbst werden auch Arbeiten von ihm angeführt. Er starb den 21. Jänner 1661.

17. JOHANN THOMAS FISCHER.

Illuminiret, und zwar Alles mit der linken Hand, überaus fleissig und verständig, dass, was er macht, mit Lust anzusehen. Fürnehmlich aber ist er im Blumwerk, Tulipen, Rosen, Nelken u. s. w. nach dem Leben von Gummifarben zu malen, sehr gut, hat auch die Farben schön und lieblich zu präsentiren und zu mischen gute Wissenschaft. Seine Tochter, Anna Katharina Fischerin ist in dieser Kunst nicht weniger denn der Vater geübt und im Malen natürlicher Blumen so weit kommen, dass man zwischen ihrer und des Vaters Arbeit wenig Unterschied spüren mag, wie sie denn solcher Kunst halben an den Fürstl. Sächsischen Hof nach Halle berufen worden, allwo sie sich nunmehro mit Benjamin Block, einem fürtrefflichen Maler, verheiratet. Er starb a. 1685 den 16. Oct.

Doppelmayr hat beide Personen, aber getrennt, den Vater p. 240, von dem er den 21. Dec. 1603 als Geburtstag angibt, übrigens nur etwas anders stylisirt dasselbe angibt, was oben zu lesen, die Tochter p. 272, deren Uebersiedlung nach Halle er ins J. 1660 und ihren zu Regensburg, wohin sie sich zuletzt mit ihrem Manne begab, erfolgten Tod ins J. 1709 setzt. — Rettb. Kstl. hat beide ignorirt.

18. GEORG STRAUCH, MALER.

Ist sehr gut in kleinen Sachen von Miniatur und Gummifarb, sonderlich in der Malerei von Schmelzglas, trefflich weit kommen.

Auch hier gibt Doppelmayr p. 233, erstlich seinen Geburtstag, den 17. Dec. 1613, erwähnt sein sich frühzeitig kundgebendes Talent, indem er schon im Alter von 10 Jahren Figuren auf's Feinste illuminirte, worauf er a. 1626 zu Johann Hauer in die Lehre kam und a. 1635 sein Probstück mit einem heiligen Sebatian machte. Besonders erwähnt werden, was man jetzt Illustrationen nennen würde, zu Joh. Mich. Dillherrn verschiedenen Werken. Er starb den 13. Juli 1675.

Ob und wie er mit Lorenz Strauch zusammenhing, ist zur Zeit unbekannt.

19. ABRAHAM GRASS, BILDHAUER.

War ein berühmter Mann, hat die vier Monarchien, aussen am Rathhaus über den Thüren, wie auch die Camine inwendig auf den Gängen gemacht.

Doppelmayr weiss auch nur dasselbe zu sagen, und dass er nach 1630 starb. Rettbg. Kstl. gibt an, er sei aus Schlesien gewesen.

20. HANNS PEZOLD, GOLDSCHMID.

Ein überaus fleissiger Goldschmid, dessen saubere und schöne Arbeit von Geschirren und Pocalen leichtlich unter vielen andern zu erkennen ist. Er hat dem Kaiser Rudolph sein künstliches Brunnenwerk renovirt.

Ebenso bei Doppelmayr, 221. Campe fügt noch bei, dass er 1591 Genannter wurde, 1610 in den kleinen Rath kam, und am 19. März 1633 starb. Rettbg. Kstl. 188 gedenkt seiner ebenfalls, mit Hinweisung auf Mayer's Geschichtsfreund p. 95.

21. CHRISTOPH RITTER, GOLDSCHMID.

Ein sehr künstlicher Mann, auch trefflicher Possierer und Eisenschneider, hat, wie noch gemelt wird, neben Georgen Schweicker die Bilder und Wappen zu der kaiserl. Majestät

Quellenschriften f. Kunstgesch. X. 15

Leopoldi Ehrenpforten, wie auch die über Lebensgrösse messingenen Bilder zu dem unter Handen habenden neuen Brunnen verfertigen helfen.

Doppelmayr bezeichnet ihn als Goldschmied und Bildhauer und gibt seinen Geburtstag als den 16. März 1619 an, und seinen Todestag als den 19. Nov. 1676. Ausser den Modellen, die er zu dem grossen Springbrunnen, von dem noch die Rede sein wird, in Wachs poussirte, wird auch unter anderm ein grosses Lampet (Tafelaufsatz?) gerühmt, das die Diana mit ihren Nymphen etc. vorstellte und in Amsterdam (wohin es wahrscheinlich bestellt war) auf 1200 f. geschätzt wurde. Sein am 26. Sept. 1654 geborner Sohn Paulus Hieronymus Ritter wird von D. ebenfalls sehr gerühmt und erregte sowol in Wien als auch in Venedig grosse Erwartungen, sollte auch den venetianischen Gesandten Foscarini nach Spanien begleiten, erkrankte aber in Venedig und starb daselbst 1679.

Christoph Ritter Goldschmid und seine Ehefrau Barbara sind auf St. Johannis (n. 18, pag. 693, 694, bei Trechsel, p. 10 Nor. Chr. Fr.) begraben. Rettbg. Kstl. hat diesen Namen übergangen.

22. CHRISTIAN MAHLER, EISENSCHNEIDER.

Welcher nicht nur allein schöne Conterfait zu Schaupfennigen und andern Münzen in Stahl geschnitten, sondern auch viele gute und zumal grosse Sachen von Wachs bossiret hat.

War, nach Doppelmayr 215, Sohn Valentin Mahler's, eines Goldschmieds (ebend. p. 210), und starb nach a. 1620. Rettbg. Kstl. 185 lässt ihn bis nach 1648 thätig sein, Valentin s. ebend. 176.

23. HANNS WESSLER, GOLDSCHMID.

Ist der erste gewesen, so das Glasschneiden in Nürnberg gebracht.

Weder bei Doppelmayr noch Rettbg. ist seiner gedacht; Campe hat auch nur die obenstehende Notiz.

24. GEORG SCHWEICKER, BILDHAUER.

Machte bei seinen jüngern Jahren ganze Historien von kleinen Figuren, halb rund in Stein, die an Ausländische in sehr hohem Werth verkaufft worden. Ao. 1652 verfertigte er ein Crucifix, von Messing, über Lebensgröss, auf die sieben Schuh lang, trefflich ausgearbeitet, welches 516 Pfd. gewogen; bald darauf machte er ein dergleichen Crucifix von Holz. Ao. 1658 machte er neben bereits gemeltem Christoph Ritter die Bilder zu Kaiser Leopoldi Ehrenpforten. Item schnitte er den verguldten Zierrat zur Kanzel (so er für seine schlechteste Arbeit gehalten) in St. Sebalds-Kirche, und das verguldete Christusbild, die Schlangen unter sich tretend, über dem Tucherischen Altar, nebst dem über gedachter Kanzelthür verguldt stehende Salvatorisbild, in besagter Sebalder Kirche. Mit Verwunderung aber sind zu sehen die grossen messingenen Bilder, Pferde und Anderes, so er und genannter Ritter unter Handen haben, zu dem neuen Brunnen, auf den Markt gehörig. Es werden auch auf St. Johannis-Kirchhof unterschiedliche schöne Epitaphia von ihm gemacht, als Herrn Friedrich Volckamer's, Georgen Schwanhard's und andere, gefunden.

Nota. Der nächst obengedachte Bildhauer Georg Schweicker, des wegen seiner Reise in die Türkei berühmten und zu unserer Frauen-Kirche gewesenen Predigers nepos (Enkel), erzählte mir im Jan. 1669, wie dass er acht ganzer Jahre mit 2, 3 und 4 Personen an dem schönen Brunnen gearbeitet, 12 Ctr. Metall, von all denen dazu gehörigen Stücken abgehauen, und Alles nach dem Leben gebildet. Der Neptunus, sehr stark und lang, ist ein Conterfait Pauli Fürlegers, so sich dazumal bei Herrn Guthätern aufgehalten, und sich ganz entblöset also abzeichnen lassen. Einer schönen und langen Jungfrau hat er 20 Rthl. bezahlet, ihren blossen Leib zu stellen, und dadurch einen grossen Anlauf unterschiedlicher Weibspersonen nach und nach bekommen, Geld damit zu verdienen oder zu erwerben. Dabei sind auch 2 Meerpferde oder Seeross geconterfeit, deren das eine ungarisch, das andere spanisch, benebenst sind verfertigt worden vier Schild, als dreierlei Wappen 1. der Stadt, 2. der Vestung, 3. der Kanzlei, in dem leeren 4ten Schild sollen die Wappen der drei alten Herren kommen. Als mir Georg Schweicker dieses in Beisein Christiani de Pomis erzählte, war er eben 56 Jahr alt.

Nota. Der Kasten dazu wäre ein gleichförmig Viereck, so

er nicht von Stein, sondern von Metall gemacht würde, vermittelst 2 alter Carthaunen. Vor 2 Jahren a. 1667 war ein Cavalier incognito hinaus zum Schweicker gekommen, ein junger Torstensohn, des General Torstensohn's Sohn, welcher sich vernehmen liess, was man für einen schönen Brunnen von der Schweden Geld machte? ob er ihn nicht sehen könnte?

Man meldet, der alhie auf dem Executions-Tag gewesene König Carolus habe ein Angedenken, und zwar eine Rosssäule alhie aufrichten wollen, weil ihm aber Solches wegen des Röm. Kaisers höflich benommen worden, ist man auf die Renovation des Brunnens gekommen, so zum Friedensgedächtniss mitten auf den Markt geführet werden sollte. Dazu dann der König ein ansehnliches Stück den Septemviris hinterlassen.

Alle Bilder auf den Brunnen zu Augsburg und Salzburg haben Schweicker und Ritter auf ihrer zuvor beschehenen Umreise falsch befunden.

Der Salzburger Brunnen ist zwar von rothem Marmor, aber dem Stein fehlt eben die Perfection, dass man ihn nicht wie das Metall formiren und überschneiden kann. Der Bischof hat das Stadtthor lassen aufheben, als man die grossen Marmorblöcke dazu hereingebracht.

Den Werth der anekdotischen Bemerkungen, die vom König Carl Gustav beabsichtigte Reiterstatue und die auswärtigen beiden Brunnen betreffend, lässt man billig unberührt. Doppelmayr hat als seinen Vater Immanuel Schweicker oder Schweigger, wie sich die Familie noch gegenwärtig schreibt, angegeben. Dieser Immanuel, auch Bildhauer, war der älteste Sohn Salomon Schweigger's, eines, a. 1551 zu Sulz im Würtembergischen geborenen (nach Nopitsch zu Haigerloch), besonders durch seine Reise in den Orient, und dann die Beschreibung derselben bekannten Geistlichen, zuletzt Prediger an U. Fr. Kirche dahier, wo er am 21. Juni 1622 starb und nach St. Rochus n. 1341 begraben wurde. Von Susanna, einer gebornen Michaelis, aus Memmingen, hatte er mehrere Söhne, unter denen dieser Immanuel der älteste war. Dieser heiratete im Jan. 1612 Margaretha, Jacob Hautschen Tochter und am 6. Apr. 1613 kam Georg Schweigger zur Welt. Von seinem Vater empfing er die erste Anleitung, dann aber verband ihn die auf Grund gleicher Bestrebungen gegründete Freundschaft mit Christoph Ritter, der das Modell zu dem von Schweigger ausgeführten grossen Brunnen in Wachs im Kleinen poussirte, während Schweigger es in Erz ausführte. Doppelmayr gibt auf Taf. IX. eine wohlgelungene Abbildung desselben, und auf dem Blatte steht, dass er (der Brunnen) mit der Zeit soll zu Nürnberg aufgerichtet werden. Schweigger starb am 13. Jan. 1690, ledigen Standes, begraben auf St. Johannis n. 540. Der von der Stadt angekaufte oder für geleistete Vorschüsse übernommene Brunnen wurde in der Peunt (dem Bauhof) untergebracht, und man mag sich ein Jahrhundert lang mit der Hoffnung hingehalten haben, eine Zeit werde noch kommen, welche die Aufstellung möglich mache. Aber die Zeit zu dieser Luxusausgabe kam nicht, und die Lage der Stadt wurde in finanzieller Hinsicht immer schlechter, so dass man ihn im Juli 1797 nach Russland um 66.000 f. verkaufte. Neben Christoph Ritter, dem ersten Erfinder, und Georg Schweigger, dem eigentlichen Vollender des Unternehmens, ist auch der Stückgiesser Wolf Hieronymus Herold, als Dritter im Bunde zu nennen, der den Guss der Figuren besorgte und dessen Doppelmayr auch besonders gedenkt.

Rettbg. Kstl. 182 gedenkt wol anderer Arbeiten Schweigger's, aber nicht des Brunnens.

25. HANNS VON DER PITH, EISENSCHNEIDER.

Hat viel schöne Gepräg in Stahl und Eisen geschnitten.

Nota. Diess Eine fehlte ihm, dass er seinen Geprägen keine rechte Haltung geben konnte, denn im schweren Daraufschlagen zersprungen sie gemeiniglich. Sintemal dass eiserne Büchlein übereinander, alsdann solche erst in einen eisernen Kasten geschlossen, so stark gefasset war in einen hölzernen eingegrabenen Stock, darauf zwei starke Männer mit voller Macht schlugen. Ist ein künstlicher Poussirer gewest, und was er poussirt, hat er Andere lassen giessen, und alsdann selbst überschnitten. Er hat den Johann Albrecht, Markgrafen, kaiserlichen General, so der Stadt Nürnberg bei Mannesgedenken grossen Schaden gethan, bis sie ihm bei 6000 Rthler nach Fürth übersandt, in Gold conterfait, zu Gnadenpfenningen. Item so hat er von Erz des Königs Gustav Adolph in Schweden Brustbild, so auf die Gustavsburg (im Winkel, wo Rhein und Main zusammenfliessen) vermeint und hernach rasirt wurde, für 3000 oder 4000 Rthlr verfertiget, davon das Haupt allein 50 Pfd. schwer, so der König in hiesigem Lager mit einer Hand geschwungen und gegen den Spiegel wegen der Gleichheit gehalten, und da ihn der Pith gewarnet, darüber gelacht. Wurde ihm bemelte Summa richtig bezahlt von Herrn Fürstenhauser, aber erst, nach vollbrachtem Executions-Tag von dem Generalissimo, nachmals König in Schweden Carolo, mit hinweg geführet worden. Eben dieser Meister hat auch 3 Ehrensäulen, und darauf den König Gustav zu Ross, nach Nürnberg, Augsburg und Ulm, machen sollen, so hernach verblieben. Hat sich von hier nach Cassel (weil er alhie sehr liederlich gelebt) begeben, in Gesellschaft eines Juweliers, aber in Armuth daselbst gestorben.

Doppelmayr 224 erwähnt seiner kürzlich, doch so, dass er diese Aufzeichnung vor sich gehabt haben mag, und setzt seinen Wegzug von Nürnberg, wie auch Campe thut, in 1650. Rettbg. Kstl. 185, macht ihn zu einem Schüler Heinrich Reitz des jüngern von dem er (Rettbg.) ausserdem nichts sagt und dessen auch Doppelmayr nicht gedenkt.

26. GOTTFRIED LEIGEBE, EISENSCHNEIDER.

Ein künstlicher Eisenschneider, hat neben mehr andern Dingen als Wehr, Kreuz, und dergleichen, auch aus einem Stück Eisen, welches über 29 Pfd. gewogen, die Röm. kaiserl. Majestät Leopoldum, zu Ross sitzend, und nachmals, aus einem andern Stück Eisen, über 67 Pfd. schwer, die königl. Majestät in England Carolum II. unter dem Bildniss des Ritters St. Georgen, zu Pferd, mit unter sich habendem siebenköpfigen Drachen, an einem Stück, ganz frei herausgeschnitten und an jenem bei Jahr und Tagen, an diesem aber über zwei Jahr continuirlich gearbeitet. Item hat er ein ganzes Schachspiel von Eisen sehr künstlich verfertigt. Ist von hier an den Berlinischen Hof gekommen.

Doppelmayr (237) widmet diesem Leigebe einen langen Artikel. Er war 1630 zu Freistatt in Schlesien geboren, ging, um das Schwertfegen zu erlernen, a. 1645 nach Nürnberg, und verlegte sich daselbst allgemach ausschliesslich auf das Eisenschneiden, worin er Degengefässe u. dgl. mit grosser Kunst verfertigte. Ausführlich wird dann das Schachspiel, dessen weisse Figuren von Silber, die schwarzen von Eisen waren, besprochen, dann die Abbildung Kaiser Leopold's, und Carl's II. von England, wovon jenes nach Kopenhagen, dieses nach Dresden kam. Er wurde a. 1668 zu dem Kurfürsten Friedrich Wilhelm berufen und zog mit Frau und vier Söhnen nach Berlin. Dort machte er, ebenfalls aus einem Klumpen Eisen, eine den Kurfürsten als Bellerophon im Kampf mit der Chimära darstellende Figur, wovon Doppelmayr auf Tab. 8, sowie auf Tab. 7 von Carl II. und von Leopold auf Tab. 6 eine Abbildung gibt. Er starb zu Berlin 1683. Seine Söhne waren ebenfalls der Kunst ergeben; der älteste, Ferdinand, geboren zu Nürnberg a. 1655, starb als Ingenieur zu Friedrichsburg in Guinea, wohin er von Kurfürst Fr. Wilhelm geschickt worden war, Johann Christoph geb. 1661, Paul Carl geb. 1664, Balthasar Gottfried geb. 1665, widmeten sich dem Malen, von denen aber der erste und dritte um 1680 starben, Paul Carl aber, als Doppelmayr schrieb, noch als königl. Hofmaler zu Berlin lebte.

Rettbg. Kstl, 186 erwähnt seiner auch wegen der 1660 gemachten Radirung seines eigenen Bildnisses, welches zugleich, obwol nur im Hintergrunde, einer der ersten Versuche sei, den man in Nürnberg mit der Schabkunst machte. Panzer führt fünf Porträte von ihm an, unter denen zwei aus seinem 30sten Lebensjahre, als er noch Eisenschneider in Nürnberg war, und eines aus seinem 43sten Lebensjahre, wo er S. Churfürstl. Durchlaucht Bestalter in Kunst- und Eisenschneiden genannt wird.

27. GEORG HÖFLER, WAPPENSTEINSCHNEIDER.

Dieses Höflers gleichen ist in seiner Kunst alhie nicht gewesen zu finden, denn er hat überaus rein, subtil und verständig, nicht allein Wappen, sondern auch Emblemata und Figuren in Stein, auch einmal des Königs Philippi III. von Hispanien völliges Wappen, in einem Diamant, und Friedrich's, Königs in Böhmen, Conterfait in einem Rubin geschnitten.

Auch Doppelmayr weiss weiter nichts von ihm zu sagen. Rettbg. Kstl. 183 desgleichen.

28. GEORG UND HEINRICH SCHWANHARDT, GLASSCHNEIDER.

Nächst dem Wessler ist gefolgt Georg Schwanhardt, Glasschneider, welcher diese Kunst des Glasschneidens sehr hoch gebracht und vielerlei schöne Emblemata, Landschaften, Blum- und Groteskenwerk, auch unterschiedliche Maximen und Akten, geschnitten, dafür sonderlich von hohen Potentaten ein ziemliches Geld bezahlet wird.

Der ältere Sohn hat im 1631 Jahre schöne Proben gethan mit Scheidwasser die Glasscheiben auszuätzen und zu beizen, dass die Schriften erhoben geblieben. Der jüngere Sohn, Georg Schwanhardt, übt und treibt solche Kunst ebenmässig, ingleichen seine gewesene Magd Katharina, so er lang hernach geheiratet, hat diese Kunst von ihren domesticis (Hausgenossen) gelernet.

Doppelmayr (231) gibt 1601 als sein Geburtsjahr an und macht ausser seinem Vater Hanns Schwanhardt noch Philipp Walch, als seinen Lehrer im Zeichnen, und Christoph Harrich im Bildhauen, namhaft. Er habe sich dann 1618 nach Prag zu Caspar Lehmann, Edelstein-Schleifer K. Rudolph's begeben, und habe nach Lehmann's Tod 1622 dessen Verlassenschaft nebst Privilegium von gedachtem Kaiser geerbt. (Da K. Rudolph 1612 starb, auch sein Bruder und Nachfolger Matthias schon 1619, so liegt hier ein arger Anachronismus vor, der aber den gelehrten Professor Doppelmayr nicht anfocht.) Er übte dann seine Kunst in Nürnberg, und kam bei fürstlichen Personen, von denen Johann Philipp, Kurfürst zu Mainz und Bischof zu Würzburg, und Melchior Otto, Bischof zu Bamberg, besonders genannt werden, sehr in Gnaden. Auf K. Ferdinand's Begehren ging er a. 1652 nach Prag und dann nach Regensburg, allwo sich gedachter Kaiser im Diamant-Reissen von ihm informiren liess, ihn auch zu seinem Kunstfactor ernannte. Er starb den 3. April 1667, begraben nebst Susanna seiner Ehefrau, auf St. Johannis n. 1484 mit Epitaph von Schweigger. — Von Heinrich Schwanhardt sagt Rettbg. Kstl. 181, dass er a. 1671 mit Flussspathsäure zu ätzen anfing. Der jüngere Georg Schwanhardt starb, nach Doppelmayr 234, am 4. Febr. 1676. Heinrich Schwanhardt, der, nach Doppelm. 249, am 2. Oct. 1693 starb, wird a. a. Orte besprochen.

29. DIE SCHWANHARDTISCHEN TÖCHTER.

Sein Sohn, Heinrich Schwanhardt, hat nicht minder schöne Arbeit mit gutem Verstand gemacht, sonderlich aber ist er lateinische Schriften auf Italienische Art und Manier mit freudigem Zugwerk in Glas zu schneiden sehr künstlich (bis hieher aus Campe). Zu verwundern aber ist, dass auch gedachts Georg Schwanhardt's drei Töchter, als Frau Sophia, Caspar Paulusens, Goldarbeiters, Frau Susanna, vormals Georgen Marbach's, hernach Johann Albrecht Pimmel's, Juweliers, und Frau Maria, Johann Jacob Kern's, Bildhauers, ehliche Hausfrauen, im Glasschneiden von schönen Blumen und Laubwerk so weit kommen, dass viele ausländische vornehme Herren nach ihrer Arbeit gestrebt und dieselbe an sich erkauft haben.

Doppelmayr (233) thut ihrer gleichfalls Erwähnung und sagt, dass die erste am 4. Juli 1657, die zweite am 1. März 1658, die dritte am 2. April 1669 starb, worin aber darin, nach seiner eigenen Anmerk. 9., geirrt ist, dass Maria, die Joh. Jacob Kern 1657 geheiratet hatte, im folgenden Jahre, also 1658, im ersten Kindbett starb, worauf Kern, des Bildhauers Leonhard Kern Sohn, nach Holland und dann nach England ging, und a. 1668 zu London starb. (Siehe Doppelm. 232.) Ob dieser Kern der Hans Kern ist, der im zweiten Corridor des Rathhauses das Gesellenstechen von 1446 abbildete, wäre zu untersuchen. Rettbg. Kstl. 181, und wegen Leonhard Kern ebend. 172.

30. LEO PRONNER, ZEUGLIEUTENANT.

Dieser Leo Bronner war alhie Zeug Leutnant, hat aber benebenst Belieben getragen, aus Eisen, Holz, Silber allerlei reine und subtile Sachen zu machen von durchgebrochener Arbeit, auch Crucifixe und andere Figuren zu machen und solches bis in sein hohes Alter getrieben, wie dann Stück von ihm vorhanden, die er in dem 79. Jahr seines Alters gemacht hat. Ich hab dergleichen selbsten, bevoraus aber einen Kirschkern, daran er auswendig acht unterschiedliche Köpflein oder Gesichtlein, als eines Kaisers, Königs, Fürsten, Bischofs etc. neben einer Schrift von lateinischen Buchstaben und ander Zierwerk (so Alles durch ein Vergrösserungsglas eigentlich zu sehen und zu lesen) geschnitten und in solchem Kirschkern über die 100 Stück Hausgeräthlich und Werkzeug, als Tisch, Bänk, Stühl, Kandel, Schüssel, Salzfass, Messer, Zirkel, Scheer etc. von Holz, Eisen, Zinn, Messing, jedes nach rechter Proportion mit seinem Gewind und Bewegung, eingelegt, und ist doch damit solcher Kern noch nicht ganz angefüllet, von welchen Stücken die Specification, auch was er sonst mehr künstliches gemacht, in Druck vorhanden. Er hat auch das Vaterunser zum öftern auf die Grösse eines Pfennings geschrieben und noch in der Mitte ein Spatium gelassen, dass Crucifixe darein haben gemahlt werden können.

Doppelmayr erwähnt ihn (218, 219) sehr ausführlich, er sei 1550 zu Thalhausen bei Klagenfurt geboren, war zu Aussee in Steiermark auf der Mauth bedienstet, verliess 1600 der Religion

halben sein Vaterland und ging nach Nürnberg, wo er als Zeuglieutnant angestellt wurde. Hier befasste er sich mit solchen fabelhaft lautenden Künsteleien, von denen er zum Theil selbst bei dem Buchdrucker Abrah. Wagemann eine Beschreibung drucken liess. Als das Non-plus-ultra seiner Geschicklichkeit bezeichnet Doppelmayr ein Federmesser, das er 1606 dem damaligen Erzherzog Ferdinand, nachherigem Kaiser, zum Geschenk machte, und das auf der Taf. V des Doppelmayr'schen Buches abgebildet ist. Er starb den 26. Jan. 1630.
Rettbg. Kstl. 183 bespricht ihn ebenfalls und sucht, ohne Zweifel mit gutem Fug, die von Einigen gehegte Meinung zu widerlegen, er sei identisch mit Bromig, dem Bildhauer des Wasserspeiers auf dem Neuenbau.

31. LAURENZ ZICK, BEINDRECHSLER.

Ist ein sehr künstlicher Arbeiter, geflammt, pastit, oblong und auf viel andere Art zu drehen, macht so subtile Ding, dass sich darüber zu verwundern. Ao. 1643 ist er, die Röm. kaiserl. Maj. Ferdinandum III. in diesen Künsten zu unterweisen, nach Wien erfordert worden, allda er sich am kaiserlichen Hof zwei Jahr lang aufgehalten.

Doppelmayr gedenkt zuerst (297) seines Vaters Peter, der auch in gleicher Weise ausgezeichnet war und desshalb auch zu K. Rudolph nach Prag berufen wurde und geraume Zeit dort verweilte. Er starb 1630 und hinterliess drei Söhne, Peter, Lorenz und Christoph. Alle drei trieben das Geschäft des Vaters, Lorenz aber, den Doppelmayr ausführlich (299) bespricht, mag der bedeutendste gewesen sein. Geboren am 10. Aug. 1594, besuchte er mehrere Städte, erhielt von Kaiser Ferdinand den Titel eines Kammerdrechslers, und starb zu Nürnberg den 18. Mai 1666. Sein Sohn Stephan, den Rettbg. Kstl. 186 neben dem Vater namhaft macht, verfertigte auch künstliche Augen, worüber Murr (Beschreib. v. Nürnberg 1801, p. 708) weitläuftig berichtet. Er verfertigte auch die sogen. Dreifaltigkeitsringe aus Elfenbein, welche die Goldschmiede Johann Herz und Albrecht Götz 1670 aus Gold und Silber gemacht hatten. Stephan Zick starb 1715. In seinem Vetter David Zick (gest. 1777) erhielt sich diese Kunstfertigkeit. (A. a. O. 707—709.) Andere Künsteleien, welche zwar die ungemeine Geschicklichkeit und Sinnreichheit dieser Männer zeigen, aber ohne praktischen Nutzen bleiben, erwähnt Murr ebenfalls. Der Name Zick ist noch heute unter den Drechslern Nürnbergs vertreten.

32. JACOB HEPNER, SCHREINER.

Hat das geflammte Hobeln, in Eben- und ander Holzarbeit, erstlich anhero gebracht, auch davon schöne Kästlein, Rahmen und dergleichen gemacht.

Doppelmayr (298) erwähnt auch, dass er diese neue Art zu Hobeln von Hanns Schwanhart, seinem Schwäher, überkommen und weiter gefördert habe. Er starb den 2. Nov. 1645. Rttbg. Kstl. hat ihn übergangen.

33. BEHAIM, SCHREINER.

War ein überaus künstlicher, inventiöser Mann, zeichnete viel schöne Visirungen, von Gebäuen, Portalen, Täfelwerk und dergleichen, seine herrliche Arbeit zeiget der von Holz geschnittene zierliche, praunirt verguldete Leuchter, aufm Rathhaussaal, den er gemacht hat.

Doppelmayr erwähnt seiner, des Hanns Wilhelm Behaim, sowohl bei den Mathematikern (166) als auch bei den Künstlern (296), setzt seine Geburt in 1570, seinen Tod in 1619 Nov. 17. und rühmt mit Recht den noch vorhandenen, schon 1613 im Rathhaussaal befindlichen Leuchter. Nach Rettb. Kstl. 176 ist auch die Decke des Saales von ihm. — Ob und wie er mit den früheren Kunsthandwerkern dieses Namens zusammenhängt, ist erst zu ermitteln.

34. LEONHARD DANNER, SCHREINER.

Hat das Schraubwerk, wie auch den Druckzeug in Holz, allerlei Figuren künstlich zu drucken, erfunden.

Doppelmayr (294) widmet ihm einen eigenen Artikel, da er aber schon 1585 in dem allerdings hohen Alter von 88 Jahren starb, gehört er nicht in Gulden's Rayon, und es ist auch schon bei seinem Bruder Hanns Danner das Erforderliche über ihn beigebracht worden.

35. PETER CARL, ZIMMERMANN.

Ein erfahrner Baumeister, hat die in dem Thurm zu Heidelberg, vorhin in der Mitte gestandene grosse Säule, darauf das ganze Gewölb geruhet, hinweg gethan und wunderbarer Weise das Gewölb frei geschlossen, auch den Dachstuhl des schönen Pellerischen Hauses auf St. Aegidienhof gemacht, ohne Säulen und Pfeiler.

Doppelmayr (213) gibt an, er sei aus Helling, einem den Herren von Lentersheim zugehörigen Dorfe 1541 gebürtig, habe sich gegen a. 1580 nach Nürnberg begeben, sich auf die Baukunst gelegt und 1598 die sogen. Fleichbrücke, 97' lang, 50' breit, und 4' dick, in einem einzigen Bogen über die Pegnitz geführt. Dann erwähnt er des 1616 geschickten Baues zu Heidelberg, und seines am 12. Febr. 1617 zu Sandhofen, wo er im Auftrag des Kurfürsten war, erfolgten Todes, worauf er am 14. Febr. zu Heidelberg begraben wurde. Rettbg. Kstl. 171 erwähnt auch noch des Stadtbaumeisters Wolf Jacob Stromer, unter dessen Oberleitung die Fleichbrücke gebaut wurde.

96. JOHANN CARL.

Dessen Sohn Johann Carl, Zeugmeister alhier, auch in der Architektur wol berühmt, hat die Rossmühl alhier, wie auch die neue Kirche zu Regensburg, zur hl. Dreifaltigkeit genannt, gebauet.

Doppelmayr gibt (230) an, dass er am 13. Jan. 1587 zur Welt kam, erst bei seinem Vater, dann in Ulm, wohin er sich a. 1609 begab, bei Johann Faulhaber, im Zeichnen, Perspectiv- und Feldmesskunst unterwiesen wurde. Hierauf habe er sich in Holland aufgehalten und besonders mit dem Artilleriewesen bekannt gemacht, welches ihm bei seiner Rückkehr in die Heimath zu besonderer Empfehlung diente und machte, dass ihm a. 1631 die Stelle eines Zeugmeisters übertragen wurde. Von dem Bau der Rossmühle weiss Doppelmayr nichts, dagegen sagt Hanns Stark, ein gleichzeitiger, in seiner handschriftlichen Chronik: „Nachdem ein erbar Rath dieser Stadt vor etlichen Jahren um gemeinen Nutzens und Wohlfahrt willen eine Rossmühle zu bauen Willens gewesen, sind Ihre Herrlichkeit daran kommen und Mittwoch den 12. Juli dieses 1620sten Jahrs vier Herren des Raths, nämlich Hr. Sigmund Gabriel Holzschuher, Ulrich Grundherr, Georg Abraham Pomer, und Lazarus Haller, abgefertiget, welche den Hanns Carl, welcher ein Kandelgiesser, aber ein verständiger künstlicher Ingenieur und Feldmesser, den Platz zwischen dem Bräuhaus und Hornstadel am Grasberglein abmessen, auf 70 Schuh in die Läng und 56 Schuh in die Breite bestecken und Montag den 17. Juli den Grund zu graben anfangen lassen die Arbeiter, einen Tag um 3 Batzen Lohn, haben 22 Schuh tief graben lassen, bis sie harten Boden antroffen, darauf man den Grund legen und die grosse Gebäu von Steinwerk setzen und aufführen können." Diese auf alten Grundrissen noch angezeigte, jetzt freilich nicht mehr bestehende Rossmühle stand demnach zwischen dem ehemaligen Waizenbräuhaus, jetzt Tucherischen Bräuhaus und der Ledererischen Bierbrauerei. Doppelmayr erwähnt dann des Baues der Dreifaltigkeitskirche zu Regensburg vom 4. Juli 1627 bis 5. Dec. 1631, und des a. 1650 auf Ordre des damaligen schwedischen Generalissimus Carl Gustav gemachten Kunstwerks, eines Musenberges, einer grossartigen Spielerei, die zerlegt werden konnte und nach Stockholm geschickt wurde, wo sie vermuthlich längst zerfallen sein wird. Er starb den 14. Juni 1665. Nach diesem erhielt denselben Dienst Johann Daniel Carl, des Magnus Sohn, der von seiner zweimaligen Ehe, als er 1739, nachdem er schon 1708 resignirt hatte, in dem Alter von 87 Jahren, starb, nur eine Tochter, Anna Helena genannt, verliess. Diese war in erster Ehe mit Johann Sebastian Löffelholz, in zweiter mit Johann Carl Grundherr verheiratet, starb aber am 17. April 1757, ohne Kinder zu hinterlassen. Doch besass der Joh. Carl Grundherr aus seiner ersten Ehe, mit Susanna Maria Imhöfin, einen Sohn, durch den das noch heute florirende Geschlecht der Grundherren fortgepflanzt wurde.

Im Jahre 1617 wurde dem Johann Carl für sich und seine Nachkommen durch Hrn. Zacharias Geizkofler, kaiserl. Rath und Comes Palat. ein Wappenbrief ertheilt: Wegen des Baues der Kirche zu Regensburg s. Gumpelzhaimer Gesch. III, 1118. Sein Sohn Magnus folgte ihm als Zeugmeister; Rettbg. Kstl. hat ihn ignorirt.

37. ANDREAS ALBRECHT.

War der Fortification und Perspectiv sehr wol verständig und hat von der Perspectiv und Optik ein besonder Buch geschrieben.

Doppelmayr (168) hat ihn unter die Mathematiker geordnet, er habe wegen seiner Kenntnisse die Stelle eines Ingenieurs und Hauptmanns erlangt, und führt drei mathematische Werke von ihm an, 1. aus 1620, 2. aus 1622, 3. aus 1623. Er starb zu Hamburg gegen Ende a. 1628.

Rettbg. Kstl. spricht nicht von ihm. Die ausführlichen Titel seiner Schriften s. bei Will im Gel. Lexik.

38. HANNS HAYDEN.

Ist ein Inventor gewesen des Geigenwerks.

Doppelmayr (212) nennt ihn den älteren, ohne dass er einen jüngeren namhaft machte. Er habe mehr aus Liebe zur Musik als von Berufs wegen, gegen a. 1610 eine besondere Art von einem Clavicymbel ausgedacht, um die Moderation des Claviers den Singstimmen conform zu machen, und desswegen habe er es ein Geigenwerk, Geigen-Instrument, auch ein Geigen-Clavicymbel genannt. Er gab hievon a. 1610 eine Beschreibung in Druck und bemühte sich von K. Rudolph ein Privilegium zu erhalten, welches er auch kurz vor seinem a. 1613 erfolgten Tod bekam.

Rttbg. Kstl. 169 erwähnt ihn. Auch Will im Gel. Lex. Abbildung des Instruments auf Tab. IV. bei Doppelmayr.

39. CHRISTOPH LANG.

Hat das schlagende Glockenwerk zur Musik erfunden und gemacht.

Seiner gedenkt auch Doppelmayr nicht, Rettbg. eben so wenig.

40. HANNS LEO HASLER.

Hat die durch Uhrwerk selbst schlagende Werk erfunden.

Doppelmayr (211) sagt, dass er 1564 zu Nürnberg geboren, bei seinem Vater Isaak Hasler, der aus Joachimsthal, um sich in der Musik auszubilden, nach Nürnberg gezogen war, den ersten Unterricht erhielt und sich 1584 zu weiterer Ausbildung nach Venedig begab. Auf der Rückreise trat er in Octavian Fugger's Dienste und blieb in Augsburg bis Ende des Jahrhunderts, gab auch dort schon mehreres Musikalische heraus. A. 1601 kehrte er nach Nürnberg zurück, ging aber nach einiger Zeit nach Wien und wurde bei K. Rudolph Hof-Musicus. Von a. 1608 stand er in gleicher Eigenschaft bei dem Kurfürsten von Sachsen, Christian II. in Diensten, und starb, als er im Gefolge desselben zu Frankfurt a. M. war, am 8. Juni 1612. Seine musikalischen Werke zählt nicht blos Doppelmayr sondern auch Will im Gel. Lexik. auf. Die meisten derselben besitzt auch die Nürnberger Stadtbibliothek, obgleich Nürnberg sonst nur wenig Anspruch an ihn zu machen hat. Rttbg. Kstl. nimmt keine Notiz von ihm.

41. WOLF VOGEL.

War ein berühmter Instrumentmacher.

Doppelmayr (298) fügt nur noch bei, dass er dadurch bei den Liebhabern der Musik in Ansehen war, und dass er den 18. Febr. 1650 starb. Rttbg. Kstl. übergeht ihn.

42. AUGUSTIN KOTTER.

Dieser Augustin Kotter, sonst Sparr genannt, war der erste, so in die Schiessrohr Stern und Rosenzug gemacht.

Wird bei Doppelmayr (297) als Büchsenmacher bezeichnet, ohne etwas anderes Wesentliches über ihn anzugeben. Er sei nach a. 1630 gestorben. Von dem Beinamen Sparr sagt D. nichts. Rettbg. Kstl. 180 nennt den Namen Sparr und sagt, dass er die gezogenen Gewehrläufe verbesserte.

43. HANNS HAUTSCH, ZIRKULSCHMID.

Ein inventiöser und künstlicher Mann, hat mit seinen Söhnen den Wagen gemacht, den man durch verborgenes Ziehewerk ohne Stoss, wohin man gewollt, ja gar Berg auf leiten können, welchen a. 1650 Ihr hochfürstl. Durchlaucht, Herr Carl Gustav, der Cron Schweden Generalissimus, hernachmals König in Schweden, von ihm um 800 Thl. gekauft, in Schweden geführt und zu seinem Einzug gebraucht.

Dieser Hautsch hat auch ein Haus mit 72erlei Handwerken zugerichtet, deren jedes in seinem besondern Gemach durch Federn und Zugwerk auf einmal und zugleich das Seinige gethan; hat auch ein Spritzwerk, in Feuersgefahr zu gebrauchen, auf eine besondere Art künstlich erfunden und gemacht, welches grosse Ströme Wasser, in die 100 Schuh hoch, mit grosser Gewalt treibt, und seithero dem König in Dänemark verkauft worden. Zu dessen Prob begehrte er in allem Ernst von Herrn Friedrich Volckamern in der Peunt, er möchte ihm doch ein ganzes neues Haus bauen lassen, damit solches mit allem Fleiss angezündet und mit seiner Wasserkunst wieder gelöscht werden könnte.

Er war, nach Doppelm. 300, a. 1595 geboren und starb am 31. Jan. 1670. Daselbst wird er als Mechanicus bezeichnet. Er erfand auch a. 1640 einen Sessel oder Stuhl, auf dem man sich durch Umdrehung zweier an den beiden Armlehnen angebrachten Kurbeln sitzend im Zimmer von einem Ort zum andern bewegen konnte, zu grosser Annehmlichkeit der Podagristen. Das Geheimniss des sich selbst bewegenden Wagens wird dadurch erklärt, dass in einem im Kasten des Wagens angebrachten Behältniss Leute, um die Maschine, welche den Wagen trieb, zu drehen, sich befanden. Das Haus mit den 72erlei Handwerken war in drei Stockwerke abgetheilt, im untersten waren biblische Geschichten, unter andern, wie Kain den Abel todt schlägt, im mittlern waren die 72 Handwerke, im obern ein Bad mit Spritzwerken. Es kam nach Dänemark und ein gleiches nach Florenz. Er erfand auch den Streuglanz, der als Streusand und beim Lackiren gebraucht und von seinen Nachkommen verfertigt wurde. Der Wagen ist bei Doppelm. abgebildet auf Tab. IV.

Gottfried Hautsch, sein Sohn, geb. 21. April 1634. (Doppelmayr 303) war ein nicht minder geschickter Mann als sein Vater, und wurde im Inland und Ausland als solcher anerkannt. Er starb 22. Sept. 1703. Der Name Hautsch ist zur Zeit noch nicht erloschen.

Rettbg. Kstl. 180 äussert sich über Hautsch sehr anerkennend, was aber auch hätte geschehen können, ohne dabei eine andere geistige Richtung, die auch ihren Werth hat, zu verhöhnen. Er gedenkt (187) auch des wegen Verfertigung von Denkmünzen belobten Georg Hautsch, der von 1680—1711 arbeitete.

Als Hanns Hautsch nebst Magdalena seiner Ehewirthin am 22. April 1651 ein Haus beim Schiessgraben (jetzt Grübelsstrasse) kaufte, wird er „Zirkelschmied" genannt. (Lit. 166, fol. 37 b.)

44. GEORG LEUPOLD, HAFNER.

War ein künstlicher Meister, machte die schönen Oefen aufm Rathhaus.

Doppelmayr weiss nichts von ihm und kennt nur seinen Sohn Andreas, auch Rttbg. weder von Vater noch von Sohn.

45. ANDREAS LEUPOLD, HAFNER.

Dieser ist obbenannts Georg Leupolds Sohn und nicht weniger in freier Bossirung allerhand Bilder und anderer Figuren meisterlich und gut, giebt auch einen feinen Zeichner und Maler, wie er dann die Fensterladen auswendig an seiner Werkstatt, an seinem Haus am Milchmarkt mit allerlei Hafnereigeschirren von Oelfarb manierlich und verständig selber gemahlet, also dass er neben seinem Handwerk auch billig für einen Künstler zu halten ist.

Doppelmayr (301) erwähnt nur, dass er im Zeichnen, Malen und Poussiren wohl geübt war und zugleich im Stande war, dass er bei Darstellung vieler schönen Bilder und Figuren aus Thon seine Nahrung vor andern zu einer guten Aufnahm, sich aber dadurch den Ruf eines feinen Künstlers zuwegen brachte, und dass er zu Ende des 1676sten Jahrs starb.

46. HANNS BRAUN, SCHEIBENZIEHER.

Hat das Kupfer auf die Guldenart zu verarbeiten gewusst, also dass man zwischen dem guten und seiner Arbeit wenig Unterschied gefunden, war auch ein sonderlicher Künstler, die sogenannten stählern, bevoraus die hohen Spiegel zu giessen.

Ist weder von Doppelmayr, noch von Rettbg. beachtet worden. Eine ganz gleichlautende, einer andern Quelle entnommene Mittheilung setzt diese, an die Lindenaste erinnernde Thätigkeit in 1621, und fährt dann also fort: Georg Braun, dessen Sohn ein Fabrikant des Messing-, Kupfer- und Silberdrahts, hat a. 1648 Barbara Elisabetha, Hanns Ambtmann's von der Hayden Tochter, zur Ehe genommen, ist Genannter worden a. 1666, starb a. 1674, hat mit ihr gezeugt 4 Söhne und 3 Töchter. Georg Hannibal Braun, sein Sohn, ist 1680 Genannter worden, und hat mit seiner ersten Ehewirthin, Susanna Katharina, gebornen Weissbachin, Andreas Hieronymus Heldens, genannt Hagelsheimers, Wittib, das Heldische Zeichen und Verlag, sammt der Handlung bekommen, hernach sich verheirathet mit einer Krienerin, Leonhard Paul Gewandschneiders Wittib, erlangte hernach vom Kaiser den Adelstand und den Titel eines Raths, gab sein Burgerrecht auf und setzte sich auf Ruprechtstein, welches Gut er von dem von Schütz erkauft hatte; starb 1737.

47. HANNS TROSCHEL, COMPASSMACHER.

War ein berühmter Compastenmacher und zu seiner Zeit seines gleichen alhier nicht gefunden.

Doppelmayr (295) beruft sich seinetwegen auf M. Daniel Schwenter Mathem. und Philosoph. Erquickstunden, und gibt an, er sei a. 1612 in dem 63. Jahr seines Alters gestorben. Ein Jacob Troschel, Sohn Hanns Troschel's, eines geschickten Compassmachers, also vermuthlich des obengenannten, wird ebend. p. 216, als Maler, Schüler Johann Juvenel's, und dann Alexius Lindner's genannt, und hierauf als Hofmaler K. Sigmund's III. von Polen. Geboren a. 1583, sei er 1624 in seinen besten Jahren gestorben. Ein anderer Sohn des Compassmachers war Johann Troschel, Schüler Peter Yselburg's im Kupferstechen. Er ging nach Rom, übte sich auch dort noch mehr unter Francesco Villamena, und starb a. 1633 durch einen unglücklichen Fall des Nachts von der Stiege rückwärts im Dunkeln (ebend. p. 221).

Diesen zweiten Hanns Troschel erwähnt auch Rttbg. Kstl. 187.

48. ANDREAS KOHL, KUPFERSTECHER.

Diesen guten redlichen Mann, meinen lieben Herrn Gevattern sel., hat zwar das Unglück in seiner Jugend um einen Schenkel gebracht, also dass er sich eines hölzernen bedienen müssen, aber die Natur ihm hingegen so viel wiederum ersetzt, dass er seiner Zeit für einen der ersten Kupferstecher allhier ist gehalten worden, denn er hat mit grossem Fleiss und Verstand treffliche Ding in Kupfer geschnitten, sonderlich aber schöne Conterfait gemacht, und ist auch in Schriften, bevoraus in deutschen, die sonsten nachzustechen schwer, sehr gut gewesen, wie Solches die Stück, so annoch vorhanden, selbst bezeugen. Er wär in seiner Kunst noch höher kommen, wenn ihn nicht der Tod, nach unserm Sinn, allzu frühzeitig hinweggerissen hätte.

Doppelmayr (226) behandelt ihn verhältnissmässig kurz, gibt aber seinen Geburtstag 21. Dec. 1624, und Todestag 20. Octob. 1656 an. Rettbg. hat ihn übergangen. Kohl hat Guldens Porträt gestochen, s. oben n. 4. Er nennt ihn seinen besten Freund.

49. HANNS WOLF LÖHNER, ROTHSCHMID.

Dieser, wiewol er ingemein sein Nahrung mit Zurichtung und Verfertigung messingener so gestalter Citronen und Pomeranzen, daraus man allerhand wolriechende Wasser sprengen kann, suchet, so ist er doch benebenst in mechanischen Künsten und Wasserwerken wol erfahren, auch von besondern Erfindungen. Er macht Springbrunnen, so man in Gemächer, wohin man will, tragen kann, die von eingefangener Luft getrieben werden und anmuthig zu schauen sind. Item, von Messing Crucifix, da aus der Seite Christi rother Wein, gleich als Blut, springt. Von vornehmen Leuten wird er geliebet und in denen Behausungen zu Wasserleitungen und Springwerk gebraucht, wie er dann in Herrn Hanns Peter Herdans Haus am Rossmarkt einen Berg und Garten zugerichtet, worin nicht allein viel bewegliches Dings von Bildern und andern zu sehen, sondern auch unterschiedliche Melodeien geistlicher Lieder zu hören, so Alles vom Wasser getrieben wird. In der sogenannten Lanzingerischen jetzt Schützischen Behausung an der Fleischbrücke hat er das darin befindliche lebendige Wasser vermittelst eines sonderbaren mechanischen Werks, durch Rohr, auf die sechsunddreissig Schuh in die Höhe geführt, dass nicht allein in obern Zimmern und Sälen, mit Verwunderung, sondern auch wieder unten in dem Hof und Garten von dem Abfall lebendige Springbrunnen und kurzweilige Spiel und Springwerk angerichtet werden können. Er ist auch im Werk begriffen, eine schlagende Stunduhr, durch Trieb des Wassers zu verfertigen. Ist sonst ein frommer, ehrlicher und gottesfürchtiger Mann, lebt bei wenigem Einkommen, in grosser Vergnüglichkeit.

Ob dieser Hanns Wolf Löhner mit dem von Doppelm. 305 weitläuftig besprochenen Martin Löhner, geb. 15. Febr. 1639, Sohn Johann Joachim Löhner's, und Röhren oder Brunnenmeister, der am 2. Oct. 1707 starb, einerlei Person sei, möchte man nach den Künsteleien, an denen sich jene Zeit erfreute, und die von ihm berichtet werden, beinahe glauben, wenn nicht Namen und Lebensstellung es verwehrten. Rttbg. hat diesen Namen gar nicht aufgeführt.

Die angezogene Behausung an der Fleischbrücke ist S. 807, welche Wolf Lanzinger 1570, und Valentin Schütz 1663 kaufte. Dazwischen hinein fällt der Besitz derselben durch Magnus Carl, Zeuglieutenants, der es an Schütz verkaufte. Johann Carl, sein Vater, damals Zeugmeister, war beim Verkauf einer der beiden Zeugen und Siegler. S. oben Nr. 36. Der Namen Lanzinger haftet noch auf einem anstossenden Höflein. Hausbriefe von S. 807.

50. MAGDALENA FÜRSTIN.

Des berühmten Kunsthändlers Paulus Fürsten in der Zisselgassen Jungfer Tochter, die als die jüngste hat den hortum Eystadiensem mit eigener Hand coloribus propriis ac naturalibus illuminiret, daran 8 Jahr gearbeitet und ihn zu Anfang des 1677 Jahrs zu Ende gebracht. In demjenigen Garten ist das grösste Gewächs, die Artischock, so der Bischof von Eichstätt zum Possen auf dem Markt zu Nürnberg um 9 f. feil bieten lassen, darum sie erst ein Rothschmid gekauft und nun gefragt, wo er einen so grossen Hafen dazu bekommen möchte.

Diese Schwester liebt die Malerei, die andere das Kunstnähen, davon sie auch unterschiedliche Bücher in den Druck gegeben, die dritte, das Kochen. Sind also alle 3 in der Lust merklich verschieden.

Doppelmayr (270) gibt 1652 als ihr Geburtsjahr, als ihre Lehrer den Joh. Thomas Fischer und dann die Maria Sibilla Merianin an. Das von ihr gemalte Exemplar des ehemaligen Eichstädter Gartens sei von dem kais. Bibliothekar, Petr. Lambeccius angekauft worden und noch in Wien zu sehen, ein anderes besitze die Stadtbibliothek zu Nürnberg. Unter anderen Arbeiten habe sie auch das Siebmacherische Wappenbuch illuminirt, welches nach Berlin an die königl. Bibliothek verkauft wurde. Ihr zweiter Mann hiess Rudolph Johann Helmers. Auch von ihm Wittwe geworden, reiste sie zum Besuch 1717 nach Wien und starb daselbst nach wenigen Wochen.

ANHANG.

Mich. Prætorius Tom. II. Synt. Mus. part. III. c. 13. ad 1629 in Organographia.

Es ist in Nurnberg zu St. Sebald ungefähr vor anderthalb hundert Jahren von einem Meister Heinrich Traxdorff ein gross Werk gemacht worden, welches Pedal sich in A, so zu der Zeit Ave (wie es in Schulen gebräuchlich) angefangen und also disponiret etc.

Noch eins hat zur selben Zeit dieser Heinrich Traxdorff in Nürnberg zu Unser Lieben Frauen ohne Pedal gemacht, welches als eine Schalmei soll geklungen haben etc.

Es hat aber dieser Meister seine vordere Pfeifen oder Præstanten in vorerwähntem grossen Werk zu St. Sebald Flöten genannt, auch noch eine Octave darein gemacht, und dann den Hintersatz, welchen er, als er noch zu der Zeit geheissen hat, bei vorerwähntem Namen bleiben lassen.

Nach diesem sind Andere gekommen, die für vornehme Meister geachtet gewesen sind, als Friderich Krebs und Nicolaus Müller von Miltenberg, so ihre Pedale vom A bis zum a gefertiget haben.

Inmassen denn zu solcher Zeit noch ein fürnehmer Orgelmacher, welcher Conrad Rotenburger, der Geburt aus Nürnberg, eines Beckers Sohn alda, in Beruf und Preis kommen, welcher das grosse Werk in Stadt Bamberg, und das Werk zum Barfüssern a. 1475 gemacht hat, ist aber bei solcher Art und Disposition der Clavis und Pfeifenwerke geblieben. Bis a. 1493, sind ungefähr 18 Jahr hernach, gedachter Conradus Rotenburger das vorgedachte Werk in Stadt Nürnberg, welches auch nur in ♭ seinen Anfang gehabt, vergrössert und angefangen, unter sich mehr Claves und dieselben kleiner zu machen, F, G, A, B, ♭ C etc., hat zuvor nur 8 Bälge gehabt, aber in der Renovation mit 18 Bälgen, so zehen Spannen lang und 2 Spannen breit gewesen, beleget.

Exigua ex farrag. Norebergensis musicæ meminit Jo. Bapt. Ferrar. Orat. XXXIII. pag. 239. Hanc effecit, una cum Aquila volante Jo. Regiomontanus. Gassendus in ejus vita p. 365, 366 etc.

Diesen Anhang hat Campe in seiner Ausgabe abdrucken lassen, und, damit die gegenwärtige nicht, wenn sie dessen verlustig wäre, mangelhaft erscheinen und desshalb getadelt werden möchte, soll er hier, obgleich er an sich werthlos ist und in gar keinem Zusammenhang mit dem Andern sich befindet, auch stehen. Murr hat in seiner Beschreib. p. 699 die ganze Geschichte von Heinr. Traxdorff und seinen Orgeln aus derselben Quelle des Mich. Prätorius, gerade so wie oben zu lesen, auch angezogen und obwohl sie auf sehr schwachen Füssen ruht und Heinrich Traxdorf nicht viel mehr als eine mythische Person ist, so darf sie in einer wolconditionirten Nürnberger Chronik doch nicht fehlen.

NACHWORT DES HERAUSGEBERS.

Wirft man einen Rückblick auf diese Fortsetzung, die man dem Andreas Gulden verdankt, so wird man offenbar erklären müssen, dass er hinter Neudörfer, seinem Vorgänger, bedeutend zurücksteht. Allerdings hat auch dieser seine Schwächen und Mängel, die aber zum grossen Theil auf die kurze Zeit von acht Tagen, in denen er seine Nachrichten zusammenschrieb, geschoben werden müssen; dafür aber wird der Leser durch die Namen der bedeutenden Männer, die wie in einer Zauberlaterne an ihm vorübergeführt werden, reichlich entschädigt und nimmt die Verstösse, die gemacht werden, nicht so übel; es war als ein ἀκρόαμα ἐς τὸ παραυτίκα ἀκούειν geschrieben und erst spätere Jahrhunderte kamen auf den Einfall, ein κτῆμα ἐς τὸ ἀεί darin sehen zu wollen. Wenn nun aber dem Fortsetzer auch der Vortheil abgeht, mit solchen Namen, wie: Albrecht Dürer, Adam Kraft, Peter Vischer, Veit Stoss, Parade machen zu können, so muss man ihm zwar die Entschuldigung zukommen lassen, dass das Zeitalter, in dem er sich bewegt, trotz vieler Thätigkeit und anerkennenswerther Erfindsamkeit und Geschicklichkeit im Kleinen, im Ganzen dürftiger und mangelhafter ausgestattet war, als die Periode Neudörfer's, aber dass er bei alledem nicht alle, die nennenswerth gewesen wären, namhaft gemacht hat und vor Allem Einen übergangen hat, der ihm nicht unbekannt geblieben sein konnte, nämlich Joachim von Sandrart; was auch immer die Ursache gewesen sein mag, ob er den Mann als zu hoch stehend erachtet habe, um ihn in sein Verzeichniss aufzunehmen, oder was sonst ihn abgehalten hat, da an blosse Vergesslichkeit kaum zu denken ist, — das muss man ihm zur Last legen. Denn gerade zu der Zeit als man annehmen darf, dass Gulden geschrieben habe, wiewol ein fest bestimmtes Jahr, wie schon oben gesagt, sich nicht herstellen lässt, zur Zeit des Friedensexecutions-Congresses, dessen Gulden mehrmals gedenkt, und nach demselben war Sandrart in Nürnberg und in vieler Hinsicht daselbst thätig. Er war sich recht wohl der hohen Bedeutung der Stadt bewusst, durch welche sie auch damals noch, obschon der frühere Glanz zu erbleichen begonnen hatte, unter den Städten Deutschlands hervorragte, und seine gerade vor 200 Jahren hier erschienene „Teutsche Akademie" hat der Blüthezeit Nürnbergs, in welcher sie jene obengenannten Namen hervorgebracht hat, Rechnung getragen. Ja noch mehr, Sandrart hat sich die Neudörfer'schen Aufzeichnungen, allerdings ohne seine Quelle zu nennen, um sie, wie Adam Kraft, Peter Vischer, desselben beide Söhne, Veit Stoss, Peter Flötner, Joh. Teschler, Virgilius Solis, Veit Hirschvogel, Daniel Engelhart, wie man p. 220, 221, 230 der Akademie II, 1. sehen kann, derselben einzuverleiben, völlig angeeignet, nur dass er bei Peter Vischer dem älteren einen Aufenthalt in Italien, wovon bei Neudörfer nichts steht, ihm angedichtet hat, sonst aber nur in zeitgemässer Verschiedenheit des Ausdrucks abweicht. Er wiederholt die mythische Magdalena, die Kraft am 6. Sept. 1470 (1570 ist natürlich nur Druckfehler) geheiratet, und die sich, ihm zu Gefallen, Eva genannt habe, und ist hier nichts weiter als ein Abschreiber Neudörfer's. Bei Michel Wolgemut (218) ist er, obgleich kurz genug, etwas selbstständiger, und wenn er (219) Albrecht Dürer ganz unabhängig bespricht, so konnte das bei einem solchen Namen auch nicht anders erwartet werden, da ihm sichtlich echtes Material, das er auch, wiewol ziemlich kritiklos, wieder abgedruckt hat, zugeführt wurde; doch verdankt man ihm das lustige Märlein von der Veranlassung der niederländischen Reise, die Dürer, um seiner bösen Frau zu entgehen, unternommen habe, aber, da Agnes nun zum Kreuz gekrochen und sich an Pirkheimer gewendet habe, durch dessen Vermittlung wieder heimgekehrt sei. Was sehr erbaulich zu lesen ist, nur nicht wahr. Hanns von Culmbach, wie auch Georg Penz, den er, und mit Recht, als Künstler sehr hervorhebt, werden mit Berücksichtigung Neudörfer's besprochen; an der Echtheit des angeblich von Dürer gemalten Porträts des Georg Penz, der fast als ein Greis erscheint, möchte aber beiläufig gezweifelt werden dürfen, da Penz, als Dürer ihn abgeconterfeit haben konnte, noch ein junger Mann gewesen sein muss; Barthel Behaim (233) wird ganz selbstständig besprochen, da er, Sandrart, in Italien, wo Barthel starb, sichere Nachrichten über ihn eingezogen haben mochte, so wie dieses auch mit Hanns Sebald Behaim, der sich nach Frankfurt a. M. begab, dort an der St. Leonhards-Pforten gewohnt, endlich eine Weinschenke aufgerichtet, den „Namen eines übeln Hausers" verdient und mit demselben a. 1545 gestorben sei, der Fall war. Dass er dann noch Ludwig Krug (234) als „Krüger" erwähnt, er habe ungefähr a. 1516 gelebt, macht den Schluss seiner Bekanntschaft mit Neudörfer; andere Namen, die Lindenaste, Grünewald etc. mochten ihm entweder zu untergeordnet oder aber von seinem eigentlichen Felde, der Malerei, zu fernliegend erscheinen, obwohl er auf andere Künstler, die jedoch eigentlich der spätern Zeit, der Periode Gulden's und Doppelmayr's angehören, ebenfalls einging.

Bereits 1822 hat Heller es ausgesprochen (pag. 3 der Beiträge), dass Sandrart das Manuscript Neudörfer's benutzt hat, und wenn er sich anheischig macht, zeigen zu wollen, dass Sandrart nicht, wie man häufig den unrichtigen Vorwurf mache, nur schlechten Traditionen gefolgt sei, sondern er zu seinem Buche mehrere schriftliche Nachrichten benutzte, so kann dies hier dahingestellt bleiben, da Heller diesem Versprechen niemals nachgekommen ist, und schriftliche Quellen, ja selbst gedruckte, noch keineswegs immer eine Unfehlbarkeit in sich schliessen, wie es ja auch mit Neudörfer's Nachrichten selbst sich verhält. Personen, die bei Neudörfer nicht mehr genannt werden, sind bei Sandrart folgende: Hanns Paulus Auer, Heinrich Popp, Georg Christoph Emmert (diese p. 337), Ermel, den er, weil er ihn ohne die Vornamen „Johann Franciscus" nennt, was Doppelmayr p. 250 ergänzt, doch nicht näher gekannt haben mag, dann Johann und Johann Jacob von Sandrart (diese p. 338, sie liegen schon über Neudörfer's Zeit herab), Michael Herr oder Heer, der bei Gulden vorkommt, Elias Gödeler (s. Doppelmayr 219), Johann Andreas Graf (ebenfalls bei Doppelm. 255), so wie auch Anna Maria Pfründtin (ebend. 265), alle vier auf p. 329, hierauf p. 343 Leonhard Kern, dem er vier Söhne beilegt, Constantin, Jacob, Christoph, Heinrich, wobei es unentschieden bleibt, ob Jacob, der Maria Schwanhartin heiratete, nicht mit vollem Namen Johann Jacob hiess, und mit Hanns Kern, der das Gesellenstechen im obern Rathhausgang machte, ein und dieselbe Person war; dann scheint ihm etwas Menschliches begegnet zu sein, wenn er Heinrich Engelhart, Edelsteinschneider, der Dürer's Nachbar gewesen sei, auf p. 345 nennt, vermuthlich confundirt er ihn mit dem schon p. 231 genannten Daniel Engelhardt. Auf p. 346 wird Georg Schwanhart besprochen, aber viel ausführlicher als Gulden thut; eben so p. 353 Christoph Ritter und Georg Schweigger, dessen Namen er auch Schweickart schreibt, und zuletzt Balthasar Stockamer, den auch Doppelmayr 253 bespricht. Sodann p. 357 Peter Yselburg, den auch Doppelmayr 220 hat, und Hanns Troschel, bei Gulden num. 47. Hierauf p. 363 Jacob v. Sandrart, (s. Doppelm. p. 373), Hanns Scheuffelein (s. Doppelm. p. 193), womit er in Dürer's Zeit zurückgeht, und Georg Strauch (s. Gulden num. 18, p. 374 und 375) die beiden Carl, Peter und Johann (s. Gulden num. 35 und 36) und zu allerletzt noch (p. 375) Wenzel Jamnitzer, den er zu Nürnberg 1508 geboren sein lässt. Im zweiten 1779 erschienenen Theile wird nur p. 69 Barthel Behaim (Böhm) und p. 86 Gottfried Leygeb besprochen, den er auch zu einem geborenen Nürnberger macht.

Man kann aus diesen Anführungen sehen, dass Sandrart sich mit der Kunstthätigkeit Nürnbergs gewiss ernstlich genug befasst hat, wobei einzelne gerügte Verstösse nicht sonderlich ins Gewicht fallen, und wenn er Neudörfer's Nachrichten einen unbedingten Glauben schenkte, so ist er um so weniger desshalb zu tadeln, als seine Nachfolger Doppelmayr, Will in den Münzbelustigungen und der wenn nicht Alles doch Vieles wissende Murr ihm darin gefolgt sind.

Dürfte sich ein Laie, wie der Schreiber dieser Zeilen, der auf kein Verdienst Anspruch zu machen gedenkt, als einen getreuen Abdruck des ihm vorgelegenen Textes wiedergegeben und hie und da einige berichtigende und ergänzende Personalnotizen beigefügt zu haben, ein Urtheil über Sandrart's Werk gestatten, so würde er es für ein Werk erklären, das schon um des grossen Gedankens willen, eine Geschichte der Malerei, Bildhauerei und Baukunst, mit Aufstellung ihrer Grundgesetze und mit Anweisung, denselben nachzukommen, zu geben, aller Anerkennung würdig ist, dass es in einem edlen, von der Würde seines Gegenstandes ganz durchdrungenen Sinne gedacht und durch und durch so ausgeführt ist. Dass ihm Griechenland und Rom die Grundpfeiler aller Kunst zu sein scheinen, und dass er die altdeutsche oder wenn man will die gothische Schule so gut wie übersah, obgleich er die sich an Johann und Hubert van Eyk anlehnende niederländische Schule sehr wol würdigte, auch so die deutsche, von Wolgemut und Dürer angefangen, das ist nur in der Ordnung. Sein Werk wird immer ein bedeutendes bleiben, und wer darüber hinaus und weiter vorwärts geschritten zu sein glaubt, der möge sich immerhin dieses Glaubens getrösten, aber ohne Sandrart's Vorgang würde er, ohne es zu ahnen, schwerlich auf seinen Höhepunkt gekommen sein.

Um so mehr ist Gulden zu tadeln, von diesem Namen, der doch in Nürnberg gar nicht unbekannt war, auch ganz und gar Umgang genommen zu haben. Indessen es mag drum sein. Ob Doppelmayr seine, Gulden's, Aufzeichnungen gekannt und benutzt hat, möchte man bezweifeln; wenn er sie kannte, so mögen sie ihm zu dürftig erschienen sein, wie sie denn auch erst in Verbindung mit dem, was Doppelmayr gibt, etwas gehaltreicher werden. Doch ist auch er nicht ohne alles Eigenthümliche, wie bei Georg Schweigger, bei Hanns von der Pütt, bei der Schwanhartischen Familie, bei Andreas Leupold und sonst wol hie und da zu finden ist.

Doppelmayr dagegen hat Sandrart reichlich benutzt, aber auch ihn dankbar zu erwähnen nicht unterlassen, und nur das könnte man ihm vorwerfen, dass er, ohne eine Ordnung einzuhalten, die bald kürzeren bald längeren Biographien in höchst willkürlicher Folge gibt, wofür freilich die unter dem Text stehenden Verweisungen und die sorgfältigen Register wieder entschädigen. Man wird dadurch zu der Vermuthung veranlasst, er sei erst später mit Neudörfer bekannt geworden, und habe in der zweiten Abtheilung des zweiten Buches, worin er angeblich die Mechaniker behandelt, das Versäumte nachholen wollen, indem er eine gute Anzahl solcher Namen, die Neudörfer bespricht, und zwar mit allen denselben eigenen Irrthümern, zum Vorschein bringt, so Conrad und Andreas die Glockengiesser, Burkhard, Sebastian Lindenast, Hanns Heuss, Hanns Frey, Martin Harscher, Peter Fischer und seine Söhne, Hanns Meuschel, Sebald Behaim, Hanns Bullmann, Wilhelm von Worms etc. etc. Es ist fast komisch, wie Peter Hele und dann Andreas Heinlein aufgezählt werden, als wären es zweierlei Personen. Es ist das die Schattenseite des Doppelmayrischen, in anderer Hinsicht so verdienstlichen Werkes; und man wird an Will erinnert, der in den letzten Bogen des vierten Bandes der Münzbelustig. auch sich verpflichtet glaubte, eine Nachlese aus Neudörfer zu geben, was er, da es seines Amtes nicht war, besser unterlassen hätte. Auch Murr hat nicht unterlassen, einige Bruckstücke aus Neudörfer zu geben, und da er selbst eine Trompete gesehen hatte oder den Besitzer einer Trompete kannte, auf welcher der Verfertiger seinen Namen Meuschel eingeprägt hatte, so durfte an der Richtigkeit dieses Namens nicht ferner gezweifelt werden. Wenn man diese von Geschlecht zu Geschlecht fortgepflanzten Irrthümer sieht, zuletzt massenhaft in Rettberg's Kunstleb. p. 100 und an anderen Orten, so darf man der Nürnbergischen Kunst- und Handwerksgeschichte zu einem künftigen Restaurator derselben Glück wünschen, möge er nun aus dem Germanischen Museum oder aus dem Bayerischen Gewerbsmuseum oder wo es immer sein möge hervorgehen, denn es thut eines solchen Restaurators Noth. Hoffentlich wird man nicht sagen, die in den vorstehenden Blättern gerügten Unrichtigkeiten seien unerheblich, es sei unbedeutend, ob Pülmann Hanns oder Jacob, ob Heuss Hanns oder Georg geheissen habe, ob der Trompetenmacher Meuschel oder Neuschel zu schreiben sei, ob das Sterbejahr Hermann Vischer's und Hanns von Kulmbach's ein früheres oder ein späteres sei, u. dgl. m.; mit solchen Entgegnungen in einen Disput sich einzulassen, ist die Sache dieser Zeilen nicht; wer nach Wahrheit redlich strebt, muss derselben auch im Kleinen nachgehen, und nur durch diese Gewissenhaftigkeit im Kleinen ist es möglich auch ein Grosses zu erreichen. Diese Bestrebung allein, der Wahrheit wo immer möglich nahe zu kommen, hat den Schreiber dieser Zeilen durchweg geleitet; hat er irgendwie geirrt, so ist es die natürliche Folge der menschlichen Gebrechlichkeit, aber in redlichem Willen hat er geschrieben und im Bewusstsein dieses Willens legt er die Feder nieder.

Am Tage Pauli Convers. 1875.

NACHTRÄGE.

Von wolwollender Hand sind dem Herausgeber gegen Ende Mai noch folgende Nachträge zugekommen:

Albrecht Glockendon (p. 141.) bekam dafür, dass er 1553 dem Kaiser vier Wappen mit Glas schmelzen und dann durch M. Kessler, Goldschmied zu Wien, in Silber versetzen lassen, welche an zwei Trinkgeschirren Ihre Maj. Wolf Paller und Conraden Herbsten, Kaufleuten zu Augsburg, verehrte, 238 f. — derselbe 1556 für 500 königl. Wappen, die er zu Nürnberg drucken und mit Farben anstreichen liess, bestimmt für den Reichstag zu Regensburg, 31 f. 45 kr.

Augustin Hirschvogel, Maler (p. 151.), bekam in Abschlag der von Hrn. Christof Khevenhüller, kais. Maj. Hofkammerrath, für dieselbe bei ihn angedingte Arbeit zu Nürnberg am 20. Fbr. 1543 10 f. rh. — am 31. Dec. 1544 von wegen einer Mappe des Fürstenthums Kärnten, die er ihrer Maj. gemacht und zugestellt, zu Wien 36 f.; a. 1551 wurde er in gnädigster Anschauung seiner unterthänigen getreuen und willigen Dienste mit einem Jahresgehalt von 100 Pfund begnadigt. — 12. März 1554 bekam Eva, weiland Augustin Hirschvogels gelassne Witib, von kön. Maj. aus Gnaden und von wegen ihres Hauswirths sel. gemachten Mappa, 40 f. rh.

Auch wird wegen seiner Medaille verwiesen auf Bergmann, Medaillen auf berühmte Personen des österr. Kaiserstaats, Wien 1844. 1 f. 280 bis 295.

Hanns Hofmann (p. 198.), „Röm. kais. Majest. Diener und Hofmaler", erhielt 1575 für einen mit Oelfarb gemachten Hasen

200 f. Später nachträglich (1591) noch 100 f. Soll 1592 gestorben sein. Seine Kinder erhielten 100 f. Provision. S. auch von Eye Alb. Dürer. 1869, p. 335 und 480.

Zu p. 201 n. 14. der Ausdruck „praunern" dürfte wohl eine Verderbung von „bruniren" sein. Brunirtes Gold der Miniaturmaler wird so von gleichzeitigen italienischen und deutschen Autoren angeführt. Brunirzähne oder -Steine sind die Werkzeuge zum Glätten des aufgetragenen Goldes. Vgl. Cennini, Quellenschriften I. Cap. 135.

Von Georg Strauch (p. 203) ist im Belvedere zu Wien eine Allegorie der unbefleckten Empfängniss und der Tugenden der Maria auf Kupfer.

Christ. Ritter (p. 203) erhielt 1644 wegen für beide kais. Majestäten verfertigte Contrafacturen 300 f.

Georg Schweigger (p. 204), Bildhauer, erhielt 1656 dafür, dass er das kais. Bildniss in Messing gegossen, 600 f.

Hanns von der Pütt (p. 297) erhielt 1640 wegen etlicher nach der kais. Maj. Bildniss geschnittenen Contrafet 300 f.

Zu Hanns Hayden (p. 216); die Hofrechnungen in Wien erwähnen einen Christian Haiden, Uhrmacher und Mathematicus zu Nürnberg; er übernimmt Bestellung auf mehrere kleine Uhren für Kaiser und Kaiserin nebst Anderem und verpflichtet sich, Alles um 2000 Thaler zu fertigen. Ao. 1574.

Andreas Kohl (p. 220): die Bibliothek des Oesterr. Museums in Wien besitzt: Gründlicher Vorbericht eines vollständigen Werkes der zierlichsten Schreibekunst. Von Ulrich Hofmann, Schreib- und Rechenmeister in Nürnberg, anno 1659 von Kohl gestochen. Folio.

Magdalena Fürstin (p. 221). Die zweite Schwester, welche „das Kunstnähen liebt", hiess Rosina Helena.

Am Sonntag vor Viti 1875.

ALPHABETISCHES REGISTER

sämmtlicher von Neudörfer und Gulden besprochener, sowie auch einiger in den Anmerkungen namhaft gemachter Personen.

Albrecht, Andreas, Mathematiker 215.
Albrecht von Brandenburg, Kurfürst von Mainz 75.
Amman, Jacob, Stadtschreiner 32, 70.
Andreae, Hieronymus, Formschneider 155, hiess nie Rösch 156.
Aschauer, Hanns, Goldschmid, Veit Stossen sel. Testamentsexecutor; wird quittirt. 110.

Baner, Jacob, und Barbara seine Frau 83, 84, 85.
Baumhauer, Sebald, Maler und Kirchner zu St. Sebald. 180.
Bayr, Melchior, Goldschmid 125, Anna, seine Frau ebend.
Beck, Sebald, Schreiner 157 auch 31.
Behaim, Hanns d. alt., Steinmetz auf der Peunt. 1, seine Bauten 4, 5, seine Familie 5, 73.
Behaim, Hanns d. jüng., Steinmetz, 6, Vetter oder Sohn des ältern, seine Frauen und Kinder 7, kauft Veit Stossen sel. Haus 100.
Behaim, Paulus, Steinmetz auf der Peunt, Sohn des altern Hanns 8, baut St. Rochuscapelle und ist betheiligt am Bau des Thiergärtnerthors 9. Seine Frauen ebend.
Behaim, Georg, Propst zu St. Lorenzen 48. Dr. Lorenz, sein Bruder ebend.
Behaim, Hanns, Sebald und Barthel, Maler 138.

Behaim, (Hanns Wilhelm), Schreiner 213.
Behaim, Sebald, Büchsengiesser 48.
Beuerlein, Hanns, Maler 130.
Birbaum, Alexius, Kirchner zu St. Lorenzen 183. Margareth, Hannsen Koschkas Tochter, seine erste Frau, Anna, seine zweite Frau u. Witib 184.
Braun, Hanns, Scheibenzieher 219.
Brechtel, Stefan und Christoph Fabius 193. Stefan kauft das Haus an der Judengasse 194.
Brechtel, Leonhard, Maler 201.
Burkhart, Orgelmacher 161.
Bühler, Jacob, Kugelschmid 83.
Bülmann (alias Pullmann), Hanns 65, sein wahrer Namen war Jacob 66. Seine Familie 67.

Carl, Peter, Zimmermann 213.
Carl, Johann, sein Sohn, Zeugmeister 214, erhält 1617 einen Wappenbrief. Sein Sohn Magnus folgt ihm als Zeugmeister und diesem wiederum sein Sohn Johann Daniel 215, mit dem der Mannsstamm ausstirbt. Desselben Tochter Anna Helena, zuerst mit Joh. Sebast. Löffelholz, dann mit Joh. Carl Grundherr verheiratet ebend.

Danner, Hanns, Schraubenmacher 53.
Danner, Leonhard, Schreiner, 54, 213.

ALPHABETISCHES REGISTER.

Danner, Wolf, Büchsenschmid 82.
Dürer, Albrecht, Maler 132. Endres und Hanns, seine Brüder 133.

Ehemann, Hanns, Schlosser 79.
Ehemann, Hanns, Brillenmacher 178. Ableitung des Wortes Brille 179.
Eisen, Heinrich, Ohrmacher (Uhrmacher) 76.
Elsner, Jacob, Illuminist 139.
Engelhart, Daniel, Wappensteinschneider 158, seine Wohnung 159.
Etzlaub, Magister Erhart, Compassmacher 172.

Falkenburg, Friedrich von, Maler 199.
Fella, Georg, Orgelmacher 162.
Fischer, Johann Thomas, und Anna Katharina, seine Tochter 202.
Fleischer, Jeronimus, Schermesserer, Caspar Schmids sel. Vormund 109 auch 71.
Flötner, Peter, Bildhauer 115, 125.
Frankh, Hanns, Formschneider in der Fröschau 181.
Frey, Hanns, 117. Anna Rumlin seine Frau 118. Agnes, Albrecht Dürer's, und Katharina, Martin Zinner's Ehefrauen, seine Töchter, ebend.
Fürstin, Magdalena (Malerin) 221, 231.

Ganabach, Hanns, Probierer 172.
Gar, Sebald, Goldschmid. Ursula seine Frau, Veit Stossen Enkeltochter 87, 99 etc. Ihre Kinder 108, 110.
Gärtner, Hieronymus 116.
Gärtner, Georg (Maler) 198.
Gerung, Ludwig, Schlosser 70. Barbara, seine Tochter, Jorg Heussen Frau, ebend.
Gerung, Caspar, Schulmeister zu St. Sebald 70.
Glaser, Clemens, Schlosser, Melchior, sein Bruder, Stadtschlosser 72. Katharina, seine Witib 73. Jacob sein Sohn 74.

Glaser, Conrad, Rechenmeister 183. Katharina, seine Frau 185.
Glim, Hanns, Goldschmid 120, wahrscheinlich ein Non Ens.
Glim, Albrecht, Goldschmid, Vormund über Hannsen Krug's des ältern Kinder 123, 124.
Glockendon, Georg der ältere, Illuminist und Briefmaler 140. Kunigund, seine Frau, seine Söhne und Töchter 141.
Glockendon, Nikolaus, Illuminist 143. Anna seine Frau.
Glockendon, Albrecht, Illuminist und Maler. Katharina seine Frau 144. Siehe auch 230.
Glockengiesser, Hanns u. sein Sohn 51.
Grabner, Hanns, deutscher Schönschreiber 181.
Grass, Andreas, Bildhauer 203.
Grimm, Jacob, Steinmetz, 32.
Grünewald, Hanns, Plattner 54. Seine Söhne, Anthoni 55 und Christoph 61. Hermann sein Vater.
Gulden, Andreas, 196.
Gutknecht, Christoph, Buchdrucker 68. Anna seine Witwe, heir. Paulus Schmid, Buchdrucker 69.

Harscher, Martin, Kandelgiesser und Pulvermacher 160. Albrecht Harscher, desgl. 161.
Hartlieb, Georg 64.
Hasler, Hanns Leo (Musiker) 216.
Hautsch, Hanns, Zirkelschmid 217.
Hayden, Hanns 215, 231.
Heinlein, Andreas, fälschlich st. Peter Henlein 71, 73, 74, 75. Kungund seine Frau 75. Hermann sein Bruder 72. Severin, desselben Sohn 73.
Heberlein, Lienhard, Maler 201.
Hepner, Jacob, Schreiner 213.
Herr (Heer), Michael, Maler 202.
Heuss, Hanns, fälschlich st. Georg, Schlosser 69. Barbara, seine Frau 70. Agnes, seine Witib 70.

Hirschfelder, Bernhard, genannt Guldenschreiber, Modist 182.

Hirschvogel, Veit d. ält., Glasmaler 147. Barbara, seine Mutter, Heinz, sein Vater selig. Barbara, seine erste, Barbara, seine zweite Frau 148, 149. Diese heiratet den Goldschmid Mercurius Herdegen 149. Das Haus S. 800 wird von den Erben verkauft 149, 150.

Hirschvogel, Veit d. jüng., Glasmaler und Stadtglaser 150. Sebald, sein Sohn, auch Stadtglaser 151.

Hirschvogel, Augustin, Glasmaler 151. Seine mannigfaltige Kunstthätigkeit 152. Siehe auch 230.

Hoffman, Jakob, Goldschmid 127. Clara Hanns Sidelman's Tochter, seine Frau 128.

Hofmann, Ulrich 197.

Hofmann, Hanns, Maler 198, 230.

Höfler, Hanns, Wappensteinschneider 209.

Jacob, Walch genannt, Maler 130.

Jamnitzer, Wenzel und Albrecht, Goldschmiede 126.

Juvenell, Paulus und Friedrich, Maler 199. Ihre Familie 200.

Kemmlein (Kämmlein), Stephan, Goldschmid 106, kauft das Haus S. 495, 121.

Koburger (Koberger) Anthoni, Buchdrucker 173. Ursula Ingramin, seine erste, Margareth Holzschuherin, seine zweite Frau 175. Die drei Töchter der ersten Ehe und ihre Männer 175. Die zehn Kinder der zweiten Ehe 176. Absterben des Koburgerischen Geschlechts 177.

Kohl, Andreas, Kupferstecher 220.

Kolb, Paulus, Maler 199.

Königsfeld, Christina von, Priorin zu Engelthal, vergleicht sich mit Margareth Stossin, bisher ihrer Conventschwester 110.

Kotter, Augustin 217.

Kraft, Adam, Steinmetz 10. Seine Arbeiten ff. Das Haus Gabriel Prenner's ist nicht S. 1, sondern L. 3.

Krug, Hanns der ältere, Goldschmid 118. Schauamtmann 119, tritt ab 120. Seine Kinder 123.

Krug, Hanns der jüngere 123, heiratet Barbara Lotterin, wird Münzstempelverfertiger, soll Schauamtmann werden, was sich aber zerschlägt. Michel Krug, Goldschmid, sein Vetter, seine Geschwister: Ludwig, Erasmus, Paulus, Endres, Ursula, ebend. Ursula, Hannsen Krug's des alt. zweite Frau, Hannsen Fugger's sel. Tochter, ebend. Katharina, Hannsen Krug's sel. Münzmeisters zu Kremnitz in Ungarn Witwe, jetzt Erasm. Gudi's Ehefrau 124. Barbara, ihre Stieftochter, Wolfgang, Margareth, Dorothea, Christoph, derselben Geschwister, Lienhard, der Katharina echtes Kind 123. Ihr Vertrag mit den Vormündern ihrer Kinder 123. Wolf Krug aus Ungarn von der Kremnitz, Hannsen Krug's Münzmeisters, seligen Sohn 124.

Krug, Ludwig, Goldschmid 124. Brigitta, seine Witwe 125. Niklas Glockendon und Jorg Webler, begeben sich der Vormundschaft ebend.

Kulmbach, Hanns von, Maler 132, heisst eigentlich Hanns Fuss 133.

Kugelschmid, s. Böhler.

Labenwolf, Pancraz 125.

Lambrecht, Hanns, Wagmeister und Wagleinmacher 158.

Landauer, Matthäus 116 auch 16.

Lang, Christoph 216.

Leigebe, Gottfried, Eisenschneider 208.

Lengenfelder, Paulus, der Veronika oder Verena Glockendonin Ehemann 113.

Leupold, Georg, Hafner 218.
Leupold, Andreas, Hafner 218.
Lindenast, Sebastian, Conzen Lindenast's Sohn, Anna seine Mutter, Hanns sein Bruder, Anna seine Schwester, Franz, auch sein Bruder 40.
Lindenast, Sebald, des Sebastian Sohn 43. Agnes, seine Frau 44.
Lochinger, Hanns (im Dienste des Raths), Zeuge 84.
Lochner, Conz, Plattner 64. Heinrich Lochner 65.
Lochner, Dr. Johann, Pfarrer zu St. Sebald 55.
Lochner, Jobst, Gerichtsschöpf. 111.
Löhner, Hanns Wolf, Rothschmid. 220.

Mag, Arnold 32. Ursula seine Tochter, heir. Hermann Vischer 32. Barbara, auch seine Tochter, heir. Peter Vischer d. j., nach dessen Tod den Goldschmied Jorg Schott 33.
Mahler, Christian, Eisenschneider 204.
Maler, Christian, von Schesburg 103.
Maslitzer, Hanns 159, heiratet Anna, Sebald Thumen sel. Tochter 160.
Matthes von Sachsen, Zimmermann, Nachfolger Jorg Stadelmann's 79.
Marschalk, Heinrich 17.
Meisenheimer, Philipp, Procurator 18.
Meckenloher, Hanns 60.
Menzinger, Caspar 30, 35, 44.
Merkel, Bernhard, Kartenmaler 68.
Merz, Adam, Steinmetz 13, 41.
Monnich (Mannich), Caspar, Schönschreiber 198.
Mülich, Peter, hat Peter Vischer's d. ält. Schwester 22, 23.
Müller, Bernhard, Seidensticker 180.

Neudörfer, Johann 194. Ueber die persönlichen Verhältnisse des Verfassers der „Nachrichten" s. die Einleitung von I XII.
Neudörfer, Stephan, Kürschner, Vater

des Schreib- und Rechenmeisters 187 und II.
Neudörfer, Johann, der Sohn 191. Johann, desselben Sohn, Dr. med. und Antonius Neudörfer, desselben Bruder, dieser geadelt mit dem Zusatz „von Neudegg" 192 und ebenfalls die Einleitung.
Neufchatel, Nikolaus de, malt Neudörfern. s. Einleit. XII.
Neuschel, Hanns, Posaunenmacher und Stadttrommeter 163, falschlich Meuschel genannt 164. Anna, seine erste, Elsbeth, seine zweite, Agnes, seine dritte Frau 165, 167. Hanns der jüngere, sein Sohn, Gertraud, desselben Frau 167. Seine Eidame, Hanns Vischer und Jacob Vischer 168, 169. Anna, seine Tochter, früher im Kloster Engelthal, heiratet Blasius Stöckel 169. Barbara auch seine Tochter, hat den Schreiner Hanns Greiner zum Mann 170. Gertraud Neuschlin testirt 170. Friedrich Neuschel, Prior der Frauenbrüder ebend.

Oberndorfer, Conrad, Vormund der Schellenmännischen Kinder. Einleit. III. V.
Oelhafen, Lienhard, Kleriker, der kön. Kanzleitaxator, kauft ein vorher dem Hanns Grünewald gehörendes Haus 88.

Pegnitzer, Endres, und sein Sohn, Büchsengiesser 49. Ihr Wohnhaus L. 851, 50.
Penz, Georg, Maler 137. Gehilfe oder Knecht Dürer's 138, heiratet Dürer's Magd 138. Eidam Matthes Prunner's, des Malers, stirbt arm 138.
Petrejus, Johannes, Buchdrucker 177. Barbara, seine Frau, Neudörfer's Schwester 178, identisch mit Hanns

Quellenschriften f. Kunstgesch. X.   17

Peter, Curator der Schellenmännischen Kinder. Einleit. VI.
Pezold, Hanns, Goldschmid 203.
Pith (Pütt), Hanns von der, Eisenschneider 207, 231.
Plattner, Hanns, Bürger zu Krakau 98.
Ponacker 198.
Prenner, Gabriel, besass nie das Haus S. 1, sondern das Haus L. 3, 11, 14.
Pronner, Leo, Zeugleutnant 210.
Pülmann, siehe Bülman.

Reich, Erasmus, substituirter Vormund für Caspar Schmid 109.
Reinolt, Hanns 97. selig 108. Anna, seine Tochter, verschollen; Brigitta, seine Witwe, hat Conrad Pottenstein (Bodenstein), Kürschner, geheiratet, Hans, sein Sohn, ebend.
Reinoltin, Christina, Veit Stossen Frau 85, 91.
Resch, Wolfgang, Formschneider 198.
Ringler, Jorg, Peter Vischer's d. ält. Eidam 30.
Ritter, Christian, Goldschmid 203, 231.
Römer, Georg 1 (herkömmlich falsch Rösner gelesen), die Familie 2.
Roth, Hanns, 20, 21, 30.
Röhrencunz (Conrad Rudolf) 19. Katharina, seine Witwe 20. Lucia seine Tochter ebend.
Rudoltin (Rudolfin), Katharina 44.

Sachs, Hans, Schuhmacher 186.
Sandrart, Joachim von 224.
Schmid, Caspar, Rechenmeister heiratet Hannsen Grabner's Witwe 181. Katharina, seine zweite Frau 183. Christina, Sebald von Worms, und Barbara, Wilibald Stossen Ehefrauen, seine Töchter ebend. Testamentsexecutor des Veit Stoss.
Schmid, Sebald, Rothschmid, Caspar Schmid's sel. Testamentsexecutor 109.
Schnitzer, Sigmund, Pfeifenmacher und Stadtpfeifer 171. Nikolaus Schnitzer, Maler, und Kungund Bitroltin, seine Eltern. Anna Bitroltin, seine Hausfrau ebend.
Schreier, Sebald 16, 28 und öfter.
Schweicker (Schweigger), Georg, Bildhauer 204, 231.
Schwanhardt, Georg und Heinrich, Glasschneider 209. Die Schwanhardtischen Töchter 210.
Sebald, Meister, Rädleinmacher bei dem Sonnenbad 181.
Sidelmann, Hanns, Goldschmid, sel. Witwe. Einleit. VII.
Siebenbürger, Valentin, Plattner 64.
Simon mit der lahmen Hand 155.
Solis, Virgilius, Illuminist 146. Dorothea, seine Frau, seine Kinder ebend.
Springinklee Hanns, Illumin. 144. Paulus Spr. 144. Katharina, des Paulus Witwe 145. Jorg Spr. und seine Schwestern, der Katharina sel. Kinder ebend. Jorgen Springinklee's Söhne ebend. Anna, seine erste, Barbara, seine zweite Frau ebend. Conrad Springinklee, Hafner zu Füssen, sein Enkel ebend.
Stadelmann, Georg, Zimmermann 79.
Starzedel, Hanns, 86, 89, 91, 95.
Stoss, Veit, Bildhauer 84.
Strauch, Georg, Maler 203, 231.

Teschler, Johann, Bildhauer 116.
Traut, Wolfgang, Maler 136 auch 32. Hanns, sein Vater, genannt „von Speier" ebend.
Troschel, Hanns, Compasmacher 216.
Trummer, Jorg, Veit Stossen Eidam 87, 92, 93. Hanns sein Bruder 88, 92. Katharina Trummerin, des Hanns Trummer's sel. Tochter, bei Anton Tucher in Dienst, leiht den Garischen Eheleuten 20 f. 108. Hanns, der Vater der beiden Brüder Jörg und Hanns 92, 93.

Unger, Georg, Steinmetz 82.

Viatis, Wolfgang 191.
Vischer, Peter der ältere 21. Hermann, sein Vater, Anna desselben Witwe 22. Felicitas, dessen erste Frau 23.
Vischer Hermann 31.
Vischer, Peter der jüngere 33.
Vischer, Hanns und Kungund seine Ehefrau 36.
Vischer, Paulus, Kanzleischreiber 181. Margareth, Michel Hofmann's sel. Tochter, seine Ehefrau 183.
Vogel, Wolf 216.
Volckamer, Endres, Papiermacher zu der Weidenmüle 186.

Watt, Endres von, 16, 22, 40 Peter von Watt 89.
Weber, Georg, Zimmermann 79.
Weinmann, Hans, Gewichtmacher 158.
Weisskopf, Wolf, Schreiner und Stadtmeister 157.
Werner, Caspar, Schlosser 76.

Weyer, Georg, 201.
Wessler, Hanns, Goldschmid 204.
Wolgemut, Michel, Maler 128. Barbara, Hannsen Pleidenwurf's Witwe, seine erste Frau. Christina, seine Witwe 129.
Worms, Wilhelm von, Plattner 54, des Hanns Grünewald Eidam 59. Hanns von Worms, sein Vater 60. Heinrich von Worms, sein Bruder 61. Sein Handel mit Christoph Grünewald, seinem Schwager 61. Sebald von Worms, sein Sohn, Vollzieher von Caspar Schmid's Testaments 109. Christina, seine Frau 112.

Zick, Laurenz, Beindrechsel. 212.
Zolcher, Bartholomäus d. ält., Rechenmeister, Katharina, seine Hausfrau. 184. Bartholom. d. jüng. und Ursula, seine Hausfrau 185. Ihr Haus S. 820 ebend.

Druck von Carl Fromme in Wien.